高等学校创新性数智化应用型经济管理规划教材（会计系列）

总主编 / 李雪　　主审 / 徐国君

U0780744

蔡素兰◎主编

武娟　陈丽娜◎副主编

房地产开发企业会计（第二版）

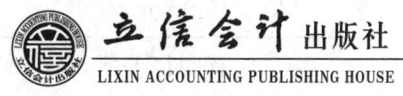

立信会计出版社
LIXIN ACCOUNTING PUBLISHING HOUSE

图书在版编目(CIP)数据

房地产开发企业会计 / 蔡素兰主编. —2 版. —上海：立信会计出版社，2022.6(2024.2 重印)

ISBN 978-7-5429-7112-8

Ⅰ.①房… Ⅱ.①蔡… Ⅲ.①房地产企业—会计—教材 Ⅳ.①F293.33

中国版本图书馆 CIP 数据核字(2022)第 110158 号

策划编辑　　　方士华
责任编辑　　　方士华
美术编辑　　　吴博闻

房地产开发企业会计(第二版)

FANGDICHAN KAIFA QIYE KUAIJI

出版发行	立信会计出版社		
地　　址	上海市中山西路 2230 号	邮政编码	200235
电　　话	(021)64411389	传　　真	(021)64411325
网　　址	www.lixinaph.com	电子邮箱	lixinaph2019@126.com
网上书店	http://lixin.jd.com		http://lxkjcbs.tmall.com
经　　销	各地新华书店		

印　　刷	浙江天地海印刷有限公司	
开　　本	787 毫米×1092 毫米	1/16
印　　张	18.25	
字　　数	442 千字	
版　　次	2022 年 6 月第 2 版	
印　　次	2024 年 2 月第 2 次	
书　　号	ISBN 978-7-5429-7112-8/F	
定　　价	49.00 元	

如有印订差错,请与本社联系调换

总　序

　　教材是高校实现人才培养目标的重要载体,教材及教材建设对高校发展具有举足轻重的作用。与培养模式相对应的教材是培养合格人才的基本保证,是实现培养目标的重要工具。由于历史的原因,在财经类教材的出版方面,相关出版社出版研究型本科或者高职高专、中等职业等层次的教材较多,应用型本科教材较少。虽然近年来一些应用型本科教材也陆续出版,但总体而言,这些教材还是缺乏权威性、普适性、实用性、创新性。造成这种状况的原因主要在于:出版社对财经类应用型本科教材的出版还不够重视,没有进行有效的组织;财经类应用型本科院校多为新建院校,教材建设相对滞后,主观上也较愿意使用研究型本科教材;在教材使用中存在比较严重的混用现象,教材目标读者群不明确,如不少教材既适用于研究型本科院校又适用于应用型本科院校,或者既适用于本科院校又适用于高职高专院校。

　　由于目前财经类应用型本科教材种类和数量匮乏或质量欠佳,财经类应用型本科院校不得不沿用传统研究型教材。这些教材本身的质量很好、级别很高,但是并不适用于应用型本科院校的教学,教师和学生普遍反映不好用。即使在全国范围看,也还没有相对成套、成熟的适合财经类应用型本科院校的教材。现有教材存在的主要问题包括:①教材的定位和要求过高;②教材的内容偏多、难度偏大;③教材着重于理论解释,相关案例、实训等内容较少,缺乏普适性、实用性。

　　与此同时,信息技术的快速发展使学生的学习习惯和阅读习惯发生了改变,不断朝个性化、自主学习的方向发展,传统的单一纸质教材已经无法适应这种变化。翻转课堂、慕课、微课等网络课程的兴起,混合式教学的不断推进,也对立体化教材建设提出了新的要求。教材作为一种课堂上的教学工具、一种传播媒介,理应顺势而为,随课堂形式、学生学习方式的改变而改变,朝着数字化、立体化、可视化的方向发展。因此,需要编写适应学生水平、便于学生接受的立体化财经类应用型本科教材。

　　我们组织具有多年应用型人才培养经验的优秀教师和实务界专家编写了这套教材。本套系列教材有《会计基本技能》《出纳实务》《基础会计》《中级财务会计》《成本会计》《管理会计》《会计信息系统》《财务管理》《审计学》《高级财务会计》《商业分析》《税法》《经济法》《金融学》等品种。为了保证教材的质量,本套教材聘请了知名高校的专家教授进行专门指导和审核。每本教材至少有一名本学科的知名专家或学科带头人提出审核指导意见,至少有一名高等院校教学一线的高级职称教师组织编写,至少有一名行业协会、实务界专家或教学研究机构人员提出编写建议。

　　本系列教材的特色如下。

1. 应用性

应用型本科的教材建设应坚持培养应用型本科人才的定位，充分吸收和借鉴传统的普通本科教材与高职高专类教材建设的优点和经验，以就业为导向，做到理论上高于高职高专类教材、动手能力的培养上高于传统的本科院校教材。本系列教材体现了应用型本科的定位，体现了素质教育和"以学生发展为本"的教育理念，遵循了高等教育教学基本规律，重视知识、能力和素质的协调发展，根据应用型人才培养模式对学生的创新精神、实践能力和适应能力的要求，在内容选材、教学方法、学习方法、实验和实训配套等方面突出了应用性特征。

2. 针对性

本系列教材的编写符合会计学、财务管理和审计学等专业的培养目标、培养需求、业务规格和教学大纲的基本要求，与各专业的课程结构和课程设置相对应，与课程平台和课程模块相对应。教材在结构纵横的布局、内容重点的选取、示例习题的设计等方面符合教改目标和教学大纲的要求，把教师的备课、试讲、授课、辅导答疑等教学环节有机地结合起来。

3. 立体化

本系列教材为立体化教材，实现了由传统纸质教材向"纸质教材＋数字资源"的转变，通过技术手段将晦涩难懂的理论知识转变为直观的具体知识，以立体化、数字化的方式呈现，包括图文、动画、音频、视频等多种形式，生动、有趣且易懂，不仅可以激发学生的学习兴趣，还有利于教学效果的提升。

4. 趣味性

本系列教材注重趣味性，使用了大量的例题和案例，每章都加入了"思政育人""相关思考""延伸阅读"等内容，使读者能够加深理解，便于掌握相关内容。在案例、例题等的设计选用上重点突出趣味性，易于引发读者的共鸣。

5. 先进性

本系列教材反映了应用型会计人才教育教学改革的内容，能够反映学科领域的新发展。教材的整体规划、每一种教材的内容构建等均体现了创新性。教材还强调了系列配套，包括了教材、学习参考书、教学课件等。立体化教材在内容修订上更具有明显优势，线上资源可以随时根据政策法规、理论知识或工作实务等的变化进行调整，更有利于保持教材内容的先进性。

6. 基础性

本系列教材将打破传统教材自身知识框架的封闭性，尝试多方面知识的融会贯通，注重知识层次的递进，体现每一门科目的基本内容，同时在具体内容上突出实际运用能力，做到"教师易教，学生乐学，技能实用"。

7. 易于自学

自学能力是大学生的一项基本能力。学生只有具备了自主学习的能力，才能最终建立起终身学习的保障体系，这也是应用型本科人才培养的客观要求。应用技术型高校的生源素质与普通高校相比存在一定的差距,除了一部分是高考发挥失误的学生,还有一部分学生在学习习惯、基础知识等方面存在一定的欠缺,这就要求教材能够调动这部分学生的学习积极性,在理论方面尽量通俗易懂,在实践方面尽量采用案例式教学。为了有利于学生课后自主学习,本系列教材配套了学习指导书和教学课件。

因此,本系列教材的定位准确,特色明显,适用于应用型本科院校教学,容易得到学生和市场的认可,便于学生的自学和教师的教学。

"十四五"高等学校创新性数智化应用型经济管理规划教材凝聚了众多领导、教授和专家多年来的经验和心血。当然,由于我们的经验和人力有限,教材中难免存在不足,我们期待着各位同行、专家和读者的批评指正。我们将伴随着经济发展和会计环境的变迁不断修订教材,以便及时反映学科的最新发展和人才培养的最新变化。

本系列教材自2014年出版后,得到市场的认可,深受广大高校师生的欢迎。为了更好地回馈读者,本系列教材从2017年起启动第二版的修订工作,2019年启动第三版的修订工作,2021年启动第四版的修订工作。各种教材的修订版将陆续出版。我们会一如既往地做好教材修订和相关服务工作,希望广大读者对本套系列教材继续给予支持。

李 雪

2022 年 5 月

前　言

　　本书为"十四五"高等学校创新性数智化应用型经济管理规划教材(会计系列)之一,具有应用性、针对性、先进性、基础性、立体化的特点,在充分吸收和借鉴传统的普通本科教材与高职高专类教材建设的优点和经验的基础上,以就业为导向,做到在理论上高于高职高专类教材、在动手能力的培养上高于传统的本科院校教材。

　　本书以最新的《企业会计准则》和现行税收法规为依据,紧密结合房地产开发企业的经营特点,力争用生动、简洁的语言,结合案例,兼备理论性和实务性,做到深入浅出,通俗易懂,全面、系统地阐述了房地产开发企业会计的基本理论、会计实务和纳税实务的具体处理方法。

　　本书以房地产开发企业的业务流程为主线,全书共分9章,包括总论、企业设立阶段的税务与会计处理、获取土地阶段的税务与会计处理、开发建设阶段的税务与会计处理、转让及销售阶段的税务与会计处理、投资性房地产的税务与会计处理、利润形成和分配阶段的会计处理、企业所得税会计、财务报告。本书在编写过程中,每章都加入了"内容提要""重点难点""学习目标""知识框架""引入案例""引例解析""知识拓展""相关思考""特别提示""趣味阅读""重要概念"等内容,力求体系完整,内容丰富,实现价值引领与知识传授、能力提升与素质养成的有机融合,并且与实务工作紧密结合,以增强学生解决实际问题的能力。本书适用面较广,既可以作为高等院校会计专业选修课教材,也可以作为房地产开发企业财务人员业务培训用书。

　　本书编写特点如下:

　　(1)结构新颖。本书一改传统会计用书的讲解模式,不再按会计要素分章节介绍,而是根据房地产开发企业的经营特点,以房地产开发企业独有的获取土地、开发建设、转让及销售等具体的业务流程为主线安排框架,结构新颖,使读者所学知识更贴近实务工作。

　　(2)会计与税务"强强联合"。本书除了严格按照新收入准则等最新规定编写会计处理,考虑到房地产开发企业所涉及税种较多,近年来财税法规发生重大变革,因此每一章在对房地产开发企业的会计实务进行深入分析后,对每一环节的税务处理进行详细的剖析,从而实现会计与税务的有效结合。

　　(3)借助T型账户、图、表等工具进行讲解,图文并茂,并穿插鲜活案例,通俗易懂。

　　(4)具有立体化特色。除教材主体内容,本书还专门针对教学内容配备了丰富的立体化资料,包含每章章节导读、每章重难点解读、相关知识点辨析等视频讲解,教材使用者可通过扫描二维码的方式查看。

　　本教材由蔡素兰主编,多位优秀教师和实务界专家参编。具体分工如下:第一章总论

（蔡素兰），第二章企业设立阶段的税务与会计处理（韩真真），第三章获取土地阶段的税务与会计处理（陈晓冬），第四章开发建设阶段的税务与会计处理（陈丽娜），第五章转让及销售阶段的税务与会计处理（武娟），第六章投资性房地产的税务与会计处理（杨阳），第七章利润形成和分配阶段的会计处理（蔡素兰），第八章企业所得税会计（张玲），第九章财务报告（蔡素兰）。

本书在编写过程中参考了大量相关教材和论著，在此向有关作者致以深深的谢意！

本书的编写先后经过多次讨论研究，力求内容编排合理、避免错误，若存在考虑不周、表达不妥当的地方，敬请读者批评指正。

编　者

2022 年 5 月

目　录

第1章 总 论

内容提要

本章主要讲解了房地产企业及房地产开发企业的定义,房地产开发企业的业务范围、开发经营流程及经营特点;房地产开发企业的会计对象、房地产开发企业会计的任务及核算特点、房地产开发企业的会计科目及账簿设置;房地产开发企业应纳税种及税率、纳税申报、税款缴纳。

重点难点

本章重点为房地产开发企业的开发经营流程及经营特点、房地产开发企业会计的核算特点、房地产开发企业的会计科目;难点为房地产开发企业的经营特点、房地产开发企业会计的核算特点。

学习目标

通过本章学习,学生应掌握房地产开发企业的业务范围、开发经营流程及经营特点、房地产开发企业会计的核算特点、房地产开发企业的会计科目及账簿设置;理解房地产开发企业的会计对象、房地产开发企业会计的任务、房地产开发企业应纳税种及税率;了解房地产企业及房地产开发企业的定义、房地产开发企业的纳税申报及税款缴纳。

知识框架

章节导读

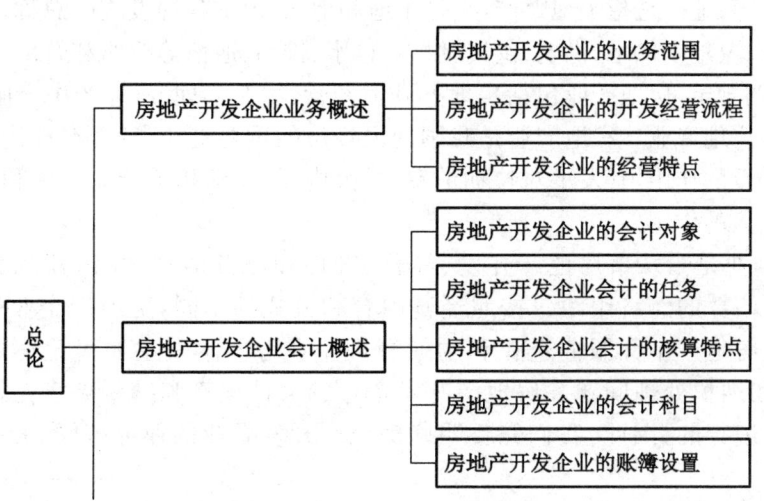

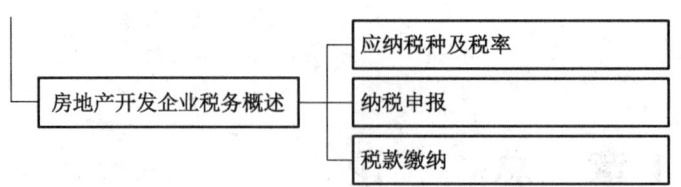

引入案例　华润置地的会计核算手册

华润置地有限公司（公司简称：华润置地，股票代码 HK1109）是财富500强企业华润集团旗下的地产业务旗舰公司，是中国内地最具实力的综合型地产发展商之一，主营业务包括房地产开发、商业地产开发及运营、物业服务等。2010年，香港恒生指数有限公司把华润置地纳入恒生指数成分股，华润置地成为中国香港50家蓝筹股之一。2020年，华润置地分拆商业运营与物业管理业务，成立华润万象生活有限公司（公司简称：万象生活，股票代码：HK1209）并于香港联合交易所主板成功上市，被纳入香港恒生综合指数成份股。截至2020年年底，华润置地业务布局境内外83个城市，总资产达人民币8 690亿元，签约额达人民币2 850亿元，位居行业前十；股东应占溢利298亿元，盈利能力保持行业领先，经营业绩保持稳健增长态势。

华润置地以"品质给城市更多改变"为品牌宣传理念，致力于成为行业内客户满意度领先的企业，致力于在产品和服务上超越客户预期，为客户带来生活方式的改变。该公司坚持"住宅开发＋投资物业＋增值服务"的经营模式。华润置地通过内涵式的核心竞争力塑造和全国发展战略，持续提升地产价值链生产力，成为中国地产行业中最具竞争力和领导地位的公司。华润置地规模的不断发展为公司会计核算人员带来了新的挑战，因此公司财务部门制定了《华润置地有限公司会计核算手册》，以此达到统一和规范公司会计核算技术标准和管理标准，指导和帮助各级财务人员明确任务和职责。

由此可见，会计核算工作对房地产开发企业是至关重要的。那么，房地产开发企业的会计核算有何特点？

（资料来源：https://www.crland.com.hk。）

1.1　房地产开发企业业务概述

房地产是房产和地产的总称。房产是指各种房屋财产，包括住宅、商业、文教、体育、医疗和办公用房等；地产是指土地财产，它是土地和地面、地下各种设施的总称，包括土地使用权、地面道路以及地下供水、供电、供气、供热、排水、排污、通信等线路和管网。根据《国民经济行业分类》的规定，房地产业包括房地产开发经营、物业管理、房地产中介服务、自有房地产经营及其他房地产业。房地产业是我国国民经济的重要支柱产业，在现代社会经济生活中有着举足轻重的作用，其发展对拉动消费、扩大内需、拉动相关产业发展和促进国民经济增长等有着巨大的作用。

房地产企业是指从事房地产开发、经营、管理和服务活动，并以营利为目的进行自主经营、独立核算的经济组织。按照经营内容和方式的不同，房地产企业被划分为房地产开发企业、房地产中介服务企业和物业管理企业等。本书主要讨论房地产开发企业的会计核算和纳税处理问题。房地产开发企业的会计核算和纳税处理是围绕房地产开发、经营业务进行的，因此，我们先要明确房地产开发企业的业务范围、开发经营流程及经营特点。

1.1.1　房地产开发企业的业务范围

根据《中华人民共和国城市房地产管理法》(以下简称《城市房地产管理法》)的规定,房地产开发企业是以营利为目的,从事房地产开发和经营,独立核算的经济组织。房地产开发经营是指房地产开发企业进行的房屋、基础设施建设等开发,以及转让房地产开发项目或者销售、出租房屋等活动。具体业务范围包括,但不限于以下几个方面。

1. 土地的开发与经营

土地是城市建设及房地产开发的前提和首要条件。土地的开发和建设是指对征用或受让的土地按城市总体规划进行地面平整、建筑物拆除、地下管道铺设和道路、基础设施的建设,将"生地"变为"熟地",以便扩大对土地的有效使用范围,提高土地的利用程度,满足不断发展的社会生产和人民生活的需要。企业将有偿获得的土地开发完成后,既可有偿转让给其他单位使用,也可自行组织建造房屋和其他设施,然后作为商品作价出售,还可以将土地出租。

2. 房屋的开发与经营

房屋的开发是指在已经开发建设完工的土地上继续进行房屋建设,其业务范围包括可行性研究、规划设计、工程施工、竣工验收、交付使用等工作内容。房地产开发企业对于已开发完成的房屋,按其用途分为商品房、出租房、周转房、安置房和代建房等。商品房是指为销售而开发建设的房屋;出租房是指用于出租经营的各种房屋;周转房是指为安置动迁居民周转使用的房屋;安置房是指被拆迁住户进行安置所建的房屋;代建房是指受地方政府或其他单位委托而开发的房屋。

3. 城市基础设施和公共配套设施的开发

城市基础设施和公共配套设施的开发是指根据城市建设总体规划开发建设的大型配套设施项目。就现代化居民居住小区来说,配套设施通常包括小区内营业性公共配套设施,如商店、银行、邮局等;小区内非营业性公共配套设施,如小学、文化站、医院等;开发基本居住条件且属于开发项目内容的公共配套设施,如给排水、供电、供气的增容增压、交通道路等;开发基本服务性的公共配套设施,如居委会、自行车棚、车库、幼儿园等。

4. 代建工程的开发

代建工程的开发是指企业接受政府和其他单位委托,代为开发的各种工程项目,包括土地开发工程、房屋建设工程、道路工程、供水、供气、供热管道工程以及其他市政公用的设施等。

特别提示 1-1

房地产开发经营不包括:
(1) 房屋及其他建筑物的工程施工活动,该部分列入建筑业的相关行业类别中。
(2) 房地产商自营的独立核算(或单独核算)的施工单位,该部分列入建筑业的相关行业类别中。
(3) 家庭旅社、学校宿舍、露营地的服务,该部分列入其他住宿业。
(4) 房地产开发商经营的房屋租赁服务,该部分列入房地产租赁经营。

1.1.2　房地产开发企业的开发经营流程

一般情况下,房地产开发企业从设立企业开始,经过获取土地使用权、房地产开发建设、转让及销售房地产、持有房地产这几个阶段。开发经营流程如图 1-1 所示。

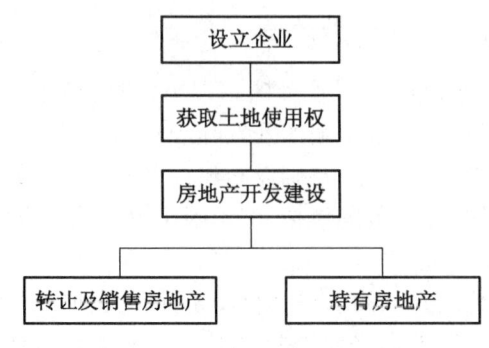

图 1-1 开发经营流程示意图

1. 设立企业阶段

房地产开发企业是房地产开发经营的法律主体,设立房地产开发企业是房地产开发经营的起点。企业设立阶段涉及接受投资者的出资和开办企业的相关费用,是房地产开发企业进行会计核算的第一个阶段。

2. 获取土地使用权阶段

土地是房地产开发不可或缺的资源。在房地产开发过程中,获取开发用土地是房地产开发的基础。获取土地阶段包括前期调研和拿地两个阶段,获取土地前的调研准备是非常重要的环节,全面深入了解地块和市场情况是进行成本估算和项目经济性评价的基础。

3. 房地产开发建设阶段

房地产开发建设阶段包括项目策划、报批报建、施工建设、竣工验收等环节,还包括开发完成后的初始产权登记。

项目策划包括根据前期调研阶段的调研结果确定项目定位、制订产品目标与发展计划。项目策划有的公司在拿地前进行,有的公司则是在拿地后进行。报批报建是取得项目建设用地的国有土地使用权和取得项目开工建设的一系列许可证的过程。施工建设是房地产开发企业委托施工单位进行项目施工的阶段,是房地产开发的重要阶段。竣工验收是房地产开发产品完工后,根据《中华人民共和国建筑法》(以下简称《建筑法》)、《城市房地产管理法》等相关法规的规定,进行竣工验收的过程。

4. 转让及销售房地产阶段

转让及销售房地产阶段是房地产开发企业出售商品房等开发产品、回收资金、实现盈利的阶段。转让及销售的过程包括前期的营销策划、开盘预售、销售、签订销售合同、交付、登记办证等环节。其中,房地产交付是完成销售的标志,只有进行交付才算最终完成销售。登记办证主要是按照相关规定,办理产权登记,并办理产权证。办理房地产交付手续标志着转让与销售的实现,进行产权登记并办理产权证书,从法律上标志着房地产开发程序的终结。

5. 持有房地产阶段

在市场经济条件下,房地产市场日益活跃,房地产开发企业开发房地产,有的是为了转让或销售,而有的则是为了持有房地产用于赚取租金或增值收益。

1.1.3　房地产开发企业的经营特点

房地产开发企业的开发经营活动不同于一般的建设单位或施工企业,也不同于一般的工商企业,房地产开发企业的开发经营活动主要有以下特点。

1. 开发经营的计划性

企业征用的土地、建设的房屋、基础设施以及其他设施都应严格控制在国家计划范围之内,按照规划、征地、设计、施工、配套、管理"六统一"的原则和企业的建设计划、销售计划进行开发经营。

2. 开发产品的商品性

房地产开发企业的产品(除安置房、廉租房和自营商业)全部都作为商品进入市场,按照供需双方合同协议规定的价格或市场价格作价转让或销售。

3. 开发经营业务的复杂性

房地产开发业务的复杂性包括以下两个方面:

(1)经营业务内容复杂。企业除了土地和房屋开发,还要建设相应的基础设施和公共配套设施。经营业务囊括了从征地、拆迁、勘察、设计、施工、销售到售后服务的全过程。

(2)涉及面广,经济往来对象多。企业不仅因购销关系与设备、材料物资供应单位等发生经济往来,而且因工程的发包和招标与勘察设计单位、施工单位发生经济往来,还会因受托代建开发产品、出租开发产品等与委托单位和承租单位发生经济往来。

4. 开发建设周期长,投资数额大

开发产品要从规划设计开始,经过可行性研究、征地拆迁、安置补偿、"七通一平"、建筑安装、配套工程、绿化环卫工程等开发阶段,通常要1年以上才能全部完成。另外,上述每一个开发阶段都需要投入大量资金,加上开发产品本身的造价很高,需要不断地追加投入大量的资金。

5. 经营风险大

开发产品单位价值高、建设周期长、负债经营程度高、不确定因素多,一旦决策失误,销路不畅,将造成大量开发产品积压,导致企业资金周转不灵,使企业陷入困境。

6. 房地产商品的保值、增值性

土地是一种稀缺资源,具有不可再生性。但随着人口的增加和人们物质生活水平的不断提高,人们对房地产的需求会日益增长。正由于土地供给的有限性和土地需求的不断扩展,因此从长远看,房地产商品的价格有不断上涨的趋势。再加上其使用寿命长,故与其他产品相比,房地产商品更具保值、增值的功能。

1.2 房地产开发企业会计概述

房地产开发企业会计是经济管理的重要组成部分,它是以货币为主要计量单位,运用一系列专门方法,对房地产开发企业的经济活动进行连续、系统、综合、全面地反映和监督的一项经济管理活动。房地产开发企业会计是用来管理房地产开发企业经济活动的一种专业会计,其运用会计学的基本理论和基本方法来研究该行业的具体理论和具体方法。

1.2.1 房地产开发企业的会计对象

房地产开发企业的会计对象是指房地产开发企业会计所要核算和监督的内容。房地产开发企业的会计对象取决于房地产开发企业的经济活动的内容及特点，并受到企业会计职能的制约。房地产开发企业的主要经济活动是从事房地产开发经营。会计的基本职能是核算和监督。所以，房地产开发企业的会计对象则是房地产开发企业的各项开发经营业务活动中的资金运动。资金运动作为会计对象，只是对房地产开发企业会计对象的一般的、抽象的描述。为了便于对资金运动进行确认、计量、记录和报告，就要对会计对象按照其经济特征进行分类，即将会计对象具体化，这就是会计要素，包括资产、负债、所有者权益、收入、费用和利润。

特别提示 1-2

房地产开发企业的会计核算，就是对上述六大会计要素的增减变动进行监督、核算和反映的过程。

1.2.2 房地产开发企业会计的任务

会计的任务是根据客观的需要和要求确定的，它受会计对象的制约。房地产开发企业会计的任务，是对房地产开发企业会计对象进行核算和监督所要达到的目的和要求，主要有以下三个方面。

1. 向管理者和投资者反映企业开发经营活动和开发经营成果的会计信息，满足国家宏观经济管理的要求和企业投资者进行决策的需要

我国实行的是社会主义市场经济，每个房地产开发企业，都需根据自身的开发能力和房地产市场的需求，充分利用生产潜力，合理安排房地产开发任务。为了不断改善企业开发经营管理，增强企业在房地产市场的竞争能力，企业一方面接受国家综合管理部门的指导，使自己的开发经营活动符合城市建设总体规划和国家产业政策的要求；另一方面要接受投资者的监督，使投资者关心企业，为企业提供扩大再开发所需的资金。这就要求企业必须做好会计工作，及时提供会计信息，真实反映企业的财务成本状况和开发经营成果，以满足国家宏观经济管理的要求，满足企业投资者和潜在投资者进行投资决策的需要。

要及时真实地提供会计信息，企业必须遵循客观性原则，真实客观地反映企业的财务状况和经营成果；遵循相关性原则，以满足各有关方面对会计信息的需要；遵循可比性原则和一贯性原则，按照规定的要求和前后一致地采用相同的会计核算方法，以便于会计信息的相互比较和利用；遵循及时性原则和可理解性原则，及时、简明易懂地进行会计核算，以便于及时、有效地运用会计信息；遵循权责发生制原则和配比原则，正确地核算收入和费用，以便准确地计算当年损益；遵循谨慎性原则，考虑企业经营风险和财务风险，合理核算可能发生的损失和费用，并对减值资产计提减值准备；遵循划分收益性支出与资本性支出原则，正确区分计入当期损益的支出与计入资产价值的支出，正确反映企业的资产价值和当期损益情况；遵循重要性原则，在全面核算企业开发经营情况的同时，对重要的经济业务，单独进行核算反映。在日常核算工作中，必须按照会计准则的规定，记好账，算好账，编好表，做到内容真实、数字准确、账目清楚、日清月结，按期报账。企业在办理年度会计决算以前，必须全面清查财产物资，核实库存数量，查清盘点盈亏的原因。

2. 反映和监督财产物资保管、使用情况,不断降低开发成本,节约使用资金

为了适应房地产市场公平竞争的需要,房地产开发企业必须不断地提高经济效益,多快好省地进行开发活动,一方面要搞好规划设计、征地拆迁、批租土地、择优挑选施工单位等前期工作;另一方面要做好财产物资的保管工作,合理使用材料、设备,保证财产物资的安全完整,不断减少物资消耗,节约使用资金,降低开发成本。

要不断减少物资消耗,节约使用资金,降低开发成本,就必须及时计算开发成本,反映开发产品在开发过程中的生产耗费。开发成本是土地、房屋、配套设施和代建工程等开发产品在开发过程中发生的各项生产费用,它能反映土地征用及拆迁补偿费、前期工程费、基础设施费、建筑安装工程费、配套设施费的发生和各项开发间接费用的开支情况。如果提高了开发管理水平,减少了征地拆迁和前期工程费,降低了基础设施费、配套设施费和建筑安装工程费,控制了开发间接费用的开支,那么,必然反映为开发产品成本的降低。因此,通过开发产品成本的计算和分析,可使企业及时发现开发过程中存在的问题,采取降低开发成本的有效措施,为企业提供扩大再开发所需的资金。

房地产开发企业要进行开发活动,必须有一定数量的材料、设备和固定资产。但是,这个量不是绝对不变的,如果加强了材料、设备和固定资产的管理和核算工作,及时反映和监督材料、设备和固定资产的利用情况,就可能促使企业合理组织材料、设备的供应,充分利用固定资产,压缩材料、设备的储备量和减少固定资产的需要量,从而减少企业资金的占用量,这就有可能把节约下来的资金用于企业的扩大再开发。

3. 核算和监督企业对财经政策、法令、制度的执行情况,维护财经纪律,保护企业财产安全、完整

房地产开发企业的开发经营过程,也是贯彻国家财经制度和财经纪律的过程。每个开发企业,都必须执行国家的财经制度,遵守国家的财经纪律,这是一切单位进行经济活动的原则。由于房地产开发企业所有的财产物资和各项经营活动,都要在会计核算过程中反映出来,因而通过对凭证的审查和账表资料的分析和考核,以及由此进行深入的调查研究,就可了解企业各项开发经营活动是否遵守财经制度和财经纪律。例如,企业通过对固定资产和材料、设备的核算,可以发现有无将应计入资产成本的资本性支出,作为收益性支出计入当期损益,有无在前后年度采用不同折旧方法和材料计价方法,使会计资料无法相互比较。企业通过对开发成本的核算和分析,可以发现在征地、拆迁过程中,有无任意提高土地征用费和拆迁补偿费的标准;在发包基础设施和建筑安装工程过程中,有无收取回扣,提高工程造价;在企业盈利水平较高的情况下,有无任意扩大成本开支范围,虚增开发成本,调节年度间盈利水平等情况。企业通过对管理费用的核算,可以发现有无假公济私、请客送礼、铺张浪费以及擅自提高开支标准、扩大福利待遇等情况。企业通过对利润分配的核算,可以发现有无不按有关规定,不提或少提法定盈余公积金,在所有者之间多分利润的情况。企业通过对财产清查,可以发现有无贪污盗窃等情况。做好会计工作,就能促使企业遵守国家的财经制度和财经纪律,保护企业财产安全、完整。

1.2.3 房地产开发企业会计的核算特点

上一节中我们论述了房地产开发企业的经营特点,这些经营特点决定了房地产开发企业的会计核算具有以下特点。

1. 存货核算的特殊性

因房地产开发企业的经营周期长,故与一般工商企业的存货相比,房地产开发企业的存货有两个明显的特点:

（1）其他企业拥有的土地使用权一般作为无形资产核算,而房地产开发企业的土地使用权是作为存货核算。

（2）房地产开发企业存货的借款费用可以进行资本化。

2. 预收账款核算的特殊性

房地产开发企业大多实行商品房预售制度,由于开发产品尚未完工,即使开发产品已预售完毕,其预售款项也只能计入预收账款,一般房地产开发企业在符合收入确认条件前无法确认为收入,所以预收账款余额比较大。鉴于房地产开发企业预收账款的特殊性,会计上要求房地产开发企业在预收账款项目附注中,除列示账龄余额外,还应列示期末余额、预计竣工时间和预售比例。

3. 收入核算的特殊性

房地产开发企业收入核算存在收入多样性、收入确认的特殊性和各期收入的波动性等特点。

（1）收入的多样性。房地产开发商品的形式包括土地、商品房、配套设施和其他建筑物等,商品房的形式又包括住宅、办公、商业、酒店等多种不同类型,所以房地产开发企业的收入形式也具有多样性的特点。

（2）收入确认的特殊性。由于房地产开发企业销售往往采用预售制度,预售属于远期交易,造成收款期与房屋交付期不一致,再加上销售房地产不但需要实物交付还需要产权转移,所以房地产收入确认比较特殊,实务界和理论界对此存在较大的争议。

（3）各期收入的波动性。房地产开发企业的开发周期较长,在项目建设期内需要投入大量资金,发生大量费用,但由于项目尚未完工,其预售款无法确认为收入,只能计入预收账款。房屋交付后,则有大量预售款确认为收入,所以各期收入存在很大的波动性。一般而言,房地产投资建设的初期往往面临资金投入大而收入较少的现象,但在建设后期资金投入相对较少而收入大量增加。

4. 房地产开发企业的产品售价与其成本不匹配

一般商品的售价总是围绕其成本上下波动,房地产开发产品的成本载体是整个建设工程,而销售则是以楼层或户型为单位,这样就造成单个楼层或户型的售价明显与其成本不配比。通常房地产开发企业的成本结转方法是:按当期竣工后的核算对象的总成本除以总开发建筑面积,得出每平方米建筑面积成本,然后再乘以销售面积得出本期销售成本。这样均摊计算的结果没有考虑房屋楼层、户型等因素,在一定期间的经营成果就可能不真实。

5. 成本核算的特殊性

房地产开发企业的成本核算期与开发产品开发周期一致,与会计报告期不一致,成本核算具有特殊性。

（1）核算时间跨度长。由于房地产开发周期长,所以成本核算的时间跨度很长,往往超过1年,甚至达到数年之久。

（2）开发产品的成本组成不同。由于房地产开发企业的产品种类多,且设计多样,导致开发产品的成本组成具有很大的差异,使成本核算非常复杂,因此在进行房地产成本核算时,要求根据具体情况进行分析核算。

（3）各步骤之间的成本不能明确区分。由于房地产开发的周期长,涉及的施工单位多,房地产开发需要不同工种的施工单位协同作业,属于多步骤生产,但它与制造业不同,各工种可在同一时间、同一地点进行平行交叉或立体交叉作业,各生产步骤之间并无明确的时间或地点界限,因此在会计核算上,难以准确计算各步骤开发产品的成本。

另外,房地产开发企业的成本核算还存在不同项目核算差异大、滚动开发核算难度大等特点。

☞ **引例解析** ....

房地产开发
企业开发产
品的特点

华润置地的会计核算手册

由以上分析可知,房地产开发企业会计核算的特点为:

（1）存货核算的特殊性:土地使用权作为存货核算的,存货的借款费用可以进行资本化。

（2）预收账款核算的特殊性:预收账款余额比较大。

（3）收入核算的特殊性:存在收入多样性、收入确认的特殊性和各期收入的波动性等特点。

（4）产品售价与其成本不匹配。

（5）成本核算的特殊性:存在核算时间跨度长、开发产品的成本组成不同、各步骤之间的成本不能明确区分、不同项目核算差异大、滚动开发核算难度大等特点。

1.2.4　房地产开发企业的会计科目

1. 会计科目的设置原则

为了对房地产开发企业的经营活动进行会计核算,必须设置相应的会计科目。会计科目是对会计要素进行分类所形成的具体项目,是设置会计账户的依据。会计科目按其提供会计信息的详细程度不同,可分为总分类会计科目和明细分类会计科目。根据中华人民共和国财政部(以下简称"财政部")颁布的《企业会计准则——应用指南》的统一规定,以及房地产开发企业经营的特点和会计核算的需要来看,房地产开发企业会计科目的设置应坚持以下原则。

（1）统一性与灵活性相结合原则。虽然房地产开发企业在企业性质、经营范围和经营方式上不同于一般的工商企业,但在设立的基本条件、会计要素的构成和交易表现形态方面却具有共同的特征,所以,房地产开发企业在设置会计科目时必须按照《企业会计准则》的要求,坚持统一性原则,以便保证会计信息的通用性。但为了体现房地产开发企业的行业特征,企业可以根据具体情况和会计核算的具体要求对统一规定的会计科目作必要的增设或合并。在会计科目设置上企业可以有一定的灵活性。

（2）通用性与专属性相结合原则。虽然房地产开发企业的会计科目也要分为资产类、负债类、所有者权益类、成本类、损益类和共同类六大类,但从会计科目性质上可以分为三类:完全专属性、内容专属性和规范通用性会计科目。在资产类会计科目中,有"开发产品""周转房"科目,在成本类会计科目中有"开发成本""开发间接费用"科目等,属于房地产开发企业完全专属性会计科目,是用于进行房地产开发企业资产和成本核算的科目。在资产类会计科目中,有"预付账款"科目等,在负债类会计科目中,有"预收账款"科目等。虽然从名称上看这些属于各行各业通用的会计科目,但在房地产开发企业核算范围、内容和作用上具有其不同的特点,属于内容专属性会计科目。除了完全专属性、内容专属性科目,其他部分是规范通用的会计科目。只有这三类科目的有机结合,才能够保证会计信息的质量。

（3）简易性和复杂性相结合原则。在设置总分类会计科目的基础上，房地产开发企业还需要根据会计核算和提供信息指标的要求，设置明细分类会计科目。例如，房地产开发企业在"应交税费"总分类科目下可设置"应交增值税""应交城市维护建设税""应交教育费附加""应交土地增值税""应交所得税"等二级明细分类科目，以对"应交税费"科目的不同税种分别进行核算和反映。明细分类会计科目由企业自行补充设置，但要坚持简繁结合原则。既不能过度地简单，导致会计信息难以反映企业经营的具体情况，也不能过度地复杂，以免造成会计工作效率的降低和会计资源的浪费。

2. 会计科目的设置

房地产开发企业会计科目的设置，主要参照《企业会计准则——应用指南》，其具体的会计科目及编号如表 1-1 所示。

表 1-1　　　　　　　　　　**房地产开发企业会计科目表**

序号	科目编号	科目名称	序号	科目编号	科目名称
		一、资产类	29	1481	持有待售资产
1	1001	库存现金	30	1482	持有待售资产减值准备
2	1002	银行存款	31	1501	债权投资
3	1012	其他货币资金	32	1502	债权投资减值准备
4	1101	交易性金融资产	33	1503	其他债权投资
5	1121	应收票据	34	1511	长期股权投资
6	1122	应收账款	35	1512	长期股权投资减值准备
7	1123	预付账款	36	1521	投资性房地产
8	1131	应收股利	37	1522	投资性房地产累计折旧（摊销）
9	1132	应收利息	38	1523	投资性房地产减值准备
10	1221	其他应收款	39	1531	长期应收款
11	1231	坏账准备	40	1601	固定资产
12	1401	材料采购	41	1602	累计折旧
13	1402	在途物资	42	1603	固定资产减值准备
14	1403	原材料	43	1604	在建工程
15	1404	材料成本差异	44	1605	工程物资
16	1405	开发产品	45	1606	固定资产清理
17	1406	发出商品	46	1701	无形资产
18	1408	委托加工物资	47	1702	累计摊销
19	1411	周转材料	48	1703	无形资产减值准备
20	1412	周转房	49	1711	商誉
21	1461	融资租入资产	50	1801	长期待摊费用
22	1471	存货跌价准备	51	1811	递延所得税资产
23	1473	合同资产	52	1901	待处理财产损溢
24	1474	合同资产减值准备			二、负债类
25	1475	合同履约成本	53	2001	短期借款
26	1476	合同履约成本减值准备	54	2101	交易性金融负债
27	1477	合同取得成本	55	2201	应付票据
28	1478	合同取得成本减值准备	56	2202	应付账款

（续表）

序号	编号	会计科目名称	序号	编号	会计科目名称
57	2203	预收账款	78	5101	开发间接费用
58	2205	合同负债	79	5201	劳务成本
59	2211	应付职工薪酬	80	5302	研发支出
60	2221	应交税费			五、损益类
61	2231	应付利息	81	6001	主营业务收入
62	2232	应付股利	82	6051	其他业务收入
63	2245	持有待售负债	83	6101	公允价值变动损益
64	2251	其他应付款	84	6111	投资收益
65	2401	递延收益	85	6115	资产处置损益
66	2501	长期借款	86	6117	其他收益
67	2502	应付债券	87	6301	营业外收入
68	2701	长期应付款	88	6401	主营业务成本
69	2801	预计负债	89	6402	其他业务成本
70	2901	递延所得税负债	90	6403	税金及附加
		三、所有者权益	91	6601	销售费用
71	4001	实收资本	92	6602	管理费用
72	4002	资本公积	93	6603	财务费用
73	4101	盈余公积	94	6701	资产减值损失
74	4103	本年利润	95	6702	信用减值损失
75	4104	利润分配	96	6711	营业外支出
76	4201	库存股	97	6801	所得税费用
		四、成本类	98	6901	以前年度损益调整
77	5001	开发成本			

特别提示 1-3

表1-1列示的房地产开发企业的会计科目,其中大部分都是各行业通用的会计科目,使用这些会计科目能够保证在会计科目设置上的统一性,只有"开发成本""间接开发费用"和"开发产品""周转房"等个别会计科目属于房地产开发企业专用的科目。

1.2.5　房地产开发企业的账簿设置

会计账簿是房地产开发企业在会计核算工作中用于开设账户,进而进行登记具体经济业务的工具。会计账簿是由一定格式的,并且相互联结的账页组成。会计账簿的设置是保证会计核算工作正常进行,合理分配会计人员岗位职责,完整、及时、准确核算并反映企业经营情况及其结果的前提条件。所以,如何设置会计账簿已经成为衡量企业会计核算水平和会计工作领导能力的重要标志。从实际工作需要来看,为了全面系统地进行会计核算,房地产开发企业需要设置以下四类账簿。

1. 总分类账

总分类账也称总账,是按总分类科目(一级会计科目)设置的,分类、连续地记录和反映经济业务总括情况的账簿。总分类账一般为"三栏式"，即账页上按照借贷记账法的要求记录金额的部分分为"借方""贷方"和"余额"三个栏目，分别登记账户的增减发生额及其余额。

2. 日记账

日记账也称序时账，是按经济业务发生的时间顺序，逐日逐笔进行记录的一种账簿。房地产开发企业一般要设置"现金日记账"和"银行存款日记账"两种日记账。日记账的账页格式一般为三栏式，"银行存款日记账"根据开户银行开设账页。

3. 明细分类账

明细分类账也称明细账，是按照明细分类会计科目设置的，用来分类、连续、系统地记录某一类经济业务详细程度的账簿。大部分总账科目都需要设置明细账。明细账可采用订本式账簿，也可采用活页式账簿。为了便于增加账页或减少空白账页，企业一般采用活页式账簿。明细账的账页格式有三栏式、数量金额式和多栏式。不同的会计科目，其账页格式的要求各不相同。三栏式明细账格式如表 1-2 所示，数量金额式明细账格式如表 1-3 所示，多栏式明细账格式如表 1-4 和表 1-5 所示。

表 1-2　　　　　　　　　　　　　　　　预收账款明细账

年		凭证		摘要	借方	贷方	借或贷	余额
月	日	字	号					

表 1-3　　　　　　　　　　　　　　　　原材料明细账

计量单位：　　　　　材料名称：　　　　　规格：　　　　　材料编号：

年		凭证		摘要	收入			发出			结存		
月	日	字	号		数量	单价	金额	数量	单价	金额	数量	单价	金额

表 1-4　　　　　　　　　　　　　　　　开发成本明细账

开发项目：

年		凭证		摘要	借方	贷方	余额	借方明细科目					
月	日	字	号					土地征用及拆迁补偿费	前期工程费	基础设施费	建筑安装工程费	公共配套设施费	开发间接费用

表 1-5　　　　　　　　　　　　　　　　开发间接费用明细账

开发项目：

年		凭证		摘要	借方	贷方	余额	借方明细科目					
月	日	字	号					人工费	折旧费	办公费	水电费	劳保费	其他

4. 备查账簿

备查账簿也称辅助账簿或者备查簿,是对总账、明细账、日记账未能记载或记载不全的经济业务的有关情况进行补充登记的账簿。备查账不一定按照会计科目设置,与其他账户之间不存在严密的依存关系,记账也不一定遵循复式记账原则。

📁 **知识拓展 1-1** ....

房地产开发企业会计发展历程

在市场经济体制下,与房地产开发企业有关的会计制度或准则有《房地产开发企业会计制度》(财会〔1993〕2 号)、《股份有限公司会计制度——会计科目和会计报表》(财会〔1998〕7 号)、《企业会计制度》(财会〔2000〕25 号)、《企业会计准则》《小企业会计准则》(财会〔2011〕17 号)等。

(1)房地产开发企业会计制度。为适应社会主义市场经济发展的需要,从 1992 年开始我国进行了重大会计改革,先后出台了"两则""两制"。"两则"即《企业会计准则》和《企业财务通则》,"两制"即工业企业、商品流通企业等分行业会计制度和分行业财务制度。1993 年 1 月 7 日,财政部发布的《房地产开发企业会计制度》便是其中的一项,自 1993 年 7 月 1 日起执行。

在这一阶段,财政部发布并修订了 16 项具体会计准则和 1 项基本准则,房地产开发企业中的股份公司同时施行会计制度和会计准则,其中基本准则和 7 项具体准则在所有企业施行。

2015 年 2 月 16 日,财政部发布《关于公布若干废止和失效的会计准则制度类规范性文件目录的通知》(财会〔2015〕3 号),将《财政部关于印发〈房地产开发企业会计制度〉的通知》废止。

(2)股份有限公司会计制度。1998 年 1 月 27 日,为了规范股份有限公司的会计核算工作,维护投资者和债权人的合法权益,根据《中华人民共和国公司法》(以下简称《公司法》)和《企业会计准则》的要求,财政部制定了《股份有限公司会计制度——会计科目和会计报表》。《股份有限公司会计制度——会计报表》附件三《房地产开发业务会计处理规定》中针对房地产开发企业的特点,作出了房地产开发业务会计处理的特别规定。

(3)企业会计制度。我国企业分行业、分经济成分的会计制度,忽视了企业会计制度的统一性。企业分行业、分经济成分的会计制度在会计方法、会计科目乃至会计报表格式和编制要求方面都存在差异,造成了经济性质相同或类似的会计事项或交易。由于行业和经济成分不同,会计处理的方法和结果可能产生较大差异的状况,从而导致会计信息口径不一致,缺乏可比性,不利于不同行业、不同经济成分企业之间进行会计信息的对比分析。

为了规范企业的会计核算工作,提高会计信息质量,2000 年 12 月 29 日,财政部根据《中华人民共和国会计法》(以下简称《会计法》)和《企业财务会计报告条例》制定了《企业会计制度》,于 2001 年 1 月 1 日起暂在股份有限公司范围内执行。执行《企业会计制度》后,《股份有限公司会计制度——会计科目和会计报表》同时废止。

(4)企业会计准则。为了规范企业会计确认、计量和报告行为,保证会计信息质量,2006 年 2 月 15 日,财政部根据《会计法》《企业会计准则——基本准则》等国家有关法律、行政法规,制定并发布了《企业会计准则第 1 号——存货》(财会〔2006〕3 号)等 38 项具体准则,自 2007 年 1 月 1 日起在上市公司范围内施行,鼓励其他企业执行,执行该 38 项具体准则的企业不再执行原有准则、《企业会计制度》和《金融企业会计制度》。

(5)小企业会计准则。为了规范小企业会计确认、计量和报告行为,促进小企业可持续发展,发挥小企业在国民经济和社会发展中的重要作用,2011 年 10 月 18 日,财政部根据《会计法》及其他有关法律法规,制定并发布了《小企业会计准则》,自 2013 年 1 月 1 日起在小企业范围内施行,鼓励小企业提前执行。财政部于 2004 年 4 月 27 日发布的《小企业会计制度》(财会〔2004〕2 号)同时废止。

由此可见,我国房地产开发企业除上市公司执行的是《企业会计准则》,小型企业自 2013 年 1 月 1 日起执行《小企业会计准则》,房地产开发企业中的非上市公司执行的可能是《企业会计制度》,也可能是《企业会计准则》。本书会计处理部分,依据的是《企业会计准则》及其应用指南、解释。

1.3 房地产开发企业税务概述

房地产开发企业纳税业务主要包括应纳税种及税率、纳税申报和税款缴纳等方面内容。

1.3.1 应纳税种及税率

我国房地产开发企业涉及的应纳税种(费,下同)较多,主要有增值税、城市维护建设税、教育费附加、地方教育费附加、房产税、城镇土地使用税、耕地占用税、契税、印花税、土地增值税和企业所得税等。房地产开发企业开发经营各阶段应纳税种及税率如表 1-6 所示。

表 1-6 　　　　　　　　　　　　开发经营各阶段应纳税种及税率表

环节		涉及主要税费
企业设立阶段	印花税	1. 权利、许可证照,包括房屋产权证、工商营业执照、土地使用证,按件贴花 5 元 2. 营业账簿,记载资金的账簿,按实收资本和资本公积的合计金额 0.5‰贴花(减半征收);其他账簿按件贴花 5 元(免征) 3. 产权转移书据,包括土地使用权出让合同、土地使用权转让合同,按所记载金额 0.5‰贴花
	契税	1. 接受以房屋等不动产出资。按照国有土地使用权出让、土地使用权出售、房屋买卖成交价格的 3%～5%适用税率缴纳契税 2. 以自有房产作股投入本人独资经营的企业,免征契税
获取土地阶段	印花税	1. 权利、许可证照,包括房屋产权证、工商营业执照、土地使用证,按件贴花 5 元印花税 2. 产权转移书据,包括土地使用权出让合同、土地使用权转让合同,按所记载金额 0.5‰贴花
	契税	取得土地使用权。按照国有土地使用权出让、土地使用权出售、房屋买卖成交价格的 3%～5%适用税率缴纳契税
	耕地占用税	取得土地使用权。符合耕地条件的土地,按照实际占用耕地面积和适用税额一次性缴纳耕地占用税,不符合耕地条件的不缴纳
开发建设阶段	城镇土地使用税	从取得红线图次月起,按实际占用的土地面积和定额税率计算缴纳
	印花税	签订的各类合同,按规定税率(0.05‰～1‰)计算贴花
转让及销售阶段	增值税	销售不动产、转让土地使用权。一般纳税人适用一般计税方法的,税率为 9%;房地产老项目选择适用简易计税方法的,征收率为 5%
	城市维护建设税	按增值税税额的 7%(或 5%、1%)缴纳。不动产所在地为市区的,税率为 7%;不动产所在地为县城、镇的,税率为 5%;不动产所在地不在市区、县城、镇的,税率为 1%
	教育费附加	按增值税税额的 3%缴纳
	地方教育费附加	按增值税税额的 2%缴纳
	土地增值税	1. 查账征收:①在项目全部竣工结算前转让房地产取得的收入,可以预征土地增值税;②待该项目全部竣工,办理结算后再进行清算,多退少补 2. 核定征收
	印花税	房地产转让或销售合同,按商品房销售合同所记载金额 0.5‰缴纳;广告合同,按所记载金额 0.5‰贴花
	城镇土地使用税	按实际占用的土地面积和定额税率计算缴纳,房产、土地的实物或权利状态发生变化的当月末,终止缴纳

（续表）

环节		涉及主要税费
转让及销售阶段	企业所得税	1. 查账征收：①销售未完工开发产品取得的收入，按预计计税毛利率分季（或月）计算出预计毛利额，计入当期应纳税所得额。开发产品完工后，及时结算其计税成本并计算此前销售收入的实际毛利额，同时将其实际毛利额与其对应的预计毛利额之间的差额，计入当年度企业本项目与其他项目合并计算的应纳税所得额；②销售完工开发产品，按照应纳税所得额25%的税率缴纳企业所得税 2. 核定征收
持有房产阶段	增值税	不动产租赁服务。一般纳税人适用一般计税方法的，税率为9%；出租2016年4月30日前取得的不动产选择适用简易计税方法的，征收率为5%
	城市维护建设税	按增值税税额的7%（或5%、1%）缴纳
	教育费附加	按增值税税额的3%缴纳
	地方教育费附加	按增值税税额的2%缴纳
	城镇土地使用税	按土地实际占用面积和定额税率计算缴纳
	房产税	自用房产，按房产计税余值1.2%缴纳；房产出租的，按租金收入12%缴纳
	印花税	财产租赁合同，按合同记载金额的1‰贴花

特别提示 1-4

增值税税率在2016年5月1日至2018年4月30日为11%，2018年5月1日至2019年3月31日为10%，2019年4月1日后法规将税率调整为9%。除特别说明，本书按9%的税率进行计算。

1.3.2 纳税申报

纳税申报是房地产开发企业作为纳税义务人履行纳税义务时，就计算缴纳税款的有关事项向税务机关提交的书面纳税申报表。纳税申报也是税务机关核实应纳税款、开具完税凭证的主要依据。

1. 纳税申报的方式

房地产开发企业作为纳税义务人可以直接到税务机关办理纳税申报或者报送代扣代缴、代收代缴税款报告表，经税务机关批准，也可以按照规定采取邮寄、数据电文或者其他方式办理上述申报、报送事项。目前很多地区已经实行网上申报。房地产开发企业采用网上申报方式办理纳税申报的，应当按照税务机关规定的期限和要求保存有关资料，并定期书面报送主管税务机关。

2. 纳税申报的类别

房地产开发企业作为纳税义务人可以直接到税务机关办理纳税申报或者报送代扣代缴、代收代缴税款。

纳税申报分为按期纳税申报和按次纳税申报两种。按期纳税申报是以一定期间确定一个纳税期限，有分月（季）度纳税申报和年度纳税申报两类。按次纳税申报是每完成一次应税行为，便缴纳一次税款，如耕地占用税、契税。

（1）月（季）度纳税申报。月（季）度纳税申报是指月（季）度终了后，房地产开发企业按照税法的规定，对上月（季）发生的各种纳税义务的应纳税款进行计算，计算后填列纳税申报表，并在规定的期限内进行纳税申报。

一般需要申报如下税费：增值税、城市维护建设税、教育费附加、地方教育费附加、城镇土地使用税、房产税、印花税、土地增值税、企业所得税、个人所得税。

（2）年度纳税申报。年度纳税申报主要涉及企业所得税年度汇算清缴。

3. 纳税申报的程序

房地产开发企业办理纳税申报时，应当如实填写纳税申报表，并根据不同的情况报送纳税申报表、财务会计报表以及税务机关根据实际需要要求纳税人报送的其他纳税资料。

纳税人在纳税期内没有应纳税款的，也应当按照规定办理纳税申报。纳税人享受减税、免税待遇的，在减税、免税期间应当按照规定办理纳税申报。

1.3.3 税款缴纳

税款缴纳是房地产开发企业依据税法规定的期限，将应纳税款向国库解缴的活动，是完成纳税义务的体现。税务机关征收税款时，必须向纳税人开具完税凭证。

房地产开发企业需要延期缴纳税款的，应当在缴纳税款期限届满前提出申请，并报送相关材料，税务机关应当自收到申请延期缴纳税款报告之日起 20 日内作出批准或者不予批准的答复；不予批准的，从缴纳税款期限届满之日起加收滞纳金。延期缴纳税款期限最长不得超过 3 个月。

重 要 概 念

房地产　房地产企业　房地产开发企业　土地的开发　房屋的开发　城市基础设施和公共配套设施的开发　代建工程的开发　房地产开发企业的会计对象　房地产开发企业会计的任务　房地产开发企业会计的核算特点　房地产开发企业的会计科目

本 章 练 习

一、单项选择题

1. 下列会计科目中，与销售费用属于同一性质的会计科目的是（　　　）科目。

　A. "开发产品"　　　　　　　　　　　　B. "财务费用"

　C. "开发间接费用"　　　　　　　　　　D. "劳务成本"

2. 下列不属于房地产开发企业成本类科目的是（　　　）科目。

　A. "开发成本"　　　　　　　　　　　　B. "开发间接费用"

　C. "开发产品"　　　　　　　　　　　　D. "研发支出"

3. 下列各项中，不属于房地产开发企业业务范围的是（　　　）。

　A. 房屋及其他建筑物的工程施工活动　　B. 土地的开发与经营

　C. 房屋的开发与经营　　　　　　　　　D. 代建工程的开发

4. 下列不属于房地产开发企业开发建设阶段的环节的是（　　　）。

　A. 报批报建　　　　B. 施工建设　　　　C. 竣工验收　　　　D. 营销策划

5. 房地产开发企业持有房屋阶段，不会涉及（　　　）。

　A. 房产税　　　　　　　　　　　　　　B. 增值税

　C. 土地增值税　　　　　　　　　　　　D. 城镇土地使用税

二、多项选择题

1. 下列各项中,属于房地产开发企业成本核算特点的有(   )。

A. 不同项目核算差异大　　　　　　　　B. 核算时间跨度长

C. 开发产品的成本组成不同　　　　　　D. 各步骤之间的成本不能明确区分

2. 下列各项中,属于房地产开发企业会计的核算特点的有(   )。

A. 存货核算的特殊性　　　　　　　　　B. 预收账款核算的特殊性

C. 收入核算的特殊性　　　　　　　　　D. 成本核算的特殊性

3. 房地产开发企业的开发经营流程包括(   )。

A. 获取土地使用权　　　　　　　　　　B. 持有房地产

C. 转让及销售房地产　　　　　　　　　D. 房地产开发建设

4. 下列属于房地产开发企业专用的会计科目的有(   )。

A. "开发成本"　　　　　　　　　　　　B. "间接开发费用"

C. "开发产品"　　　　　　　　　　　　D. "周转房"

5. 房地产开发企业转让与销售阶段,主要涉及下列(   )税费。

A. 增值税　　　　B. 印花税　　　　C. 契税　　　　D. 土地增值税

三、判断题

1. 按照经营内容和方式的不同,房地产企业被划分为房地产开发企业、房地产中介服务企业和物业管理企业等。　　　　　　　　　　　　　　　　　　　　　　　　　　　（　　）

2. 房地产商自营的独立核算的施工单位也属于房地产开发企业的经营业务范围。　（　　）

3. 房地产开发企业的会计对象是指房地产开发企业的各项开发经营业务活动的资金运动。资金运动作为会计对象,是对房地产开发企业会计对象的具体描述。　　　　　　　　（　　）

4. 一般而言,房地产投资呈现建设的初期资金投入大、收入较多,而在建设后期资金投入相对较少、收入也较小的现象。　　　　　　　　　　　　　　　　　　　　　　　　（　　）

5. 房地产开发企业的成本核算存在不同项目核算差异大、滚动开发核算难度大等特点。（　　）

四、简答题

1. 简述房地产开发企业的经营特点。

2. 房地产开发企业会计的任务是什么?

3. 简述房地产开发企业会计的核算特点。

第 2 章 企业设立阶段的税务与会计处理

内容提要

本章主要讲解了房地产开发企业设立阶段应具备的条件、房地产开发企业的出资方式；设立阶段涉及的税务处理，主要包括印花税和契税的处理；以及设立阶段的会计核算，主要包括接受投资者投资的账务处理和开办费的账务处理。

重点难点

本章重点为设立阶段涉及的印花税和契税的税务处理和设立阶段的会计核算；难点为设立阶段的税务处理。

学习目标

通过本章学习，学生应掌握房地产开发企业设立阶段印花税的税务处理、契税的税务处理、接受投资者投资的账务处理、开办费的账务处理和缴纳税金的账务处理；明确房地产开发企业设立阶段应具备的条件；了解房地产开发企业的开发经营资质的各项规定。

章节导读

知识框架

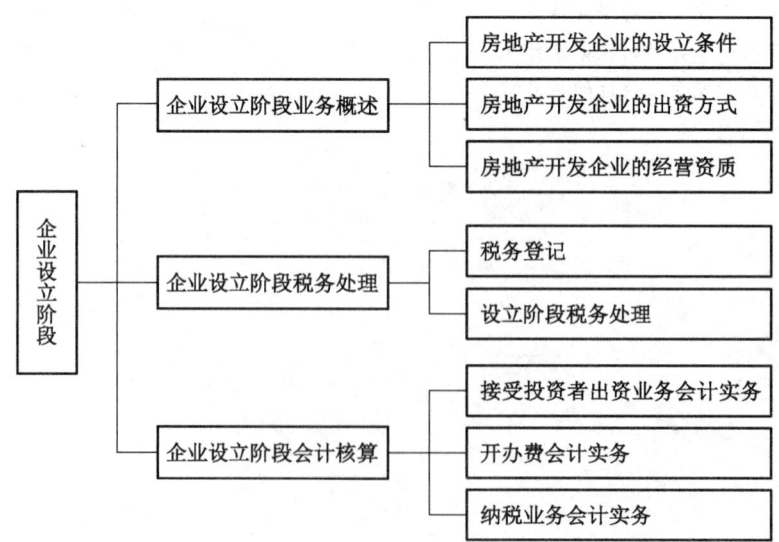

引入案例　京东 38.5 亿元进军实体商业

在 2017 年 8 月 8 日北京土拍大战中,第一宗完成交易的是唯一的一块商业办公用地:北京经济技术开发区路东区 C14C-1、C14C-2、C14S-1 地块。该地块没有在北京市国土资源局(以下简称"北京国土局")参与下现场竞拍,竟然直接由京东集团负责人在北京国土局现场签字成交!最终京东以 38.5 亿元成功摘得该地块,一时震惊四座。

据悉,当天下午共 3 宗"限售价"用地及 1 宗商办地一起走向拍卖台,北京经济技术开发区路东区 C14C-1、C14C-2、C14S-1 地块是当月唯一一块入市的商办性质用地,该地块建筑控制规模为 264 058.65 平方米,是 B4 综合性商业金融服务业用地、S41 公用停车场用地,容积率 3.5,控高 60 米;C14C-2 地块 164 551 平方米,容积率 5,控高 80 米;C14S-1 地块则将用于建设公用停车场。

该地块要求"商业全自持,车位无偿代建",如此苛刻的要求依然获得了品牌电商平台京东的青睐。一位知情人士表示,京东拿地的主要目的应该是整合上下游产业链,一方面扩建自己的总部,另一方面也可以出租给合作商,在周边形成围绕京东的产业生态。

京东作为中国重要的几大电商平台之一,在电商界风头日盛,然而近几年以京东、天猫等为代表的电商平台纷纷开始涉足实体商业。

由此可见,实体商业的未来更加清晰。作为实体商业经济的重要载体,商业地产必将成为城市实体经济发展的重要推动部分,特别是地产政策调控,住宅产品逐渐回归"居住"属性的今天,商业地产的价值愈发明显。

该案例中,若京东进军房地产开发市场,设立房地产开发企业应具备哪些条件?

(资料来源:https://baijiahao.baidu.com/s? id=1575331929871442&wfr=spider&for=pc。)

2.1 | 企业设立阶段业务概述

由于我国房地产法规对从事房地产开发经营有主体资格的要求,所以设立房地产开发企业是从事房地产开发经营的前提。在房地产开发企业设立阶段,需要符合《公司法》等相关法律、法规的规定;在纳税处理上,企业设立阶段不仅需要办理税务登记手续,还涉及印花税、契税等涉税事项;在会计处理上,主要涉及会计科目、建账等设置,以及接受投资者出资的核算及开办费用的核算。

在我国,设立房地产开发企业需要满足《公司法》《城市房地产管理法》《城市房地产开发经营管理条例》等相关法律、法规规定的条件。设立房地产开发企业时投资者可以采用货币资金、土地使用权、股权等不同的出资方式。房地产开发企业成立后进行房地产开发,根据《城市房地产开发经营管理条例》的规定,房地产开发企业需要申请办理相应的房地产开发经营资质。本节主要介绍房地产开发企业的设立条件、出资方式和开发经营资质等内容。

2.1.1　房地产开发企业的设立条件

1.《公司法》规定的设立条件

房地产开发企业的主要形式有有限责任公司和股份有限公司,根据《公司法》规定,这两种公司形式具体的设立条件略有不同。

(1) 设立有限责任公司,应当具备下列条件:①股东符合法定人数;②有符合公司章程规定的全体股东认缴的出资额;③股东共同制定公司章程;④有公司名称,建立符合有限责任公司要求的组织机构;⑤有公司住所。

(2) 设立股份有限公司,应当具备下列条件:①发起人符合法定人数;②符合公司章程规定的全体发起人认购的股本总额或者募集的实收股本总额；③股份发行、筹办事项符合法律规定；④发起人制定公司章程，采用募集方式设立的经创立大会通过；⑤有公司名称，建立符合股份有限公司要求的组织机构；⑥有公司住所。

2.《城市房地产管理法》规定的设立条件

根据《城市房地产管理法》，设立房地产开发企业应当具备下列条件：

（1）有自己的名称和组织机构。

（2）有固定的经营场所。

（3）有符合国务院规定的注册资本。

（4）有足够的专业技术人员。

（5）法律、行政法规规定的其他条件。

3.《城市房地产开发经营管理条例》规定的设立条件

根据《城市房地产开发经营管理条例》，设立房地产开发企业，除应当符合有关法律、行政法规规定的企业设立条件，还应当具备下列条件：

（1）有100万元以上的注册资本。

特别提示2-1

房地产开发公司注册资本最低100万元，但是各个省份对暂定资质的房地产开发公司有注册资金的最低要求。

（2）有4名以上持有资格证书的房地产专业、建筑工程专业的专职技术人员，2名以上持有资格证书的专职会计人员。省、自治区、直辖市人民政府可以根据本地的实际情况，对设立房地产开发企业的注册资本和专业技术人员的条件作出高于前款的规定。

根据《公司法》《城市房地产管理法》和《城市房地产开发经营管理条例》等规定，设立房地产开发企业，应当向工商行政管理部门申请设立登记。工商行政管理部门对符合相关法律、法规规定条件的，应当予以登记，发放营业执照；对不符合相关法律、法规规定条件的，不予登记。房地产开发企业在领取营业执照后的1个月内，应当到登记机关所在地的县级以上地方人民政府房地产开发主管部门备案。

引例解析

京东38.5亿元进军实体商业

引例中，京东作为一家电商企业若进军房地产开发市场，设立房地产开发企业应具备下列条件。

1. 根据《城市房地产管理法》第30条规定，需要同时具备以下5个条件：

（1）有自己的名称和组织机构。

（2）有固定的经营场所。

（3）有符合国务院规定的注册资本。

（4）有足够的专业技术人员。

（5）法律、行政法规规定的其他条件。

2. 根据《城市房地产开发经营管理条例》第5条规定，需要具备下列条件：

（1）有100万元以上的注册资本。

（2）有4名以上持有资格证书的房地产专业、建筑工程专业的专职技术人员，2名以上持有资格证书的专职会计人员。

2.1.2　房地产开发企业的出资方式

根据《公司法》,投资者可以用货币出资,也可以用实物、知识产权、土地使用权等可以用货币估价并可以依法转让的非货币财产作价出资;但是,法律、行政法规规定不得作为出资的财产除外。根据《公司注册资本登记管理规定》(国家工商行政管理总局令第64号)的规定,股东或者发起人不得以劳务、信用、自然人姓名、商誉、特许经营权或者设定担保的财产等作价出资。

1. 以货币出资

根据《公司法》,股东以货币出资的,应当将货币出资足额存入公司在银行开设的账户。

2. 以非货币财产出资

根据《公司法》,以非货币财产出资的,应当依法办理其财产权的转移手续;对作为出资的非货币财产应当评估作价,核实财产,不得高估或者低估作价。法律、行政法规对评估作价有规定的,从其规定。

(1)股权出资。根据《公司注册资本登记管理规定》,股东或者发起人可以以其持有的在中国境内设立的公司(以下称"股权所在公司")股权出资。以股权出资的,该股权应当权属清楚、权能完整、依法可以转让。具有下列情形的股权不得用作出资:①已被设立质权;②股权所在公司章程约定不得转让;③法律、行政法规或者国务院决定规定,股权所在公司股东转让股权应当报经批准而未经批准;④法律、行政法规或者国务院决定规定不得转让的其他情形。

(2)债权转为股权。根据《公司注册资本登记管理规定》,债权人可以将其依法享有的对在中国境内设立的公司的债权,转为公司股权。转为公司股权的债权应当符合下列情形之一:①债权人已经履行债权所对应的合同义务,且不违反法律、行政法规、国务院决定或者公司章程的禁止性规定;②经人民法院生效裁判或者仲裁机构裁决确认;③公司破产重整或者和解期间,列入经人民法院批准的重整计划或者裁定认可的和解协议。用以转为公司股权的债权有两个以上债权人的,债权人对债权应当已经作出分割;债权转为公司股权的,公司应当增加注册资本。

2.1.3　房地产开发企业的经营资质

房地产开发企业资质等级核定办法如表2-1所示。

表2-1　　　　　　　　　　房地产开发企业资质等级核定办法

资质等级	最低注册资本	最低开发经营年限	建筑情况	工程质量	人员要求	有无事故
一级	5 000万元	从事房地产开发经营5年以上	近3年房屋建筑面积累计竣工30万平方米以上,或者累计完成与此相当的房地产开发投资额。上一年房屋建筑施工面积15万平方米以上,或完成与此相当的房地产开发投资额	连续5年建筑工程质量合格率达100%;具有完善的质量保证体系,商品住宅销售中实行了《住宅质量保证书》和《住宅使用说明书》制度	有职称的建筑、结构、财务、房地产及有关经济类专业管理人员不少于40人,其中具有中级以上职称的管理人员不少于20人,持有资格证书的专职会计人员不少于4人;工程技术、财务、统计等业务负责人具有相应专业中级以上职称	无

（续表）

资质等级	最低注册资本	最低开发经营年限	建筑情况	工程质量	人员要求	有无事故
二级	100 万元	无要求	无要求	具有完善的质量保证体系,在房地产开发活动中落实工程质量管理职责	有职称的建筑、结构、财务、房地产及有关经济类专业管理人员不少于 5 人,持有资格证书的专职会计人员不少于 2 人;工程技术负责人具有相应专业中级以上职称,财务负责人具有相应专业初级以上职称,配有专业统计人员	无

特别提示 2-2

为了保证房地产开发企业的持续经营,对于房地产开发企业实行定期年检制度。

2.2 企业设立阶段税务处理

房地产开发企业在设立阶段需要办理税务登记,除了涉及印花税,一般不涉及其他税种。但是,如果房地产开发企业接受出资者以土地使用权或者房产等不动产出资,将会涉及契税等税种。企业设立阶段还涉及增值税一般纳税人与小规模纳税人登记。

2.2.1 税务登记

税务登记是整个税收征收管理的首要环节,是税务机关对纳税人的基本情况及生产经营项目进行登记管理的一项基本制度,也是纳税人已经纳入税务机关监督管理的一项证明。根据法律、法规规定具有应税收入、应税财产或应税行为的各类纳税人(其他个人除外),都应依照《中华人民共和国税收征收管理办法》(以下简称《税收征收管理办法》)、《中华人民共和国税收征收管理法实施细则》(以下简称《税收征收管理法实施细则》)和《税务登记管理办法》的规定办理税务登记。

"五证合一"登记制度是在企业和农民专业合作社"三证合一、一照一码"的基础上全面实行"五证合一、一照一码"登记模式,整合社会保险登记证和统计登记证,由工商行政管理部门核发加载法人和其他组织统一社会信用代码的营业执照,社会保险登记证和统计登记证不再另行发放。根据《国务院办公厅关于加快推进"五证合一、一照一码"登记制度改革的通知》(国办发〔2016〕53 号)的通知,企业申请设立登记的、原执照有效期满、申请变更登记或者申请换发营业执照的,由登记机关依法核发、换发加载统一代码的营业执照。对营业执照的换发及统一代码的赋码方式、对企业原证照的收缴和管理方式继续按照《工商总局等六部门关于贯彻落实〈国务院办公厅关于加快推进"三证合一"登记制度改革的意见〉的通知》(工商企注字〔2015〕121 号)的要求进行。对于已领取社会保险登记证和统计登记证的企业,不再收缴原社会保险登记证和统计登记证。2018 年 1 月 1 日前,原发证照继续有效,过渡期结束后一律使用加载统一代码的营业执照,未换发的证照不再有效。取消社会保险登记证和统计登记证的定期验证和换证制度,原有验证和换证要求企业报送的事项经整合后纳入企业年度报告内容,由企业自行向工商部门报送年度报告并向社会公示。

2.2.2 设立阶段税务处理

房地产开发企业在设立阶段会取得营业执照等权利许可证照,按照企业会计准则和企业会计制度的规定以及企业经营特点建立会计账簿的同时,就要根据税法的规定和企业发生的交易活动办理纳税事项。如果企业获取了非货币性财产出资,那么在企业设立阶段也有可能要缴纳契税、房产税、车船税、城镇土地使用税等。但是企业投资人采用货币性财产出资时,企业在设立环节需要缴纳的主要是印花税。如果房地产开发企业接受出资者以土地使用权或者房产等不动产出资,还会涉及契税。所以这里仅介绍有关印花税和契税的有关规定。

1. 印花税

(1)营业账簿。营业账簿指房地产开发企业记载开发经营活动的财务会计核算账簿。营业账簿按其反映内容的不同,可分为记载资金的账簿和其他账簿。

企业设立阶段的税务与会计处理以及印花税相关规定

记载资金的账簿是指反映生产经营单位资本金数额增减变化的账簿。记载资金的账簿应按"营业账簿"税目中的"记载资金的账簿",按照实收资本和资本公积的合计金额的0.5‰在账簿启用时贴花。自2018年5月1日起,对按0.5‰税率贴花的资金账簿减半征收。根据《中华人民共和国印花税法》(以下简称《印花税法》)的规定,营业账簿印花税税率从原先对"实收资本和资本公积"的万分之五降为万分之二点五。2022年7月1日起正式施行。

其他账簿是指除上述账簿以外的有关其他生产经营活动内容的账簿,包括日记账簿和各明细分类账簿。其他账簿适用定额税率,在启用时按件贴花,每件5元。自2018年5月1日起,对按件贴花5元的其他账簿免征印花税。

【例2-1】 2×21年3月15日,中国琴岛房地产开发公司设立,注册资本为3 000万元。公司该年度设置总账1本、其他营业账簿12本。

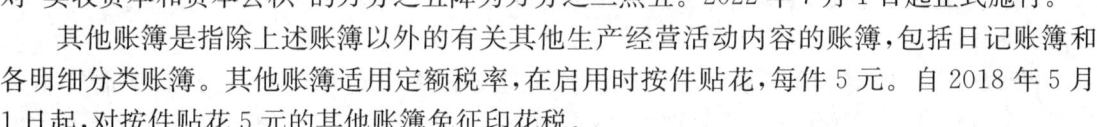

总账应纳税额=30 000 000×0.5‰×50%=7 500(元)

(2)权利许可证照。根据国家税务总局地方税管理司《关于对权利许可证照如何贴花问题的复函》(国税地函〔1991〕2号)的规定,权利许可证照的征税范围仅指政府部门发给的房屋产权证、工商营业执照、商标注册证、专利证、土地使用证,其他各种权利许可证照均不贴花。工商营业执照在证照领受时贴花,适用定额税率,按件贴花,税额为5元。房地产开发企业在设立阶段如果涉及房屋和土地使用权出资的,房屋产权证、土地使用证也应按件贴花,每件5元。根据《印花税法》的规定,取消对权利许可证照每件征收5元印花税的规定。

(3)土地使用权合同。根据《印花税法》的规定,对土地使用权出让合同、土地使用权转让合同按产权转移书据征收印花税,按照记载金额的0.5‰贴花。

【例2-2】 中国琴岛房地产开发公司以一块土地使用权出资设立子公司,土地使用权价值5 000万元。

在土地使用权出资环节,中国琴岛房地产开发公司与其子公司均应缴纳印花税。

应纳印花税税额=5 000×0.5‰=2.5(万元)

(4)股权投资合同。根据《印花税法》第二条规定,印花税只对税目税率表中列举的凭证和经财政部确定征税的其他凭证征税。也就是说,印花税的征收范围采用列举的方式,没有列举的凭证,不需要贴花。《印花税法》第二条和《印花税税目税率表》中列举的应纳税凭证均没有股权投资合同。由此可知,股权投资合同不是印花税的征税对象,不需要缴纳印花税。

（5）债转股合同。《印花税法》第二条和《印花税税目税率表》中列举的应纳税凭证均没有债转股合同,由于债转股合同或协议不在上述列举范围之内,因此无论债权人和债务人是否就债转股业务签订了合同或协议,均不需要缴纳印花税,但债转股增加了实收资本或资本公积需要缴纳印花税。

（6）房屋租赁合同。房地产开发企业需要有固定的经营场所,如果作为经营场所的房屋是租赁取得的,需要根据财产租赁合同税目,按租赁金额的1‰贴花。

2. 契税

在房地产开发设立阶段,如果接受出资人以房屋等不动产出资的,根据《中华人民共和国契税法》(以下简称《契税法》)的规定,接受出资的房地产开发企业应当按照土地使用权出让、土地使用权出售、房屋买卖成交价格的3%～5%适用税率缴纳契税。契税的适用税率,由省、自治区、直辖市人民政府在前款规定的幅度内按照本地区的实际情况确定,并报财政部和国家税务总局备案。

📁 **特别提示2-3**

契税是土地、房屋权属转移时向其承受者征收的一种税收,在中国境内取得土地、房屋权属的企业和个人,应当依法缴纳契税。

【例2-3】 甲、乙、丙三家公司共同出资设立中国琴岛房地产开发公司,注册资本为10 000万元,甲、乙、丙持股比例分别为20%、30%、50%。甲公司以货币资金2 000万元出资,持股比例为20%;乙公司以其持有的A公司的股权作价出资,乙公司对A公司的长期股权投资账面价值为2 600万元,甲、乙、丙在投资合同中约定,作为出资的该项股权作价3 000万元,该作价是按照A公司股票的市价经考虑相关调整因素后确定的;丙公司以土地使用权出资,土地使用权评估确认的价值为5 000万元,持股比例为50%。租赁办公用房屋协议显示每年房屋租金10万元,租期2年。2×21年3月18日领到工商部门颁发的企业法人营业执照。公司该年度设置总账1本、其他营业账簿12本。

2×21年7月5日,中国琴岛房地产开发公司应支付甲公司借款6 000万元,由于中国琴岛房地产开发公司财务困难,无法偿付。经双方协商同意,签订债务重组协议,采取将中国琴岛房地产开发公司所欠债务转为中国琴岛房地产开发公司股本的方式进行债务重组。假定中国琴岛房地产开发公司普通股的面值1元,中国琴岛房地产开发公司以600万股抵偿该项债务,股票每股市价为9元。中国琴岛房地产开发公司计入股本的金额为600万元,股票的公允价值减去股票的面值总额4 800万元(600×9－600×1)后的差额,应计入资本公积。

（1）营业执照应按件贴花,每件5元。

$$应纳印花税税额＝1×5＝5(元)$$

（2）记载资金的账簿(即总账)按照实收资本和资本公积合计金额的0.5‰的一半在账簿启用时贴花。其他营业账簿免征印花税。

$$记载资金的账簿应纳印花税税额＝100\ 000\ 000×0.5‰×50\%＝25\ 000(元)$$

（3）以土地使用权出资的，按合同记载金额的 0.5‰ 贴花。

$$应纳印花税税额＝50\ 000\ 000×0.5‰＝25\ 000（元）$$

（4）股权投资合同不是印花税的征税对象，不需要缴纳印花税。

（5）财产租赁合同按租赁金额的 1‰ 贴花。

$$应纳印花税税额＝100\ 000×1‰×2＝200（元）$$

（6）债转股合同不是印花税的征税对象，不需要缴纳印花税。债转股增加注册资金 600 万元、资本公积 4 800 万元，按"营业账簿"税目中的记载资金的账簿贴花。

$$应纳印花税税额＝(6\ 000\ 000＋48\ 000\ 000)×0.5‰×50\%＝13\ 500（元）$$

（7）当地人民政府规定契税税率 4%，中国琴岛房地产开发公司在接受投资时应纳契税为 50 000 000×4%＝2 000 000（元）。

3. 纳税人等级纳税实务解析

根据财政部和国家税务总局《关于全面推开营业税改征增值税试点的通知》（财税〔2016〕36 号），纳税人年应征增值税销售额超过 500 万元（含）的为一般纳税人，未超过规定标准的纳税人为小规模纳税人。

由于房地产开发企业的特殊性，在开发前期，新设立的房地产开发企业的年应征增值税销售额一般达不到规定的 500 万元（含）标准，如果登记成小规模纳税人，在开发前期，发生的规划设计、施工、采购、营销策划等投入，只能取得增值税普通发票，即使取得了增值税专用发票，也会因小规模纳税人的身份而不能用于抵扣。等到实现销售后，销售额达到了规定的一般纳税人标准，登记为一般纳税人，前期投入取得的增值税普通发票或增值税专用发票，仍不能用于抵扣销售环节的销项税额，会造成房地产开发企业的税收负担。

相关思考 2-1

新设立的房地产开发企业应该登记成小规模纳税人还是一般纳税人呢？

纳税人会计核算是否健全、是否能够提供准确税务资料是划分一般纳税人与小规模纳税人的重要指标。实践中，纳税人只要建立健全了会计核算制度，能够提供准确的税务资料，即使其年应税销售额未超过规定标准，也可以向主管税务机关提出申请，登记为一般纳税人，适用一般计税方法计算应纳税额。

会计核算健全主要是指有专业财务会计人员，能够按照企业会计准则的规定设置总账和有关明细账进行会计核算，能够准确核算增值税销售额、销项税额、进项税额和应纳税额等。能够提供准确税务资料是指能够按照规定如实填报增值税纳税申报表及其他相关资料，并按期进行申报纳税。纳税人应按照《国家税务总局关于调整增值税一般纳税人管理有关事项的公告》（国家税务总局公告 2015 年第 18 号）的规定，向主管税务机关提供会计核算是否健全和能够提供准确税务资料的情况。

2.3 企业设立阶段会计核算

房地产开发企业设立阶段会计实务主要包括设立阶段接受投资者出资、开办费、纳税等。

接受投资者
出资业务会
计实务

2.3.1 接受投资者出资业务会计实务

1. 投资人以货币出资

房地产开发企业收到投资人投入的货币资金，依据银行加盖受理章的现金缴款单或者银行进账单（回单）的金额，借记"银行存款"账户；按其在注册资本或股本中所占的份额，贷记"实收资本"（或"股本"）账户，按其差额，贷记"资本公积——资本溢价（或股本溢价）"账户。

2. 投资人以非货币资产出资

以非货币性资产出资的，应在办理财产转移手续时，按照评估确认的价值或合同、协议或公司章程约定的价值，借记"其他应收款""固定资产""无形资产""长期股权投资"等有关资产账户；按投入资本在注册资本或股本中所占的份额，贷记"实收资本"（或"股本"）账户，按其差额，贷记"资本公积——资本溢价（或股本溢价）"账户。

（1）接受固定资产投资。企业接受投资者作价投入的房屋、建筑物、机器设备等固定资产，应按投资合同或协议约定价值确定固定资产价值（但投资合同或协议约定价值不公允的除外）和在注册资本中应享有的份额。

【例 2-4】 中国琴岛房地产开发公司于 2×21 年 7 月 10 日设立时收到 A 公司作为资本投入的不需要安装的机器设备一台，合同约定该机器设备的价值为 2 000 000 元，增值税进项税额为 260 000 元。合同约定的固定资产价值与公允价值相符，不考虑其他因素。编制会计分录如下：

借：固定资产　　　　　　　　　　　　　　　　　　　　　　　　　　　2 000 000
　　应交税费——应交增值税（进项税额）　　　　　　　　　　　　　　　260 000
　　贷：实收资本　　　　　　　　　　　　　　　　　　　　　　　　　2 260 000

（2）接受原材料等实物投资。企业在接受股东投入的原材料等实物投资时，应对这些实物的价值进行评估，按投资各方确认的价值作为入账价值。

【例 2-5】 中国琴岛房地产开发公司收到甲公司按合资协议投入的原材料一批，双方所确认的价值为 113 000 元，其中增值税为 13 000 元。编制会计分录如下：

借：原材料　　　　　　　　　　　　　　　　　　　　　　　　　　　　100 000
　　应交税费——应交增值税（进项税额）　　　　　　　　　　　　　　　 13 000
　　贷：实收资本　　　　　　　　　　　　　　　　　　　　　　　　　 113 000

（3）接受无形资产投资。对于投资人投入的各种无形资产，如专利权、商标权、著作权、土地使用权、非专利技术等，一般情况下，应以投资各方确认的价值作为入账价值。企业收到投资人投入的无形资产时，应按确认的价值，借记"无形资产"或"开发成本"账户，贷记"实收资本"账户。

【例 2-6】 承［例 2-3］，中国琴岛房地产开发公司取得丙公司的土地使用权的账务处理。

借：开发成本——土地征用及拆迁补偿费——土地出让费　　　　　　　50 000 000
　　贷：实收资本　　　　　　　　　　　　　　　　　　　　　　　　50 000 000

📁 **特别提示 2-4** ....

对于房地产开发企业，其取得土地使用权所发生的支出，包括其缴纳的契税，应当计入开发成本。

（4）投资者以股权出资。接受投资者投入的长期股权投资，按照《企业会计准则》的规定，应当按照投资合同或协议约定的价值作为初始投资成本，但合同或协议约定的价值不公允的除外。

【例2-7】 承［例2-3］，中国琴岛房地产开发公司取得乙公司的股权的账务处理。

借：长期股权投资——A公司　　　　　　　　　　　　　　　　　　30 000 000
　　贷：实收资本　　　　　　　　　　　　　　　　　　　　　　　　　30 000 000

2.3.2　开办费会计实务

房地产开发企业在筹建期间内发生的开办费，包括职工薪酬、办公费、培训费、差旅费、印刷费、业务招待费以及不计入固定资产成本的借款费用等。筹建期间为从企业开始筹建之日起至取得营业执照之日的期间。开办费在实际发生时，依据相关原始凭证借记"管理费用——开办费"账户，贷记"银行存款"账户。

 知识拓展2-1

开办费的账务处理

根据《企业会计准则——基本准则》第二十条，资产是指企业过去的交易或者事项形成的、由企业拥有或者控制的、预期会给企业带来经济利益的资源。一般认为开办费已经花费，预期不能为企业带来经济利益，不符合资产的定义中"预期会给企业带来经济利益"这一条件，不能确认为资产。《企业会计准则——应用指南》的"管理费用"科目中明确企业在筹建期间内发生的开办费计入管理费用。所以，企业在筹建期间内发生的开办费计入管理费用。

 知识拓展2-2

企业筹建期间发生的业务招待费、广告费和业务宣传费税务处理

根据《国家税务总局关于企业所得税应纳税所得额若干税务处理问题的公告》（国家税务总局公告2012年第15号）第五条规定，企业在筹建期间，发生的与筹办活动有关的业务招待费支出，可按实际发生额的60%计入企业筹办费，并按有关规定在税前扣除。发生的广告费和业务宣传费，可按实际发生额计入企业筹办费，并按有关规定在税前扣除。

2.3.3　纳税业务会计实务

房地产开发企业发生的印花税和契税，一般不通过"应交税费"科目进行核算，印花税在实际缴纳时直接记入"税金及附加"账户，契税发生时视取得土地使用权的用途计入不同的会计账户。

 知识拓展2-3

印　花　税

依据《财政部关于印发〈增值税会计处理规定〉的通知》（财会〔2016〕22号）规定，全面试行"营业税改征增值税"后，"营业税金及附加"账户名称调整为"税金及附加"账户，该账户核算企业经营活动发生的消费税、城市维护建设税、资源税、教育费附加及房产税、城镇土地使用税、车船税、印花税等相关税费。

需要提醒的是，之前是在"管理费用"账户中列支的"四小税"（房产税、城镇土地使用税、车船税、印花税），本次也同步调整到"税金及附加"账户。

【例 2-8】 承［例 2-3］,中国琴岛房地产开发公司缴纳印花税和接受土地使用权投资缴纳契税时的账务处理如下。

（1）缴纳印花税时:

借:税金及附加   63 705
  贷:银行存款   63 705

（2）接受土地使用权投资缴纳契税时:

借:开发成本——土地征用及拆迁补偿费——契税   2 000 000
  贷:银行存款   2 000 000

重 要 概 念

设立阶段　印花税　契税　开办费

本 章 练 习

一、单项选择题

1. 根据《城市房地产开发经营管理条例》,设立房地产开发企业应具备至少（　）万元注册资金。

A. 3 000　　B. 1 000　　C. 100　　D. 500

2. 如果接受出资的土地使用权是用于开发建设的土地,那么在实际支付契税时,应借记（　）账户。

A.“开发成本”　　B.“应交税费”
C.“管理费用”　　D.“税金及附加”

3. 营业账簿是按照（　）贴花。

A. 营业账簿件数　　B. 实收资本和资本公积的合计金额
C. 实收资本的金额　　D. 注册资本金额

4. 房地产开发企业缴纳印花税,应记入（　）账户。

A.“开发成本”　　B.“应交税费”
C.“管理费用”　　D.“税金及附加”

5. 房地产开发企业在筹建期间内发生的业务招待费,应记入（　）账户。

A.“管理费用”　　B.“开发成本”
C.“制造费用”　　D.“销售费用”

二、多项选择题

1. 根据《城市房地产管理法》,设立房地产开发企业应当具备（　）条件。

A. 有自己的名称和组织机构　　B. 有股东大会
C. 有足够的专业技术人员　　D. 有符合国务院规定的注册资本

2. 房地产开发企业在设立阶段,契税的征税范围包括（　）。

A. 国有土地使用权的出让、转让　　B. 国有土地使用权的出售、赠与和交换
C. 房屋的买卖和交换　　D. 房屋的投资和赠与

3. 房地产开发企业在设立阶段有可能涉及的税种有（　）。

A. 城镇土地使用税 　　 B. 契税 　　　　 C. 房产税 　　　　 D. 印花税

4. 下列凭证中,需要缴纳印花税的有( )。

A. 营业账簿 　　　　　　　　　　 B. 权利许可证照

C. 房屋租赁合同 　　　　　　　　 D. 股权投资合同

5. 房地产开发企业在筹建期间内发生的下列费用中,应计入管理费用的有( )。

A. 人员工资 　　　　　　　　　　 B. 符合资本化的借款费用

C. 差旅费 　　　　　　　　　　　 D. 广告费

三、判断题

1. 企业在筹建期间发生的长期借款利息,应记入"财务费用"账户。 　　　　　　( )

2. 我国的契税不通过"应交税费"账户核算,依据土地使用权或房屋不同用途记入不同的会计账户。

　　　　　　　　　　　　　　　　　　　　　　　　　　　　　　　　　　　　( )

3. 按照我国的税收法律法规的规定,契税纳税义务人为投资土地使用权的一方。 ( )

4. 营业账簿是按照适用定额税率,在启用时按件贴花,每件 5 元。 　　　　　　( )

5. 股权投资合同不是印花税的征税对象,不需要缴纳印花税。 　　　　　　　　( )

四、简答题

1. 房地产开发企业设立的基本条件是什么?

2. 房地产开发企业设立环节需要进行哪些税务处理?

五、业务题

1. 甲、乙两家公司共同出资设立中国琴岛房地产开发公司,注册资本为 10 000 万元,甲公司以土地使用权出资,土地使用权价值 6 500 万元,持股比例为 65%;乙公司以货币资金 3 500 万元出资,持股比例为 35%。2×21 年 4 月 20 日,中国琴岛房地产开发公司收到乙公司一次性缴足的投资款 3 500 万元,与甲公司办妥土地使用权过户手续。当地人民政府规定契税税率为 4%。

要求:计算应缴纳的契税和印花税,并编制相关会计分录。

2. 中国琴岛房地产开发公司向工商局登记的注册资本为 1 000 万元,乐意家具公司持股 50%、美林投资公司持股 30%、尚美管理咨询公司持股 20%。乐意家具公司以土地使用权出资,土地使用权经评估的公允价值为 500 万元,美林投资公司和尚美管理咨询公司以货币资金出资。2×21 年 4 月 4 日,中国琴岛房地产公司如期收到美林投资公司和尚美管理咨询公司一次性缴足的款项,存入在工商银行开设的验资账户里。2×21 年 5 月 20 日,乐意家具公司办妥产权转移手续。

要求:根据上述资料,中国琴岛房地产开发公司编制相关会计分录。

第 3 章　获取土地阶段的税务与会计处理

内容提要

本章主要讲解了房地产开发企业在土地获取阶段的相关理论知识,包括中国土地制度的概述、获取土地阶段税务处理和获取土地阶段会计处理。

重点难点

本章重点为获取土地阶段的税务处理和会计处理;难点为接受土地使用权出资的涉税问题以及获取土地使用权的会计处理。

学习目标

通过本章学习,学生应掌握房地产开发企业在获取土地阶段的税务处理和会计处理;明确中国土地制度在哪些方面有哪些具体的规定;理解获取土地阶段在整个房地产开发企业业务流程中所处的阶段。

章节导读

知识框架

```
                                         ┌─────────────────────┐
                                    ┌────┤ 土地所有权与使用权制度 │
                                    │    └─────────────────────┘
                                    │    ┌─────────────────────┐
                    ┌───────────┐   ├────┤ 土地获取方式          │
                    │中国土地制度概述├──┤    └─────────────────────┘
                    └───────────┘   │    ┌─────────────────────┐
                                    ├────┤ 闲置土地处置制度       │
                                    │    └─────────────────────┘
                                    │    ┌─────────────────────┐
                                    └────┤ 终止土地使用权         │
                                         └─────────────────────┘

  ┌────┐                                 ┌─────────────────────┐
  │获取 │                            ┌────┤ 契税                 │
  │土地 │                            │    └─────────────────────┘
  │阶段 │                            │    ┌─────────────────────┐
  └────┘                            ├────┤ 印花税               │
                    ┌───────────┐   │    └─────────────────────┘
                    │获取土地阶段税务处理├──┤    ┌─────────────────────┐
                    └───────────┘   ├────┤ 耕地占用税            │
                                    │    └─────────────────────┘
                                    │    ┌─────────────────────┐
                                    ├────┤ 城镇土地使用税         │
                                    │    └─────────────────────┘
                                    │    ┌─────────────────────┐
                                    └────┤ 接受土地使用权出资的涉税问题 │
                                         └─────────────────────┘
```

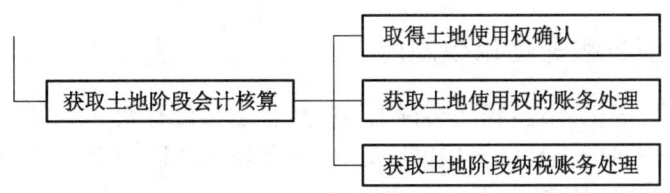

引入案例　青岛市李沧区青银高速东侧的三宗地块
网上拍卖 万科 37.9 亿元拿下

2017 年 8 月 8 日上午,位于青岛市李沧区青银高速东侧的三宗地块网上拍卖,土地总面积超过 20 万平方米。经过 6 轮加价,这三宗地被青岛万科房地产有限公司以每平方米 7 550 元价格拿下,成交总价近 37.9 亿元。

本次拍卖采用"限地价竞房价"政策,起拍价每平方米 7 500 元,当搭配供应的三宗地块竞买报价达到或超过最高限价时,网上土地竞价中止,转入现场一次性竞拍商品住房销售价格。所有取得网上竞价资格且同意国有建设用地使用权以最高限价成交并有意向参与商品住房销售价格竞价的竞买人,均可参与现场商品住房销售价格报价。

其中编号 350-355-370213-008-006-GB 00049 地块,位于李沧区青银高速东、石牛山路西、枣山路北 4362-01 地块,土地面积 44 320.7 平方米,规划建筑面积 158 225 平方米,土地用途商服用地,容积率≤3.57,建筑密度≤40%,绿地率≥20%,出让年限 40 年,拍卖起始价 7 500 元/平方米。

编号 349-355-370213-008-006-GB 00050 地块,位于李沧区青银高速东、石牛山路西、枣山路北 4362-02 地块,土地面积 39 440.8 平方米,规划建筑面积 59 161 平方米,土地用途城镇住宅、商服用地,容积率≤1.5,建筑密度≤40%,绿地率≥20%,出让年限 70 年、40 年,拍卖起始价 7 500 元/平方米。

编号 348-357-370213-008-006-GB 00054 地块,位于李沧区青银高速东、石牛山路西、枣山路北 4364-02 地块,土地面积 120 069.2 平方米,规划建筑面积 284 564 平方米,土地用途住宅/产权型人才公寓,容积率≤2.37,建筑密度≤20%,绿地率≥30%,出让年限 70 年,拍卖起始价 7 500 元/平方米。

本次竞拍共有 4 位竞买人参与,分别为 33 号、98 号、9 号、88 号。最终经过 6 轮竞价,被 88 号竞买人竞得。青岛市国土资源和房屋管理局国有建设用地使用权网上交易系统显示,最终这三宗地块被青岛万科房地产有限公司拿下,每平方米 7 550 元价格,成交总金额 378 972.25 万元。

(新闻来源:《齐鲁晚报》,2017 年 8 月 10 日,记者:潘旭业。)

该案例中提及土地拍卖的流程是怎么样的?

获取土地使用权是房地产项目开发的首要条件,土地成本一般占商品房成本的 30% 以上,能否及时获取相应的土地资源以及土地价格的变化都对房地产项目的开发有很大的影响。在获取土地阶段,我们需要了解我国土地所有权与使用权制度、土地使用权的取得方式、土地闲置制度、终止土地使用权等相关土地制度,获取土地阶段主要应纳税种有契税、耕地占用税和印花税,以及在会计处理中涉及各种土地使用权取得方式的会计核算。

3.1 | 中国土地制度概述

在房地产开发过程中,获取土地使用权是房地产开发的第一步。我国《中华人民共和国土地管理法》(以下简称《土地管理法》)、《城市房地产管理法》和《城市房地产开发经营管理条例》等对我国土地所有权与使用权制度、土地使用权的取得方式、土地闲置制度和终止土地使用权进行了明确的规定。

3.1.1 土地所有权与使用权制度

根据《土地管理法》的规定，我国实行土地的社会主义公有制，即全民所有制和劳动群众集体所有制。城市市区的土地属于国家所有；农村和城市郊区的土地，除由法律规定属于国家所有的，属于农民集体所有；宅基地和自留地、自留山属于农民集体所有。

国有土地和农民集体所有的土地，可以依法确定给单位或者个人使用。使用土地的单位和个人，有保护、管理和合理利用土地的义务。单位和个人依法使用的国有土地，由县级以上人民政府登记造册，核发证书，确认使用权；其中，中央国家机关使用的国有土地的具体登记发证机关，由国务院确定。依法改变土地权属和用途的，应当办理土地变更登记手续。

3.1.2 土地获取方式

根据《城市房地产管理法》《城市房地产开发经营管理条例》的规定，用于房地产开发的土地来源主要包括出让方式、划拨方式、转让方式、投资者投入方式以及其他方式。

1. 以出让方式取得土地使用权

土地使用权出让是指国家以土地所有者的身份将土地使用权在一定年限内让与土地使用者，并由土地使用者向国家支付土地使用权出让金的行为。城市规划区内的集体所有的土地，经依法征用转为国有土地后，该幅国有土地的使用权方可有偿出让。我国《城市房地产管理法》对土地使用权的出让方式、合同签订、价款支付和土地开发等方面作出了明确规定。

（1）招、拍、挂出让制度。为规范国有土地使用权出让行为，优化土地资源配置，建立公开、公平、公正的土地使用制度，根据 2002 年 5 月 9 日国土资源部颁布的《招标拍卖挂牌出让国有土地使用权规定》（国土资源部令第 11 号），商业、旅游、娱乐和商品住宅等各类经营性用地，必须以招标、拍卖或者挂牌方式出让。根据 2007 年 9 月 28 日国土资源部颁布的《招标拍卖挂牌出让国有建设用地使用权规定》（国土资源部令第 39 号），工业、商业、旅游、娱乐和商品住宅等经营性用地以及同一宗地有两个以上意向用地者的，应当以招标、拍卖或者挂牌方式出让。这里的工业用地包括仓储用地，但不包括采矿用地。

招标出让国有土地使用权，是指市、县人民政府土地行政主管部门（以下简称"出让人"）发布招标公告，邀请特定或者不特定的公民、法人和其他组织参加国有土地使用权投标，根据投标结果确定土地使用者的行为。

拍卖出让国有土地使用权，是指出让人发布拍卖公告，由竞买人在指定时间、地点进行公开竞价，根据出价结果确定土地使用者的行为。

挂牌出让国有土地使用权，是指出让人发布挂牌公告，按公告规定的期限将拟出让宗地的交易条件在指定的土地交易场所挂牌公布，接受竞买人的报价申请并更新挂牌价格，根据挂牌期限截止时的出价结果确定土地使用者的行为。

☞ 引例解析

青岛市李沧区青银高速东侧的三宗地块网上拍卖 万科 37.9 亿元拿下

土地使用权招标、拍卖、挂牌的程序如下：

（1）市、县人民政府土地行政主管部门至少在公开招标、拍卖或挂牌日前 20 日发布公告，列明该幅土地的基本情况、投标人及竞买人的资格要求、确定中标人或竞得人的方法和标准以及投标保证金等条件。

（2）出让人须对投标申请人及竞买申请人进行资格审查，须通知符合公告规定条件者参加公开招标、拍卖或挂牌出让活动。

（3）以公开招标、拍卖或挂牌方式确定中标人或竞得人后，出让人须与中标人或竞得人签订成交确认书。出让人退还其他申请人的保证金。

（4）出让人与中标人或竞得人须于确认书所规定时间及地点签订国有土地使用权出让合同。中标人或竞得人支付的投标保证金会视为部分国有土地使用权出让金。

（5）中标人或竞得人付清全部出让金后，须依法申请办理土地登记。市、县级或以上人民政府会发出国有土地使用权证。

（2）土地出让合同的签订。根据《城市房地产管理法》和《中华人民共和国城镇国有土地使用权出让和转让暂行条例》（国务院第55号令）的规定，土地使用权出让须由市、县人民政府土地管理部门与土地使用者签订出让合同。签订土地出让合同时，严格执行国土资源部与国家工商行政管理总局（现已更名为"国家市场监督管理总局"）联合颁布的《国有建设用地使用权出让合同》示范文本。

（3）土地出让金的支付。土地使用者必须按照出让合同约定，支付土地使用权出让金，未按照出让合同约定支付土地使用权出让金的，土地管理部门有权解除合同，并可以请求违约赔偿。土地使用者按照出让合同约定支付土地使用权出让金的，市、县人民政府土地管理部门必须按照出让合同约定，提供出让的土地；未按照出让合同约定提供出让土地的，土地使用者有权解除合同，由土地管理部门返还土地使用权出让金，土地使用者还可以请求违约赔偿。土地使用者在支付全部出让金后，向土地管理部门办理登记，领取国有土地使用权证，取得土地使用权。

（4）土地使用权的开发。以出让方式取得土地使用权进行房地产开发的，必须按照土地使用权出让合同约定的土地用途、动工开发期限开发土地。超过出让合同约定的动工开发日期满1年未动工开发的，可以征收相当于土地使用权出让金20%以下的土地闲置费；满2年未动工开发的，可以无偿收回土地使用权。

（5）改变土地使用用途。改变土地使用用途，也称土地变性。土地使用者需要改变土地使用权出让合同约定的土地用途的，必须取得出让方和市、县人民政府城市规划行政主管部门的同意，签订土地使用权出让合同变更协议或者重新签订土地使用权出让合同，相应调整土地使用权出让金。

特别提示 3-1

因不可抗力或者政府、政府有关部门的行为或者动工开发必需的前期工作造成动工开发迟延的，不属于上述规定的情形。

2. 以划拨方式取得土地使用权

土地使用权划拨是指县级以上人民政府依法批准，在土地使用者缴纳补偿、安置等费用后将该幅土地交付其使用，或者将土地使用权无偿交付给土地使用者使用的行为。以划拨方式取得土地使用权的，除法律、行政法规另有规定，没有使用期限的限制。

下列建设用地的土地使用权，确属必需的，可以由县级以上人民政府依法批准划拨：

（1）国家机关用地和军事用地。

（2）城市基础设施用地和公益事业用地。

（3）国家重点扶持的能源、交通、水利等项目用地。

（4）法律、行政法规规定的其他用地。

如果要在划拨土地上进行房地产开发，也要补交土地出让金，将划拨土地转为出让土地，也就是常说的"土地变性"。

相关思考3-1

划拨土地使用权在什么条件下可以进行"土地变性"？

划拨土地使用权，一般不得转让、出租、抵押。符合下列条件的，经市、县人民政府土地管理部门和房产管理部门批准，其划拨土地使用权和地上建筑物、其他附着物所有权可以转让、出租、抵押：

（1）土地使用者为公司、企业、其他经济组织和个人。

（2）领有国有土地使用证。

（3）具有地上建筑物、其他附着物合法的产权证明。

（4）依照《城市房地产开发经营管理条例》的规定签订土地使用权出让合同，向当地市、县人民政府补交土地使用权出让金或者以转让、出租、抵押所获效益抵交土地使用权出让金。

转让、出租、抵押划拨土地使用权的，分别依照《城市房地产开发经营管理条例》的规定办理。

3. 以转让方式取得土地使用权

土地使用权转让是指土地使用者将土地使用权再转移的行为，包括出售、交换和赠与。土地使用权转让时，土地使用权出让合同和登记文件中所载明的权利、义务随之转移。土地使用者通过转让方式取得的土地使用权，其使用年限为土地使用权出让合同规定的使用年限减去原土地使用者已使用年限后的剩余年限。土地使用权转让时，其地上建筑物、其他附着物所有权随之转让。

根据《城市房地产管理法》的规定，以出让方式取得土地使用权的，转让土地使用权应符合以下的条件，否则不允许转让。

（1）按照出让合同约定已经支付全部土地使用权出让金，并取得土地使用权证书。

（2）按照出让合同约定进行投资开发，属于房屋建设工程的，完成开发投资总额的25%以上，属于成片开发土地的，形成工业用地或者其他建设用地条件。

未按土地使用权出让合同规定的期限和条件投资开发、利用土地的，土地使用权不得转让。

土地使用权转让价格明显低于市场价格的，市、县人民政府有优先购买权。土地使用权转让的市场价格不合理上涨时，市、县人民政府可以采取必要的措施。土地使用权转让后，需要改变土地使用权出让合同规定的土地用途的，应当征得出让方同意并经土地管理部门和城市规划部门批准，依照《城市房地产管理法》的有关规定重新签订土地使用权出让合同，调整土地使用权出让金，并办理登记。

4. 投资者投入土地使用权

在房地产开发公司成立时，投资人以土地使用权作为出资，投入房地产开发企业，按照投资比例或约定比例进行利润分成。

5. 其他方式获取土地使用权

房地产开发企业可以通过收购、兼并等方式取得被收购方、被兼并方的企业，进而取得其土地使用权。

3.1.3　闲置土地处置制度

为依法处理和充分利用闲置土地,切实保护耕地,1999 年 4 月 28 日,国土资源部颁布了《闲置土地处置办法》,并于 2021 年进行了修订。《闲置土地处置办法》所称闲置土地,是指土地使用者依法取得土地使用权后,未经原批准用地的人民政府同意,超过规定的期限未动工开发建设的建设用地。具有下列情形之一的,也可以认定为闲置土地:

(1)国有土地有偿使用合同或者建设用地批准书未规定动工开发建设日期,自国有土地有偿使用合同生效或者土地行政主管部门建设用地批准书颁发之日起满 1 年未动工开发建设的。

(2)已动工开发建设但开发建设的面积占应动工开发建设总面积不足 1/3 或者已投资额占总投资额不足 25% 且未经批准中止开发建设连续满 1 年的。

(3)法律及行政法规规定的其他情形。

市、县人民政府土地行政主管部门对其认定的闲置土地,应当通知土地使用者,拟订该宗闲置土地处置方案,闲置土地依法设立抵押权的,还应通知抵押权人参与处置方案的拟订工作。处置方案可以选择下列方式:①延长开发建设时间,但最长不得超过 1 年;②改变土地用途,办理有关手续后继续开发建设;③安排临时使用,待原项目开发建设条件具备后,重新批准开发,土地增值的,由政府收取增值地价;④政府为土地使用者置换其他等价闲置土地或者现有建设用地进行开发建设;⑤政府采取招标、拍卖等方式确定新的土地使用者,对原建设项目继续开发建设,并对原土地使用者给予补偿;⑥土地使用者与政府签订土地使用权交还协议等文书,将土地使用权交还给政府。原土地使用者需要使用土地时,政府应当依照土地使用权交还协议等文书的约定供应与其交还土地等价的土地。对因政府、政府有关部门行为造成的闲置土地,土地使用者支付部分土地有偿使用费或者征地费的,除选择上述规定的方式,可以按照实际交款额占应交款额的比例折算,确定相应土地给原土地使用者使用,其余部分由政府收回。处置方案经原批准用地的人民政府批准后,由市或县人民政府土地行政主管部门组织实施。

在城市规划区范围内,以出让等有偿方式取得土地使用权进行房地产开发的闲置土地,超过出让合同约定的动工开发日期满 1 年未动工开发的,可以征收相当于土地使用权出让金 20% 以下的土地闲置费;满 2 年未动工开发的,可以无偿收回土地使用权;但是,因不可抗力或者政府、政府有关部门的行为或者动工开发必需的前期工作造成动工开发迟延的除外。

📁 **知识拓展 3-1**

闲置土地相关法律法规解读

已办理审批手续的非农业建设占有耕地未使用的处理办法

已经办理审批手续的非农业建设占有耕地,1 年内不用而又可以耕种并收获的,应当由原耕种该幅耕地的集体或者个人恢复耕种,也可以由用地单位组织耕种;1 年以上未动工建设的,应当按照省、自治区、直辖市的规定缴纳闲置费;连续 2 年未使用的,经原批准机关批准,由县级以上人民政府无偿收回土地使用者的土地使用权;该幅土地原为农民集体所有的,应当交由原农村集体经济组织恢复耕种。

3.1.4 终止土地使用权

根据《土地管理法》规定，有以下情形之一的，由有关人民政府土地行政管理部门报经原批准用地的人民政府或者有批准权的人民政府批准，可以收回国有土地使用权：

（1）为公共利益需要使用土地的。

（2）为实施城市规划进行旧城区改建，需要调整使用土地的。

（3）土地出让等有偿使用合同约定的使用期限届满，土地使用者未申请续期或者申请续期未获批准的。

（4）因单位撤销、迁移等原因，停止使用原划拨的国有土地的。

（5）公路、铁路、机场、矿场等经核准报废的。

依照上述第（1）项、第（2）项的规定收回国有土地使用权的，对土地使用权人应当给予适当补偿。

出让的土地由于其用途不同，土地的使用期限也不相同，主要分为居住用地70年、工业用地50年、商业用地40年等。土地使用权出让最高年限由国务院规定。根据相关法律、法规，当用作住宅用途的建筑土地使用权的年期届满，应自动更新；有关其他用途的建筑土地使用权到期，土地使用者应于使用权届满前最少1年申请延期，除非土地因公众利益考虑而需收回，申请应被批准。当延期获得批准，必须重新签署土地出让合同及支付按重新签署土地出让合同所示的土地出让金。如果土地使用权年期届满而土地使用者并无申请延期或延期不获批准，土地使用权应免费归还国家。而土地使用权应于土地停止使用时中止。当建筑土地使用权已终止，授予者应实时进行取消注册的正式手续，而建筑土地使用权应由土地注册处取回。

3.2 获取土地阶段税务处理

在取得土地使用权阶段，涉及的主要纳税税种为契税、印花税，如果获取的土地为耕地的，还涉及耕地占用税，在取得土地使用权后，将会涉及土地使用税。另外，如果以接受投资取得的土地使用权，将涉及企业所得税的计税成本和土地增值税的扣除项目确定问题。

3.2.1 契税

房地产开发企业取得土地使用权，根据《契税法》及其相关规定，需要依据国有土地使用权出让、土地使用权出售成交价格按照3%～5%适用税率缴纳契税。契税的适用税率，由省、自治区、直辖市人民政府在3%～5%的幅度内按照本地区的实际情况确定，报同级人民代表大会常务委员会决定，并报全国人民代表大会常务委员会和国务院备案。以自有房产作股投入本人独资经营的企业，免缴契税。

1. 契税税率

考虑到我国经济发展不平衡，各地经济差别较大的实际情况，契税实行3%～5%的幅度税率。契税的适用税率，由省、自治区、直辖市人民政府在前款规定的幅度内按照本地区的实际情况确定，报同级人大常委会决定，并报全国人大常委会和国务院备案。

2. 契税应纳税额的计算

$$应纳税额＝计税依据×税率$$

3. 契税的征收管理

签订土地权属转移合同的当天,或者取得其他具有土地权属转移合同性质凭证的当天为纳税义务发生时间,自纳税义务发生之日起 10 日内,向土地所在地的契税征收机关办理纳税申报,并在契税征收机关核定的期限内缴纳税款。

【例 3-1】 2×21 年 8 月 20 日,甲公司以账面价值为 1 600 万元、评估确认价值为 1 800 万元的土地使用权对中国琴岛房地产开发公司进行投资入股,当地人民政府规定契税税率为 4%,则中国琴岛房地产开发公司在接受投资时应缴纳的契税为多少万元?

中国琴岛房地产开发公司应于 8 月 30 日前向土地所在地的契税征税机关办理纳税申报,并在核定的期限内缴纳税款。契税的计税依据为甲公司投资入股评估价值 1 800 万元,中国琴岛房地产开发公司在接受投资时应缴纳契税为:

$$1\ 800 \times 4\% = 72(万元)$$

4. 以国家作价出资(入股)方式转移国有土地使用权

根据《契税法》第二条第一款规定,国有土地使用权出让属于契税的征收范围。以国家作价出资(入股)方式转移国有土地使用权。根据《关于企业改制过程中以国家作价出资(入股)方式转移国有土地使用权有关契税问题的通知》(财税〔2008〕129 号)的规定,对以国家作价出资(入股)方式转移国有土地使用权的行为,应视同土地使用权转让,由土地使用权的承受方按规定缴纳契税。

5. 改变土地使用权出让合同约定的土地用途涉及的契税问题

有些房地产开发企业,在取得土地阶段,还可能涉及改变土地使用权出让合同约定的土地用途的应纳契税问题。按照《城市房地产管理法》的规定,土地使用者需要改变土地使用权出让合同约定的土地用途的,必须取得出让方和市、县人民政府城市规划行政主管部门的同意,签订土地使用权出让合同变更协议或者重新签订土地使用权出让合同,相应调整土地使用权出让金。根据《国家税务总局关于改变国有土地使用权出让方式征收契税的批复》(国税函〔2008〕662 号)的规定,对纳税人因改变土地用途而签订土地使用权出让合同变更协议或者重新签订土地使用权出让合同的,应征收契税。计税依据为因改变土地用途应补缴的土地收益金及应补缴政府的其他费用。

【例 3-2】 中国琴岛房地产开发公司 2×20 年 12 月摘牌取得某市 210 亩综合用地的土地使用权,每亩地价 35 万元,该公司按照规定缴纳了契税。2×21 年 7 月该市修改城市规划,调整城市支路,使该宗土地使用权的性质变为住宅用地。该公司按照要求对该宗地进行评估,按住宅用地评估后地价为 14 000 万元,按综合用地评估后地价为 10 000 万元。该公司根据土地评估机构的评估结果补缴了 4 000 万元的土地出让金。该市契税征收率为 4%。试求该公司应补缴的契税。

中国琴岛房地产开发公司应补缴契税为:

$$应缴契税 = (14\ 000 - 10\ 000) \times 4\% = 160(万元)$$

3.2.2 印花税

根据《财政部、国家税务总局关于印花税若干政策的通知》(财税〔2006〕162 号)的规定,对土地使用权出让合同、土地使用权转让合同按产权转移书据征收印花税,按合同记载金额的 0.5‰贴花。取得房产证及土地使用权证等权利许可证照按件贴花，每件 5 元。

【例 3-3】 2×21 年 1 月，中国琴岛房地产开发公司通过竞标取得土地使用权 130 亩，地价为 7 000 万元，3 月取得该块土地的土地使用证。中国琴岛房地产开发公司应纳印花税为：

（1）签订土地使用权出让合同应纳印花税额。

$$应纳印花税额＝7\,000×0.5‰＝3.5(万元)$$

（2）取得土地使用证应纳税额为 5 元。

3.2.3 耕地占用税

房地产开发企业获取土地使用权，根据《中华人民共和国耕地占用税暂行条例》的规定，获取的土地符合耕地条件的需依据实际占用耕地面积，按照规定的适用税额一次性缴纳耕地占用税，不符合耕地条件的不必缴纳耕地占用税。耕地占用税中"耕地"是指用于种植农作物的土地，占用前 3 年内曾用于种植农作物的土地，也视为耕地。

1. 征税范围

占用耕地建房或者从事非农业建设、占用园地、林地、牧草地、农田水利用地、养殖水面以及渔业水域滩涂等其他农用地建房或者从事非农业建设的单位或者个人，都是耕地占用税的纳税人，应当缴纳耕地占用税。经申请批准占用耕地的，纳税人为农用地转用审批文件中标明的建设用地人；农用地转用审批文件中未标明建设用地人的，纳税人为用地申请人。未经批准占用耕地的，纳税人为实际用地人。

2. 计税依据

耕地占用税以纳税人实际占用的耕地面积为计税依据，按照规定的适用税额一次性征收。实际占用的耕地面积，包括经批准占用的耕地面积和未经批准占用的耕地面积。

3. 税额

（1）人均耕地不超过 1 亩的地区（以县级行政区域为单位，下同），每平方米为 10 元至 50 元。

（2）人均耕地超过 1 亩但不超过 2 亩的地区，每平方米为 8 元至 40 元。

（3）人均耕地超过 2 亩但不超过 3 亩的地区，每平方米为 6 元至 30 元。

（4）人均耕地超过 3 亩的地区，每平方米为 5 元至 25 元。

国务院财政、税务主管部门根据人均耕地面积和经济发展情况确定各省、自治区、直辖市的平均税额。

4. 应纳税额的计算

$$应纳税额＝计税依据×税额$$
$$＝实际占用的耕地面积×税额$$

【例 3-4】 中国琴岛房地产开发公司经土地管理部门批准征用耕地 300 000 平方米用于房地产开发。当地政府规定的耕地占用税税额为 22 元/平方米，则应缴纳的耕地占用税为：

$$应缴耕地占用税＝300\,000×22＝6\,600\,000(元)$$

5. 耕地占用税的征收管理

（1）纳税义务发生时间：经批准占用耕地的，耕地占用税纳税义务发生时间为纳税人收到土地管理部门办理占用农用地手续通知的当天。

未经批准占用耕地的，耕地占用税纳税义务发生时间为纳税人实际占用耕地的当天。

（2）纳税期限：土地管理部门在通知单位或者个人办理占用耕地手续时，应当同时通知耕地所在地同级地方税务机关。获准占用耕地的单位或者个人应当在收到土地管理部门的通知之日起 30 日内缴纳耕地占用税。土地管理部门凭耕地占用税完税凭证或者免税凭证和其他有关文件发放建设用地批准书。

（3）纳税地点：纳税人占用耕地或其他农用地，应当在耕地或其他农用地所在地地方税务机关申报纳税。

3.2.4 城镇土地使用税

房地产开发企业取得的土地使用权，根据《国务院关于修改〈中华人民共和国城镇土地使用税暂行条例〉的决定》（国务院令第 483 号）的规定，取得土地使用权后需要以实际占用的土地面积为计税依据，按照税法规定的差别幅度税额计算缴纳城镇土地使用税。

1. 差别幅度税

城镇土地使用税采用定额税率，即采用有幅度的差别税额，按大、中、小城市和县城、建制镇、工矿区分别规定每平方米土地使用税年应纳税额。

2. 应纳税额的计算

城镇土地使用税的应纳税额可以通过纳税人实际占用的土地面积乘以该土地所在地段的适用税额求得。其计算公式为：

$$全年应纳税额＝实际占用土地面积（平方米）×适用税额$$

3. 纳税期限及纳税义务发生时间

按年计算、分期缴纳的征收方法，具体纳税期限由各省、自治区、直辖市人民政府确定。以出让或转让方式有偿取得土地使用权的，应由受让方从合同约定交付土地时间的次月起缴纳城镇土地使用税；合同未约定交付土地时间的，由受让方从合同签订的次月起缴纳城镇土地使用税。房地产开发企业新征用的耕地，自批准征用之日起满 1 年时开始缴纳土地使用税；新征用的非耕地，自批准征用的次月起开始缴纳土地使用税。

4. 纳税地点和征收机构

城镇土地使用税由土地所在地的地方税务机关征收；城镇土地使用税在土地所在地缴纳，纳税人使用的土地不属于同一省、自治区、直辖市管辖的，应分别向土地所在地的税务机关缴纳土地使用税。在同一省、自治区、直辖市管辖范围内，纳税人跨地区使用的土地，其纳税地点由各省、自治区、直辖市地方税务局确定。

5. 税收优惠

房地产开发企业建造商品房的用地，原则上应按规定计征城镇土地使用税。但在商品房出售之前确有困难的，其用地是否给予缓征或减征、免征照顾，可由各省、自治区、直辖市地方税务局根据从严的原则结合具体情况确定。

城镇土地使用税的定义及会计处理

📁 **特别提示 3-2** ....

房地产开发企业办的学校、医院、托儿所以及幼儿园，其用地能与企业其他用地明确区分的，免征城镇土地使用税。市政街道、广场、绿化地带等公共用地，免征土地使用税。

【例 3-5】 中国琴岛房地产开发公司拥有一宗 55 万平方米的土地使用权，其中市政道路及绿化带用地 7 万平方米，此块土地中规划一所学校占地 3 万平方米，已完成销售商品房占用土地 22 万平方米。该地城镇土地使用税税额为 5 万/平方米，按季缴纳。求该公司应缴纳的城镇土地使用税。

涉税分析：根据税法规定，房地产开发企业办的学校用地能与企业其他用地明确区分的，免征城镇土地使用税。市政街道、绿化地带等公共用地，免征土地使用税。对已经完成销售的商品房占用的土地，因相关的土地使用权已经不再归属于房地产开发企业所有，因此在计算土地使用税时需要将其相应的土地面积从房地产开发企业的计税面积中扣除。

根据以上分析，中国琴岛房地产开发公司应纳土地使用税额计算方法如下：

应缴纳城镇土地使用税的土地面积＝55－7－3－22＝23（万平方米）

年度应纳税额＝23×5＝115（万元）

每季度应纳税额＝115÷4＝28.75（万元）

3.2.5　接受土地使用权出资的涉税问题

接受投资取得的土地使用权，因被投资企业并未取得土地使用权转让发票，则在其将来商品房完工销售后，将涉及企业所得税计税成本和土地增值税的扣除项目金额确定问题。

1. 企业所得税

被投资企业接受的土地使用权出资，可按经评估确认后的价值确定有关资产的成本。如果投资企业已经按照税法规定确认投资环节应纳税所得额，土地使用权的增值部分在税收上已经得到实现，被投资企业可以凭评估报告作为税前扣除的依据，有的地方税务机关还要求开发企业提供投资企业主管税务机关出具的投资企业已调增应纳税所得额证明，作为税前扣除的依据。

2. 土地增值税

受投资方企业的土地使用权成本可以计入扣除项目金额，并可作加计 20％扣除的基数，但需纳税人提供支持性证明材料：出资协议、该宗地的评估报告、验资报告、出资方以该幅地出资环节已经接受土地增值税税务管理的证明等。

3.3 | 获取土地阶段会计核算

房地产开发企业取得土地使用权，根据土地使用权的取得方式和持有目的不同设置不同的会计账户，进行不同的账务处理。

3.3.1　取得土地使用权确认

房地产开发企业取得土地使用权的方式一般有无偿划拨、接受土地使用权出让、接受土地使用权转让、投资者投入的土地使用权以及其他方式，房地产开发企业较少有无偿划拨取得土地使用权的情况。

1. 通过出让取得的土地使用权

通过出让方式取得土地使用权的入账价值通常是土地出让金加上相关税费,如果还发生了与取得该土地有关的费用,如缴纳的行政事业性规费、征地补偿费等,应一并计入土地取得成本。在城市行政区域内的开发项目,除实行有偿出让方式取得国有土地使用权且地价款中含基础设施配套费的项目,房地产开发企业应按规定缴纳城市基础设施费,城市基础设施费的征收基数,以批准的年度投资计划的建筑面积(包括地下建筑面积)为准。相关税费是指取得土地使用权时涉及的契税、印花税,取得土地为耕地的,还涉及耕地占用税。

2. 通过转让取得的土地使用权

通过土地使用权转让取得土地使用权的成本,包括购买价款、其他行政事业性收费和其他税费等。如果接受转让的土地为无偿划拨取得且约定由受让方办理出让手续及补交土地出让金,土地使用权的成本应包括按照相关规定补交土地出让金及相关税费。如果受让土地原来属于出让土地,土地使用权的成本包括支付的转让费和相关税费。

3. 投资者投入的土地使用权

投资者投入的土地使用权,应当按照投资合同或协议约定的价值作为成本,但合同或协议约定价值不公允的除外。

3.3.2　获取土地使用权的账务处理

房地产开发企业取得的土地使用权,通常应确认为无形资产,但改变土地使用权用途,用于赚取租金或资本增值的,应当将其转为投资性房地产。房地产开发企业取得土地使用权用于建造对外出售的房屋建筑物,相关的土地使用权账面价值应当计入所建造的房屋建筑物成本。取得土地使用权缴纳的相关契税、印花税及耕地占用税一般不通过"应交税费"账户,契税、耕地占用税视取得土地使用权的用途计入不同的会计账户,印花税直接记入"税金及附加"账户核算。

1. 用于土地开发的土地使用权

房地产开发企业如果取得的土地使用权用于土地开发的,应将土地使用权的取得成本记入"开发成本"账户中,即借记"开发成本——土地开发"账户,贷记"银行存款""应付账款"等账户,所缴纳的印花税直接记入"税金及附加"账户核算。

【例 3-6】　中国琴岛房地产开发公司通过投标方式取得土地使用权 200 亩用于开发商品性土地总价款 4 000 万元,单价 20 万元/亩,契税征收率为 4%,当地政府规定的耕地占用税税额为 22.5 元/平方米,通过银行转账支付土地出让金及相关税费。请计算应缴纳的各项税额并写出相关会计分录。

(1)支付土地出让金时,依据财政部门开具的土地使用权出让金专用票据和银行转款手续,中国琴岛房地产开发公司应进行的会计处理为:

借:开发成本——土地开发——土地征用及拆迁补偿费　　　　　　　40 000 000
　　贷:银行存款　　　　　　　　　　　　　　　　　　　　　　　　40 000 000

(2)应缴纳的契税为:

$$4\ 000×4\%=160(万元)$$

依据契税完税凭证和付款证明,中国琴岛房地产开发公司应进行的会计处理为:

借：开发成本——土地开发——土地征用及拆迁补偿费 　1 600 000
　贷：银行存款 　1 600 000

（3）应缴纳的耕地占用税为：

$$200 \times 666.67 \times 22.5 = 300(万元)$$

依据契税完税凭证和付款证明，中国琴岛房地产开发公司应进行的会计处理为：

借：开发成本——土地开发 　3 000 000
　贷：银行存款 　3 000 000

（4）签订土地使用权出让合同，应缴纳的印花税为：

$$4\,000 \times 0.5‰ = 2(万元)$$

缴纳印花税时，依据印花税完税凭证和付款证明，中国琴岛房地产开发公司应进行的会计处理为：

借：税金及附加 　20 000
　贷：银行存款 　20 000

2. 用于商品房开发的土地使用权

根据企业会计准则，房地产开发企业取得的土地使用权用于建造对外出售的房屋建筑物，相关的土地使用权应当计入所建造的房屋建筑物成本，即借记"开发成本——房屋开发"账户，贷记"银行存款""应付账款"账户等。取得的土地使用权所缴纳的印花税直接记入"税金及附加"账户核算。

【例3-7】 2×21年6月，中国琴岛房地产开发公司取得80亩的土地使用权用于商品房开发，价款2 400万元，契税征收率为4%，当地政府规定的耕地占用税税额为22.5元/平方米，通过银行转账支付土地出让金及相关税费。请计算应缴纳的各项税额并写出相关会计分录。

（1）支付土地出让金时，依据财政部门开具的土地使用权出让金专用票据和银行转款手续，中国琴岛房地产开发公司应进行的会计处理为：

借：开发成本——房屋开发——土地征用及拆迁补偿费 　24 000 000
　贷：银行存款 　24 000 000

（2）应缴纳的契税为：

$$2\,400 \times 4\% = 96(万元)$$

依据契税完税凭证和付款证明，中国琴岛房地产开发公司应进行的会计处理为：

借：开发成本——房屋开发——土地征用及拆迁补偿费 　960 000
　贷：银行存款 　960 000

（3）应缴纳的耕地占用税为：

$$80 \times 666.67 \times 22.5 = 120(万元)$$

依据契税完税凭证和付款证明，中国琴岛房地产开发公司应进行的会计处理为：

借：开发成本——土地开发   1 200 000
  贷：银行存款   1 200 000

（4）签订土地使用权出让合同，应缴纳的印花税为：

$$2\ 400 \times 0.5‰ = 1.2（万元）$$

缴纳印花税时，依据印花税完税凭证和付款证明，中国琴岛房地产开发公司应进行的会计处理为：

借：税金及附加   12 000
  贷：银行存款   12 000

3. 自建用房的土地使用权

房地产开发企业取得的土地使用权用于自建用房等地上建筑物时，土地使用权的取得成本直接记入"无形资产"账户，且土地使用权的账面价值不与地上建筑物合并计算成本，而仍作为无形资产进行核算，土地使用权与地上建筑物分别进行摊销和提取折旧。为建造办公楼等自用而取得的土地使用权所缴纳的契税，记入"无形资产"账户。

【例3-8】 2×21年3月12日，中国琴岛房地产开发公司以出让方式取得一块土地使用权，以银行存款转账支付500万元，并在该块土地上自行建造两栋办公楼自用，发生建筑工程支出1 100万元。两栋办公楼已经完工并达到预定可使用状态。假定土地使用权的使用年限为50年，无净残值；写字楼的使用年限为25年，预计净残值100万元；都采用直接法进行摊销和计提折旧。契税的征收率为4%。请计算应缴纳的各项税额并写出相关会计分录。

（1）支付土地出让金时，依据财政部门开具的土地使用权出让金专用票据和银行转款手续，进行的会计处理为：

借：无形资产——土地使用权   5 000 000
  贷：银行存款   5 000 000

（2）应缴纳的契税为：

$$500 \times 4\% = 20（万元）$$

依据契税完税凭证和付款证明，进行的会计处理为：

借：无形资产——土地使用权   2 00 000
  贷：银行存款   200 000

（3）签订土地使用权出让合同，应缴纳的印花税为：

$$500 \times 0.5‰ = 0.25（万元）$$

缴纳印花税时，依据印花税完税凭证和付款证明，进行的会计处理为：

借：税金及附加   2 500
  贷：银行存款   2 500

（4）在土地上自行建造办公楼，发生建造费用时，根据付款依据、税务部门监制的发票或财政部门监制的收据，进行的会计处理为：

```
借：在建工程                                        11 000 000
    贷：应付账款等                                          11 000 000
```

（5）办公楼达到预定可使用状态，进行的会计处理为：

```
借：固定资产——办公楼                               11 000 000
    贷：在建工程                                          11 000 000
```

（6）每年分摊土地使用权和对办公楼计提折旧，进行的会计处理为：

```
借：管理费用                                          500 000
    贷：累计折旧                                            400 000
        累计摊销                                            100 000
```

4. 暂时没有确定使用用途的土地使用权

如果取得的土地暂时没有确定使用用途，记入"无形资产"账户。

【例3-9】 2×21年8月，中国琴岛房地产开发公司取得的350亩的土地使用权暂时没有确定使用用途，价款4 000万元，契税征收率为4%，征用土地在征用前属于城市用地，通过银行转账支付土地出让金及相关税费。请计算应缴纳的各项税额并写出相关会计分录。

（1）支付土地出让金时，依据财政部门开具的土地使用权出让金专用票据和银行转款手续，进行的会计处理为：

```
借：无形资产——土地使用权                           40 000 000
    贷：银行存款                                          40 000 000
```

（2）应缴纳的契税为：

$$4 000×4\%＝160(万元)$$

依据契税完税凭证和付款证明，进行的会计处理为：

```
借：无形资产——土地使用权                            1 600 000
    贷：银行存款                                           1 600 000
```

（3）签订土地使用权出让合同，应缴纳的印花税为：

$$4 000×0.5‰＝2(万元)$$

缴纳印花税时，依据印花税完税凭证和付款证明，进行的会计处理为：

```
借：税金及附加                                         20 000
    贷：银行存款                                            20 000
```

5. 用于赚取租金或资本增值的土地使用权

企业改变土地使用权的用途，将其作为用于出租或增值目的时，应将其转为投资性房地产。

【例3-10】 中国琴岛房地产开发公司2×20年10月取得土地使用权8 000万元(含税费)用于房地产开发，已完成土地开发，土地开发成本700万元。因房地产市场萎缩，公司准备减缓房地产开发，将已开发完成的土地用于出租。2×21年2月与甲公司签订了经营租赁合同，将这块土地出租给甲公司使用，租赁期开始日为2×21年2月1日，租期2年。请计算应缴纳的各项税额并写出相关会计分录。

（1）支付土地出让金时，依据财政部门开具的土地使用权出让金专用票据和银行转款手续，进行的会计处理为：

借：开发成本——土地开发　　　　　　　　　　　　　　　　　80 000 000

　贷：银行存款　　　　　　　　　　　　　　　　　　　　　　80 000 000

（2）支付土地开发成本时，根据付款依据、税务部门监制的发票或财政部门监制的收据，进行会计处理为：

借：开发成本——土地开发　　　　　　　　　　　　　　　　　7 000 000

　贷：银行存款　　　　　　　　　　　　　　　　　　　　　　7 000 000

（3）2×21 年 2 月 1 日，租赁期开始日，应将已开发的土地转换为投资性房地产，进行的会计处理为：

借：投资性房地产——土地使用权　　　　　　　　　　　　　　87 000 000

　贷：开发成本——土地开发　　　　　　　　　　　　　　　　87 000 000

3.3.3　获取土地阶段纳税账务处理

1. 契税的账务处理

契税一般不通过"应交税费"科目进行核算，视取得土地使用权的用途记入不同的会计科目。房地产企业为进行房地产开发而取得的土地使用权所缴纳的契税，在实际缴纳时依据契税完税凭证直接记入"开发成本"账户；为建造办公楼等自用而取得的土地使用权所缴纳的契税，在实际缴纳时依据契税完税凭证直接记入"无形资产"账户。

【例 3-11】　2×21 年 5 月 25 日，中国琴岛房地产开发公司取得一块土地使用权进行房地产开发，支付土地出让金 8 000 万元，缴纳契税 3 200 000 元。（假设契税税率为 4%）支付契税时，中国琴岛房地产开发公司应依据契税完税凭证作以下会计处理：

借：开发成本　　　　　　　　　　　　　　　　　　　　　　3 200 000

　贷：银行存款　　　　　　　　　　　　　　　　　　　　　3 200 000

【例 3-12】　2×21 年 3 月 20 日，中国琴岛房地产开发公司取得一块准备用于自建办公用房的土地使用权，支付土地出让金 1 000 万元，缴纳契税 400 000 元。（假设契税税率为 4%）支付契税时，中国琴岛房地产开发公司应依据契税完税凭证作以下会计处理：

借：无形资产　　　　　　　　　　　　　　　　　　　　　　400 000

　贷：银行存款　　　　　　　　　　　　　　　　　　　　　400 000

2. 土地使用权纳税业务的账务处理

房地产开发企业按规定计算应交的土地使用税时，借记"税金及附加——城镇土地使用税"账户，贷记"应交税费——应交城镇土地使用税"账户；上交时，借记"应交税费——应交城镇土地使用税"账户，贷记"银行存款"账户。

【例 3-13】　中国琴岛房地产开发公司拥有一宗 55 万平方米的土地使用权，其中市政道路及绿化带用地 5 万平方米，已完成销售商品房占用土地 20 万平方米，该地城镇土地使用税税额为 5 元/平方米,按季缴纳。请计算应缴纳的各项税额并写出相关会计分录。

（1）应纳土地使用税额计算方法如下：

应缴纳城镇土地使用税的土地面积＝55－20－5＝30(万平方米)

年度应纳税额＝30×5＝150(万元)

每季度应纳税额＝150÷4＝35.7(万元)

（2）中国琴岛房地产开发公司的会计处理为：

① 中国琴岛房地产开发公司计算土地使用税时：

借：税金及附加——城镇土地使用税　　　　　　　　　　　　　　　　357 000

　　贷：应交税费——应交城镇土地使用税　　　　　　　　　　　　　　　　357 000

② 上交土地使用税时：

借：应交税费——应交城镇土地使用税　　　　　　　　　　　　　　　357 000

　　贷：银行存款　　　　　　　　　　　　　　　　　　　　　　　　　357 000

重 要 概 念

土地使用权　　耕地占用税　　城镇土地使用税　　契税

本 章 练 习

一、单项选择题

1. 在出让土地使用权年限为 50 年的土地上,不允许的单体建设项目是（　　　）。

A. 公寓　　　　　　　B. 写字楼　　　　　　　C. 工业厂房　　　　　　D. 酒店

2. 下列关于土地使用权出让、转让的说法中,错误的是（　　　）。

A. 土地使用权出让是一种国家垄断行为

B. 土地使用权出让、转让制度基于所有权与使用权相分离的原则

C. 城市规划区内的所有土地都可以直接出让

D. 土地使用权出让年限届满前 1 年,土地使用者可以申请续期

3. 下列项目中,可以通过划拨方式取得土地使用权的是（　　　）。

A. 社区便民超市　　　　　　　　　　　B. 税务机关办公楼

C. 服务于大众的快餐店　　　　　　　　D. 别墅

4. 在城市规划区范围内,以出让等有偿使用方式取得土地使用权进行房地产开发的闲置土地,超过出让合同约定的动工开发日期满 1 年未动工开发的,按出让金的（　　　）以下征收土地闲置费。

A. 10%　　　　　　　　B. 20%　　　　　　　　C. 30%　　　　　　　　D. 40%

5. 建设用地使用权出让合同的出让人（　　　）。

A. 是特定的,必须是市、县人民政府土地管理部门

B. 是不特定的,可根据需要确定

C. 是特定的,必须是市、县人民政府

D. 是特定的,必须是市、县以上人民政府

6. 土地使用权出让合同的内容中一般不包括(   )。

A. 建设规划设计条件

B. 建设密度和高度控制指标

C. 开发进度和分期投资额度

D. 工程完工期限

7. 下列以出让方式取得土地使用权进行房地产开发的情况中,政府可以无偿收回土地使用权的是(   )。

A. 出让合同约定 2019 年 6 月 30 日动工开发,中间曾受到特殊原因的影响,规划部门审批工作在一段时间内暂停,导致前期工作延误,到 2021 年 6 月 30 日仍未动工

B. 城市总体规划变更,使得项目规划设计变更,导致超过出让合同约定的动工开发日期满两年未动工开发

C. 开发商要求提高项目容积率,规划部门不批准,导致超过出让合同约定的动工开发日期满两年未动工开发

D. 因发生自然灾害,地块的地质条件发生重大变化,导致超过出让合同约定的动工开发日期满两年未动工开发

8. 下列关于土地使用权协议出让的说法中,不正确的是(   )。

A. 协议出让最低价由市、县人民政府土地管理部门编制,并经过同级人民政府批准执行

B. 协议出让价格不得低于协议出让最低价

C. 协议出让价格不得低于协议出让底价

D. 协议出让底价不得低于协议出让最低价

9. 某林场处于城镇土地使用税征收区域内,共占地 40 000 平方米,其中办公用房占地 3 000 平方米,职工宿舍占地 1 000 平方米;育林地 8 000 平方米,运材道占地 10 000 平方米,自办的林中度假村占地 6 000 平方米,自然保护区占地 10 000 平方米。企业所在地城镇土地使用税单位税额每平方米 1.2 元。则该企业全年应缴纳城镇土地使用税(   )元。

A. 7 200
B. 10 800
C. 12 000
D. 24 000

10. 下列各项中,根据契税的相关规定不正确的是(   )。

A. 契税由财产的承受方缴纳

B. 城镇职工按规定第一次购买公有住房的,免征契税

C. 房屋产权相互交换,免征契税

D. 纳税人应当自纳税义务发生之日起 10 日内,向土地、房屋所在地的契税征收机关办理纳税申报,并在契税征收机关核定的期限内缴纳税款

二、多项选择题

1. 下列可以成为城镇土地使用税的纳税人有(   )。

A. 拥有土地使用权的单位和个人

B. 出租房屋的承租方

C. 对外出租房屋的出租方

D. 共有土地使用权的各方

2. 下列各项中,应当缴纳城镇土地使用税的有(   )。

A. 用于渔场的办公楼及职工宿舍用地

B. 北京香山公园内专设游客餐厅用地

C. 公园中管理单位的办公用地

D. 2×22 年新建的独立地下商场用地

3. 下列各项中,属于法定免征城镇土地使用税的有(   )。

A. 盐矿的矿井用地

B. 工业企业仓库用地

C. 危险品仓库用地

D. 机场场内道路用地

4. 耕地占用税是对占用耕地建房或从事其他非农业建设的单位和个人,就其实际占用的耕地面积征

收的一种税。其特点表述正确的有(　　)。

  A. 属于对特定土地资源占用课税,具有资源税性质

  B. 具有特定行为税的性质

  C. 实行一次性课征

  D. 采用了地区差别比例税率

  5. 下列关于耕地占用税的税收优惠表述正确的有(　　)。

  A. 军事设施占用耕地免征耕地占用税

  B. 养老院占用耕地减半征收耕地占用税

  C. 农村居民占用耕地新建住宅,按照当地适用税额减半征收耕地占用税

  D. 免征或者减征耕地占用税后,纳税人改变原占地用途,不再属于免征或者减征耕地占用税情形的,应当按照当地适用税额补缴耕地占用税

三、判断题

  1. 土地开发过程中发生的费用,都应在"开发成本——土地开发"账户中核算。 (　　)

  2. 拥有土地使用权的单位和个人不在土地所在地的,其土地的实际使用人和代管人为纳税人。

                            (　　)

  3. 纳税人实际占用的土地面积尚未核发土地使用证书的,应由纳税人申报土地面积,并以此为计税依据计算征收城镇土地使用税。 (　　)

  4. 出租、出借房产,自交付出租、出借房产之月起计征城镇土地使用税。 (　　)

  5. 对于新征用的土地,凡属耕地的自批准之日次月起开始缴纳土地使用税。 (　　)

四、简答题

  简述土地使用权招标、拍卖、挂牌的程序。

五、业务题

  1. 某中外合资企业2×21年1月从当地政府手中取得某块土地使用权,支付土地使用权出让费1 200 000元,省政府规定契税的税率为3%,计算企业应纳契税数额并编写会计分录。

  2. 某福利工厂2×21年2月16日收到当地政府无偿划入土地一块,该企业申报缴纳契税,契税征收机关参照同样土地市价,确定该土地使用权价格为600 000元,当地政府规定契税税率为4%,根据上述资料计算企业应纳契税数额并编写会计分录。

  3. 某房地产企业2×21年2月通过招标购得一块3 000平方米的土地,其中1 000平方米为经批准开发的经济适用房用地,其余为商品房住宅用地;该企业3月还按照规定程序征用取得一块1 500平方米的耕地,假定上述地区城镇土地使用税年单位税额每平方米均为6元。计算该企业2×21年应缴纳城镇土地使用税。

六、案例题

  2×21年6月,致远地产公司取得100亩的土地使用权用于商品房开发,价款4 000万元,契税征收率为3%,当地政府规定的耕地占用税税额为30元/平方米,通过银行转账支付土地出让金及相关税费。

  根据上述资料计算企业应缴纳的相关税费并编写会计分录。

第4章 开发建设阶段的税务与会计处理

内容提要

本章主要讲解了房地产开发企业在开发建设阶段的核算方法,包括开发建设阶段业务概述、开发建设阶段税务处理、房地产开发企业成本核算、工程计量与支付会计核算及其他相关业务会计核算。

重点难点

本章重点为房地产开发企业开发建设阶段税务处理、房地产开发企业成本核算及工程计量与支付会计核算;难点为房地产开发企业开发建设阶段税务处理、房地产开发企业成本核算。

学习目标

通过本章学习,学生应掌握房地产开发阶段的税务处理、房地产开发阶段的成本核算;明确工程计量与支付会计核算、房地产开发阶段其他相关业务会计核算,如房地产开发阶段原材料的核算、固定资产的核算、期间费用的核算;了解房地产开发阶段业务处理流程。

知识框架

章节导读

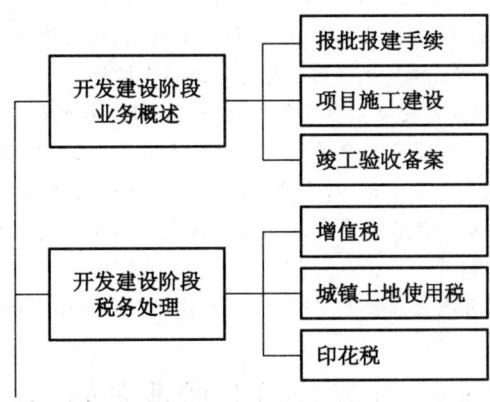

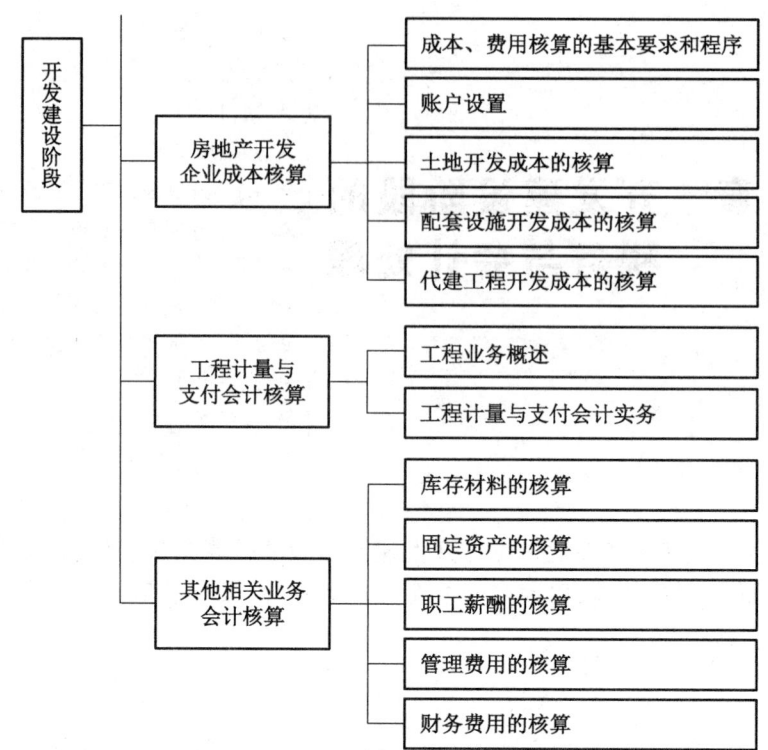

引入案例　中海地产严格的成本管控

中国海外发展有限公司,简称中国海外(股票代码:00688.HK),成立于1979年,并于1992年在香港联交所上市。房地产开发是中国海外的核心业务,公司历经30余年的发展,成功打造了中国房地产行业领导公司品牌"中海地产"。2016年,公司营业额为15 871 698.10万港元,净利润为3 839 077.60万港元。值得注意的是,公司已连续12年(2003—2014年)净利润增长高于20%,被称为"最赚钱的房企"。中海地产在行业中的高净利,一定程度上得益于其对成本的严格管控。作为靠建筑起家的企业,中海地产对成本的控制可谓锱铢必较。公司通过一系列制度严格进行管控,形成了全公司统一的成本管理方法,对成本管理每个环节均配有相应工作指引和模板,内容细致全面。在设计阶段即导入对应性成本理念,建立成本控制目标。在项目进程中,通过投资估算管理、项目成本管理、动态成本预测等,对项目投入与产出的关系及时地进行评估;通过立项管理、项目任务分解、合约管理、工程进度确认、付款等过程,把复杂多变的项目管理过程变成可控制的过程,对成本异常变动情况及时预警并提出解决措施。

综上可知,成本控制是房地产开发企业不容忽视的一环。成本控制得当通常会带来较好的业绩表现以及较高的市场认同。房地产开发企业的日常开支既有产品成本,也有期间费用。科学地对成本和费用进行规划和控制才能有效地减少企业支出,对企业合理经营具有长期的积极影响。

那么成本和费用有什么区别?产品成本和期间费用又是什么关系?哪些费用不应计入成本?通过本章的学习,相信你会找到答案。

(资料来源:王玉红.房地产开发企业会计[M].北京:人民邮电出版社,2016.)

4.1 | 开发建设阶段业务概述

开发建设阶段是房地产开发的重要阶段。在此阶段,房地产开发企业要在土地上完成房地产产品的开发,形成开发产品。税务处理上将涉及增值税、城镇土地使用税、印花税等应税税种;会计核算上一方面要进行成本费用的核算,另一方面要对工程计量与支付、材料及设备采购、职工薪酬及其他业务进行核算。

房地产开发企业在开发建设阶段的主要工作,一方面是为取得项目开工建设许可而办理一系列报批报建手续;另一方面要组织项目施工,施工完成后还涉及竣工验收及备案。

4.1.1　报批报建手续

房地产开发项目的报批报建手续一般在项目开工前办理,未取得项目开发建设的各类许可证书,不准开工建设。报批报建中取得的证书主要有《建设用地规划许可证》《建设工程规划许可证》《建设工程施工许可证》以及项目建设用地的《国有土地使用证》。这些证书加上商品房预售时取得的《商品房预售许可证》,就是通常所说的"五证"。

开发建设阶段报批报建手续

不同地区的具体报批报建手续可能会存在一定差异,有些地方的开发区甚至会对报批报建费用进行相应的减免。

1. 建设用地规划许可证

《建设用地规划许可证》是建设单位在向土地管理部门申请征用、划拨土地前,经城乡规划行政主管部门确认建设项目位置和范围符合城乡规划的法定凭证,是建设单位用地的法律凭证。没有此证的用地单位属非法用地,房地产商的售房行为也属非法,不能领取房地产权属证件。它的目的在于确保土地利用符合城市规划,维护建设单位按照城市规划使用土地的合法权益。

颁发《建设用地规划许可证》的许可条件是:

(1)建设项目符合城乡规划。

(2)以划拨方式供地的建设项目,取得《建设项目选址意见书》(有效期内)和有关主管部门对建设项目用地的预审意见或其他相关文件。

(3)以出让方式供地的建设项目,取得《国有土地使用权出让合同》。

(4)取得发展改革等项目审批部门批准、核准、备案的建设项目。

(5)建设项目涉及环保、城管、国家安全、消防、文物保护等部门的,需提供各相关行政主管部门的书面意见。

在市、镇规划区内以划拨方式提供国有土地使用权的建设项目,经有关部门批准、核准、备案后,建设单位应当向市、县人民政府城乡规划主管部门提出建设用地规划许可申请,由市、县人民政府城乡规划主管部门依据控制性详细规划核定建设用地的位置、面积、允许建设的范围,核发建设用地规划许可证。

在市、镇规划区内以出让方式提供国有土地使用权的,在国有土地使用权出让前,市、县人民政府城乡规划主管部门应当依据控制性详细规划,提出出让地块的位置、使用性质、开发强度等规划条件,作为国有土地使用权出让合同的组成部分。未确定规划条件的地块,不得出让国有土地使用权。

以出让方式取得国有土地使用权的建设项目,在签订国有土地使用权出让合同后,建设单位应当持建设项目的批准、核准、备案文件和国有土地使用权出让合同,向市、县人民政府城乡规划主管部门领取《建设用地规划许可证》。市、县人民政府城乡规划主管部门不得在《建设用地规划许可证》中,擅自改变作为国有土地使用权出让合同组成部分的规划条件。

土地权属制度

根据《土地管理法》的规定，我国实行土地的社会主义公有制，即全民所有制和劳动群众集体所有制。城市市区的土地属于国家所有；农村和城市郊区的土地，除由法律规定属于国家所有的，属于农民集体所有；宅基地和自留地、自留山属于农民集体所有。

国有土地和农民集体所有的土地，可以依法确定给单位或个人使用。使用土地的单位和个人，有保护、管理和合理利用土地的义务。单位和个人依法使用的国有土地，由县级以上人民政府登记造册，核发证书，确认使用权；其中，中央国家机关使用的国有土地的具体登记发证机关，由国务院确定。依法改变土地权属和用途的，应当办理土地变更登记手续。

2. 国有土地使用证

《国有土地使用证》是经土地使用者申请，城市各级人民政府依法核发的，证明土地使用者使用国有土地的法律凭证。该证主要载明土地使用者名称，土地坐落位置、用途、土地使用面积、使用年限等。因国有资源部门必须依据规划部门核定的土地功能及土地使用强度才能计算出土地出让金，以及在土地使用证上载明土地用途及年限，一般来说，颁发了《建设用地规划许可证》之后，才能领取《国有土地使用证》。

发证范围包括城镇房改房、经济适用住房、商品房和城镇其他用地，它是房屋所有权和国有土地使用权发生转移后的变更土地登记，发证对象为拥有土地使用权的个人或企业。

3. 建设工程规划许可证

《建设工程规划许可证》是城市规划行政主管部门依法核发的，确认有关建设工程符合城市规划要求的法律凭证，是建设活动中接受监督检查时的法定依据。没有此证的建设单位，其工程建筑是违章建筑，不能领取房地产权属证件。

城市规划区内各类建设项目（包括住宅、工业、仓储、办公楼、学校、医院、市政交通基础设施等）的新建、改建、扩建、翻建，均需依法办理《建设工程规划许可证》。具体范围包括：

（1）新建、改建、扩建建筑工程。

（2）各类市政工程、管线工程、道路工程等。

（3）文物保护单位和优秀近代建筑的大修工程以及改变原有外貌、结构、平面的装修工程。

（4）沿城市道路或者在广场设置的城市雕塑等美化工程。

（5）户外广告设施。

（6）各类临时性建筑物、构筑物。

《建设工程规划许可证》是建设工程办理《建设工程施工许可证》进行规划验线和验收及商品房预售、房屋产权登记的法定要件，是确认有关建设活动的合法地位，保证有关建设单位和个人合法权利的有效文件。

4. 建设工程施工许可证

《建设工程施工许可证》是建筑施工单位符合各种施工条件、允许开工的批准文件，是建设单位进行工程施工的法律凭证，也是房屋权属登记的主要依据之一。

申请前的准备工作及需要办理的条件：

（1）施工场地已基本具备施工条件。

（2）已经办理该建筑工程用地批准手续。

（3）在城市规划区的建筑工程,已经取得规划许可证。

（4）需要拆迁的,其拆迁进度符合施工要求。

（5）已经确定建筑施工企业,按照规定应该委托监理的工程已委托监理单位。

（6）有满足相关设计规范要求的施工图纸。

（7）已在质量监督主管部门及安全监督主管部门办理相应的质量、安全监督注册手续。

（8）建设资金已经落实,工期不足 1 年的,到位资金不得少于工程合同价款的 50%;工期超过 1 年的,到位资金不得少于工程合同价款的 30%。

4.1.2　项目施工建设

一般来说,房地产开发企业不直接从事项目施工建设,而是委托有施工资质的施工单位进行项目施工。房地产项目的施工建设是房地产开发建设的重要阶段,此阶段的工作包括材料及设备供应、工程发包、分包工程等。

1. 材料及设备供应

为了保证材料质量和控制材料成本,房地产开发企业可以根据自身的情况选择"甲供材"或"甲控材"的方式对材料进行控制。甲供材是房地产开发企业直接采购材料,供应给施工单位,如直接组织采购屋面瓦、外墙砖、门窗、型材等;甲控材是房地产开发企业限定了材料的品牌、材质规格(有时也规定价格),由施工单位负责采购并综合在报价内,如只规定钢材、五金配件的品牌等但不直接供应,由施工单位负责采购和供应。

2. 工程发包

工程发包是房地产开发企业将房地产开发项目的施工采用发包方式委托施工单位进行施工。工程发包的主要工作包括发包方式选择、各类合同条件谈判和合同签订等。发包方式一般有直接委托、招标,招标又可能采用邀请招标和公开招标方式。

合同谈判主要包括价款、结算方式、付款方式的谈判。房地产开发企业与施工企业在工程承包合同中规定的工程价款的结算,应根据国家有关工程价款结算办法,结合当地的有关规定具体确定,目前主要有如下三种方式:

（1）按月结算。按月结算就是按照每月实际完成的分部分项工程进行结算。在具体做法上各个地区也不尽相同,目前一般都实行月中预付、月终结算,即在月中按照当月施工计划所列工作量的一半预付,月末(实际为下月初)按照各工程当月实际完成工作量(即预算造价或调整计算后的工程标价)扣除月中预付款后进行结算。

（2）分段结算。分段结算就是将一项单位工程按进度划分为几个阶段(部位),如基础、结构、装饰、竣工等,按照完成阶段分段验收结算工程价款。分段结算也可按月预付工程款,即在月中按照当月施工计划工作量预付,于工程阶段完成验收后按分段工程预算造价或调整计算后的工程标价扣除预付款后进行结算。

（3）竣工一次结算。开发项目或单项工程施工工期在 12 个月以内,或者工程承包合同价值较小的,可以实行工程价款每月月中预支、竣工后一次结算。即在工程开工后,每月按当月施工计划所列工作量预付工程款,于工程竣工验收后按工程承包合同价值扣除预付工程款后进行结算。

3. 分包工程

房地产开发企业的主体工程一般由具有资质的施工企业负责施工，除主体工程，一般将电梯安装、门窗、防水、保温、消防等工程分包给其他单位来完成，还有水、电、天然气、有线电视、热源、消防等各种配套，需要向政府或专业公司缴纳符合标准的资源性费用，具体工程施工一般也由各专业公司所属的工程队来完成。

材料及设备供应组织和工程发包、分包工程完成后，就由施工单位进场进行建筑和安装施工。

4.1.3 竣工验收备案

房地产开发企业的开发产品竣工验收实行备案制，县级以上地方人民政府城乡规划主管部门负责监督工程竣工验收并负责竣工备案。

房地产项目竣工后，由房地产开发企业及助察、设计、施工、工程监理等单位进行综合验收。项目竣工后，房地产开发企业应当向项目所在地的县级或以上地方人民政府建设行政主管部门提出竣工验收申请并报告验收详情，填写工程竣工验收备案表，由参加验收的房地产开发企业及勘察、设计、施工、工程监理等单位签字盖章后，报建设行政主管部门备案。

特别提示 4-1

根据《城市房屋权属登记管理办法》的规定，新建的房屋，申请人应当在房屋竣工后的 3 个月内向登记机关申请房屋所有权初始登记，并应当提交用地证明文件或者土地使用权证、建设用地规划许可证、建设工程规划许可证、施工许可证、房屋竣工验收资料以及其他有关的证明文件。办理新建商品房初始登记后，取得的新建商品房产权证，也就是一个大的房屋证，即通常所说的"大产权证""大证"，这是买受人办理小产权证的前提。这时所有产权是房地产开发企业的，所以我们叫开发商是大业主。"初始登记"表示房屋办理了大产权证，房子已经从预售变为现售。在房管局的交易系统，尚未销售的期房竣工办理初始登记后变成"现楼销售"状态。

4.2 开发建设阶段税务处理

房地产开发企业在开发建设阶段主要涉及增值税、城镇土地使用权、印花税等应税税种，相关实务问题本节将详细介绍。

4.2.1 增值税

"营改增"试点后，房地产开发企业增值税一般纳税人采用一般计税方法的，大部分进项税票都是在开发建设阶段取得的，所以，我们在此重点介绍与增值税进项税票取得相关的合作单位选择、发包方式选择、合同条款设计、进项税票审核、专用发票认证、纳税实务解析等内容。

1. 合作单位选择

房地产开发企业增值税一般纳税人，采用一般计税方法的，在购进货物或劳务时，如果从小规模纳税人购进材料，取得增值税专用发票的，能够抵扣的增值税税率为 3%；如果从一般纳税人购进材料，取得增值税专用发票的，能够抵扣的增值税税率为 13%。如果从小规模纳税人购进劳务，取得增值税专用发票的，能够抵扣的增值税税率为 3%；如果从一般纳税人购进劳务，取得增值税专用发票的，能够抵扣的增值税税率为 9%。可见，合作单位是一般纳税人还是小规模纳税人,会直接影响房地产开发企业取得专用发票的税率,进而影响增值税的实际税负。所以,房地产开发企业增值税一般纳税人,在进行材料采购或工程发包选择合作单位时要尽量选择增值税一般纳税人。

2. 发包方式选择

房地产开发企业增值税一般的税人,采用一般计税方法的,在进行工程发包时,可以采用工程总承包方式,还可以采用清包工、甲供工程。

(1)甲供工程方式。甲供工程是指全部或部分设备、材料、动力由工程发包方自行采购的建筑工程。

在营业税税制下,甲供工程中甲方供应的材料、物资、动力等作为营业税的计税基础,"营改增"后,增值税实行价税分离的办法,甲供工程中甲方供应的材料、物资、动力等不作为增值税的计税基础。这样一来,如果甲方是一般纳税人,采购材料、物资、动力等能够获得13%的进项税发票,甲方会倾向于扩大甲供材的采购,以增加自身可抵扣的进项税。相应建筑企业无法取得甲供部分的进项税,一旦按照工程款和甲供材的全额计提销项税,可抵扣进项税必然减少,税负增加概率较大。所以,税法赋予了甲供工程采用简易计税方法的选择权。

房地产开发企业如果采用甲供工程方式进行工程发包,能够抵扣的进项税税率为3%,而购买建筑材料能够抵扣的进项税税率为13%。

(2)清包工方式。一般纳税人以清包工方式提供的建筑服务,可以选择简易计税方法计税。清包工是指施工方不采购建筑工程所需的材料或只采购辅助材料,并收取人工费、管理费或者其他费用的建筑服务。

此条款是针对分包链条最底层的企业设计的。考虑到分包业务在建筑业普遍存在,主要以清包工的形式承揽工程,其成本费用支出基本是工人的工资,可抵扣的进项税额很少,为妥善解决清包工可能产生的税负上升问题,对一般纳税人的清包工业务,税法允许其选择简易计税方法计算缴纳增值税。

房地产开发企业如果采用清包工方式进行工程发包,比如装修装饰工程,清包工能够抵扣的进项税税率为3%,而购买建筑材料能够抵扣的进项税税率为13%。

3. 合同条款设计

房地产开发企业增值税一般纳税人,采用一般计税方法的,合同条款中应注明:

(1)合同价款是否包含增值税。

(2)增值税发票的类型。合同中应明确约定增值税发票的类型是增值税普通发票还是增值税专用发票。增值税普通发票不能用于抵扣进项税额,增值税专用发票可以用于抵扣进项税额。

(3)具体税率。一般纳税人采用简易计税方法和小规模纳税人开具或代开的增值税专用发票适用的征收率较低,而增值税一般纳税人采用一般计税方法的,适用的税率较高。比如接受建筑服务,增值税一般纳税人采用一般计税方法的,开具的增值税专用发票税率是9%,而一般纳税人采用简易计税方法和小规模纳税人开具或代开的增值税专用发票,适用的征收率为3%,这样会导致房地产开发企业进项税额的不同,直接影响增值税税负,所以,应在合同条款中约定增值税专用发票的具体税率。

(4)发票取得时间。如果发票取得时间太晚,可能会出现销项税额已经发生,进项税额无法抵扣的情况,从而增加增值税税负,所以,应在合同条款中约定增值税专用发票的取得时间。

（5）不合法发票赔偿责任以及重新开具合法发票义务。如果取得的发票不合法，可能涉及税务处罚，甚至涉及刑事责任，所以，应在合同条款中约定。如果取得的增值税专用发票不合法引起法律责任，提供发票方应承担赔偿责任，并且应约定提供发票方重新开具合法发票的义务。

4. 进项税票审核

房地产开发企业在取得增值税专用发票时，可抵扣增值税进项税额，主要从以下方面进行审核。

（1）可抵扣增值税进项税额的条件。准予从销项税额中抵扣的进项税额，应至少同时具备以下条件：①发生允许从销项税额中抵扣进项税额的购进行为；②取得合法有效的增值税扣税凭证；③只有应税行为的代扣代缴税款可以凭完税凭证抵扣，且需要具备书面合同、付款证明和境外单位的对账单或者发票。否则，进项税额不得从销项税额中抵扣。

（2）可抵扣的进项税额。房地产开发企业取得增值税扣税凭证，准予从销项税额中扣除的进项税额包括：①从销售方取得的增值税专用发票（含税控机动车销售统一发票，下同）上注明的增值税税额；②从海关取得的海关进口增值税专用缴款书上注明的增值税税额；③购进农产品，除取得增值税专用发票或者海关进口增值税专用缴款书外，按照农产品收购发票或者销售发票上注明的农产品买价和9%的扣除率计算的进项税额；④从境外单位或者个人购进服务、无形资产或者不动产，自税务机关或者扣缴义务人取得的解缴税款的完税凭证上注明的增值税税额。

（3）不得抵扣的进项税额。房地产开发企业取得下列项目的进项税额不得从销项税额中抵扣：①用于简易计税方法计税项目、免征增值税项目、集体福利或者个人消费的购进货物、加工修理修配劳务、服务、无形资产和不动产。其中涉及的固定资产、无形资产、不动产，仅指专用于上述项目的固定资产、无形资产（不包括其他权益性无形资产）、不动产。纳税人的交际应酬消费属于个人消费；②非正常损失的不动产，在产品、产成品所耗用的购进应税项目，购进构成不动产实体的材料和设备，设计服务和建筑服务。其中不动产实体的材料和设备，包括建筑装饰材料和给排水、采暖、卫生、通风、照明、通信、煤气、消防、中央空调、电梯、电气、智能化楼宇设备及配套设施，以及相关的加工修理修配劳务和交通运输服务；③购进的旅客运输服务、贷款服务、餐饮服务、居民日常服务和娱乐服务；④财政部和国家税务总局规定的其他情形。

5. 专用发票认证

纳税信用A级、B级、M级、C级的增值税一般纳税人取得销售方使用新系统开具的增值税专用发票，可以不再进行扫描认证，其他增值税一般纳税人取得的增值税扣税凭证，应当自行扫描认证或者到主管税务机关办理认证、申报抵扣或者申请稽核比对。认证是税务机关通过防伪税控系统对增值税扣税凭证所列数据的识别、确认。

根据《国家税务总局关于取消增值税扣税凭证认证确认期限等增值税征管问题的公告》（国家税务总局公告2019年第45号）规定，增值税一般纳税人取得2017年1月1日及以后开具的增值税专用发票、海关进口增值税专用缴款书、机动车销售统一发票、收费公路通行费增值税电子普通发票，取消认证确认、稽核比对、申报抵扣的期限。纳税人在进行增值税纳税申报时，应当通过本省（自治区、直辖市和计划单列市）增值税发票综合服务平台对上述扣税凭证信息进行用途确认。

6. 纳税实务解析

房地产开发企业能否取得用于抵扣的增值税专用发票，直接影响增值税税负，在此对房地产开发企业实务中具体业务取得增值税进项税票的情况归纳如下。

（1）土地取得成本。实务中，房地产开发企业的土地取得成本中主要项目的增值税抵扣情况如表 4-1 所示。

表 4-1   **土地取得成本中增值税抵扣情况表**

序号	项目	能否抵扣	抵扣凭证	税率	备注
1	土地出让金		省级以上(含省级)财政部门监(印)制的财政票据		可扣减销售额
2	征地拆迁补偿费				可扣减销售额
3	契税	否			
4	耕地占用税	否			

根据《营业税改征增值税试点有关事项的规定》（财税〔2016〕36 号）第一条第（三）项第 10 点和《房地产开发企业销售自行开发的房地产项目增值税征收管理暂行办法》（国家税务总局公告 2016 年第 18 号）第五条的规定，房地产开发企业中的一般纳税人销售其开发的房地产项目（选择简易计税方法的房地产老项目除外），受让土地时向政府部门支付的土地价款，在计算缴纳增值税时，允许在计算销售额时从全部价款和价外费用中扣除。支付的土地价款，是指向政府、土地管理部门或受政府委托收取土地价款的单位直接支付的土地价款。

另外，《财政部 国家税务总局关于明确金融 房地产开发 教育辅助服务等增值税政策的通知》（财税〔2016〕140 号）第七条规定，《营业税改征增值税试点有关事项的规定》（财税〔2016〕36 号）第一条第（三）项第 10 点中"向政府部门支付的土地价款"，包括土地受让人向政府部门支付的征地和拆迁补偿费用、土地前期开发费用和土地出让收益等。房地产开发企业中的一般纳税人销售其开发的房地产项目（选择简易计税方法的房地产老项目除外），在取得土地时向其他单位或个人支付的拆迁补偿费用也允许在计算销售额时扣除。纳税人按上述规定扣除拆迁补偿费用时，应提供拆迁协议、拆迁双方支付和取得拆迁补偿费用凭证等能够证明拆迁补偿费用真实性的材料。

除了上述符合条件的土地价款、拆迁补偿费用，契税、耕地占用税等其他费用，在计算缴纳增值税时，不允许在计算销售额时从全部价款和价外费用中扣除。

（2）前期工程费。实务中，房地产开发企业的前期工程费中主要项目的增值税抵扣情况如表 4-2 所示。

表 4-2   **前期工程费中增值税抵扣情况表**

序号	项目	能否抵扣	抵扣凭证	税率	备注
1	文物勘探费	能	增值税专用发票	6%	
2	规划设计费	能	增值税专用发票	6%	
3	围挡施工费	能	增值税专用发票	9%	
4	彩板房购置费	能	增值税专用发票	13%	
5	场地平整费	能	增值税专用发票	9%	

（续表）

序号	项目	能否抵扣	抵扣凭证	税率	备注
6	地质勘查费	能	增值税专用发票	6%	
7	消防技术服务费	能	增值税专用发票	6%	
8	防雷技术检测费	能	增值税专用发票	6%	
9	施工图审查费	能	增值税专用发票	6%	
10	晒图费	能	增值税专用发票	6%	
11	道路定位测量费	能	增值税专用发票	6%	
12	招标代理费	能	增值税专用发票	6%	
13	施工图设计费	能	增值税专用发票	6%	
14	人防易地建设费	否			

前期工程费如果能够取得增值税专用发票，直接按照表4-2中相应的税率进行抵扣即可，但以下项目需要特殊说明：

第一，人防费用。人防工程有两种形式，一种是进行人防工程建设，一种是不建人防设施，向人防主管部门缴纳人防异地建设费。如果进行人防工程建设，可以按建设人防工程取得的材料、建筑劳务等的进项税额抵扣。

第二，行政规费。向政府部门缴纳的行政规费，一般能够取得行政事业单位收费凭证，无法取得增值税专用发票，这些费用无法进行增值税进项税额抵扣。

第三，境外设计费。有的房地产开发企业采用境外设计，境外单位或者个人在境内发生应税行为，在境内未设有经营机构的，扣缴义务人按照下列公式计算应扣缴税额。

$$应扣缴税额＝购买方支付的价款÷(1＋税率)×税率$$

在计算应扣缴税额时，应将应税行为购买方支付的含税价款，换算为不含税价款，再乘以应税行为的增值税适用税率，计算出应扣缴的增值税税额。这里需要注意的是，按照上述公式计算应扣缴税额时，无论购买方支付的价款是否超过500万元的一般纳税人标准，无论扣缴义务人是一般纳税人还是小规模纳税人，一律按照境外单位或者个人发生应税行为的适用税率予以计算。

（3）基础设施费。实务中，房地产开发企业的基础设施费中主要项目的增值税抵扣情况如表4-3所示。

表4-3　　　　　基础设施费中增值税抵扣情况表

序号	项目	能否抵扣	抵扣凭证	税率	备注
1	道路雨污水施工费	能	增值税专用发票	9%	
2	燃气安装工程费	能	增值税专用发票	9%	
3	消防管网施工费	能	增值税专用发票	9%	
4	供配电施工费	能	增值税专用发票	9%	
5	给水管网施工费	能	增值税专用发票	9%	
6	供暖管网施工费	能	增值税专用发票	9%	
7	强弱电管网施工费	能	增值税专用发票	9%	

序号	项目	能否抵扣	抵扣凭证	税率	备注
8	有线电视施工费	能	增值税专用发票	9%	
9	绿化景观施工费	能	增值税专用发票	9%	
10	标识系统费	能	增值税专用发票	9%	
11	智能化工程费	能	增值税专用发票	9%	

基础设施费如果能够取得增值税专用发票，直接按照表4-3中相应的税率进行抵扣即可。需要说明的是，如果存在甲供材料，甲供材料部分一般能够取得13%的增值税专用发票。

（4）建安工程费。实务中，房地产开发企业的建安工程费中主要项目的增值税抵扣情况如表4-4所示。

表4-4　　　　　　　　　　建安工程费中增值税抵扣情况表

序号	项目	能否抵扣	抵扣凭证	税率	备注
1	基础工程费	能	增值税专用发票	3%，9%	
2	桩基检测费	能	增值税专用发票	6%	
3	主体建安工程费	能	增值税专用发票	3%，9%	
4	精装修工程费	能	增值税专用发票	9%，3%	
5	消防工程费	能	增值税专用发票	9%，13%	
6	电梯	能	增值税专用发票	3%，9%，13%	
7	空调	能	增值税专用发票	9%，13%	
8	门窗	能	增值税专用发票	9%，13%	
9	玻璃幕墙	能	增值税专用发票	9%，13%	

建安工程费如果能够取得增值税专用发票，直接按照表4-4中相应的税率进行抵扣即可。需要说明的是：接受基础工程费、精装修工程费等建筑服务，应向施工单位取得9%的增值税专用发票；如果存在甲供工程或清包工方式发包工程的，清包工方式能够取得3%的进项税额发票，甲供工程部分一般应取得13%的增值税专用发票。

电梯、空调、门窗、玻璃幕墙等工程，一般属于混合销售行为，如果供应商是以生产、批发、零售为主，则应取得13%的增值税专用发票，如果是以安装服务、施工为主，则应取得9%的增值税专用发票。如果分别签订供货和安装两份合同，则供货合同应取得13%的增值税专用发票，安装施工合同应取得9%的增值税专用发票。

（5）开发间接费用。实务中，房地产开发企业的开发间接费用中主要项目的增值税抵扣情况如表4-5所示。

表4-5　　　　　　　　　　开发间接费用中增值税抵扣情况表

序号	项目	能否抵扣	抵扣凭证	税率	备注
1	工程监理费	能	增值税专用发票	6%	
2	造价审核费	能	增值税专用发票	6%	
3	结算审核费	能	增值税专用发票	6%	

（续表）

序号	项目	能否抵扣	抵扣凭证	税率	备注
4	工程保险费	能	增值税专用发票	6%	
5	营销设施费	能	增值税专用发票	9%,3%	
6	物业完善费	能	增值税专用发票	6%	
7	安保费	能	增值税专用发票	6%	
8	检测试验费	能	增值税专用发票	6%	
9	绿化费	能	增值税专用发票	9%	
10	劳动保护费	能	增值税专用发票	13%	

开发间接费用如果能够取得增值税专用发票,直接按照表 4-5 中相应的税率进行抵扣即可。需要说明的是,应注意劳动保护费与职工福利费的区别。劳动保护费要注意以下几点:①用品具有劳动保护性质,因工作需要而发生;②用品提供对象为本企业职工或受雇雇员;③数量上能满足工作需要即可;④以实物形式发生。

用于职工福利的购进应税行为,根据《营业税改征增值税试点实施办法》(财税〔2016〕36 号)附件 1 第二十七条第(六)款的规定,不得从销项税额中抵扣。

（6）借款费用。根据《营业税改征增值税试点实施办法》附件 1 第二十七条第(六)款的规定,购进的贷款服务的进项税额不得从销项税额中抵扣。贷款服务,以提供贷款服务取得的全部利息及利息性质的收入为销售额。接受贷款服务向贷款方支付的全部利息及利息性质的费用以及与该笔贷款直接相关的投融资顾问费、手续费、咨询费等费用,其进项税额不得从销项税额中抵扣。

（7）期间费用。实务中,房地产开发企业的期间费用中主要项目的增值税抵扣情况如表 4-6 所示。

表 4-6　　　　　　　　　　期间费用中增值税抵扣情况表

序号	项目	能否抵扣	抵扣凭证	税率	备注
1	办公费	能	增值税专用发票	13%	
2	差旅费	能	增值税专用发票	6%	仅限住宿费
3	通信费	能	增值税专用发票	6%,9%	
4	车辆费用	能	增值税专用发票	13%,9%,6%,5%,3%	
5	水电气暖费	能	增值税专用发票	13%,9%,3%	
6	会议费	能	增值税专用发票	6%,9%	
7	广告宣传费	能	增值税专用发票	13%,6%	
8	书报费	能	增值税专用发票	9%	
9	审计费、财务咨询费	能	增值税专用发票	6%	
10	法律咨询费	能	增值税专用发票	6%	
11	交际应酬费	否			

期间费用如果能够取得增值税专用发票,直接按照表 4-6 中相应的税率进行抵扣即可,

但以下项目需要特别说明：①差旅费：包括差旅人员发生的吃、住、行费用。其中，餐饮费属于交际应酬费，其进项税额不得抵扣；机票、船票、车票等属于旅客服务费用，其进项税额不得抵扣；住宿费允许按照 6% 抵扣进项税额。②通信费：包括办公电话费、网络使用维护费、传真收发费。其中，基础电信服务的进项税额允许按照 9% 抵扣，增值电信服务的进项税额允许按照 6% 抵扣。基础电信服务是指利用固网、移动网、卫星、互联网提供语音通话服务的业务活动，以及出租或者出售带宽、波长等网络元素的业务活动。增值电信服务是指利用固网、移动网、卫星、互联网、有线电视网络提供短信和彩信服务、电子数据和信息的传输及应用服务、互联网接入服务等业务活动。③车辆费用：包括车辆维修费、油料费、车辆保险费、过路费、过桥费、停车费。其中，车辆维修费的进项税额允许按照 13% 抵扣，油料的进项税额允许按照 13% 抵扣，过路、过桥、停车费的进项税额允许按照 9% 抵扣，车辆保险费的进项税额允许按照 6% 抵扣。④水电气暖费：包括水费、电费、天然气费、暖气费。其中，水费的进项税额允许按照 9%、3% 抵扣，电费的进项税额允许按照 13%、3% 抵扣，天然气费的进项税额允许按照 9% 抵扣，暖气费的进项税额允许按照 9% 抵扣。水电气暖费应注意经营办公与集体福利分开，集体福利部分进项税额不允许抵扣。⑤会议费：包括会议场地租金、会议设施租赁费、会议布置费用和其他。会议费存在外包给会展公司和租赁会场自办两种形式。外包给会展公司的进项税额允许按照 6% 抵扣，租赁会场自办的进项税额允许按照 9% 抵扣。⑥广告宣传费：包括印刷费、广告费、宣传费、展览费用、条幅和展示牌等材料费、广告制作代理费用及其他费用。印刷费的进项税额允许按照 13% 抵扣，广告费、宣传费的进项税额允许按照 6% 抵扣，广告制作代理及其他费用的进项税额允许按照 6% 抵扣，展览费用的进项税额允许按照 13% 抵扣，条幅和展示牌等材料费的进项税额允许按照 13% 抵扣。

（8）固定资产、无形资产、不动产项目。对房地产开发企业涉及的固定资产、无形资产、不动产项目的进项税额，凡专用于简易计税方法计税项目、免征增值税项目、集体福利或者个人消费项目的，该进项税额不得予以抵扣；兼用于应税项目和上述不允许抵扣项目的，该进项税额准予全部抵扣。

另外，由于其他权益性无形资产涵盖面非常广，往往涉及纳税人生产经营的各个方面，没有具体使用对象，即纳税人购进其他权益性无形资产无论是专用于简易计税方法计税项目、免征增值税项目、集体福利或者个人消费，还是兼用于应税项目和上述不允许抵扣项目，均可以抵扣进项税额。

4.2.2 城镇土地使用税

房地产开发企业在开发建设阶段，需要以实际占用的土地面积为计税依据，按照规定的差额幅度税额计算缴纳城镇土地使用税。

城镇土地使用税，是对在城市、县城、建制镇、工矿区范围内使用土地的单位和个人征收的一种税。城镇土地使用税以纳税人实际占用的土地面积为计算依据，依照规定的税额计算征收。其计算公式如下：

$$应纳税额＝实际占用土地面积×适用税率$$

城镇土地使用税实行定额税制，采取差别税率，每平方米土地年税额为：大城市 1.5～30 元；中等城市 1.2～24 元；小城市 1.9～18 元；县城、建制镇、工矿区 1.6～12 元。

4.2.3 印花税

房地产开发企业在开发建设阶段，涉及各种合同的签订，应当按照规定缴纳印花税。在开发建设阶段，需要贴印花税的合同有购销合同、货物运输合同、加工承揽合同、仓储保管合同、建筑工程勘察设计合同、借款合同、建筑安装工程承包合同、财产保险合同等。各类合同的具体税率如表4-7所示。

表4-7　　　　　　　　　　　　　印花税税目、税率表

序号	税目	范围	税率	说明
1	购销合同	包括供应、预购、采购、购销结合及协作、调剂、补偿、易货等合同	按购销金额0.3‰贴花	
2	加工承揽合同	包括加工、定作、修缮、修理、印刷、广告、测绘、测试等合同	按加工或承揽收入0.3‰贴花	
3	建设工程勘察设计合同	包括勘察、设计合同	按收取费用0.3‰贴花	
4	建筑安装工程承包合同	包括建筑、安装工程承包合同	按承包金额0.3‰贴花	
5	财产租赁合同	包括租赁房屋、船舶、飞机、机动车辆、机械、器具、设备等	按租赁金额1‰贴花。税额不足1元的，按1元贴花	
6	货物运输合同	包括民用航空、铁路运输、海上运输、内河运输、公路运输和联运合同	按运输费用0.3‰贴花	单据作为合同使用的，按合同贴花
7	仓储保管合同	包括仓储、保管合同	按仓储保管费用1‰贴花	仓单作为合同使用的，按合同贴花
8	借款合同	银行及其他金融组织和借款人（不包括银行同业拆借）所签订的借款合同	按借款金额0.05‰贴花	单据作为合同使用的，按合同贴花
9	财产保险合同	包括财产、责任、保证、信用等保险合同	按投保金额1‰贴花	单据作为合同使用的，按合同贴花

【例4-1】　2×21年8月，中国琴岛房地产开发公司签订合同如下：中央空调采购合同，合同金额为300万元；项目设计合同，合同金额为200万元；建筑工程承包合同，合同金额为3 000万元。

要求：计算中国琴岛房地产开发公司当月应缴纳的印花税税额。

（1）订立中央空调采购合同应纳税额＝3 000 000×0.3‰＝900（元）

（2）订立设计合同应纳税额＝2 000 000×0.3‰＝600（元）

（3）订立建筑工程承包合同应纳税额＝30 000 000×0.3‰＝9 000（元）

（4）购买印花税票时应进行的会计处理：

企业缴纳印花税时，直接借记"税金及附加"账户，贷记"银行存款/库存现金"账户。

借：税金及附加　　　　　　　　　　　　　　　　　　　　　　10 500

　　贷：银行存款/库存现金　　　　　　　　　　　　　　　　　　10 500

4.3 房地产开发企业成本核算

房地产开发企业的成本费用核算是房地产开发企业会计核算的中心环节,主要核算房地产开发企业在开发建设过程中发生的各种耗费,包括成本费用的归集、分配、结转和开发项目成本计算等内容。

4.3.1 成本、费用核算的基本要求和程序

1. 严格遵守国家规定的成本、费用开支范围

成本、费用开支范围,是指国家对企业发生的支出,允许其在成本、费用中列支的范围。房地产开发企业与开发经营有关的支出,都应当按照规定计入企业的成本、费用,按是否计入开发产品成本可以分为构成开发产品成本的产品成本和不构成开发产品的成本的期间费用两大类。其中开发产品成本包括土地费用、前期工程费、建筑安装工程费、基础设施建设费、配套设施费以及开发间接费用;期间费用包括管理费用、财务费用和销售费用。根据企业会计准则规定,房地产开发企业的下列支出,不得列入产品成本。

(1)资本性支出。资本性支出,如房地产开发企业为购置和建造投资性房地产、固定资产、无形资产和其他长期资产而发生的支出。这些支出为企业带来的效益涵盖若干个会计期间,在财务上不能一次列入产品成本,只能按期逐月摊入成本、费用。

(2)投资性支出。投资性支出,如房地产开发企业购买交易性金融资产、持有至到期投资、可供出售金融资产和长期股权投资等方面对外投资的支出以及分配给投资者的现金股利和利润支出。

(3)期间费用支出。期间费用支出,如房地产开发企业的管理费用、财务费用和销售费用。这些费用与房地产开发企业生产活动没有直接联系,发生后直接计入当期损益。

(4)营业外支出。营业外支出包括房地产开发企业发生的固定资产盘盈;处理固定资产、无形资产的净损失;债务重组损失;企业被没收的财物、支付的滞纳金、罚款、违约金、赔偿金等支出;公益性捐赠支出;非常损失等。这些支出与房地产开发企业的日常生产经营没有直接的关系,应该冲减本年利润。

2. 确定开发成本核算的基本程序

开发成本核算的基本程序,是指房地产开发企业根据成本管理和核算的基本要求,对开发成本进行分类核算,对发生的各项要素费用按照经济用途进行归类时所应遵循的一般顺序和步骤。房地产开发企业在进行开发成本核算时,对开发生产经营过程中发生的各项费用,先按照生产费用的用途和发生的地点进行归集。对于能够分清受益对象的直接费用,可以直接计入各受益的成本核算对象;对于不能分清受益对象的间接费用,则需要先按发生地点进行归集汇总,然后再按照一定的方法分配计入各受益的成本核算对象。房地产开发企业生产费用核算的基本程序如下:

确定开发成本核算的基本程序

(1)确定成本核算对象。根据成本核算对象的确定原则和项目特点,确定成本核算对象。

(2)归集开发成本。设置有关成本核算会计科目及账户,建立成本核算台账,核算和归集开发成本。

（3）确定成本分配方法。按照受益原则，确定应分配的成本费用在各成本核算对象之间的分配方法和标准。

（4）在成本核算对象之间分配成本。将归集的开发成本费用按确定的方法和标准在各成本核算对象之间进行分配。

（5）计算各成本核算对象的开发总成本。编制项目开发成本计算表，计算各成本核算对象的开发总成本。

（6）结转完工开发产品成本。正确划分已完工和在建开发产品之间的开发成本，分别结转完工开发产品成本。

3. 确定开发产品的种类

开发产品成本按照形态，可以分为以下四类。

（1）土地开发成本。它是指房地产开发企业开发土地（即建设用地）所发生的各项费用支出。

（2）房屋开发成本。它是指房地产开发企业开发各种房屋（包括商品房、周转房、代建房）所发生的各项费用支出。

（3）配套设施开发成本。它是指房地产开发企业开发的能有偿转让的大配套设施及不能有偿转让、不能直接计入开发产品成本的公共配套设施所发生的各项费用支出。

（4）代建开发成本。它是指房地产开发企业接受受托单位的委托，代为开发除土地、房屋以外其他工程（如市政工程）所发生的各项费用支出。

4. 确定成本核算对象

成本核算对象是为了计算产品成本而确定的归集和分配生产费用的各个目标，就是费用的承担者。房地产开发企业的成本核算对象是指为归集和分配开发产品开发、建造过程中的各种耗费而确定的费用承担项目。房地产开发企业成本核算对象的确认原则如表4-8所示。

表4-8　　　　　　　　　　房地产开发企业成本核算对象的确认原则

原则	定义
可否销售	开发产品能够对外经营销售，应作为独立的对象成本进行成本核算
分类归集	对开发地点相同、竣工时间接近、产品结构类型无明显差异的群体开发的项目，可合并核算
功能区分	开发项目具有不同使用功能且相对独立的组成部分，可单独核算
定价差异	因类型或功能不同等而导致开发产品预期售价差异较大的，应分别核算
成本差异	因建筑上存在明显差异可能导致其建造成本出现较大差异的，应分别核算
权益区分	开发项目属于受托代建的或多方合作开发的，应分别核算

5. 确定成本项目

房地产开发企业的成本项目主要包括以下六个内容。

（1）土地征用及拆迁补偿费。它是指为取得土地开发使用权（或开发权）而发生的各项费用。其主要包括土地买价或出让金、大市政配套设施费、契税、耕地占用税、土地使用费、土地闲置费、土地变更用途和超面积补交的地价及相关的税费、拆迁补偿支出、安置及动迁支出、回迁建造支出、农作物补偿费危房补偿费等。

（2）前期工程费。它是指项目开发前期发生的水文地质勘察、测绘、规划、设计、可行性研究、筹建和场地平整等前期费用。

（3）建筑安装工程费。它是指开发项目过程中所发生的各项建筑安装费用。其主要包括开发项目建筑工程费和开发项目安装工程费等。

（4）基础设施费。它是指开发项目在开发过程中发生的基础设施支出。其主要包括开发项目内道路、供水、供电、供气、排污、排洪、通信、照明等社区管网工程费和环境卫生、园林绿化等园林环境工程费。

（5）公共配套设施费。它是指开发项目内发生的、独立的、非营利性的且产权属于全体业主共同所有的，或无偿赠与地方政府、政府公共事业单位的公共配套设施支出，如居委会、派出所、幼托、消防、自行车棚和公厕等设施支出。

（6）开发间接费。它是指企业为直接组织和管理开发项目所发生的，且不能将其归属于特定成本对象的成本费用性支出。其主要包括管理人员工资、职工福利费、折旧费、修理费、办公费、水电费、劳动保护费、工程管理费、周转房摊销及项目营销设施建造费等。

6. 确定成本归集和分配的方法

（1）成本归集和分配的原则。房地产开发企业开发、建造开发产品应按制造成本法进行计量与核算。即在成本归集过程中，将应计入开发产品成本中的属于直接费用和能够分清成本对象的间接费用，直接归集计入成本核算对象；将共同成本和不能分清负担对象的间接费用，归集后按受益原则分配至各成本核算对象。成本分配方法是指将归集的成本核算内容按照确定的原则，分配计入不同成本核算对象的方法。

房地产开发企业因发生的开发成本和成本核算对象之间对应关系的特殊性，使得某些开发成本在分配计入不同的成本核算对象时，有多种可供选择的分配方法，不同的分配方法对企业的经营成果会产生不同的影响。因此，在选择成本分配方法时要综合考虑各种因素加以确定。

成本分配方法在成本核算策划阶段提出和确定，随着开发项目的深入，要根据开发项目规划方案的调整和经营思路的变化而适时调整。因房地产开发企业成本管理的特殊性，财务部门所需要的成本数据通常通过成本控制部门取得。因此，确定成本分配方法时要和成本控制部门充分沟通并保持一致。

（2）成本分配的方法。根据成本核算对象不同，房地产开发企业可以采用如下成本分配方法：

第一，占地面积法。占地面积法是指按已动工开发的成本核算对象占地面积占开发用地总面积的比例进行分配。其中，一次性开发的，按某一成本核算对象的实际占地面积占全部成本核算对象占地总面积的比例进行分配；分期开发的，首先按本期全部成本核算对象占地面积占开发用地总面积的比例进行分配，其次再按某一成本核算对象占地面积占期内全部成本核算对象占地总面积的比例进行分配；期内全部成本核算对象应负担的占地面积为期内开发用地占地面积减除应由各期成本核算对象共同负担的占地面积。土地成本原则上按占地面积法进行分配，如需结合其他方法进行分配，需经当地税务机关认可。

第二，建筑面积法。建筑面积法是指按照已动工开发成本对象建筑面积占开发用地总建筑面积的比例进行分配。单独作为过渡性成本对象核算的公共配套设施开发成本，应按建筑面积法进行分配。

第三，直接成本法。直接成本法是指按期内某一成本核算对象的直接开发成本占期内全部成本核算对象直接开发成本的比例进行分配。

第四，预算造价法。预算造价法是指按期内某一成本对象预算造价占期内全部成本对象预算造价的比例进行分配。

借款费用属于不同成本对象共同负担的，按直接成本法或预算造价法进行分配。

7. 确定完工标准，计算总成本及单位面积的工程成本

房地产开发企业必须要区分已完工开发产品的成本与未完工开发产品的成本。只有完工产品才需要将开发成本结转为开发产品，竣工验收合格并报房地产管理部门备案是开发产品完工的标准。计算出项目的总成本和单位可销售面积的开发成本，计算已完工开发项目从筹建至竣工验收的全部开发成本，并将其结转至"开发产品"账户。

4.3.2 账户设置

开发建设阶段科目设置

为核算房地产开发企业的成本费用，企业可以根据其本身经营开发的业务需求设置以下账户进行会计核算。

1. 开发成本

"开发成本"账户核算开发现场发生的各种耗费，包括土地出让金、土地征用及拆迁补偿费、前期开发费、建筑安装工程费、基础设施建设费、公共配套设施建设费及为进行现场管理发生的各项开发间接费用等。借方登记企业在土地、房屋、配套设施和代建工程的开发过程中发生的各项费用，贷方登记开发完成已竣工验收的开发产品的实际成本。期末借方余额反映未完工开发项目的实际成本。其二级明细账户包括"土地开发""房屋开发""配套设施开发""代建工程开发"账户，在二级明细账户下面按照成本核算对象进行明细核算。

2. 开发间接费用

"开发间接费用"账户核算地产开发企业为开发产品而发生的各项开发间接费用。该账户借方登记企业内部独立核算单位为开发产品而发生的各项间接费用，贷方登记分配计入开发成本各成本核算对象的开发间接费用，月末该账户没有余额，要按费用项目设置多栏式明细账，主要包括职工薪酬、折旧修理费、差旅交通费、办公费、水电费、劳动保护费、周转房摊销费、利息支出、其他费用。

3. 期间费用

期间费用是指企业当期发生的必须从当期收入中得到补偿的费用。期间费用与开发生产没有直接的联系，因而不计入产品成本，而是于发生时直接计入当期损益。企业的期间费用具体包括以下内容。

（1）管理费用。"管理费用"账户核算企业各职能部门为组织和管理企业生产经营所发生的各项费用，包括人工费、租住费、交通通信费、办公费、工会经费、董事会费、分摊费用、劳动保险费、聘请中介机构费、咨询费、诉讼费、业务招待费、税金、技术转让费、研究与开发费用、排污费、存货盘亏、存货损毁和存货报废（减盘盈）损失以及其他管理费用。核算房地产开发企业为组织和管理企业开发经营所发生的管理费用，借方登记企业发生的各项管理费用，贷方登记期末结转入"本年利润"账户的各项管理费用。期末"管理费用"账户余额结转"本年利润"账户后无余额。

（2）销售费用。"销售费用"账户核算企业在销售开发产品、提供劳务的过程中发生的各项费用，包括企业在产品销售之前发生的人工费、租住费、交通通信费、办公费、分摊费用、营销推广费等经营费用。借方登记企业发生的各项销售费用，贷方登记期末结转入"本年利润"账户的各项销售费用。期末"销售费用"账户余额结转"本年利润"账户后无余额。

（3）财务费用。"财务费用"账户核算房地产开发企业筹集生产经营所需要资金而发生的筹资费用。借方登记企业发生的各项财务费用，贷方登记期末结转入"本年利润"账户的各项财务费用。期末"财务费用"账户余额结转"本年利润"账户后无余额。

☞ 引例解析

中海地产严格的成本管控

成本和费用有什么区别？产品成本和期间费用又是什么关系？哪些费用不应计入成本？

开发成本核算的是房地产开发企业在土地、房屋、配套设施和代建工程的开发过程发生的各项费用。费用包括开发间接费用、管理费用、销售费用、财务费用。

产品成本和期间费用都影响企业的利润，但期间费用不计入产品成本中。

管理费用、销售费用和财务费用不计入产品的成本中。

4.3.3 土地开发成本的核算

1. 土地开发支出划分和归集的原则

土地开发是指房地产开发企业对取得的土地按照城市总体规划进行的土地平整、建筑物拆除、地下管道铺设和道路及基础设施建设，将生地变熟地，以便扩大对土地的利用程度。

房地产开发企业开发的土地，按其用途可将它分为如下两种：一种是为了转让、出租而开发的商品性土地（也叫商品性建设场地）；另一种是为开发商品房、出租房等房屋而开发的自用土地。前者是企业的最终开发产品，其费用支出单独构成土地的开发成本；而后者则是企业的中间开发产品，其费用支出应计入商品房、出租房等有关房屋开发成本。现行会计制度中设置的"开发成本——土地开发成本"账户，它的核算内容与企业发生的土地开发支出并不完全对口，原则上仅限于企业开发各种商品性土地所发生的支出。企业为开发商品房、出租房等房屋而开发的土地，其费用可分清负担对象的，应直接计入有关房屋开发成本，在"开发成本——房屋开发成本"账户进行核算。如果企业开发的自用土地，分不清负担对象，应由两个或两个以上成本核算对象负担的，其费用可先通过"开发成本——土地开发成本"账户进行归集，待土地开发完成投入使用时，再按一定的标准（如房屋占地面积或房屋建筑面积等）将其分配计入有关房屋开发成本。如果企业开发商品房、出租房使用的土地属于企业开发商品性土地的一部分，则应将整块土地作为一个成本核算对象，在"开发成本——土地开发成本"账户中归集其发生的全部开发支出，计算其总成本和单位成本，并于土地开发完成时，将成本结转到"开发产品"账户。待使用土地时，再将使用土地所应负担的开发成本，从"开发产品"账户转入"开发成本——房屋开发成本"账户，计入商品房、出租房等房屋的开发成本。

2. 土地开发成本核算对象的确定和成本项目的设置

（1）土地开发成本核算对象的确定。为了既有利于土地开发支出的归集，又有利于土地开发成本的结转，对需要单独核算土地开发成本的开发项目，可按下列原则确定土地开发成本的核算对象：①一般的土地开发项目，可以以每一独立编制设计概算或施工图预算的单项开发工程作为成本核算对象；②对于规模较大、开发工期较长的项目，可以结合项目特点和成本管理需要，按开发项目的一定区域、部位或周期划分成本核算对象。

如果是为了进行房屋开发而开发的自用土地，且能分清楚每个成本计算对象负担的土地开发成本，则应将土地开发成本和房屋开发成本合并设置为房屋开发成本计算对象，不再单独计算土地的开发成本。土地开发成本核算对象应在开工之前确定，一经确定就不能随意改变，更不能相互混淆。

（2）土地开发成本项目的设置。土地开发成本作为开发产品成本的一部分，其成本项目具有与开发产品成本项目相同的内容，即土地征用及拆迁补偿费、前期工程费、基础设施费、公共配套设施费和开发间接费用等成本项目。但企业开发的土地，因其设计要求不同，开发的层次、程度和内容都不相同，有的只是进行场地的清理平整，如原有建筑物、障碍物的拆除和土地的平整；有的除了场地平整，还要进行地下各种管线的铺设、地面道路的建设等。因此，就各个具体的土地开发项目来说，它的开发支出内容是不完全相同的。企业要根据所开发土地的具体情况和会计制度规定的成本项目设置土地开发项目的成本项目。

土地征用及拆迁补偿费是指按照城市建设总体规划进行土地开发所发生的土地征用费、耕地占用税、劳动力安置费及有关地上及地下物拆迁补偿费等。但对拆迁旧建筑物回收的残值应估价入账并冲减有关成本。开发土地如通过批租方式取得的，应列入批租地价。

前期工程费是指土地开发项目前期工程发生的费用，包括规划、设计费，项目可行性研究费，水文、地质勘察、测绘费，场地平整费等。基础设施费是指土地开发过程中发生的各种，包括道路、供水、供电、供气、排污、排洪、通信等设施费用。

开发间接费指应由商品性土地开发成本负担的开发间接费用。

土地开发项目如要负担不能有偿转让的配套设施费，还应设置"配套设施费"成本项目，用于核算应计入土地开发成本的配套设施费。

（3）土地开发成本的核算。企业在土地开发过程中发生的各项支出，除可将直接计入房屋开发成本的自用土地开发支出在"开发成本——房屋开发成本"账户核算外，其他土地开发支出均应通过"开发成本——土地开发成本"账户进行核算。

为了分清转让、出租用土地开发成本和不能确定负担对象自用土地开发成本，对土地开发成本应按土地开发项目的类别，分别设置"商品性土地开发成本"和"自用土地开发成本"两个二级账户，并按成本核算对象和成本项目设置明细分类账。

对发生的土地征用及拆迁补偿费、前期工程费、基础设施费等土地开发支出，可直接记入各土地开发成本明细分类账，并记入"开发成本——商品性土地开发成本""开发成本——自用土地开发成本"账户的借方和"银行存款""应付账款——应付工程款"等账户的贷方。发生的开发间接费用，应先在"开发间接费用"账户进行核算，于月份终了再按一定标准，分配计入有关开发成本核算对象。应由商品性土地开发成本负担的开发间接费，应记入"开发成本——商品性土地开发成本"账户的借方和"开发间接费用"账户的贷方。

（4）已完土地开发成本的结转。应根据已完成开发土地的用途，采用不同的成本结转方法。为转让、出租而开发的商品性土地，在开发完成并经验收后，应将其实际成本自"开发成本——商品性土地开发成本"账户的贷方转入"开发产品——土地"账户的借方。

为本企业房屋开发用的土地，应于开发完成把土地投入使用时，将土地开发的实际成本结转计入有关房屋的开发成本，结转计入房屋开发成本的土地开发支出，可采用分项平行结转法或归类集中结转法。

分项平行结转法是指将土地开发支出的各项费用按成本项目分别平行转入有关房屋开发成本的对应成本项目。归类集中结转法是指将土地开发支出归类合并为"土地征用及拆迁补偿费或批租地价"和"基础设施费"两个费用项目,然后转入有关房屋开发成本的"土地征用及拆迁补偿费或批租地价"和"基础设施费"成本项目。

凡与土地征用及拆迁补偿费或批租地价有关的费用,均转入有关房屋开发成本的"土地征用及拆迁补偿费或批租地价"项目;对其他土地开发支出,包括前期工程费、基础设施费等,则合并转入有关房屋开发成本的"基础设施费"项目。经结转的自用土地开发支出,应将它自"开发成本——自用土地开发成本"账户的贷方转入"开发成本——房屋开发成本"账户的借方。

如果自用土地开发完成后,还不能确定房屋和配套设施等项目的用地,则应先将其成本结转"开发产品——自用土地"账户的借方,于自用土地投入使用时,再从"开发产品——自用土地"账户的贷方将其开发成本转入"开发成本——房屋开发成本"等账户的借方。

【例 4-2】 中国琴岛房地产开发公司 2×21 年 5 月在 A 地开发一块土地,占地面积 50 000 平方米。开发完成后准备将其中的 30 000 平方米对外转让,其余的 20 000 平方米自行开发商品房。假设在土地开发过程中只发生了以下经济业务:支付土地出让金 50 000 000 元。支付拆迁补偿费 300 000 元,支付勘察设计费 500 000 元。某施工单位承包的地下管道安装工程已经竣工,应支付价款 2 000 000 元。

```
借:开发成本——土地开发——土地征用及拆迁补偿费          50 000 000
   开发成本——土地开发——土地征用及拆迁补偿费           3 000 000
   开发成本——土地开发——前期工程费                     500 000
   开发成本——土地开发——基础设施费                   2 000 000
  贷:银行存款                                       53 500 000
     应付账款——某施工单位                            2 000 000
```

9 月末,A 地土地开发工程完工,"开发成本——土地开发——A 地"账户归集的总开发成本是 55 500 000 元,则单位土地开发成本是 1 110 元/平方米。结转土地成本的会计分录如下:

```
借:开发产品——自用土地                             22 200 000
   开发产品——商品性土地                            33 300 000
  贷:开发成本——土地开发——A 地                      55 500 000
```

结转商品性土地成本

```
借:营业成本——土地转让成本                          33 300 000
  贷:开发产品——商品性土地                           33 300 000
```

如果自用的 20 000 平方米的土地在开发完成以后立即投入房地产开发工程的建设中,按照土地占用面积,自用土地占甲土地总面积的 40%,因此土地征用及拆迁补偿费为 21 200 000 元,前期工程费为 200 000 元,基础设施费为 800 000 元,中国琴岛房地产开发公司应编制如下会计分录:

```
借:开发成本——房屋开发——土地征用及拆迁补偿费          21 200 000
   开发成本——房屋开发——前期工程费                    200 000
   开发成本——房屋开发——基础设施费                    800 000
  贷:开发成本——土地开发——土地征用及拆迁补偿费          21 200 000
     开发成本——土地开发——前期工程费                   200 000
     开发成本——土地开发——基础设施费                   800 000
```

【例4-3】 2×21年中国琴岛房地产开发公司开发的甲商品房（写字楼）、乙商品房（住宅），占地面积10 000平方米，容积率为2.0，可以建设商品房20 000平方米。其中甲商品房5 000平方米，乙商品房15 000平方米。在2×21年度共发生了下列有关开发支出：

① 2×21年1月，用银行存款支付征地拆迁费3 000万元，契税90万元。此土地占地10 000平方米，根据公司设计部出具的图纸，根据占地面积法，测算出甲商品房占地6 000平方米，乙商品房占地4 000平方米，可以计算出甲商品房应负担1 854万元，乙商品房应负担1 236万元。在商品房竣工验收前，未达到结转收入成本的条件时，土地成本存在于资产负债表的存货中。应该按照占地面积法分配甲商品房和乙商品房的土地成本。

甲商品房的土地成本＝3 090×6 000÷10 000＝1 854（万元）

乙商品房的土地成本＝3 090×4 000÷10 000＝1 236（万元）

根据有关部分规划（拆迁）批准文件，凭借双方签订的拆迁补偿合同和收款收据及银行付款凭据，中国琴岛房地产开发公司应作以下账务处理：

借：开发成本——土地征用及拆迁补偿费（甲商品房）　　　　　　　18 540 000

　　开发成本——土地征用及拆迁补偿费（乙商品房）　　　　　　　12 360 000

　　贷：银行存款　　　　　　　　　　　　　　　　　　　　　　　　　30 900 000

② 2×21年2月，用银行存款支付设计院设计费100万元，设计费一般是按照建筑面积法为单位收费的，其中甲商品房分摊的设计费：100×5 000÷20 000＝25（万元）；乙商品房分摊的设计费：100×15 000÷20 000＝75（万元）。

分录如下：依据结算单及设计发票和银行款凭据，中国琴岛房地产开发公司应作以下账务处理：

借：开发成本——前期工程费（甲商品房）　　　　　　　　　　　　　250 000

　　开发成本——前期工程费（乙商品房）　　　　　　　　　　　　　750 000

　　贷：银行存款　　　　　　　　　　　　　　　　　　　　　　　　　1 000 000

③ 2×21年3月，用银行存款支付承包施工企业基础设施工程款为60万元，支付增值税54 000元，基础设施费一般是按照建筑面积法进行分配成本的。其中，甲商品房应负担的工程款为15万元（60×5 000÷20 000），乙商品房应负担的工程款为45万元（60×15 000÷20 000）。依据结算单及建筑发票和银行付款凭证，中国琴岛房地产开发公司应作以下财务处理：

借：开发成本——基础设施费（甲商品房）　　　　　　　　　　　　　150 000

　　开发成本——基础设施费（乙商品房）　　　　　　　　　　　　　450 000

　　应交税费——应交增值税（进项税额）　　　　　　　　　　　　　54 000

　　贷：银行存款　　　　　　　　　　　　　　　　　　　　　　　　　654 000

④ 2×21年8月，根据工程结算单，应付华夏承包施工企业建筑安装工程款30 000 000元，应交增值税2 700 000元。根据双方签订的施工合同和设计的要求施工，经双方最终决算确认或经造价师事务所二审定案。其中甲商品房应负担的工程款为7 000 000元，乙商品房应负担的工程款为23 000 000元。

依据结算单和建筑发票，中国琴岛房地产开发公司应作以下账务处理：

借：开发成本——建筑安装工程费(甲商品房)　　　　　　　　　　　7 000 000

　　开发成本——建筑安装工程费(乙商品房)　　　　　　　　　　23 000 000

　　应交税费——应交增值税(进项税额)　　　　　　　　　　　　2 700 000

　　贷：应付账款——应付工程款(华夏施工单位)　　　　　　　　32 700 000

⑤ 小区内建设一公共配套锅炉房,成本 80 万元,应付增值税 72 000 元。公共配套费一般按照建筑面积法分配：其中应由甲商品房负担的锅炉配套设施费为：20 万元(80×5 000÷20 000),乙商品房负担的锅炉房配套设施费为 60 万元(80×15 000÷20 000)。

中国琴岛房地产开发公司应作以下财务处理：

借：开发成本——公共配套设施费(甲商品房)　　　　　　　　　　　200 000

　　开发成本——公共配套设施费(乙商品房)　　　　　　　　　　　600 000

　　应交税费——应交增值税(进项税额)　　　　　　　　　　　　　72 000

　　贷：开发成本——配套设施开发——锅炉房　　　　　　　　　　872 000

⑥ 2×21 年 10 月,本项目共发生开发间接费用 20 万元,开发间接费一般按照建筑面积法分配成本。其中应由甲商品房负担 5 万元(20×5 000÷20 000),应由乙商品房负担 15 万元(20×15 000÷20 000)。

依据开发间接费用分配表,中国琴岛房地产开发公司应作以下账务处理：

借：开发成本——开发间接费(甲商品房)　　　　　　　　　　　　　50 000

　　开发成本——开发间接费(乙商品房)　　　　　　　　　　　　　150 000

　　贷：开发间接费用　　　　　　　　　　　　　　　　　　　　　200 000

⑦ 12 月,本项目发生贷款利息 480 万元,增值税进项税额 20 万元,全部用到本项目建设中,应该资本化处理。资本利息可以列在"开发间接费用——利息支出"账户中,也可以列入"开发成本——利息支出"账户,一般采取后者的账务处理。理由如下：一是利息支出应该按照直接成本法或预算造价法进行分配比较合理；二是在进行土地增值税汇算清缴的时候容易区分；三是利于公司财务指标的分析。

由于交付的增值税进项税额不能抵扣,因此连同贷款利息一同计入开发成本。

对于利息支出根据预算造价法进行成本对象的再分配是比较合理的。

商品房甲的预算造价=1 854+25+15+700+20+5=2 619(万元)

商品房乙的预算造价=1 236+75+45+2 300+60+15=3 731(万元)

商品房甲应分配的利息支出=500×2 619÷(2 619+3 731)≈206(万元)

商品房乙应分配的利息支出=500×3 731÷(2 619+3 731)≈294(万元)

根据银行利息单：

借：开发成本——利息支出(甲商品房)　　　　　　　　　　　　　2 060 000

　　开发成本——利息支出(乙商品房)　　　　　　　　　　　　　2 940 000

　　贷：银行存款　　　　　　　　　　　　　　　　　　　　　　5 000 000

注意：平时的利息支付直接记入"开发成本——利息支出"账户,不用每笔结转到甲和乙商品房,到结转成本时再按照预算造价法分配到甲商品房和乙商品房的成本中去。

依据开发产品结转明细表,应将完工验收的商品房的开发成本结转"开发产品"账户的借方。中国琴岛房地产开发公司应作以下账务处理：

```
借：开发产品——甲商品房                                          28 250 000
    贷：开发成本——土地征用及拆迁补偿费（甲商品房）                  18 540 000
        开发成本——前期工程费（甲商品房）                            250 000
        开发成本——基础设施费（甲商品房）                            150 000
        开发成本——建筑安装工程费（甲商品房）                       7 000 000
        开发成本——公共配套设施费（甲商品房）                         200 000
        开发成本——开发间接费（甲商品房）                             50 000
        开发成本——利息支出（甲商品房）                            2 060 000
借：开发产品——乙商品房                                          40 250 000
    贷：开发成本——土地征用及拆迁补偿费（乙商品房）                  12 360 000
        开发成本——前期工程费（乙商品房）                            750 000
        开发成本——基础设施费（乙商品房）                            450 000
        开发成本——建筑安装工程费（乙商品房）                      23 000 000
        开发成本——公共配套设施费（乙商品房）                         600 000
        开发成本——开发间接费（乙商品房）                            150 000
        开发成本——利息支出（乙商品房）                            2 940 000
```

4.3.4 配套设施开发成本的核算

1. 配套设施成本核算对象的确定和成本项目的设置

配套设施是指企业根据城市建设规划或开发项目建设规划的要求，为满足居住的需求而与开发项目配套建设的各种服务性设施。

目前，房地产开发企业能否界定配套设施，先要看其产权界定是否清楚，如产权界定不清楚，就不能定性为配套设施，而应作为独立的成本核算对象。

配套设施可以分为以下两大类：

一类是未明确产权归属的，或产权归属企业所有的，或无偿赠予地方政府、公用事业单位以外的其他单位，或属于营利性的，应单独核算其成本。除企业自用的应按建造固定资产进行处理，其他一律按建造开发产品进行处理。此类设施一般包括邮电通信、学校、医疗设施、幼儿园等。其中，由企业与国家有关部门、单位合资建设，完工后有偿移交的，国家有关部门、单位给予的经济补偿可以直接抵扣该项目的开发成本，抵扣后的差额调整为当期的应纳税所得额。这一类配套设施是企业的商品产品，必须确定成本核算对象并计算其实际成本。

另一类是产权属于全体业主的，或无偿赠予地方政府、公用事业单位的，可将其视为配套设施，其建造费用按公共配套设施费的有关规定处理。主要包括两部分：

（1）开发小区内发生的不会产生经营收入的不可经营性公共配套设施支出，如在小区内建造的会所、物业管理场所、居委会、岗亭、儿童乐园、自行车棚等设施的支出。

（2）开发小区内发生的根据法规或经营惯例，其经营收入归经营者或业主委员会的可经营性公共配套设施的支出，如学校、幼托场所、邮局、图书馆、阅览室、健身房、游泳池、电站、热电站、水厂、球场等设施的支出。此类配套设施不是企业的商品产品，一般来说，不需要单独核算其开发成本。

对于产权、收入归属情况较为复杂的地下室、车位等设施，应根据当地政府法规、房地产开发企业的销售承诺等具体情况确定是否摊入成本项目。例如,房地产开发企业通过补交地价或人防工程费等措施,得到政府部门认可,取得该配套设施的产权,则应作为经营性项目独立核算。

企业在确定配套设施成本核算对象时,一般应以独立的配套设施项目作为核算对象。配套设施作为开发产品的一部分,其成本项目具有与开发产品成本项目相同的内容。

2. 配套设施支出归集的原则

为了正确核算和反映企业开发建设中各种配套设施所发生的支出,并准确地计算房屋开发成本和各种大配套设施的开发成本,对配套设施支出的归集,可分为如下三种:

(1)对能分清并能直接计入某个成本核算对象的第一类配套设施支出,可直接计入有关房屋等开发成本,并在"开发成本——房屋开发成本"账户中归集其发生的支出。

(2)对不能直接计入有关房屋开发成本的第一类配套设施支出,应先在"开发成本——配套设施开发成本"账户进行归集,于开发完成后再按一定标准分配计入有关房屋等开发成本。

(3)对能有偿转让的第二类大配套设施支出,应在"开发成本——配套设施开发成本"账户进行归集。

由上可知,在配套设施开发成本中核算的配套设施支出,只包括不能直接计入有关房屋等成本核算对象的第一类配套设施支出和第二类大配套设施支出。

企业发生的各项配套设施支出,应在"开发成本——配套设施开发成本"账户进行核算,并按成本核算对象和成本项目进行明细分类核算。对发生的土地征用及拆迁补偿费或批租地价、前期工程费、基础设施费、建筑安装工程费等支出,可直接记入各配套设施开发成本明细分类账的相应成本项目,并记入"开发成本——配套设施开发成本"账户的借方和"银行存款""应付账款——应付工程款"等账户的贷方。对能有偿转让大配套设施分配的其他配套设施支出,应记入各大配套设施开发成本明细分类账的"配套设施费"项目,并记入"开发成本——配套设施开发成本——××"账户的借方和"开发成本——配套设施开发成本——××"账户的贷方。对能有偿转让大配套设施分配的开发间接费用,应记入各配套设施开发成本明细分类账的"开发间接费"项目,并记入"开发成本——配套设施开发成本"账户的借方和"开发间接费用"账户的贷方。

对配套设施与房屋等开发产品不同步开发,或房屋等开发完成等待出售或出租,而配套设施尚未全部完成的,经批准后可按配套设施的预算成本或计划成本,预提配套设施费,将它记入房屋等开发成本明细分类账的"配套设施费"项目,并记入"开发成本——房屋开发成本"等账户的借方和"预提费用"账户的贷方。因为一个开发小区的开发,时间较长,有的需要几年,开发企业在开发进度安排上,有时先建房屋,后建配套设施。这样,往往是房屋已经建成而有的配套设施可能尚未完成,或者是商品房已经销售,而幼托、消防设施等尚未完工的情况。这种房屋开发与配套设施建设的时间差,使得那些已具备使用条件并已出售的房屋应负担的配套设施费,无法按配套设施的实际开发成本进行结转和分配,只能以未完成配套设施的预算成本或计划成本为基数,计算出已出售房屋应负担的数额,用预提方式计入出售房屋等的开发成本。开发产品预提的配套设施费的计算,一般可按以下公式进行:

某项开发产品预提的配套设施费=该项开发产品预算成本(或计划成本)×配套设施费预提率

上式中应负担配套设施费的开发产品一般应包括开发房屋、能有偿转让在开发小区内开发的大配套设施。

【例 4-4】 某开发小区内幼托设施开发成本应由甲商品房、乙商品房、出租房、周转房和大配套设施锅炉房负担。由于幼托设施在商品房等完工出售、出租时尚未完工，为了及时结转完工的商品房等成本，应先将幼托设施配套设施费预提计入商品房等的开发成本。假定各项开发产品和幼托设施的预算成本如下：

甲商品房 1 000 000 元
乙商品房 900 000 元
出租房 800 000 元
周转房 800 000 元
大配套设施——锅炉房 500 000 元
幼托设施 320 000 元

则幼托设施配套设施费预提率＝[320 000÷(1 000 000＋900 000＋800 000＋800 000＋500 000)]×100%
＝8%

各项开发产品预提幼托设施的配套设施费为：

甲商品房 1 000 000×8%＝80 000(元)
乙商品房 900 000×8%＝72 000(元)
出租房 800 000×8%＝64 000(元)
周转房 800 000 元×8%＝64 000(元)
大配套设锅炉房 500 000×8%＝400 000(元)

按预提率计算各项开发产品的配套设施费时，其与实际支出数的差额，应在配套设施完工时，按预提数的比例，调整增加或减少有关开发产品的成本。

3. 配套设施的结转

（1）对能有偿转让给有关部门的大配套设施，如上述商店设施，应在完工验收后将其实际成本自"开发成本——配套设施开发成本"账户的贷方转入"开发产品——配套设施"账户的借方，作如下会计分录：

借：开发产品——配套设施
　贷：开发成本——配套设施开发成本

（2）按规定应将其开发成本分配计入商品房等开发产品成本的公共配套设施，如上述水塔设施，在完工验收后、应将其发生的实际开发成本按一定的标准(有关开发产品的实际成本、预算成本或计划成本)，分配计入有关房屋和大配套设施的开发成本，作如下会计分录：

借：开发成本——房屋开发成本
　贷：开发成本——配套设施开发成本

（3）对用预提方式将配套设施支出计入有关开发产品成本的公共配套设施，如幼托设施，应在完工验收后，将其实际发生的开发成本冲减预提的配套设施费，作如下会计分录：

借：预提费用——预提配套设施费
　贷：开发成本——配套设施开发成本

如预提配套设施费大于或少于实际开发成本，可将其多提数或少提数冲减有关开发产品成本或作追加的分配。如有关开发产品已完工并办理竣工决算，可将其差额冲减或追加分配于尚未办理竣工决算的开发产品的成本。

【例4-5】 中国琴岛房地产开发公司开发本小区发生如下业务。

（1）支付土地出让款2 000万元,商品房、周转房和能有偿转让的配套设施占地总面积100 000平方米,其中商场占地面积为1 500平方米。商场应负担的土地征用及拆迁补偿费＝2 000×(1 500÷100 000)＝30(万元)。依据规划设计图纸及计算数据,中国琴岛房地产开发公司编制如下会计分录:

借:开发成本——配套设施开发成本——土地征用及拆迁补偿费(商场)　300 000
　　贷:银行存款　300 000

（2）用银行存款支付设计单位设计费30万元,其中商场设计费20万元,变压房设计费10万元,依据结算单及发票,银行付款凭据,中国琴岛房地产开发公司编制如下会计分录:

借:开发成本——配套设施开发成本——前期工程费(商场)　200 000
　　开发成本——配套设施开发成本——前期工程费(变压房)　100 000
　　贷:开发成本——土地开发　300 000

（3）应付施工单位基础设施工程款80万元,其中商场的工程款为50万元,变压器工程款为30万元,依据结算单建筑发票,中国琴岛房地产开发公司编制如下会计分录:

借:开发成本——配套设施开发成本——基础设施费(商场)　500 000
　　开发成本——配套设施开发成本——基础设施费(变压房)　300 000
　　贷:应付账款——应付工程款　800 000

（4）应付施工企业建筑工程款200万元,其中商场的工程款为150万元,变压房的工程款为50万元,依据结算单据和建筑发票,中国琴岛房地产开发公司编制如下会计分录:

借:开发成本——配套设施开发成本——建筑安装工程款(商场)　1 500 000
　　开发成本——配套设施开发成本——建筑安装工程款(变压房)　500 000
　　贷:应付账款——应付工程款　2 000 000

（5）根据分配标准,假设应由商场负担的开发间接费用为9万元,由于变压房不能有偿转让,因此不用负担开发间接费用。根据开发间接费用分配表,中国琴岛房地产开发公司编制如下会计分录:

借:开发成本——配套设施开发成本——开发间接费(商场)　90 000
　　贷:开发间接费用　90 000

（6）变压房已竣工验收,其总成本为90万元,按一定的标准应分摊到商品房70万元,商场20万元,依据公共配套设施(变压房)归集分配表,中国琴岛房地产开发公司编制如下会计分录:

借:开发成本——配套设施开发成本——配套设施费(商场)　200 000
　　开发成本——房屋开发成本——基础设施费　700 000
　　贷:开发成本——配套设施开发成本(变压房)　900 000

（7）商场已竣工,假设只发生上述费用,依据"开发成本——配套设施开发(商场)"结转明细表,则应将其实际成本转入"开发产品——配套设施"账户,中国琴岛房地产开发公司编制如下会计分录：

借：开发产品——配套设施（商场）   2 790 000

 贷：开发成本——配套设施开发   2 790 000

4.3.5　代建工程开发成本的核算

1. 配套设施支出归集的原则

企业承建的建设场地和房屋，其建设内容和特点与企业开发建设的商品性建设场地和房屋基本相同，此处主要介绍企业代建的除建设场地、房屋以外其他工程的核算方法。

企业代建的其他工程主要是指各种市政建设工程，包括城市道路建设等；旅游风景区建设，包括兴建公园、风景点以及景区内的各种服务设施；城市基础建设，包括兴建自来水厂、煤气站、城区供电、供热、桥梁涵洞、园林绿化等。由于代建工程的种类繁多，内容千差万别。因此，必须根据实际情况来确定代建工程的成本核算对象，一般可按工程合同或委托单位的要求，以施工图预算所列的单位工程或单项工程作为成本核算对象。

代建工程作为开发产品的一部分，其成本项目具有与开发产品成本项目相同的内容。

2. 代建工程开发成本的归集和结转

企业发生的各项代建工程费用，应按成本核算对象和设置的成本项目进行归集，其具体核算方法可以比照土地开发和房屋开发成本核算的内容。

代建工程竣工后，应将其实际成本转入"开发产品"账户。即借记"开发产品——已完工开发产品——代建工程"账户，贷记"开发成本——代建工程开发成本"账户。

【例 4-6】　中国琴岛房地产开发公司 2×21 年 8 月发生如下业务。

（1）8 月 2 日，企业用银行存款支付主体工程建筑费 5 350 000 元。中国琴岛房地产开发公司编制如下会计分录：

借：开发成本——代建工程开发成本   5 350 000

 贷：银行存款   5 350 000

（2）8 月 15 日，企业承付甲分包商施工企业工程进度款 5 200 000 元。中国琴岛房地产开发公司编制如下会计分录：

① 承付工程进度款时：

借：开发成本——代建工程开发成本   5 200 000

 贷：应付账款——应付工程款   5 200 000

② 支付工程进度款时：

借：应付账款——应付工程款   5 200 000

 贷：银行存款   5 200 000

（3）8 月 31 日，企业分配应负担开发间接费用 800 000 元。中国琴岛房地产开发公司编制如下会计分录：

借：开发成本——代建工程开发成本   800 000

 贷：开发成本——开发间接费用   800 000

（4）8月31日，工程竣工，结转其实际成本11 350 000元。中国琴岛房地产开发公司编制如下会计分录：

借：开发产品——已完工开发产品——代建工程　　　　　　　　11 350 000
　贷：开发成本——开发间接费用　　　　　　　　　　　　　　　11 350 000

4.4 工程计量与支付会计核算

房地产开发企业在开发建设阶段，涉及大量的建筑及安装、基础设施、配套设施等工程施工，由于工程计量和工程支付是两个不同的环节，加之工程计量节点多，还涉及投标保证金、履约保证金、质量保证金、保留金、代付施工单位水电费、罚款、奖励等，为会计实务增加了难度，如处理不当，将影响"开发成本"（资产）和"应付账款"（负债）等账户确认时点和计量金额，严重影响会计信息质量。

4.4.1 工程业务概述

房地产开发企业建设工程自招标开始，经历施工、验收、结算等主要流程，主要程序如下。

1. 工程发包方发布招标文件，投标单位缴纳投标保证金

工程发包方发布招标文件，有意向参加投标的单位可以报名，并按招标文件的要求向工程发包方缴纳投标保证金。

投标保证金是为了保护发包方免遭因投标人的行为而蒙受的损失，发包方在因投标人的行为受到损害时可根据规定没收投标人的投标保证金。

2. 工程开标及招标评审，中标单位提供履约担保

通过工程开标及招标评审确定中标单位。中标单位按招标文件的要求提供履约担保。提供履约担保后，双方签订工程施工合同。

履约担保是工程发包人为防止承包人在合同执行过程中违反合同规定，用于弥补给发包人造成的经济损失。其形式有履约担保金（又叫履约保证金）、履约银行保函和履约担保书三种。履约保证金不得超过中标合同金额的10%。

3. 工程承包人进场施工，并按期向工程发包人提供工程计量报告

双方签订合同后，工程承包人按合同约定时间进场施工，并按照合同约定的方法和节点，向房地产开发企业提交已完工程量的报告。工程量的计量应当取得由施工单位、监理单位、建设单位共同确认的工程计量报告。

施工中发生工程变更的，承包人按照经发包人认可的设计变更文件，进行变更施工。在工程设计变更确定后14天内，设计变更涉及工程价款调整的，由承包人向发包人提出，经发包人审核同意后调整合同价款。

4. 工程发包人向工程承包人支付工程进度款

根据确定的工程计量报告，承包人向发包人提出支付工程进度款申请，14天内，发包人应按不低于工程价款的60%，不高于工程价款的90%向承包人支付工程进度款。按约定时间发包人应扣回的预付款，与工程进度款同期结算抵扣。

5. 工程完工并进行竣工验收

工程项目竣工后建设单位会同设计、施工、设备供应单位及工程质量监督部门，对该项目是否符合规划设计要求以及建筑施工和设备安装质量进行全面检验,取得竣工合格资料、数据和凭证。

6. 办理工程竣工结算,并支付工程款

建设工程竣工验收后,工程发包方与承包方根据现场施工记录、设计变更通知、现场变更鉴定、定额预算单价等资料,进行合同价款的增减或调整计算。房地产开发企业根据确认的竣工结算报告,扣除5%左右的质量保证金后,向承包人支付工程竣工结算价款。

7. 质保期满后按合同清算质量保证金

质保期内如有返修,承包人承担返修义务,否则发生费用应在质量保证金内扣除。质保期满后,房地产开发企业与施工单位进行清算,并将剩余质量保证金支付给施工单位,合同执行完毕。

4.4.2 工程计量与支付会计实务

工程计量与工程支付是两个不同的环节,所以,房地产开发企业进行会计核算时,必须分工程计量和工程支付两个环节进行会计处理。

【例4-7】 2×19年3月16日,中国琴岛房地产开发公司发布招标公告,对甲地块期7#～11#楼高层进行工程招标。具体业务如下。

(1) 中国琴岛房地产开发公司共收到A建筑工程有限公司、B建筑工程有限公司、C建筑工程有限公司、D建筑工程有限公司、E建筑工程有限公司等5家单位报名及投标保证金,每家200 000元。

中国琴岛房地产开发公司应编制如下会计分录:

借：银行存款	1 000 000
贷：其他应付款——投标保证金——A建筑工程有限公司	200 000
其他应付款——投标保证金——B建筑工程有限公司	200 000
其他应付款——投标保证金——C建筑工程有限公司	200 000
其他应付款——投标保证金——D建筑工程有限公司	200 000
其他应付款——投标保证金——E建筑工程有限公司	200 000

(2) 经2×19年4月15日开标及评审,确定B建筑工程有限公司为中标候选人。2×19年4月16日,收到B建筑工程有限公司履约保证金2 000 000元,中国琴岛房地产开发公司与B建筑工程有限公司签订工程施工合同,并退还未中标单位投标保证金。如表4-9所示。

表4-9　　　　　　　　　　　　　　　　**工程计量及支付表**　　　　　　　　　　金额单位:元

期数	计量节点	计量造价	支付比例	支付金额	备注
第一期	备注达到±0.00	4 037 535	70%	2 826 274.5	
第二期	主体封顶	11 398 500	70%	7 978 950	
第三期	安装工程、装饰工程完工	5 479 365	70%	3 835 555.5	
第四期	竣工验收		80%	2 091 540	
第五期	竣工结算		95%	3 137 310	
第六期	质保期满		5%	1 045 770	清算后付清
合计	—	20 915 400	—	20 915 400	

中国琴岛房地产开发公司应编制如下会计分录：

借：银行存款　　　　　　　　　　　　　　　　　　　　　1 800 000
　　其他应付款——投标保证金——B建筑工程有限公司　　　200 000
　贷：其他应付款——履约保证金——B建筑工程有限公司　　　　2 000 000

借：其他应付款——投标保证金——A建筑工程有限公司　　　200 000
　　其他应付款——投标保证金——C建筑工程有限公司　　　200 000
　　其他应付款——投标保证金——D建筑工程有限公司　　　200 000
　　其他应付款——投标保证金——E建筑工程有限公司　　　200 000
　贷：银行存款　　　　　　　　　　　　　　　　　　　　　　800 000

（3）2×19年8月1日，工程达到±0.00，财务部门收到11♯楼高层第一期工程计量报告（见表4-10）和中间产品交付证书，节点计量金额为4 037 535元；2×19年8月10日，收到施工单位提供的增值税专用发票，注明的增值税税额为363 378.15元，价款为4 037 535元；2×19年8月17日，付款审批手续齐全，支付节点工程款2 826 274.5元、增值税税额363 378.15元。

表4-10　　　　　　　　　　　　　**工程计量审批表**

项目名称:甲地块一期11♯楼高层		合同编号	HT-001	合同额	20 915 400元
建设单位:中国琴岛房地产开发公司					
施工单位:B建筑工程有限公司					
一、简述合同义务履行情况（进度、质量、配合等）；二、合同要求的技术资料报备情况		工程已达到±0.00,合同要求的技术资料已报备 专业工程师:孙晓			
		工程部经理:李琳			
项目名称		本期应付工程款		累计应付工程款	
应付工程款（①+②+③）		2 788 527.03		2 788 527.03	
合同内项目	计量工程款①	4 037 535		4 037 535	
合同外项目	工程变更、签证等②				
其他项目	保留金	−1 211 260.50		−1 211 260.50	
	返还保留金				
	预付款				
	扣回预付款				
	扣水电费	−37 747.47		−37 747.47	
	将罚款				
	扣甲供材料				
	小计③	−1 249 007.97		−1 249 007.97	
合同工程师:王丽					
预算部经理:邵玮伟					
总经理意见:孙昌平					

附注：合同内项目及合同外项目必须附相关的计量资料。

对于B建筑工程有限公司完成的第一期工程计量，中国琴岛房地产开发公司财务部门应在何时进行会计处理呢？是在①收到施工单位报送并经监理单位、建设单位签字确认的工程计量报告时（8月1日），还是在②收到施工单位开具的发票时（8月10日），还是在③建设单位支付工程款时（8月17日）呢？

实务中，房地产开发企业通常的做法是在支付工程款时才确认开发成本和应付账款（本题中建设单位支付工程款时间为8月17日），理由是支付工程款时有会计处理的依据，但会导致会计系统的开发成本和应付账款信息不准确，不能及时准确地反映资产和负债信息。根据《企业会计准则——基本准则》第十九条规定："企业对于已经发生的交易或者事项，应当及时进行确认、计量和报告，不得提前或者延后。"这种做法严重违背了会计信息质量的及时性原则要求。

首先，分析开发成本（资产）。《企业会计准则——基本准则》第二十条规定："资产是指企业过去的交易或者事项形成的、由企业拥有或者控制的、预期会给企业带来经济利益的资源。"第二十一条规定："符合本准则第二十条规定的资产定义的资源，在同时满足以下条件时，确认为资产：（一）与该资源有关的经济利益很可能流入企业；（二）该资源的成本或者价值能够可靠地计量。"第一，中国琴岛房地产开发公司拥有A地块一期11#楼高层的产权，施工单位仅提供建筑劳务，证明甲地块一期11#楼高层是"由企业拥有或者控制的资源"；第二，有中间产品交付证书或合格证书等，证明产品已经合格，产品已经销售或出租，"预期会给企业带来经济利益"，并且"与该资源有关的经济利益很可能流入企业"；第三，有监理单位、施工单位、建设单位三方签字确认的节点工程计量报告，证明"该资源的成本或者价值能够可靠地计量"。所以，在8月1日收到工程计量报告、中间产品交付证书或产品合格证书等资料时，已经满足准则中资产确认的条件，就应该确认为资产（开发成本），不能等到收到B建筑工程有限公司开具的发票时，或者中国琴岛房地产开发公司支付工程款时，才确认开发成本。

其次，分析应付账款（负债）。《企业会计准则——基本准则》第二十三条规定："负债是指企业过去的交易或者事项形成的、预期会导致经济利益流出企业的现时义务。现时义务是指企业在现行条件下已承担的义务。未来发生的交易或者事项形成的义务，不属于现时义务，不应当确认为负债。"第二十四条规定："符合本准则第二十三条规定的负债定义的义务，在同时满足以下条件时，确认为负债：（一）与该义务有关的经济利益很可能流出企业；（二）未来流出的经济利益的金额能够可靠地计量。"第一，施工单位提交并经监理单位、房地产开发企业确认的工程计量报告，证明该义务是"企业过去的交易或者事项已经形成的、预期会导致经济利益流出企业的现时义务"；第二，证明该义务是"企业在现行条件下已经承担的义务，房地产开发企业的付款义务已经形成，发票只是'以票控税'的凭证，不能因施工单位未提供发票而否认付款义务的存在；第三，有监理单位、施工单位、建设单位三方签字确认的节点工程计量报告，证明'未来流出的经济利益的金额能够可靠地计量'"。所以，在8月1日收到工程计量报告等资料时，已经满足准则中规定的负债确认条件，应该确认为应付账款，不能等到8月10日收到B建筑工程有限公司开具的发票时，或者8月17日中国琴岛房地产开发公司支付工程款时，才确认应付账款。最后，30%的保留金应不应该确认为应付账款？根据负债的定义和确认条件，工程已经达到规定节点，30%的保留金只是支付时间在以后，是企业在现行条件下已承担的义务，是现时义务。因此，在8月1日收到工程计量报告等资料时，已经满足准则中规定的负债确认条件，应确认为应付账款。为了区分当期应付款和保留金,可以在"应付账款"账户下设"到期""预期"两个二级明细账户。

①2×19 年 8 月 1 日,收到工程计量报告时,中国琴岛房地产开发公司应编制如下会计分录:

借:开发成本——11#楼高层——建安工程费 4 037 535
　贷:应付账款——到期——B 建筑工程有限公司 2 826 274.5
　　应付账款——预期——B 建筑工程有限公司 1 211 260.5

②2×19 年 8 月 10 日,收到 B 建筑工程有限公司提供的增值税专用发票,中国琴岛房地产开发公司应编制如下会计分录:

借:应交税费——应交增值税(进项税额) 363 378.15
　贷:应付账款——到期——B 建筑工程有限公司 363 378.15

③2×19 年 8 月 17 日,付款审批手续齐全,支付 B 建筑工程有限公司节点工程款 2 826 274.5 元,增值税税额 363 378.15 元,应扣水电费 37 747.47 元从本次工程款中扣除。中国琴岛房地产开发公司应编制如下会计分录:

借:应付账款——到期——B 建筑工程有限公司 3 189 652.65
　贷:其他应付款——代垫水电费——B 建筑工程有限公司 37 747.47
　　银行存款 3 151 905.18

(4)2×20 年 3 月 1 日,主体工程封顶,完成 11#楼高层第二期工程计量报告,节点计量金额为 11 398 500 元;2×20 年 3 月 10 日,收到施工单位提供的增值税专用发票,注明的增值税税额为 1 025 865 元,价款为 11 398 500 元;2×20 年 3 月 17 日,付款审批手续齐全,支付节点工程款 7 978 950 元、增值税税额 1 025 865 元,本节点应扣水电费 101 823.43 元。

①2×20 年 3 月 1 日,收到工程计量报告时,中国琴岛房地产开发公司应编制如下会计分录:

借:开发成本——11#楼高层——建安工程费 11 398 500
　贷:应付账款——到期——B 建筑工程有限公司 7 978 950
　　应付账款——预期——B 建筑工程有限公司 3 419 550

②2×20 年 3 月 10 日,收到 B 建筑工程有限公司提供的增值税专用发票,中国琴岛房地产开发公司应编制如下会计分录:

借:应交税费——应交增值税(进项税额) 1 025 865
　贷:应付账款——到期——B 建筑工程有限公司 1 025 865

③2×20 年 3 月 17 日,付款审批手续齐全,支付 B 建筑工程有限公司节点工程款 7 978 950 元,增值税税额 1 025 865 元,应扣水电费 101 823.43 元,从本次工程款中扣除。中国琴岛房地产开发公司应编制如下会计分录:

借:应付账款——到期——B 建筑工程有限公司 9 004 815
　贷:其他应付款——代垫水电费——B 建筑工程有限公司 101 823.43
　　银行存款 8 902 991.57

(5)2×20 年 10 月 1 日,安装、装饰工程完成,完成 11#楼高层第三期工程计量报告,节点计量金额为 5 479 365 元,其中保留金为 1 643 809.5 元;2×20 年 10 月 10 日,收到施工单位提供的增值税专用发票,注明的增值税税额为 493 142.85 元,价款为 5 479 365 元;2×20 年 10 月 17 日,付款审批手续齐全,支付节点工程款 3 835 555.5 元、增值税税额 493 142.85 元,本节点应扣水电费 105 876.45 元。

① 2×20 年 10 月 1 日,收到工程计量报告时,中国琴岛房地产开发公司应编制如下会计分录:

借:开发成本——11♯楼高层——建安工程费　　　　　　　　　　5 479 365
　　贷:应付账款——到期——B 建筑工程有限公司　　　　　　　　3 835 555.5
　　　　应付账款——预期——B 建筑工程有限公司　　　　　　　　1 643 809.5

② 2×20 年 10 月 10 日,收到 B 建筑工程有限公司提供的增值税专用发票,中国琴岛房地产开发公司应编制如下会计分录:

借:应交税费——应交增值税(进项税额)　　　　　　　　　　493 142.85
　　贷:应付账款——到期——B 建筑工程有限公司　　　　　　　　493 142.85

③ 2×20 年 10 月 17 日,付款审批手续齐全,支付 B 建筑工程有限公司节点工程款 3 835 555.5 元,增值税税额 493 142.85 元,应扣水电费 62 438.65 元从本次工程款中扣除。中国琴岛房地产开发公司应编制如下会计分录:

借:应付账款——到期——B 建筑工程有限公司　　　　　　　　4 328 698.35
　　贷:其他应付款——代垫水电费——B 建筑工程有限公司　　　　　62 438.65
　　　　银行存款　　　　　　　　　　　　　　　　　　　　　　4 266 259.70

(6) 2×21 年 2 月 1 日,11♯楼高层工程竣工验收合格,收到 11♯楼高层工程的竣工验收备案表,确认预期转到期工程款 2 091 540 元;2×21 年 2 月 15 日,付款审批手续齐全,支付 B 建筑工程有限公司工程款 2 091 540 元、履约保证金 2 000 000 元。

根据合同约定,竣工验收后工程款支付至闭口预算的 80%,应确认到期工程款=闭口预算×80%=20 915 400×80%=16 732 320(元)。

已确认到期工程款=2 826 274.5+7 978 950+3 835 555.5=14 640 780(元)
本节点应确认到期工程款=16 732 320-14 640 80=2 091 540(元)

① 2×21 年 2 月 1 日,收到工程计量报告时,中国琴岛房地产开发公司应编制如下会计分录:

借:应付账款——预期——B 建筑工程有限公司　　　　　　　　2 091 540
　　贷:应付账款——到期——B 建筑工程有限公司　　　　　　　　2 091 540

② 2×21 年 2 月 15 日,收付款审批手续齐全,支付工程款、退履约保证金。中国琴岛房地产开发公司应编制如下会计分录:

借:应付账款——到期——B 建筑工程有限公司　　　　　　　　2 091 540
　　其他应付款——履约保证金——B 建筑工程有限公司　　　　2 000 000
　　贷:银行存款　　　　　　　　　　　　　　　　　　　　　4 091 540

(7) 2×21 年 5 月 1 日,11♯楼高层工程结算完成,收到工程结算单,结算额为 21 318 435 元,质保金为 1 065 921.75 元。2×21 年 5 月 3 日,收到 B 建筑工程有限公司提供的增值税专用发票,注明的增值税税额为 36 273.15 元,价款为 403 035 元。2×21 年 5 月 11 日,付款审批手续齐全,支付 B 建筑工程有限公司工程款 3 520 193.25 元、增值税税额 36 273.15 元。

根据合同约定,结算核对完毕支付至结算造价的 95%,应确认到期工程款＝结算价×95%＝21 318 435×95%＝20 252 513.25(元)

已确认到期工程款＝14 640 780＋2 091 540＝16 732 320(元)

本节点应确认到期工程款＝20 252 512.25－16 732 320＝3 520 193.25(元)

① 2×21 年 5 月 1 日,依据工程结算单,中国琴岛房地产开发公司应编制如下会计分录:

借:开发成本——11#楼高层——建安工程费 403 035
　　应付账款——预期——B 建筑工程有限公司 4 183 080
　贷:应付账款——到期——B 建筑工程有限公司 3 520 193.25
　　其他应付款——质保金——B 建筑工程有限公司 1 065 921.75

② 2×21 年 5 月 3 日,收到 B 建筑工程有限公司提供的增值税专用发票,中国琴岛房地产开发公司应编制如下会计分录:

借:应交税费——应交增值税(进项税额) 36 273.15
　贷:应付账款——到期——B 建筑工程有限公司 36 273.15

③ 2×21 年 5 月 11 日,付款审批手续齐全,支付 B 建筑工程有限公司节点工程款 3 520 193.25 元,增值税税额 36 273.15 元。中国琴岛房地产开发公司应编制如下会计分录:

借:应付账款——到期——B 建筑工程有限公司 3 556 466.40
　贷:银行存款 3 556 466.40

(8) 2×21 年 3 月 1 日,质保期满,没有发生质量问题,支付工程质保金 1 065 921.75 元。中国琴岛房地产开发公司应编制如下会计分录:

借:其他应付款——质保金——B 建筑工程有限公司 1 065 921.75
　贷:银行存款 1 065 921.75

4.5 │ 其他相关业务会计核算

在开发建设过程中,不仅涉及成本核算、工程计量与支付,还涉及材料、固定资产、职工薪酬、管理费用、财务费用的核算。

4.5.1 库存材料的核算

1. 账户设置

一般来说,房地产开发企业涉及的材料不多,有的房地产开发企业为了控制产品质量或成本,通常会采用甲供材或甲控材的方式控制材料,还有些房地产开发企业为了加快项目开发节奏,通常采用工厂化生产的方式加工房地产开发建设所需的结构件,这将会涉及材料核算业务。材料核算主要包括材料增加核算、材料发出核算及甲控材和甲供材核算等。

为了核算材料采购的实际成本（或计划成本），计算实际成本与计划成本的差异从而确认采购业务成果，房地产开发企业应设置下列有关的会计账户。

（1）材料采购。"材料采购"账户核算房地产开发企业购入各种物资（包括库存材料、周转材料等，下同）的采购成本。其借方根据发票、账单等支付的各种物资的采购成本登记，月终结算材料、低值易耗品的采购实际成本小于计划成本的节约差；贷方登记应向供应单位、运输机构、保险公司或其他责任人收回的物资短缺或其他应冲减采购成本的赔偿款项，已验收入库各种物资的计划成本以及月终结算采购实际成本大于计划成本的超支差。期末借方余额反映货款已经支付或承付而物资尚未到达或尚未验收入库的在途物资的实际成本。本账户应按物资品种设置明细账进行核算。

（2）原材料。"原材料"账户核算企业各种库存材料的成本（实际成本或计划成本，下同）。其借方核算企业因各种途径增加并已验收入库的库存材料成本；贷方核算企业因各种原因减少的库存材料成本。期末借方余额，反映库存材料的成本。本账户应按材料保管地点、类别、品种和规格，设置有数量有金额的明细账进行核算。

（3）材料成本差异。"材料成本差异"账户核算企业各种材料的实际成本与计划成本的差异，是采用计划成本进行存货日常核算的企业设置和使用的账户。其借方核算因各种途径而取得的存货（包括外购、自制、委托加工收入的材料、周转材料等，下同）实际成本大于计划成本的差额（超支差）；贷方核算取得的存货实际成本小于计划成本的差额（节约差）以及发出存货应负担的成本差异（超支差用蓝字登记，节约差用红字登记）。期末借方余额反映库存结余各种材料的超支差异，贷方余额反映库存结余各种材料的节约差异。本账户应按材料类别或品种设置明细账进行明细核算。

（4）在途物资。"在途物资"账户核算采用实际成本进行存货日常核算的企业，可以不设"材料采购"账户和"材料成本差异"账户，而增设"在途物资"账户。

"在途物资"账户核算企业购入但尚未到达或尚未验收入库的各种存货（包括库存材料、库存设备、周转材料等，下同）的实际成本。其借方登记已支付货款或已开出承兑商业汇票而尚未到达或尚未验收入库的各种存货的实际成本；贷方登记已验收入库的各种存货的实际成本。期末借方余额反映已经付款或已开出承兑的商业汇票，但尚未验收入库的在途物资。

2. 材料增加的核算

材料增加的方式有外购材料、自制材料、委托加工材料等方式。

（1）外购材料。

① 房地产开发企业购入材料，按应计入材料采购成本的金额，借记"在途物资"或"材料采购"账户，按实际支付或应支付的金额，贷记"银行存款""库存现金""应付账款""应付票据""预付账款"等账户。

② 材料验收入库核算。为了保证所购物资在数量、质量方面不出差错，企业购买的各项材料物资，在收到发票账单以后，一般要等货物验收入库后，才进行会计处理。期末，企业应将仓库转来的外购收料凭证，分别下列两种情况进行处理：

第一种情况，已收到发票账单的收料凭证。对于已经付款或已开出、承兑商业汇票的收料凭证，应按实际成本和计划成本分别汇总，按计划成本，借记"原材料"账户，按实际成本，贷记"材料采购"或"在途物资"账户，按计划成本与实际成本的差异，借记或贷记"材料成本差异"账户,按实际支付或应支付的金额,贷记"银行存款""应付账款"等账户;对于尚未付款的收料凭证,应按计划成本,借记"原材料"账户,按实际成本,贷记"应付账款"账户,按计划成本与实际成本的差异,借记或贷记"材料成本差异"账户。

【例4-8】 2×21年9月12日,中国琴岛房地产开发公司与甲公司签订某高楼外墙砖采购合同,合同金额3 016 000元。2×21年9月15日,款项通过银行支付,取得增值税专用发票,增值税专用发票注明的进项税额为338 000元,价款2 600 000元。2×21年11月15日,货到验收合格,材料按实际成本核算。

① 2×21年9月15日,依据采购单和银行付款凭据,中国琴岛房地产开发公司应编制如下会计分录:

借:在途物资 2 600 000
　应交税费——应交增值税(进项税额) 338 000
　贷:银行存款 2 938 000

② 2×21年11月15日,验收入库,依据材料验收单,中国琴岛房地产开发公司应编制如下会计分录:

借:原材料 2 600 000
　贷:在途物资 2 600 000

【例4-9】 中国琴岛房地产开发公司购买开发用甲材料一批,货物及发票账单已同时到达,增值税专用发票上注明进项税额为650 000元,价款5 000 000元,货物已验收入库,货款尚未支付。依据材料验收单和货物发票,中国琴岛房地产开发公司应编制如下会计分录:

借:原材料——甲材料 5 000 000
　应交税费——应交增值税(进项税额) 650 000
　贷:应付账款 5 650 000

支付货款时,中国琴岛房地产开发公司应编制如下会计分录:

借:应付账款 5 800 000
　贷:银行存款 5 800 000

第二种情况,所购货物已验收入库,而发票账单尚未到达。期末,对于尚未收到发票账单的收料凭证,应按计划成本暂估入账,借记"原材料"账户,贷记"应付账款——暂估应付账款"账户,下期期初编制相反分录予以冲回。下期收到发票账单时,借记"原材料"账户,贷记"银行存款""应付账款""应付票据"等账户,涉及增值税进项税额的,还应进行相应的处理。

【例4-10】 中国琴岛房地产开发公司9月采购开发材料,材料已验收入库,发票账单尚未收到,款未付。依据材料验收单,中国琴岛房地产开发公司应编制如下分录:

9月底应暂估入账:

借:原材料 90 000
　贷:应付账款——暂估应付账款 90 000

10月初应红字冲销:

| 借：原材料 | 90 000 | |
| 贷：应付账款——暂估应付账款 | | 90 000 |

10月收到增值税专用发票，增值税专用发票注明增值税税额为 11 700 元，价款为 90 000 元。

借：原材料	90 000
应交税费——应交增值税（进项税额）	11 700
贷：应付账款	101 700

（2）自制材料。自制并已验收入库的材料，按计划成本或实际成本，借记"原材料"账户，按实际成本，贷记"生产成本"账户，按计划成本与实际成本的差异，借记或贷记"材料成本差异"账户。

【例4-11】 中国琴岛房地产开发公司自制门窗，生产过程中发生的实际材料成本 610 000 元。材料验收入库时，中国琴岛房地产开发公司应编制如下会计分录：

5月底应暂估入账：

| 借：原材料 | 610 000 |
| 贷：生产成本 | 610 000 |

（3）委托加工材料。委托外单位加工材料，发出委托外单位加工的材料，按实际成本，借记"委托加工物资"账户，贷记"原材料"账户，按计划成本进行核算的，还应同时结转材料成本差异；支付加工费、运杂费等时，借记"委托加工物资"账户，贷记"银行存款"账户；加工完成并验收入库时，按计划成本或实际成本，借记"原材料"账户，按实际成本，贷记"委托加工物资"账户，按计划成本与实际成本的差异，借记或贷记"材料成本差异"账户。

【例4-12】 中国琴岛房地产开发公司发出材料，委托某钢窗厂加工门窗，材料成本 100 000 元，加工费 10 000 元。中国琴岛房地产开发公司应编制如下会计分录。

① 发出材料：

| 借：委托加工物资 | 100 000 |
| 贷：原材料 | 100 000 |

② 支付加工费，取得增值税专用发票，增值税专用发票注明的进项税额为 1 300 元，加工费为 10 000 元。

借：委托加工物资	10 000
应交税费——应交增值税（进项税额）	1 300
贷：银行存款	11 300

③ 门窗加工完成验收入库：

| 借：原材料 | 110 000 |
| 贷：委托加工物资 | 110 000 |

3. 材料发出的核算

房地产开发企业在开发经营过程中领用材料，应依据材料领用单，借记"开发成本""开发间接费用""销售费用""管理费用"等账户，贷记"原材料"账户。采用计划成本进行材料日常核算的,发出材料还应结转材料成本差异,将发出材料的计划成本调整为实际成本。采用实际成本进行材料日常核算的,发出材料计价,可以采用先进先出法、加权平均法或个别计价法等方法计价。

【例4-13】 中国琴岛房地产开发公司开发产品领用材料一批共计200吨,价款1 600 000元。领用材料时,中国琴岛房地产开发公司应编制如下会计分录:

借:开发成本 1 600 000
　贷:原材料 1 600 000

4. 甲控材和甲供材的核算

甲控材一般不会影响房地产开发企业和施工单位双方的会计处理。对于甲供材,要根据工程承包合同的约定采用不同的会计处理。

(1) 合同约定总价中含甲供材价格的,在房地产开发企业发出材料时,作为预付账款处理,借记"预付账款"账户,贷记"原材料"账户。

【例4-14】 中国琴岛房地产开发公司与施工单位甲公司签订施工合同,合同总额为10 000 000元,其中含中国琴岛房地产开发公司提供的钢材3 000 000元。发出材料时,依据施工单位签收的材料领用单及对方收款收据,中国琴岛房地产开发公司应编制如下会计分录:

借:预付账款 3 000 000
　贷:原材料 3 000 000

(2) 合同约定总价不含甲供材价格的,在房地产开发企业发出材料时,借记"开发成本"账户,贷记"原材料"账户。

【例4-15】 中国琴岛房地产开发公司与施工单位甲公司签订施工合同,合同总额为8 000 000元,不含房地产开发公司提供的钢材1 000 000元。中国琴岛房地产开发公司发出材料时,依据施工单位签收的材料领用单,应编制如下会计分录:

借:开发成本 1 000 000
　贷:原材料 1 000 000

相关思考4-1

房地产开发企业的材料都包括哪些?

1. 库存材料,是指企业购入的用于房地产开发经营的各种材料,包括主要材料、结构件、机械配件、其他材料等。

2. 周转材料,是指企业能够多次使用、但不符合固定资产定义的材料,如为了包装本企业商品而储存的各种包装物、各种工具、管理用具、玻璃器皿、劳动保护用品以及在经营过程中周转使用的容器等低值易耗品和建造承包商的钢模板、木模板、脚手架等其他周转材料。但是周转材料符合固定资产定义的,应当作为固定资产处理。

4.5.2 固定资产的核算

固定资产是指房地产开发企业为生产商品、提供劳务、出租或经营管理而持有的,使用寿命超过一个会计年度的有形资产。固定资产核算包括固定资产增加、固定资产折旧、固定资产处置等会计核算业务。

1. 固定资产增加的核算

（1）固定资产增加的渠道。房地产开发企业固定资产增加的渠道有以下几个方面：①企业购入的固定资产；②企业自行建造完工的固定资产；③投资人投资转入的固定资产；④融资租入的固定资产；⑤对原有固定资产进行改、扩建形成的固定资产；⑥接受抵债取得的固定资产；⑦非货币性资产交换换入的固定资产；⑧接受捐赠的固定资产；⑨盘盈的固定资产。

（2）购入固定资产的核算。房地产开发企业购入的固定资产按照实际支付的购买价款、相关税费（不含可抵扣的增值税进项税额）以及为使固定资产达到预定可使用状态前所发生的可归属于该项资产的运输费、装卸费、安装费和专业人员服务费等作为入账价值。购入的固定资产分为不需要安装的固定资产和需要安装的固定资产两种情况。

① 购入不需要安装的固定资产。它是指购入的固定资产可以直接交付使用，将企业实际支付的购买价款、包装费、运杂费、保险费、专业人员服务费和相关税费等作为入账价值。在会计核算上，企业购入的固定资产，按照实际的成本记入"固定资产"账户。

【例4-16】 中国琴岛房地产开发公司购入大型设备2台，取得的增值税专用发票上注明的设备价款为200 000元，增值税进项税额为26 000元，款项已通过银行支付。依据购买设备发票及银行付款凭据，中国琴岛房地产开发公司应编制如下会计分录：

借：固定资产 200 000
　　应交税费——应交增值税（进项税额） 26 000
　　贷：银行存款 226 000

② 购入需要安装的固定资产。它是指购入的固定资产需要经过安装以后才能交付使用，将企业实际支付的购买价、包装费、运杂费、保险费、专业人员服务费和相关税费和安装调试成本等作为入账价值。在会计核算上，企业购入的固定资产以及发生的安装费用均通过"在建工程"账户核算，待安装完毕后，再由"在建工程"账户转入"固定资产"账户。

【例4-17】 中国琴岛房地产开发公司购入需要安装的设备1台，取得的增值税专用发票上注明的设备价款为650 000元，增值税进项税额为84 500元，款项已通过银行支付。设备已交付安装，取得的增值税专用发票上注明的安装服务费为40 000元，增值税进项税额为3 600元，款项已通过银行支付。该设备已安装完毕交付使用。

① 购入设备时，依据设备发票和银行付款凭据，中国琴岛房地产开发公司应编制如下会计分录：

借：在建工程 650 000
　　应交税费——应交增值税（进项税额） 84 500
　　贷：银行存款 734 500

② 支付安装费时，依据安装费发票和银行付款凭据，中国琴岛房地产开发公司应编制如下会计分录：

借：在建工程 40 000
　　应交税费——应交增值税（进项税额） 3 600
　　贷：银行存款 43 600

③ 安装完毕交付使用时,依据设备验收单,中国琴岛房地产开发公司应编制如下会计分录:

借:固定资产 690 000
　　贷:在建工程 690 000

(3) 自行建造固定资产的核算。房地产开发企业自行建造固定资产的成本,由建造该固定资产达到预定可使用状态前所发生的必要支出构成。自行建造的固定资产可分为自营建造和出包建造两种方式。

第一,自营建造的固定资产。企业自营建造的固定资产,应当按照建造该项固定资产达到预定可使用状态前所发生的必要支出作为固定资产的入账价值。

第二,出包建造的固定资产。企业通过出包工程方式建造的固定资产,其成本由建造该项固定资产达到预定可使用状态前所发生的必要支出构成,包括发生的建筑工程支出、安装工程支出以及需分摊计入各固定资产价值的待摊支出。待摊支出是指在建设期间发生的,不能直接计入某项固定资产价值而应由所建造固定资产共同负担的相关费用,包括为建造工程发生的管理费、可行性研究费、临时设施费、公证费、监理费、应负担的税金、符合资本化条件的借款费用、建设期间发生的工程物资盘亏以及报废或毁损净损失等。

企业为建造固定资产通过出让方式取得土地使用权而支付的土地出让金不计入在建工程成本,应确认为无形资产(土地使用权)。

(4) 其他方式取得固定资产的核算。投资者投入的固定资产,按照投资合同或协议约定的价值作为入账价值。在原有固定资产的基础上进行改建、扩建的固定资产,按照原有固定资产的账面价值(账面价值指用固定资产原值减去累计折旧后的净值)减去改建、扩建过程中发生的变价收入,再加上由于改建、扩建而使该项资产达到预定可使用状态前发生的支出,作为入账价值。其他如融资租赁的固定资产、接受债务人以非现金资产抵偿债务方式取得的固定资产、盘盈的固定资产等情况一般较少发生,如遇到此类业务,应遵照有关规定处理。

2. 固定资产折旧的核算

固定资产折旧就是在固定资产使用寿命内,按照确定的方法对应计折旧额进行的系统分摊。应计折旧额是指应当计提折旧的固定资产的原价扣除其预计净残值后的金额。如果已对固定资产计提减值准备,还应当扣除已计提的固定资产减值准备累计金额。

(1) 固定资产折旧范围。我国的会计准则规定,除以下情况,企业应对所有的固定资产计提折旧:①已提足折旧仍继续使用的固定资产;②单独计价入账的土地。

在会计实务中,企业一般应按月计提固定资产折旧。当月增加的固定资产,当月不计提折旧,从下月起计提折旧;当月减少的固定资产,当月仍计提折旧,从下月起停止计提折旧。固定资产提足折旧后,不论能否继续使用,均不再计提折旧,提前报废的固定资产也不再补提折旧。所谓提足折旧,是指已经提足该项固定资产的应计折旧额。应计提折旧总额是指应当计提折旧的固定资产原价扣除其预计净残值后的余额,如果已对固定资产计提减值准备,还应扣除已计提的固定资产减值准备累计金额。

已达到预定可使用状态但尚未办理竣工结算的固定资产,应当按照估计价值确定其成本,并计提折旧;待办理竣工结算后再按实际成本调整原来的暂估价值,但不需要调整原已计提的折旧额。所谓"达到预定可使用状态"，是指固定资产已达到购买方或建造方预定的可使用状态，可从以下几个方面进行判断：①固定资产的实体建造（包括安装）工作已经全部完工或实质上已经全部完工；②继续发生在固定资产上的支出金额很少或者几乎不再发生；③所构建的固定资产已经达到设计或合同要求，或与设计或合同要求相符或基本相符，即使有极个别地方与设计或合同要求不相符，也不足以影响其正常使用。

（2）影响固定资产折旧的因素。影响固定资产折旧的因素主要有三个方面，即折旧的基数、预计净残值和预计使用寿命。

第一，折旧的基数。固定资产折旧的基数，一般为取得固定资产的原始成本，即固定资产的账面原价。以固定资产的原始成本作为计算折旧的基数，可以使折旧的计算建立在客观的基础上，不易受会计人员主观因素的影响。

第二，预计净残值。预计净残值是指假定固定资产预计使用寿命已满并处于使用寿命终了时的预期状态，企业目前从该项资产处置中获得的扣除预计处置费用后的金额。固定资产账面原值减去预计净残值即为固定资产应计提的折旧总额。

第三，预计使用寿命。预计使用寿命是指企业使用固定资产的预计期间，或者该固定资产所能生产产品或提供劳务的数量，固定资产使用寿命的长短直接影响各期应计提的折旧数额。

（3）固定资产折旧方法。固定资产折旧方法有年限平均法、工作量法、双倍余额递减法和年数总和法等。房地产开发企业计提固定资产折旧，一般采用年限平均法和工作量法。双倍余额递减法及年数总和法，房地产开发企业一般较少采用。在此主要介绍年限平均法和工作量法这两种方法。

第一，年限平均法。年限平均法是指按固定资产预计使用年限平均计提折旧的一种方法。采用这种方法，在固定资产不发生增减变化的情况下，每期（年、月）折旧额都是相等的。其计算方式如下：

固定资产年折旧额＝（固定资产原值－预计净残值）÷固定资产预计使用年限

年折旧率＝年折旧额÷固定资产原价×100%

或年折旧率＝（1－预计净残值率）÷固定资产预计使用年限×100%

月折旧率＝年折旧率÷12

月折旧额＝固定资产原价×月折旧率

【例4-18】 中国琴岛房地产开发公司某台设备原价100 000元，预计使用5年，预计净残值率为5%。该设备的折旧率和折旧额为：

年折旧率＝（1－5%）÷5×100%＝19%

月折旧率＝19%÷12＝1.58%

月折旧额＝100 000×1.58%＝1 580（元）

第二，工作量法。工作量法是按照固定资产预计可完工的工作量计算应计提的折旧额的一种方法。这种方法实际上是平均年限法的一种演变。其基本公式如下：

单位工作量折旧额＝固定资产原价×（1－预计净残值率）÷固定资产预计工作量

某项固定资产的月折旧额＝该项固定资产当月工作量×单位工作量折旧额

在实务中，对运输设备一般以行驶里程为工作量单位，而对机器设备一般以工作小时为工作量单位。

第三，双倍余额递减法。双倍余额递减法是在不考虑固定资产预计净残值的情况下，根据每期期初固定资产原价减去累计折旧后的金额和双倍的直线法折旧率计算固定资产折旧的一种方法。采用这种方法，固定资产的账面价值随着折旧的计提逐年减少，而折旧率不变。因此，各期计提的折旧额必须逐年减少。其计算公式如下：

固定资产年折旧率＝2÷固定资产预计使用寿命(年)×100％
固定资产月折旧率＝年折旧率÷12
固定资产月折旧额＝固定资产账面净额×月折旧率

采用这种方法计算折旧额时，由于每年年初固定资产净值没有扣除预计净残值，所以在计算固定资产折旧额时，应在其折旧年限到期前两年内，将固定资产净值扣除预计净残值后的余额平均摊销。

第四，年数总和法。年数总和法是将固定资产的原值减去净残值后的余额乘以一个逐年递减的分数计算每年折旧额的一种方法。逐年递减分数的分子为该项固定资产各年年初时尚可使用的年数，分母为该项固定资产使用年数的逐年数字总和。

固定资产年折旧率＝尚可使用年限÷预计使用寿命的年数总和×100％
固定资产年折旧额＝(固定资产原价－预计净残值)×年折旧率
固定资产月折旧率＝固定资产年折旧率÷12
固定资产月折旧额＝(固定资产原价－预计净残值)×月折旧率

(4) 计提折旧的会计处理。对固定资产计提折旧的过程，实质上就是固定资产价值转移过程。房地产开发企业每月计提的固定资产折旧额，应根据固定资产用途计入相关资产的成本或者当期损益，其中开发现场使用的固定资产计提的折旧额要记入"开发间接费用"账户，管理部门使用的固定资产计提的折旧额要记入"管理费用"账户，销售部门使用的固定资产计提的折旧额要记入"销售费用"账户，经营租出的固定资产计提的折旧额要记入"其他业务成本"账户，未使用的固定资产计提的折旧额要记入"管理费用"账户。

【例 4-19】 中国琴岛房地产开发公司 2×21 年 9 月份固定资产计提折旧情况如下。

管理部门房屋建筑物计提折旧 50 000 元，运输工具计提折旧 10 000 元；销售部门房屋建筑物计提折旧 70 000 元，运输工具计提折旧 20 000 元；开发现场运输工具计提折旧 30 000 元；公司未使用机械设备计提折旧 20 000 元。中国琴岛房地产开发公司应编制如下会计分录：

借：开发间接费用		30 000
管理费用		80 000
销售费用		90 000
贷：累计折旧		200 000

3. 固定资产租赁的核算

房地产开发企业在开发经营过程中，有时会将某些多余或暂时闲置的固定资产出租给其他单位使用，有时也会向其他单位租入固定资产。固定资产的租出和租入业务统称为固定资产租赁业务。

(1) 租出固定资产的核算。房地产开发企业将不需用或闲置的固定资产以经营租赁的方式租给其他单位,仅仅出让了固定资产的使用权,所有权仍归企业。租出固定资产的账面原价不动,照常计提固定资产折旧。但企业应单独设置"租出固定资产登记簿",来详细记录出租固定资产的有关资料。企业出租固定资产应按照合同的规定收取租金,租金收入计入其他业务收入,租出固定资产按期计提的折旧费计入其他业务成本。

【例4-20】 中国琴岛房地产开发公司租出固定资产,企业将闲置的1台设备出租给其他单位,该设备原价300 600元,月折旧率0.8％。根据租赁合同规定每月租金9 000元,中国琴岛房地产开发公司作如下会计分录。

① 收各月租金时:

借:银行存款   9 000

  贷:其他业务收入   9 000

② 各月计提折旧时:

借:其他业务成本   2 404.8

  贷:累计折旧   2 404.8

(2) 租入固定资产的核算。房地产开发企业租入的固定资产,根据租赁目的,以与租赁资产所有权相关的风险和报酬归属于出租人或承租人的程度为依据,将租赁分为经营性租赁和融资租赁,这是两种不同性质的租赁方式,在会计核算上也应采用不同的处理方法。

第一,经营性租赁也称临时性租赁。它是指企业为了解决临时需要而租入的固定资产。企业经营租入的固定资产只有使用权而没有所有权,不作为企业自有固定资产入账核算,只在备查簿中作备查登记。经营性租入的固定资产由出租方计提折旧,承租方在租赁期内支付的租金按直线法或其他方法计入有关成本或费用。

第二,融资租赁。它是指实质上转移了与资产所有权有关的全部风险和报酬的租赁。这种租赁方式与经营性租赁相比,它的租赁期限较长,租赁费用包括了设备的价款、租赁费、借款利息等,而且在租赁期届满时,承租人有购买租赁资产的选择权。因此,融资租赁实质上是以融资方式分期付款购买固定资产。

满足下列条件之一的,应当确认为融资租赁:

a. 在租赁期满时,租赁资产的所有权转移给承租人。

b. 承租人有购买租赁资产的选择权,所订立的购买价款预计将远低于行使选择权时租赁资产的公允价值。"远低于"一般是指购买价款低于行使选择权时租赁资产的公允价值的5％。

c. 租赁期占租赁资产尚可使用年限的大部分,通常为75％以上(含75％)。

d. 承租人在租赁开始日的最低租赁付款额现值,几乎相当于租赁开始日租赁资产的公允价值,通常为最低租赁付款额现值占租赁资产公允价值的90％以上(含90％,下同);出租人在租赁开始日的最低租赁收款额现值,几乎相当于租赁开始日租赁资产公允价值。

e. 租赁资产性质特殊,如果不作较大改造,只有承租人才能使用。

4. 固定资产后续支出的核算

固定资产在使用过程中,由于各个组成部分耐用程度不同或者使用的条件不同,往往会导致固定资产的局部损坏。为了维护固定资产的正常运转和使用,充分发挥其使用效能,甚至进一步提高固定资产的生产能力,必须对固定资产进行必要的后续支出。具体包括固定资产的使用过程中发生的更新改造支出、修理费等。固定资产的后续支出处理原则是：符合固定资产确认条件的，应当计入固定资产成本，同时将被替换部分的账面价值扣除；不符合固定资产确认条件的，应当计入当期损益。

（1）资本化的后续支出。固定资产发生可资本化的后续支出时，企业一般应将该固定资产的原价、已计提的累计折旧和减值准备转销，将固定资产的账面价值转入在建工程，并停止计提折旧。发生的后续支出通过"在建工程"科目核算。在固定资产发生的后续支出完工并达到预定可使用状态时，再从在建工程转为固定资产，并按重新确定的使用寿命、预计净残值和折旧方法计提折旧。

【例 4-21】 2×21 年 8 月，中国琴岛房地产开发公司对 1 台生产用设备进行现代化改装，该台设备购进原价 310 000 元，预计使用 5 年。现支付改装费 70 000 元，现代化改装后生产能力将大大提高，能够为企业带来更多的经济利益，现代化改装的支出金额也能可靠计量，符合固定资产确认标准，且后续支出完工并达到预定可使用状态。修理后，预计使用 9 年。中国琴岛房地产开发公司作如下会计分录：

① 固定资产转入现代化改装时：

借：在建工程　　　　　　　　　　　　　　　　　　　　　　　310 000
　　贷：固定资产　　　　　　　　　　　　　　　　　　　　　　　310 000

② 支付现代化改装费时：

借：在建工程　　　　　　　　　　　　　　　　　　　　　　　　70 000
　　贷：银行存款　　　　　　　　　　　　　　　　　　　　　　　　70 000

③ 改装完毕达到预定可使用状态时：

借：固定资产　　　　　　　　　　　　　　　　　　　　　　　380 000
　　贷：在建工程　　　　　　　　　　　　　　　　　　　　　　　380 000

（2）费用化的后续支出。费用化的后续支出与固定资产有关的修理费用等后续支出，不符合固定资产确认条件的，应当根据不同情况分别在发生时计入当期管理费用或销售费用。固定资产的日常修理费用在发生时应直接计入当期损益。企业生产车间（部门）和行政管理部门等发生的固定资产修理费用等后续支出记入"管理费用"账户；企业专设销售机构的，其发生的与专设销售机构相关的固定资产修理费用等后续支出，记入"销售费用"账户。固定资产更新改造支出不满足固定资产的确认条件，在发生时直接计入当期损益。

5. 固定资产处置的核算

（1）固定资产终止确认的条件。固定资产满足下列条件之一的，应当予以终止确认：

该固定资产处于处置状态。固定资产处置包括固定资产的出售、转让、报废或损毁、对外投资、非货币性资产交换、债务重组等。处于处置状态的固定资产不再用于生产商品、提供劳务、出租或经营管理，因此不再符合固定资产的定义，应予以终止确认。

该固定资产预期通过使用或处置不能产生经济利益。固定资产的确认条件之一是"与该固定资产有关的经济利益很可能流入企业"。如果一项固定资产预期通过使用或处置不能产生经济利益，就不再符合固定资产的定义和确认条件，应予终止确认。

（2）固定资产处置的步骤。企业出售、转让、报废固定资产或发生固定资产损毁，应当将处置收入扣除账面价值和相关税费后的金额计入当期损益。固定资产处置一般通过"固定资产清理"账户进行核算。

企业因出售、报废或损毁、对外投资、非货币性资产交换、债务重组等处置固定资产，其会计处理一般经过以下几个步骤：①固定资产转入清理，即转销处置固定资产的账面价值和已提的累计折旧；②计算处置固定资产发生的清理费用以及应支付的相关税费；③计算固定资产的价款收入和残料收入等，如企业出售固定资产会涉及价款收入；④计算处置固定资产的保险赔偿；⑤清理净损益的处理。固定资产清理完成后的净损失，属于正常出售、转让所产生的利得或损失，借记或贷记"资产处置损益"账户，贷记或借记"固定资产清理"账户；属于已丧失使用功能正常报废所产生的利得或损失，借记或贷记"营业外支出——非流动资产报废"账户，贷记或借记"固定资产清理"账户；属于自然灾害等非正常原因造成的，借记或贷记"营业外支出——非常损失"账户，贷记或借记"固定资产清理"账户。

【例 4-22】 中国琴岛房地产开发公司出售 1 台旧设备，原价 220 000 元，已提折旧 170 000 元，双方协商作价 39 140 元，款项已收取存入银行，出售过程中用现金支付清理费用 2 900 元。中国琴岛房地产开发公司应编制如下会计分录。

① 将准备出售的固定资产转入清理（即转销固定资产的原价和累计折旧）：

借：固定资产清理　　　　　　　　　　　　　　　　　　　　　　　　　50 000
　　累计折旧　　　　　　　　　　　　　　　　　　　　　　　　　　　170 000
　　贷：固定资产　　　　　　　　　　　　　　　　　　　　　　　　　　　　220 000

② 发生清理费用：

借：固定资产清理　　　　　　　　　　　　　　　　　　　　　　　　　2 900
　　贷：库存现金　　　　　　　　　　　　　　　　　　　　　　　　　　　　2 900

③ 收到出售设备价款：

借：银行存款　　　　　　　　　　　　　　　　　　　　　　　　　　　39 140
　　贷：固定资产清理　　　　　　　　　　　　　　　　　　　　　　　　　　39 140

④ 销售已使用的固定资产，计算应缴纳的增值税及附加税费：

$$应交增值税＝39\ 140÷(1＋3\%)×2\%＝760(元)$$
$$应交城市维护建设税＝760×7\%＝53.2(元)$$
$$应交教育费附加＝760×3\%＝22.8(元)$$
$$应交地方教育费附加＝760×2\%＝15.2(元)$$

借：固定资产清理　　　　　　　　　　　　　　　　　　　　　　　　　851.2
　　贷：应交税费——应交增值税　　　　　　　　　　　　　　　　　　　　　760
　　　　应交税费——应交城市维护建设税　　　　　　　　　　　　　　　　　53.2
　　　　应交税费——应交教育费附加　　　　　　　　　　　　　　　　　　　22.8
　　　　应交税费——应交地方教育费附加　　　　　　　　　　　　　　　　　15.2

⑤ 结转出售固定资产净损益：

借：资产处置损益　　　　　　　　　　　　　　　　　　　　　　　　　14 611.2
　　贷：固定资产清理　　　　　　　　　　　　　　　　　　　　　　　　　　14 611.2

需要注意,如果企业出售的固定资产是不动产,如转让国有土地使用权、地上建筑物及附着物等,按税法规定,要计算缴纳土地增值税。

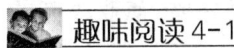趣味阅读4-1 ....

招商地产的固定资产核算

招商局地产控股股份有限公司简称招商地产,股票代码为000024。招商地产成立于1984年,是央企招商局集团三大核心产业之房地产板块的旗舰公司,是具备综合开发能力、物业品类丰富、社区管理完善的大型房地产开发集团。

2014年,中国房地产进入了"新常态",政策变调、增速下降、结构调整、利润压轴、企业分化等行业新特征日见显现。2014年,房地产开发企业房屋施工面积726 482万平方米,比上年增长9.2%。全国商品房销售面积120 649万平方米,同比下降7.6%。在销量下降的态势下,整个行业固定资产投资有一定幅度减少。根据招商地产2014年年报,其固定资产金额为184 553.79万元,比年初金额(203 842.10万元)减少9.5%。本年度减少的固定资产主要来自在建工程和存货的减少。具体项目包括房屋建筑物、机器设备、电子设备、运输设备等。公司在其附注中指出其所披露的固定资产按成本进行初始计量,采用年限平均法计提折旧,根据各类固定资产的性质和使用情况,确定其使用寿命和预计净残值。而对于融资租赁的固定资产的初始计量,采用租赁期开始日租赁资产的公允价值与最低租赁付款额现值两者较低者作为其入账价值。在资产负债表日,公司对存在减值迹象的固定资产测试其可收回金额,按账面价值与可收回金额孰低计提减值准备,减值准备一经计提,在以后会计期间不得转回。

4.5.3 职工薪酬的核算

职工薪酬是指企业为获得职工提供的服务或解除劳动关系而给予的各种形式的报酬或补偿。职工薪酬包括短期薪酬、离职后福利、辞退福利和其他长期职工福利。企业提供给职工配偶、子女、受赡养人、已故员工遗属及其他受益人等的福利,也属于职工薪酬。

1. 职工概念

职工是指与企业订立劳动合同的所有人员,含全职、兼职和临时职工,也包括虽未与企业订立劳动合同但由企业正式任命的人员。

未与企业订立劳动合同或未由其正式任命,但向企业所提供服务与职工所提供服务类似的人员,也属于职工的范畴,包括通过企业与劳务中介公司签订用工合同而向企业提供服务的人员。

职工薪酬是房地产开发企业为获得职工提供的服务而给予各种形式的报酬以及其他相关支出。从薪酬的涵盖时间和支付形式来看,职工薪酬包括企业在职工在职期间和离职后给予的所有货币性薪酬和非货币性福利;从薪酬的支付对象来看,职工薪酬包括企业提供给职工本人及其配偶或其他被赡养人的福利,如支付给因公伤亡职工的配偶、子女或其他被赡养人的抚恤金。总之,企业与职工之间因职工提供服务形成的关系,大多数构成企业的现时义务,将导致企业未来经济利益的流出,从而形成企业的一项负债。

2. 职工薪酬分类

职工薪酬主要包括短期薪酬、离职后福利、辞退福利和其他长期职工福利。

1) 短期薪酬

短期薪酬是指企业在职工提供相关服务的年度报告期间结束后12个月内需要全部予以支付的职工薪酬,因解除与职工的劳动关系给予的补偿除外。短期薪酬具体包括:

(1) 职工工资、奖金、津贴和补贴。职工工资、奖金、津贴和补贴是指按国家统计局《关于职工工资总额组成的规定》（国家统计局令第 1 号），构成工资总额的计时工资、计件工资、加班加点工资和奖金、津贴、物价补贴等。

（2）职工福利费。职工福利费是指尚未实行分离办社会职能或主辅分离、辅业改制的企业，内设医务室、职工浴室、理发室、托儿所等集体福利机构人员的工资、医务经费、职工因公负伤赴外地就医路费、职工防暑降温费、职工困难补贴、救济费、职工食堂经费补贴、职工交通补贴、职工误餐补贴、未实行医疗统筹企业职工医疗费用，以及按规定发生的其他职工福利支出，包括丧葬补助费、抚恤费、安家费、探亲假路费、独生子女费等。

（3）社会保险费。社会保险费，包括养老保险费、医疗保险费、失业保险费、工伤保险费和生育保险费，企业一般是按工资总额的一定比例计提，并向社会保险经办机构缴纳。此外，企业根据《企业年金试行办法》《企业年金基金管理试行办法》等有关规定，为在本企业任职或者受雇的全体员工支付的补充养老保险费、补充医疗及保险费、各类商业保险也应归属于社会保险的范围。

（4）住房公积金。住房公积金是指企业按照国家《住房公积金管理条例》规定的基准（企业的工资总额）和一定比例计提，并向住房公积金管理机构为职工缴存的住房公积金。

（5）工会经费。工会经费是指企业用于开展职工教育、文、体、宣传活动以及其他活动等方面的支出。

（6）职工教育经费。职工教育经费是指企业为职工学习先进技术、提高职工职业技能而用于职工教育事业培训的一项费用，如上岗和转岗培训、各类岗位适应性培训、岗位培训、职业技术等级培训、高技能人才培训、专业技术人员继续教育、特种作业人员培训、企业组织的职工外送培训的经费支出，职工参加的职业技能鉴定、职业资格认证等经费支出。

（7）短期带薪缺勤。短期带薪缺勤是指企业支付工资或提供补偿的职工缺勤，包括年休假、病假、短期伤残、婚假、产假、丧假、探亲假等。

（8）短期利润分享计划。短期利润分享计划是指因职工提供服务而与职工达成的基于利润或其他经营成果提供薪酬的协议。

（9）非货币性福利。非货币性福利，主要包括企业将自己的产品或外购商品发放给职工作为福利；企业将自己拥有的资产或租赁资产供职工无偿使用，如将住房免费提供给企业高级管理人员使用，免费为职工提供医疗保健服务；向职工提供企业支付了一定补贴的商品或服务等，如以低于成本的价格向职工出售住房等。

（10）其他短期薪酬。其他短期薪酬是指除上述薪酬的其他为获得职工提供的服务而给予的短期薪酬。

2）离职后福利

离职后福利是指企业为获得职工提供的服务而在职工退休或与企业解除劳动关系后，提供的各种形式的报酬和福利，短期薪酬和辞退福利除外。

离职后福利计划是指企业与职工就离职后福利达成的协议，或者企业为向职工提供离职后福利制定的规章或办法等。离职后福利计划按其特征可以分为设定提存计划和设定受益计划。其中，设定提存计划是指向独立的基金缴存固定费用后，企业不再承担进一步支付义务的离职后福利计划；设定受益计划是指除设定提存计划以外的离职后福利计划。

3）辞退福利

辞退福利是指企业在职工劳动合同到期之前解除与职工的劳动关系，或者为鼓励职工自愿接受裁减而给予职工的补偿。

4）其他长期职工福利

其他长期职工福利是指除短期薪酬、离职后福利、辞退福利之外所有的职工薪酬，包括长期带薪缺勤、长期残疾福利、长期利润分享计划等。

3. 职工薪酬的核算

1）货币性短期薪酬的核算

职工的工资、奖金、津贴和补贴及大部分的职工福利费、社会保险费、住房公积金、工会经费和职工教育经费一般属于货币性短期薪酬，企业应当在职工为其提供服务的会计期间，将实际发生的货币性短期薪酬确认为负债，并按照受益对象计入当期损益，会计准则要求或允许计入资产成本的除外。

（1）货币性短期薪酬分配的核算。所谓货币性短期薪酬分配的核算，是指月末计算出企业各部分人员的职工薪酬，并将职工薪酬计入有关成本费用的过程。

a. 工资的分配。房地产开发企业工资分配的会计处理是：开发现场管理人员的工资记入"开发间接费用"账户，销售部门人员的工资记入"销售费用"账户，管理部门人员的工资记入"管理费用"账户。

【例4-23】 月末分配本月工资额，其中：项目开发现场人员工资64 800元，专设销售机构人员工资25 800元，行政管理人员工资203 000元。依据本月工资分配表，中国琴岛房地产开发公司应编制如下会计分录：

借：开发间接费用	64 800
管理费用	203 000
销售费用	25 800
贷：应付职工薪酬——工资	293 600

b. 职工福利费的分配与支付。根据新会计准则，职工的医疗保险费已通过"应付职工薪酬——社会保险费"明细账户核算，非货币性的职工福利则通过"应付职工薪酬——非货币性福利"明细账户核算，"应付职工薪酬——职工福利"明细账户核算的范围已经很小。所以，国家没有规定职工福利的计提基础和计提比例。企业在会计实务中可根据历史经验数据和实际情况，预提职工福利费。年末可将预提数与实际支付数之间的差额，直接转入管理费用，该明细账户年末不留余额。

考虑到执行新会计准则后，列入职工福利明细科目核算的数额较小，所以在会计实务中，也可以将职工福利的实际发生额在发生的当期进行分配，计入有关成本和费用，而不进行预提。

【例4-24】 中国琴岛房地产开发公司在开发现场和公司机关设有食堂，每月根据实际职工人数和每一职工的伙食补贴标准，将对职工的伙食补贴直接支付给各食堂。2×21年8月份，企业在岗职工200人，其中开发现场158人，企业管理部门21人，销售部门21人。企业对每一职工每月的伙食补贴为200元，本月已将补贴款支付给食堂。

中国琴岛房地产开发公司向职工食堂支付款项时应编制如下会计分录：

借：应付职工薪酬——职工福利费	40 000
贷：银行存款	40 000

同时按职工所属部门,对发生的职工福利进行分配:

借:开发间接费用   31 600

   管理费用   4 200

   销售费用   4 200

  贷:应付职工薪酬——职工福利费   40 000

    c. 社会保险费的分配。企业向社会保险机构为职工缴纳的社会保险费,分为两部分:一部分由企业负担,另一部分由职工个人负担。

由企业负担的部分,应当按照国务院、所在地政府或企业年金计划规定的标准计提,同职工薪酬一样,要计入有关成本费用;由职工个人负担的部分,企业在向职工发放工资时,从职工的税前工资中扣除。

因社会保险费包括的项目较多,所以"应付职工薪酬——社会保险费"明细账户可采用多栏式账页,将各项社会保险费分项目进行登记和反映,也可以设置三级账户进行登记。

【例4-25】 根据所在地政府规定的计提标准,中国琴岛房地产开发公司8月应为职工提取养老保险费共计54 720元,其中开发现场管理人员的养老保险费100 960元,企业管理人员的养老保险费200 600元,销售人员的养老保险费230 160元。中国琴岛房地产开发公司应编制如下会计于分录。

计提养老保险费时:

借:开发间接费用   100 960

   管理费用   200 600

   销售费用   230 160

  贷:应付职工薪酬——社会保险费   531 720

缴纳养老保险时:

借:应付职工薪酬——社会保险费   531 720

  贷:银行存款   531 720

    d. 住房公积金的分配。企业为职工向住房公积金管理中心缴存的住房公积金,也分为两部分:一部分由企业负担,另一部分由职工个人负担。由企业负担的部分同上述社会保险费一样,要计入有关成本费用;由职工个人负担的部分,企业在向职工发放工资时,从职工的工资中扣除。

企业为职工计提的住房公积金,国家也规定了计提基础和比例。其会计处理比照上述社会保险费。

    e. 工会经费的分配与支付。工会经费是为开展工会活动而按照工资总额的一定比例从成本费用中提取的。按现行规定,工会经费按照工资总额的2%计提。为简化核算,企业计提的工会经费可直接计入管理费用。

【例4-26】 中国琴岛房地产开发公司8月份职工工资总额为563 600元,按2%提取工会经费。中国琴岛房地产开发公司应编制如下会计分录。

提取工会经费时:

借:管理费用   11 272

  贷:应付职工薪酬——工会经费   11 272

当地政府规定,工会经费的40％部分由税务机关代收,实际上交工会经费时:

借:应付职工薪酬——工会经费 4 508.8

　　贷:银行存款 4 508.8

f. 职工教育经费的分配与支付。职工教育经费是企业为职工学习先进技术和提高文化水平而支付的费用。按现行规定,职工教育经费是按照工资总额的2.5％计提。为简化核算,企业计提的职工教育经费可直接计入管理费用。

【例4-27】 中国琴岛房地产开发公司8月份工资总额为563 600元,按2.5％提取职工教育经费。中国琴岛房地产开发公司应编制如下会计分录。

提取职工教育经费时:

借:管理费用 14 090

　　贷:应付职工薪酬——职工教育经费 14 090

开展职工教育支付职工教育经费时,按实际发生额:

借:应付职工薪酬——职工教育经费 14 090

　　贷:银行存款 14 090

(2) 工资发放的核算。工资的发放也称工资的结算,是将应付给职工的工资发放给职工的过程。在工资发放时要将职工个人所得税、职工个人承担的社会保险费和住房公积金等从应发工资中扣除,将扣除后的实发工资用银行存款或库存现金发放。

【例4-28】 中国琴岛房地产开发公司3月份工资总额为273 600元,应扣除养老保险21 888元,医疗保险5 472元,失业保险1 368元,住房公积金27 360元,个人所得税6 765元,实际用银行存款发放工资210 747元。

依据职工工资单和银行划款凭证,中国琴岛房地产开发公司应编制如下会计分录:

借:应付职工薪酬——工资 273 600

　　贷:应交税费——应交个人所得税 6 765

　　　　其他应付款——社会保险费(养老保险) 21 888

　　　　其他应付款——社会保险费(医疗保险) 5 472

　　　　其他应付款——社会保险费(失业保险) 1 368

　　　　其他应收款——住房公积金 27 360

　　　　银行存款 210 747

(3) 职工薪酬分配表的编制。

a. 职工薪酬分配表。需要说明的是,以上职工薪酬的分配,在会计实务中是根据工资结算单编制工资结算汇总表和职工薪酬分配表进行的。

中国琴岛房地产开发公司月末进行职工薪酬的分配。编制工资结算单、工资结算汇总表和职工薪酬分配表如下。

工资薪酬的分配,首先要根据对各类职工的考勤和每人的工资标准编制工资结算单。工资结算单是工资分配和工资结算的原始资料。为了进行工资分配,还需要根据分部门编制的工资结算单,编制工资结算汇总表,将各部门的应付工资进行汇总。工资结算汇总表格式见表4-11。

表 4-11   **工资结算汇总表**

部门	基本工资	岗位工资	工龄工资	缺勤工资	应付工资
开发现场管理人员					
行政管理部门					
专设销售机构					
合计					

根据工资结算汇总表编制职工薪酬分配表。职工薪酬分配表格式见表 4-12。

表 4-12   **职工薪酬分配表**

应借科目		应付工资	代扣款项						应付工资
一级科目	二级科目		养老保险	医疗保险	失业保险	住房公积金	个人所得税	合计	
开发间接费用									
管理费用									
销售费用									
合计									

b. 社会保险费和住房公积金分配表。对企业负担的为职工计提的各项社会保险费和住房公积金，一般应单独编制职工社会保险费和住房公积金分配表。社会保险费和住房公积金分配表格式见表 4-13。

表 4-13   **社会保险费和住房公积金分配表**

应借科目		计提基数（工资总额）	应提金额						合计
一级科目	二级科目		养老保险（计提20%）	医疗保险（计提8%）	生育保险（计提1%）	失业保险（计提1.5%）	工伤保险（计提0.2%）	住房公积金（计提10%）	
开发间接费用									
管理费用									
销售费用									
合计									

其他如计提的工会经费、计提的职工教育经费等，可以编制在表 4-13 中，也可以单独编制一张表进行分配。凡计提基数相同的，都可以编制在一张表中。凡计提基数不同的，应另编一张表进行分配。

2）带薪缺勤的核算

带薪缺勤分为累积带薪缺勤和非累积带薪缺勤。

累积带薪缺勤是指带薪缺勤权利可以结转下期的带薪缺勤，本期尚未用完的带薪缺勤权利可以在未来期间使用。企业应当在职工提供服务从而增加了其未来享有的带薪缺勤权利时，确认与累积带薪缺勤相关的职工薪酬，并以累积未行使权利而增加的预期支付金额计量。

非累积带薪缺勤是指带薪缺勤权利不能结转下期的带薪缺勤，本期尚未用完的带薪缺勤权利将予以取消，并且职工离开企业时也无权获得现金支付。企业当在职工实际发生缺勤的会计期间确认与非累积带薪缺勤相关的职工薪酬。

我国企业职工休婚假、产假、丧假、探亲假、病假期间的工资通常属于非累积带薪缺勤。由于职工提供服务本身不能增加其能够享受的福利金额,企业在职工未缺勤时不应当计提相关费用和负债;企业应当在职工缺勤时确认职工享有的带薪缺勤权利,即视同职工出勤确认的相关资产成本或当期费用。企业应当在缺勤期间计提应付职工薪酬时一并处理。

3)非货币性福利的核算

企业向职工提供非货币性福利的,应当按照公允价值计量。公允价值不能可靠取得的,可以采用成本计量。

【例4-29】 中国琴岛房地产开发公司为总部各部门经理以上级别职工提供房屋供其免费居住。该公司总部共有部门经理以上职工15名,每人提供一套住房免费居住,假定每套住房每月计提折旧10 000元。中国琴岛房地产开发公司应编制如下会计分录。

① 将房屋按其用途计提折旧:

借:应付职工薪酬——非货币性福利　　　　　　　　　　　　　　　150 000
　　贷:累计折旧　　　　　　　　　　　　　　　　　　　　　　　　　150 000

② 将企业承担的职工薪酬计入有关成本或费用:

借:管理费用　　　　　　　　　　　　　　　　　　　　　　　　　150 000
　　贷:应付职工薪酬——非货币性福利　　　　　　　　　　　　　　150 000

4)辞退福利的核算

企业向职工提供辞退福利的,应当在下列两者孰早确认辞退福利产生的职工薪酬负债,并计入当期损益:

(1)企业不能单方面撤回因解除劳动关系计划或裁减建议所提供的辞退福利时。

(2)企业确认与涉及支付辞退福利的重组相关的成本或费用时。

企业应当按照辞退计划条款的规定,合理预计并确认辞退福利产生的应付职工薪酬。辞退福利预期在其确认的年度报告期结束后12个月内完全支付的,应当适用短期薪酬的相关规定;辞退福利预期在年度报告期结束后12个月内不能完全支付的,应当适用《企业会计准则第9号——职工薪酬》关于其他长期职工福利的有关规定。

5)其他长期职工福利的确认和计量

企业应当按照准则关于设定收益计划的有关规定,确认和计量其他长期职工福利净负债或净资产。在报告期末,企业应当将其他长期职工福利产生的职工薪酬成本确认为下列组成部分:

(1)服务成本。

(2)其他长期职工福利净负债或净资产的利息净额。

(3)重新计量其他长期职工福利净负债或净资产所产生的变动。

为简化相关会计处理,上述项目的总净额应计入当期损益或相关资本成本。长期残疾福利水平取决于职工提供服务期间的长短的,企业应当在职工提供服务的期间确认应付长期残疾福利义务,计量时应当考虑长期残疾福利支付的可能性和预计支付的期限;长期残疾福利与职工提供服务期间长短无关的,企业应当在导致职工长期残疾的事件发生的当期确认应付长期残疾福利义务。

4.5.4 管理费用的核算

房地产开发企业的管理费用是指房地产开发企业为组织和管理企业生产经营发生的各项费用。为了划清开发单位与行政管理部门的责任，管理费用不计入开发成本，而作为期间费用直接由当期利润补偿。

1. 管理费用核算的内容

房地产开发企业管理费用，是指企业各职能部门，为组织和管理企业生产经营所发生的各项费用。具体包括以下内容：

（1）人工费，包括工资、奖金、福利费、员工保险、住房公积金、工会经费、教育培训费、招聘费等。

（2）租住费，包括租赁费、物业管理费、水电费、采暖费等。

（3）交通通信费，包括差旅费、市内交通费、邮电通信费、车辆费用等。

（4）办公费用，包括日常办公支出、低值易耗品、修理费、财产保险费、劳动保护费等。

（5）分摊费用，包括折旧费、开办费摊销、无形资产摊销，即专利权、商标权、著作权、土地使用权、非专利技术等无形资产摊销等。

（6）劳动保险费，是指企业支付离退休职工的退休金（包括提取的离退休统筹基金）、价格补贴、医药费、异地安家补偿费、6个月以上病假人员工资、职工死亡丧葬补助费、抚恤费、按照规定支付给离退休干部的各项经费。

（7）董事会费，是指企业最高权力机构及其成员为执行职能而发生的各项费用，包括董事会费成员津贴、差旅费和会议费等。

（8）咨询费，是指企业向有关咨询机构进行科学技术、经营管理咨询时支付的费用，包括聘请经济技术顾问、法律顾问等支付的费用。

（9）聘请中介机构费，是指企业聘请中国注册会计师进行审计查账验资费以及进行资产评估等发生的各项费用。

（10）诉讼费，是指企业因起诉或者应诉而发生的各项费用。

（11）排污费，是指企业按照规定缴纳的排污费用。

（12）税金，是指企业按照规定支付的房产税、车船税、城镇土地使用税、印花税等。

（13）技术转让费，是指企业使用非专利技术而支付的费用。

（14）研究与开发费用，是指企业研究阶段发生的研究费用和开发阶段不符合资本化条件而直接计入当期损益的费用化部分。具体包括研究开发新产品、新技术、新工艺所发生的新产品设计费，工艺规程指定费，设备调试费，按材料和半成品的试验费，技术图书资料费，未纳入国家计划的中间试验费，研究人员的工资，研究设备的折旧，与新产品试剂、技术研究有关的其他经费，委托其他单位进行的科研试剂的费用以及试剂失败损失等。

（15）业务招待费，是指企业为开发经营活动的合理要求而支付的招待费用，由于此项费用可能会涉及所得税的纳税调整，因此可以单独列示。

（16）存货盘亏、毁损和报废损失，是指企业按照规定应计入管理费用的原材料、周转材料等的盘亏、损毁和报废损失。本项目不包括应计入营业外支出的存货损失。

2. 管理费用的会计处理

（1）企业在筹建期间内发生的开办费核算。

（2）行政管理部门人员的薪酬,计提职工薪酬时,借记"管理费用"账户,贷记"应付职工薪酬"账户。

（3）行政管理部门使用的固定资产的折旧,借记"管理费用"账户,贷记"累计折旧"账户。

（4）发生的办公费、水电费、业务招待费、聘请中介机构费、咨询费、诉讼费、技术转让费、研究费用,借记"管理费用"账户,贷记"银行存款""研发支出"等账户。

（5）期末,应将"管理费用"账户的余额转入"本年利润"科目,结转后"管理费用"账户无余额。

【例4-30】 2×21年8月28日,中国琴岛房地产开发公司发生的管理费用及应编制的会计分录如下:

① 总经理办公室工作人员报销差旅费16 000元,冲借款。

借:管理费用   16 000
 贷:其他应收款——××   16 000

② 通过银行支付审计费,取得增值税专用发票,增值税专用发票注明的进项税额为6 000元,审计费100 000元。

借:管理费用   100 000
 应交税费——应交增值税（进项税额） 6 000
 贷:银行存款   106 000

③ 企业用银行存款支付咨询费11 500元。

借:管理费用——咨询费   11 500
 贷:银行存款   11 500

④ 摊销无形资产价值12 000元。

借:管理费用   12 000
 贷:累计摊销   12 000

⑤ 支付业务招待费38 000元。

借:管理费用——招待费   38 000
 贷:银行存款   38 000

【例4-31】 中国琴岛房地产开发公司2×21年5月份管理费用发生额为177 500元,月末结转损益。2×21年应编制如下会计分录:

借:本年利润   177 500
 贷:管理费用   177 500

4.5.5 财务费用的核算

房地产开发企业的财务费用是指房地产开发企业为筹集生产经营所需资金等而发生的筹资费用。

1. 财务费用核算的内容

房地产开发企业的财务费用包括利息支出(减利息收入)、汇兑损益以及相关的手续费、企业发生的现金折扣或享受的现金折扣等。

为购建或生产满足资本化条件的资产发生的应予资本化的借款费用,在"在建工程""开发成本"等账户核算。

2. 财务费用的会计处理

房地产开发企业发生的财务费用,借记"财务费用"账户,贷记"银行存款""未确认融资费用"等账户。发生的应冲减财务费用的利息收入、汇兑损益、现金折扣,借记"银行存款""应付账款"等账户,贷记"财务费用"账户。期末,应将"财务费用"账户余额转入"本年利润"账户,结转后"财务费用"账户无余额。

【例 4-32】 2×21 年 8 月,中国琴岛房地产开发公司发生如下业务,应编制的会计分录如下:

(1) 收到开户银行通知,银行扣收结算业务手续费 7 000 元。

借:财务费用——手续费　　　　　　　　　　　　　　　　　　　　7 000
　贷:银行存款　　　　　　　　　　　　　　　　　　　　　　　　　　7 000

(2) 企业用银行存款支付财务顾问费 16 000 元。

借:财务费用　　　　　　　　　　　　　　　　　　　　　　　　　16 000
　贷:银行存款　　　　　　　　　　　　　　　　　　　　　　　　　16 000

(3) 接银行通知,本月银行存款利息收入 2 000 元已转入存款账户。

借:银行存款　　　　　　　　　　　　　　　　　　　　　　　　　2 000
　贷:财务费用——利息收入　　　　　　　　　　　　　　　　　　　2 000

(4) 月末,本月将发生的财务费用 21 000 元,全部转入"本年利润"账户。

借:本年利润　　　　　　　　　　　　　　　　　　　　　　　　21 000
　贷:财务费用　　　　　　　　　　　　　　　　　　　　　　　　21 000

重 要 概 念

工程发包　甲供工程　清包工　开发成本　开发间接费用

本 章 练 习

一、单项选择题

1. 为开发商品房、出租房、周转房的自用土地,如果不能确定成本负担对象的,应先在( )二级明细账账户归集。

　A."土地开发成本"　　　　　　　　　　B."房屋开发成本"
　C."配套设施开发成本"　　　　　　　　D."开发间接费用"

2. 土地、房屋开发过程中所发生的供水、供电、供气、排污、排洪、通讯、照明、环卫、绿化等工程发生的支出应列入( )成本项目。

　A. 基础设施费　　　B. 前期工程费　　　C. 公共配套设施费　　　D. 开发间接费用

3. 能够有偿转让的公共配套设施的成本项目包括土地征用及拆迁补偿费、前期工程费等,下列项目不属于公共配套设施的成本项目的是( )。

    A. 公共配套设施费   B. 建筑安装工程费

    C. 开发间接费用   D. 管理费用

4. 下列项目中不属于职工薪酬范围的是( )。

    A. 短期薪酬   B. 辞退福利   C. 离职后福利   D. 差旅费

5. 对能有偿转让给有关部门的大配套设施,如上述商店设施,应在完工验收后将其实际成本自( )账户的贷方转入"开发产品——配套设施"账户的借方。

    A. "开发成本——配套设施开发成本"   B. "开发产品——配套设施开发成本"

    C. "开发产品——房屋开发成本"   D. "开发成本——房屋开发成本"

二、多项选择题

1. 房地产开发项目的报批报建手续一般在项目开工前办理,未取得项目开发建设的各类许可证书,不准开工建设。报批报建中取得的证书主要有( )。

    A. 《建设用地规划许可证》   B. 《建设工程规划许可证》

    C. 《建筑工程施工许可证》   D. 《国有土地使用证》

2. 颁发《建设用地规划许可证》的许可条件有( )。

    A. 建设项目符合城乡规划

    B. 以划拨方式供地的建设项目,取得《建设项目选址意见书》(有效期内)和有关主管部门对建设项目用地的预审意见或其他相关文件

    C. 以出让方式供地的建设项目,取得《国有土地使用权出让合同》

    D. 取得发展改革等项目审批部门批准、核准、备案的建设项目

3. 《建设工程施工许可证》是建筑施工单位符合各种施工条件、允许开工的批准文件,是建设单位进行工程施工的法律凭证,也是房屋权属登记的主要依据之一。申请前的准备工作及需要办理的条件有( )。

    A. 施工场地已基本具备施工条件

    B. 已经办理该建筑工程用地批准手续

    C. 在城市规划区的建筑工程,无需取得规划许可证

    D. 需要拆迁的,其拆迁进度符合施工要求

4. 房地产开发企业可抵扣增值税进项税额的条件有( )。

    A. 取得增值税发票

    B. 发生允许从销项税额中抵扣进项税额的购进行为

    C. 取得合法有效的增值税扣税凭证

    D. 只有应税行为的代扣代缴税款可以凭完税凭证抵扣,且需要具备书面合同、付款证明和境外单位的对账单或者发票。否则,进项税额不得从销项税额中抵扣

5. 房地产开发企业增值税抵扣税率正确的有( )。

    A. 道路雨污水施工费9%   B. 桩基检测费6%

    C. 绿化费9%   D. 物业完善费16%

6. 下列各项中,属于固定资产增加的渠道的有( )。

    A. 企业购入的固定资产   B. 接受抵债取得的固定资产

    C. 盘盈的固定资产   D. 融资租入的固定资产

7. 职工薪酬中属于短期薪酬的有( )。

    A. 职工工资、奖金、津贴和补贴   B. 职工福利费

    C. 社会保险费   D. 离职后福利

8. 房地产开发企业开发产品成本包括（　　）。

A. 土地费用　　　B. 前期工程费　　　C. 建筑安装工程费　　　D. 管理费用

9. 根据企业会计准则规定,房地产开发企业的下列支出,不得列入产品成本的有（　　）。

A. 资本性支出　　　　　　　　　B. 期间费用支出

C. 投资性支出　　　　　　　　　D. 营业外支出

10. 根据成本核算对象不同,房地产开发企业可以采用的成本分配方法有（　　）。

A. 占地面积法　　　B. 直接成本法　　　C. 建筑面积法　　　D. 预算造价法

三、判断题

1. 房地产开发项目的报批报建手续一般在项目开工前办理,未取得项目开发建设的各类许可证书,不准开工建设。（　　）

2. 报批报建中取得的证书主要有《建设用地规划许可证》《建设工程规划许可证》《建筑工程施工许可证》以及项目建设用地的《国有土地使用证》。这些证书加上商品房预售时取得的《商品房预售许可证》,就是通常所说的"五证"。（　　）

3.《国有土地使用证》是经土地使用者申请,土地管理部门依法核发的,证明土地使用者使用国有土地的法律凭证。（　　）

4.《建设工程施工许可证》是建筑施工单位符合各种施工条件、允许开工的批准文件,是建设单位进行工程施工的法律凭证,也是房屋权属登记的主要依据之一。申请前的准备工作及需要办理的条件:建设资金已经落实,工期不足 1 年的,到位资金不得少于工程合同价款的 50%;工期超过 1 年的,到位资金不得少于工程合同价款的 40%。（　　）

5. 对能分清并能直接计入某个成本核算对象的第一类配套设施支出,可直接计入有关房屋等开发成本,并在"开发成本——房屋开发成本"账户中归集其发生的支出。（　　）

四、简答题

1. 简述成本、费用的开支范围。

2. 怎样确定开发成本核算的基本程序?

五、业务题

中国琴岛房地产开发公司根据建设规划要求,在开发小区内负责建设一间商店和一座水塔、一所幼托。上述设施均发包给一施工企业施工,其中商店建成后,有偿转让给商业部门。水塔和幼托的开发支出按规定计入有关开发产品的成本。水塔与商品房等同步开发,幼托与商品房等不同步开发,其支出经批准采用预提办法。上述各配套设施共发生了下列有关支出,如表 4-14 所示。

表 4-14　　　　　　　　　　　　　　　　配套设施支出情况　　　　　　　　　　金额单位:元

支出项目	商店	锅炉房	幼儿园
征地拆迁费	20 000	60 000	50 000
前期工程款	30 000	50 000	315 000
基础设施工程款	30 000	50 000	30 000
建筑安装工程款	210 000	240 000	180 000
分配锅炉房配套设施费	65 000		
分配开发间接费用		55 000	
预提幼托配套设施费			32 000

要求:根据配套设施的支出情况编制会计分录。

六、案例题

2×21 年 8 月,中国琴岛房地产开发公司开发的商品房 A、商品房 B 和周转房,发生如下业务:

(1) 用银行存款支付征地拆迁费 290 万元,其中商品房 A 负担 200 万元,商品房 B 负担 90 万元。

(2) 用银行存款支付承包设计单位设计费 105 万元,其中商品房 A 的设计费 70 万元,商品房 B 的设计费 20 万元,周转房的设计费 15 万元。

(3) 用银行存款支付承包施工企业基础设施工程款 70 万元,其中商品房 A 应负担的工程款为 40 万元,商品房 B 应负担的工程款为 20 万元,周转房应负担的工程款为 10 万元。

(4) 根据工程结算单,应付甲承包施工企业建筑安装工程款 510 万元,其中商品房 A 应负担的工程款为 300 万元,商品房 B 应负担的工程款为 150 万元,周转房应负担的工程款为 60 万元。

(5) 根据小区的需要,在小区内建设一公共配套水塔,共发生费用 66 万元,其中应由商品房 A 负担的水塔配套设施费为 40 万元,商品房 B 应负担的水塔配套设施费为 20 万元,周转房应负担的水塔配套设施费为 6 万元。

(6) 共发生间接费用 17 万元,其中商品房 A 应负担的为 10 万元,商品房 B 应负担的为 5 万元,周转房应负担的为 2 万元。

要求:根据上述经济业务作会计分录。

第5章 转让及销售阶段的税务与会计处理

内容提要

本章主要讲解了房地产开发企业转让及销售阶段的业务处理,包括转让及销售阶段涉及的商品房预售、商品房现售、土地使用权的转让等常见业务的会计核算和税务处理等。

重点难点

本章重点为房地产开发企业转让及销售阶段的增值税、土地增值税、企业所得税的预征等税务处理和商品房预售、商品房现售等业务的会计核算;难点为增值税、土地增值税、企业所得税的核算及税务处理。

学习目标

通过本章学习,学生应明确房地产开发企业转让及销售阶段的主要业务内容;掌握商品房预售、商品房现售、土地使用权转让及其他销售业务的会计核算方法以及税务处理方法;了解房地产开发企业商品房现售、商品房预售、土地使用权转让应遵循的各项规定以及相关税务处理应遵循的各项规定。

章节导读

知识框架

```
                                    ┌─ 土地使用权转让
                    转让及销售阶段    ├─ 商品房销售
                    业务概述          ├─ 销售其他建筑物
                                    └─ 代建工程
转让
及
销售        
阶段
                                    ┌─ 增值税
                    转让及销售阶段    ├─ 土地增值税
                    税务处理          ├─ 企业所得税
                                    └─ 其他应交税费
```

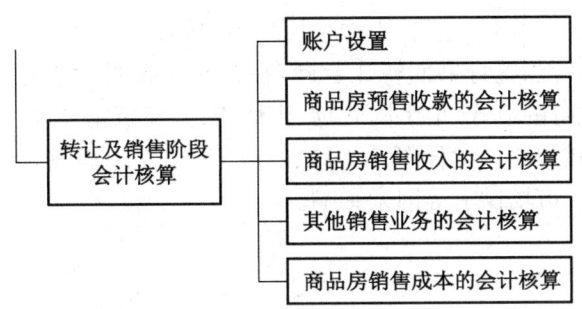

万科企业股份有限公司(以下简称"万科")成立于1984年,1988年进入房地产行业,经过30多年的发展,已成为国内领先的房地产公司。2016年公司首次跻身《财富》"世界500强",位列榜单第356位;2017年再度上榜,位列榜单第307位。

万科企业股份有限公司公布的2017年半年度报告显示,2017年上半年,万科实现销售面积1868.5万平方米,同比增长32.6%;销售金额2771.8亿元,同比增长45.8%。公司继续坚持"为普通人盖好房子"的定位,所销售产品中,94%为144平方米以下的中小户型普通商品房。公司的市场竞争力进一步凸显,上半年在16个城市的销售金额位列当地第一,在深圳、北京、杭州、上海、天津、武汉、成都、宁波等8个城市的销售金额超百亿。报告显示,上半年万科实现竣工面积636.5万平方米,较2016年同期减少9.4%,占全年竣工计划的比例为26%。由于大部分竣工集中在下半年,上半年万科结算规模较去年同期略有下降。受此影响,上半年万科实现营业收入698.1亿元,同比下降6.7%。董事会秘书朱旭表示,从当前进度来看,全年竣工面积预计将与年初计划基本持平,全年的结算规模依然有保障。

面对竞争激烈的土地市场,万科秉持理性投资策略,共获取新项目79个,总规划建筑面积1559.8万平方米,权益规划建筑面积983.8万平方米,并新进入哈尔滨、石家庄、兰州等城市。截至2017年6月底,万科在建项目权益建筑面积约4256.9万平方米,规划中项目权益建筑面积3461.1万平方米。此外,万科还参与了一批旧城改造项目,按当前规划条件的权益建筑面积约294.1万平方米。总体项目资源保持在满足未来两年以上的开发水平。

你知道像万科这样的房地产开发企业的收入来源有哪些吗?房地产开发企业预售商品房取得预售款时应确认销售收入吗?

(资料来源:https://www.vanke.com/home。)

5.1 | 转让及销售阶段业务概述

房地产转让及销售阶段是转让房地产开发项目或者销售、出租房屋的活动,是房地产开发企业取得收入、实现资金回笼的重要阶段,主要业务包括转让土地使用权、销售房屋及其他建筑物、附着物、配套设施等。

5.1.1　土地使用权转让

1. 土地使用权转让的含义

根据《中华人民共和国城镇国有土地使用权出让和转让暂行条例》(国务院第55号令)(以下简称《城镇国有土地使用权出让和转让暂行条例》)的规定,土地使用权转让是指土地使用者将土地使用权再转让的行为,包括出售、交换和赠与。未按土地使用权出让合同规定的期限和条件投资开发、利用土地的,土地使用权不得转让。

土地使用权转让,应当签订书面转让合同,在合同中载明土地的位置、面积、四至边界、宗地号、土地使用权取得的方式、地上附着物、土地用途、建筑物高度、绿化面积、土地转让期限、成交价格、支付方式和违约责任等。土地转让的价格受地理位置、经济环境、土地用途、土地转让期限和房地产市场供求等因素影响。

? 相关思考5-1

通过转让方式取得的土地使用权,其使用年限如何计算?

土地使用者通过转让方式取得的土地使用权,其使用年限为土地使用权出让合同规定的使用年限减去原土地使用者已使用年限后的剩余年限。

2. 土地使用权转让的相关规定

（1）地上建筑物、其他附着物的所有权。根据《城镇国有土地使用权出让和转让暂行条例》的规定,土地使用权转让时,其地上建筑物、其他附着物所有权随之转让。

地上建筑物、其他附着物的所有人或者共有人,享有该建筑物、附着物使用范围内的土地使用权。土地使用者转让地上建筑物、其他附着物所有权时,其使用范围内的土地使用权随之转让,但地上建筑物、其他附着物作为动产转让的除外。

土地使用权和地上建筑物、其他附着物所有权分割转让的,应当经市、县人民政府土地管理部门和房产管理部门批准,并依照规定办理过户登记。

（2）土地使用权转让价格。根据《城镇国有土地使用权出让和转让暂行条例》的规定,土地使用权转让价格明显低于市场价格的,市、县人民政府有优先购买权。土地使用权转让的市场价格不合理上涨时,市、县人民政府可以采取必要的措施。

（3）转让划拨方式取得土地使用权。以划拨方式取得土地使用权的,转让土地使用权时,应当按照国务院的规定,报有批准权的人民政府审批。准予转让的,应当由受让方办理土地使用权出让手续,并依照国家有关规定缴纳土地使用权出让金。

（4）土地用途的改变。受让人改变原土地使用权出让合同约定的土地用途的,应当征得出让方同意并经土地管理部门和城市规划部门批准,依照有关规定重新签订土地使用权出让合同,调整土地使用权出让金,并办理登记。

特别提示5-1

这里的土地使用权转让要与土地使用权出让相区别。土地使用权出让是指国家以土地所有者的身份将土地使用权在一定年限内出让给土地使用者,并由土地使用者向国家支付土地使用权出让金的行为。

土地使用权出让最高年限按下列用途确定:

（1）居住用地70年。

（2）工业用地50年。

（3）教育、科技、文化、卫生、体育用地50年。

（4）商业、旅游、娱乐用地40年。

（5）综合或者其他用地50年。

土地使用者在支付全部土地使用权出让金后,应当依照规定办理登记,领取土地使用证,取得土地使用权。土地使用者应当按照土地使用权出让合同的规定和城市规划的要求,开发、利用、经营土地。未按合同规定的期限和条件开发、利用土地的,市、县人民政府土地管理部门应当予以纠正,并根据情节可以给予警告、罚款直至无偿收回土地使用权的处罚。土地使用者需要改变土地使用权出让合同规定的土地用途的,应当征得出让方同意并经土地管理部门和城市规划部门批准,依照有关规定重新签订土地使用权出让合同,调整土地使用权出让金,并办理登记。

3. 房地产转让及相关规定

我国《城市房地产管理法》中指出,房地产转让是指房地产权利人通过买卖、赠与或者其他合法方式将其房地产转移给他人的行为。

根据《城市房地产管理法》第三十九条的规定,以出让方式取得土地使用权的,转让房地产时,应当符合下列条件:①按照出让合同约定已经支付全部土地使用权出让金,并取得土地使用权证书。②按照出让合同约定进行投资开发,属于房屋建设工程的,完成开发投资总额的25%以上;属于成片开发土地的,形成工业用地或者其他建设用地条件。转让房地产时房屋已经建成的,还应当持有房屋所有权证书。

第四十条规定,以划拨方式取得土地使用权的,转让房地产时,应当按照国务院规定,报有批准权的人民政府审批。有批准权的人民政府准予转让的,应当由受让方办理土地使用权出让手续,并依照国家有关规定缴纳土地使用权出让金。按照国务院规定决定可以不办理土地使用权出让手续的,转让方应当按照国务院规定将转让房地产所获收益中的土地收益上缴国家或者作其他处理。

第四十三条规定,以出让方式取得土地使用权的,转让房地产后,其土地使用权的使用年限为原土地使用权出让合同约定的使用年限减去原土地使用者已经使用年限后的剩余年限。

第四十四条规定,以出让方式取得土地使用权的,转让房地产后,受让人改变原土地使用权出让合同约定的土地用途的,必须取得原出让方和市、县人民政府城市规划行政主管部门的同意,签订土地使用权出让合同变更协议或者重新签订土地使用权出让合同,相应调整土地使用权出让金。

5.1.2 商品房销售

商品房销售根据开始销售时间的不同分为商品房预售和商品房现售;根据销售主体的不同分为自行销售和委托代理销售。委托代理销售方式包括视同买断、收取手续费和保底加提成等方式;根据付款方式的不同可以分为一次性付款销售、分期付款销售和按揭付款销售等。

1. 商品房预售与商品房现售

根据《商品房销售管理办法》的规定,商品房销售包括商品房预售和商品房现售。

(1)商品房预售的概念及销售条件。商品房预售,是指房地产开发企业将正在建设中的商品房预先出售给买受人,并由买受人支付定金或者房价款的行为。

商品房预售实行预售许可制度。商品房预售条件及商品房预售许可证明的办理程序,按照《城市房地产开发经营管理条例》和《城市商品房预售管理办法》的有关规定执行。

房产开发企业进行商品房预售应当向房地产管理部门申请预售许可,取得商品房预售许可证。未取得商品房预售许可证的,不得进行商品房预售。

商品房预售应当符合下列条件:①已交付全部土地使用权出让金,取得土地使用权证书;②持有建设工程规划许可证和施工许可证;③按提供预售的商品房计算,投入开发建设的资金达到工程建设总投资的 25％以上，并已经确定施工进度和竣工交付日期。

商品房预售人应当按照国家有关规定将预售合同报县级以上人民政府房产管理部门和土地管理部门登记备案。商品房预售所得款项，必须用于有关的工程建设。

（2）商品房现售的概念及销售条件。商品房现售，是指房地产开发企业将竣工验收合格的商品房出售给买受人，并由买受人支付房价款的行为。

商品房现售，应当符合以下条件：①现售商品房的房地产开发企业应当具有企业法人营业执照和房地产开发企业资质证书；②取得土地使用权证书或者使用土地的批准文件；③持有建设工程规划许可证和施工许可证；④已通过竣工验收；⑤拆迁安置已经落实；⑥供水、供电、供热、燃气、通讯等配套基础设施具备交付使用条件，其他配套基础设施和公共设施具备交付使用条件或者已确定施工进度和交付日期；⑦物业管理方案已经落实。

房地产开发企业应当在商品房现售前，将房地产开发项目手册及符合商品房现售条件的有关证明文件报送房地产开发主管部门备案。

2. 自行销售与委托销售

房地产开发企业可以自行销售商品房，也可以委托房地产中介服务机构销售商品房。房地产开发企业委托中介服务机构销售商品房的，受托机构应当是依法设立并取得工商营业执照的房地产中介服务机构。房地产开发企业应当与受托房地产中介服务机构订立书面委托合同，委托合同应当载明委托期限、委托权限以及委托人和被委托人的权利、义务。受托房地产中介服务机构不得代理销售不符合销售条件的商品房。

委托销售开发产品的，主要有以下方式：采取支付手续费方式委托销售开发产品；采取视同买断方式委托销售开发产品；采取基价（保底价），并实行超基价双方分成方式委托销售开发产品；采取包销方式委托销售开发产品。

3. 一次性付款销售、分期付款销售、按揭付款销售

（1）一次性付款销售。一般而言，一次性付款销售要求购房人付清定金后 10～30 天内补足所有房款。这种付款方式一般会给予一定的价格折扣。

（2）分期付款销售。分期付款销售是指购房人按照销售合同约定的价款和付款日期分期支付房款。

分期付款销售分为三种：①预收款销售商品房，指在商品房交付前按合同或协议约定分期付款，房地产开发企业在收到最后一笔款项后才将商品房交付购房人；②分期收款销售商品房，指商品房已交付购房人，购房人按合同或协议约定分期支付购房款项；③以上两种方式的结合，指在商品房交付前，购房人已按销售合同约定分期支付部分房款，商品房交付后分期支付余款。

（3）按揭付款销售。按揭付款销售即购房抵押按揭贷款，是指购房人支付首付款，余款以所购商品房作抵押向银行申请贷款，由银行先行支付房款给房地产开发企业，购房人按月向银行分期支付本息的付款方式。按揭贷款实行双重担保，即"抵押加保证"，借款人（即购房人）以所购的住房给贷款银行作抵押，在借款人取得该住房的房产证和办妥抵押登记之前，由房地产开发企业提供第二重担保（连带保证责任）。发放贷款时，贷款银行会收取一定比例的按揭保证金作为房地产开发企业承担连带保证责任的保证金。一旦借款人发生违约情形，贷款银行有权从按揭保证金专户中直接扣收保证金，以此作为借款人违约拖欠贷款本息、罚息等的担保。

5.1.3　销售其他建筑物

销售其他建筑物包括销售能有偿转让的配套设施、周转房等。

配套设施是指企业根据城市建设规划的要求，或开发项目建设规划的要求，为满足居住的需要而与开发项目配套建设的各种服务性设施，如车库、幼儿园等。配套设施可以分为不能有偿转让的公共配套设施和能有偿转让的配套设施两类。建成后能够有偿转让的配套设施，房地产开发企业应单独核算其成本，作为开发产品对外销售。

周转房是指企业用于安置拆迁居民周转使用，产权归企业所有的各种房屋。实务中，政策性出租住房也会俗称为"周转房"。周转房若改变用途，也可作为商品房对外销售。

5.1.4　代建工程

代建工程是指房地产开发企业接受委托单位的委托，代为开发的各种工程，包括代建房屋、土地以及城市道路、基础设施等市政工程。实务中，代建工程存在两种形式：

第一种方式是受托方（房地产开发企业）与委托方（委托建房单位）实行全额结算（原票转交），只向委托方收取代建手续费。也就是说，在建设过程中施工方、设计方、监理等不与受托方签订合同，而直接与委托方签订合同，受托方只收取一定代理费。在这种代建方式下，由委托方自行立项，并不发生土地使用权或产权的转移；受托方不垫付资金，单独收取代建手续费（或管理费）；施工企业将建筑业发票全额开具给委托方。

第二种方式是受托方（房地产开发企业）与委托方实行拨付结算。也就是说，在建设过程中施工方、设计方、监理等直接与受托方签订合同，不与委托方签订合同，资金由委托方拨付给受托方，受托方再拨付给施工方、设计方、监理等。代建工程最后销售或移交给委托方，受托方不收委托方的代建手续费，也不参与其利润分配。

☞引例解析

房地产开发企业的收入

引例中，像万科这样的房地产开发企业收入来源有：

（1）商品房的销售。

（2）土地使用权和地上建筑物、其他附着物所有权。

（3）销售配套设施、周转房等。

（4）代建房屋、场地、城市道路、基础设施等市政工程。

（5）出租业务。

5.2 ｜ 转让及销售阶段税务处理

转让及销售阶段主要涉及增值税、土地增值税、企业所得税、城市维护建设税、教育费附加、印花税等税种，本节按照各税种展开，分别进行讲解。

5.2.1　增值税

自 2016 年 5 月 1 日国家全面实行"营改增"后，房地产开发企业销售自行开发的房地产项目应当缴纳增值税,而不缴纳营业税。

1. 纳税人

在中华人民共和国境内销售自行开发的房地产项目的企业,为增值税纳税人。自行开发,是指在依法取得土地使用权的土地上进行基础设施和房屋建设。

增值税纳税人分为一般纳税人与小规模纳税人两大类。纳税人年应征增值税销售额超过 500 万元(含 500 万)的为一般纳税人,未超过规定标准的纳税人为小规模纳税人。

年应税销售额未超过规定标准的纳税人,会计核算健全,能够提供准确税务资料的,可以向主管税务机关办理一般纳税人资格登记,成为一般纳税人。会计核算健全是指能够按照国家统一的会计制度规定设置账簿,根据合法、有效的凭证进行核算。

? 相关思考 5-2

增值税一般纳税人和小规模纳税人的区别

增值税一般纳税人和小规模纳税人的区别有以下几点:

(1)一般纳税人销售应税的货物、劳务以及发生应税行为可以自行开具增值税专用发票,而小规模纳税人不能自行开具增值税专用发票,如果购买方索取专用发票,小规模纳税人只能到主管税务机关申请代开专用发票。

(2)一般纳税人购进货物或劳务可以凭取得的增值税专用发票以及其他扣税凭证按规定抵扣税款,而小规模纳税人适用增值税征收率,其进项税额不可以抵扣。

(3)征税办法不同。一般纳税人适用一般计税方法计税,小规模纳税人适用简易计税方法计税。

2. 纳税范围

房地产开发企业销售自行开发的房地产项目适用销售不动产税目;房地产开发企业以接盘等形式购入未完工的房地产项目继续开发后,以自己的名义立项销售的,属于规定的销售自行开发的房地产项目。

房地产开发企业出租自行开发的房地产项目(包括商铺、写字楼、公寓等)适用租赁服务税目中的不动产经营租赁服务税目和不动产融资租赁服务税目(不含不动产售后回租融资租赁)。

下列项目不征收增值税:

(1)不属于在境内销售服务或者无形资产的不征收增值税,具体包括:①境外单位或者个人向境内单位或者个人销售完全在境外发生的服务;②境外单位或者个人向境内单位或者个人销售完全在境外使用的无形资产;③境外单位或者个人向境内单位或者个人出租完全在境外使用的有形资产;④财政部和国家税务总局规定的其他情形。

(2)存款利息不征收增值税。

(3)被保险人获得的保险赔付不征收增值税。

(4)房地产主管部门或者其指定机构、公积金管理中心、开发企业以及物业管理单位代收的住宅专项维修资金不征收增值税。

(5)在资产重组过程中,通过合并、分立、出售、置换等方式,将全部或者部分实物资产以及与其相关联的债权、负债和劳动力一并转让给其他单位和个人,其中涉及的不动产、土地使用权转让不征收增值税。

3. 税率和征收率、预征率

(1)税率。房地产开发企业销售不动产、转让土地所有权、提供不动产租赁服务,适用的税率均为 9%。

（2）征收率。小规模纳税人销售自行开发的房地产项目，按照 5% 的征收率计税。

房地产开发企业中的一般纳税人，销售自行开发的房地产老项目，可以选择适用简易计税方法，按照 5% 的征收率计税。一经选择简易计税方法计税的，36 个月内不得变更为一般计税方法计税。

房地产老项目是指建筑工程施工许可证注明的合同开工日期在 2016 年 4 月 30 日前的房地产项目，以及建筑工程施工许可证未注明合同开工日期或者未取得建筑工程施工许可证，但建筑工程承包合同注明的开工日期在 2016 年 4 月 30 日前的建筑工程项目。

（3）预征率。房地产开发企业采取预收款方式销售自行开发的房地产项目，在收到预收款时，按照 3% 的预征率预缴增值税。

房地产开发企业中的一般纳税人销售房地产老项目，以及一般纳税人出租其正在 2016 年 4 月 30 日前取得的不动产，适用一般计税方法计税的，应以取得的全部价款和价外费用按照 3% 的预征率预缴增值税。

4. 增值税应纳税额的计税方法

增值税的计税方法包括一般计税方法和简易计税方法。

一般纳税人发生应税行为适用一般计税方法计税。一般纳税人发生财政部和国家税务总局规定的特定应税行为，可以选择适用简易计税方法计税，但一经选择，36 个月内不得变更。

小规模纳税人发生应税行为适用简易计税方法计税。

（1）一般计税方法。一般计税方法的应纳税额按以下公式计算：

$$应纳税额 = 当期销项税额 - 当期进项税额$$
$$销项税额 = 销售额 \times 税率$$

当期销项税额小于当期进项税额不足抵扣时，其不足部分可以结转下期继续抵扣。

一般计税方法的销售额不包括销项税额，纳税人采用销售额和销项税额合并定价方法的，按照下列公式计算销售额：

$$销售额 = 含税销售额 \div (1 + 税率)$$

（2）简易计税方法。简易计税方法的应纳税额是指按照销售额和增值税征收率计算的增值税额，不得抵扣进项税额。应纳税额计算公式如下：

$$应纳税额 = 销售额 \times 征收率$$

简易计税方法的销售额不包括其应纳税额，纳税人采用销售额和应纳税额合并定价方法的，按照下列公式计算销售额：

$$销售额 = 含税销售额 \div (1 + 征收率)$$

5. 销售额的计算

销售额是指纳税人发生应税行为取得的全部价款和价外费用，财政部和国家税务总局另有规定的除外。价外费用是指价外收取的各种性质的收费，但不包括以下项目：

（1）以委托方名义开具发票代委托方收取的款项。

（2）代为收取并同时满足以下条件的政府性基金或者行政事业性收费：①由国务院或

者财政部批准设立的政府性基金,由国务院或者省级人民政府及其财政、价格主管部门批准设立的行政事业性收费;②收取时开具省级以上(含省级)财政部门监(印)制的财政票据;③所收款项全额上缴财政。

房地产开发企业中的一般纳税人销售自行开发的房地产项目,适用一般计税方法计税,销售额按照取得的全部价款和价外费用,扣除当期销售房地产项目对应的土地价款后的余额计算。销售额的计算公式如下:

$$不含税销售额=(全部价款和价外费用-当期允许扣除的土地价款)\div(1+9\%)$$

其中,当期允许扣除的土地价款按照当期销售房地产项目建筑面积占房地产项目可供销售建筑面积的比例计算,计算公式如下:

$$当期允许扣除的土地价款=\left(\frac{当期销售房地产}{项目建筑面积}\div\frac{房地产项目}{可供销售建筑面积}\right)\times支付的土地价款$$

其中,当期销售房地产项目建筑面积是指当期进行纳税申报的增值税销售额对应的建筑面积。房地产项目可供销售建筑面积是指房地产项目可以出售的总建筑面积,不包括销售房地产项目时未单独作价结算的配套公共设施的建筑面积。支付的土地价款是指向政府、土地管理部门或受政府委托收取土地价款的单位直接支付的土地价款。在计算销售额时,从全部价款和价外费用中扣除土地价款,应当取得省级以上(含省级)财政部门监(印)制的财政票据。

一般纳税人销售自行开发的房地产老项目适用简易计税方法计税的,以取得的全部价款和价外费用为销售额,不得扣除对应的土地价款。

小规模纳税人销售其取得(不含自建)的不动产(不含个体工商户销售购买的住房和其他个人销售不动产),销售额应以取得的全部价款和价外费用,减去该项不动产购置原价或者取得不动产时的作价后的余额计算;按照5%的征收率计算应纳税额。

小规模纳税人销售其自建的不动产应以取得的全部价款和价外费用为销售额,按照5%的征收率计算应纳税额。

【例5-1】 中国琴岛房地产开发公司拥有一块210平方米土地的使用权,2×21年5月取得时的成本为6 000万元,已完成土地前期开发但尚未进入施工阶段。2×21年10月因资金紧张,将该土地使用权以10 000万元的价格出售,则出售该地块的销售额和增值税分别是多少?

$$销售额=(10\ 000-6\ 000)\div(1+9\%)=3\ 669.72(万元)$$
$$增值税=销售额\times税率=3\ 669.72\times9\%=330.27(万元)$$

6. 进项税额

一般纳税人销售自行开发的房地产项目,兼有一般计税方法计税、简易计税方法计税、免征增值税的房地产项目;而无法划分不得抵扣的进项税额的,应以建筑工程施工许可证注明的"建设规模"为依据进行划分。

$$不得抵扣的进项税额=当期无法划分的全部进项税额\times(简易计税、免税房地产项目建设规模\div房地产项目总建设规模)$$

7. 预缴税款

根据《国家税务总局关于发布〈房地产开发企业销售自行开发的房地产项目增值税征收

管理暂行办法〉的公告》(国家税务总局公告 2016 年第 18 号),一般纳税人采取预售方式销售自行开发的房地产项目,应在收到预售房地产的款项时按照 3％的预征率预缴增值税。一般纳税人应在取得预收款的次月纳税申报期向主管国税机关预缴税款。应预缴税款按照以下公式计算:

$$应预缴税款＝收到的预收款÷(1＋适用税率或征收率)×3\%$$

其中,适用一般计税方法计税的,按照 9％的适用税率计算;适用简易计税方法计税的按照 5％的征收率计算。

销售预收款的增值税核算相关政策解读

5.2.2 土地增值税

1. 征税范围

土地增值税的课税对象是有偿转让国有土地使用权及地上建筑物和其他附着物产权所取得的增值额,其有关规定如下:

(1)土地增值税,是对国有土地使用权及其地上的建筑物和附着物的转让行为征税,既对转让土地使用权课税,也对转让地上建筑物和其他附着物的产权征税。

(2)土地增值税只对有偿转让的房地产征税,对以继承、赠与等方式无偿转让的房地产则不予征税。

(3)土地增值税只对转让国有土地使用权的行为课税,对转让非国有土地和出让国有土地的行为均不征税。

土地增值税的具体征税范围如表 5-1 所示。

表 5-1 　　　　　　　　　　　　　**土地增值税具体征税范围**

有关事项	是否属于征税范围
1. 以房地产投资、联营	凡所投资、联营的企业从事房地产开发的,征 房地产开发企业以其建造的商品房进行投资和联营的,征 投资联营企业将投资联营房地产再转让的,征 非房地产开发企业将房地产投资到投资联营企业,暂免
2. 合作建房	建成后自用的,暂免 建成后转让的,包括合作建房单位之间的转让,征
3. 企业兼并转让房地产	暂免
4. 房地产交换	单位之间换房,征;个人之间换房,免征
5. 房地产抵押	抵押期不征;抵押期满不能偿还债务,以房抵债的,征
6. 出租	不征(无产权转移)
7. 房地产评估增值	不征(无收入)
8. 国家收回房地产权	不征
9. 转让、置换	征

2. 税率

(1)四级超率累进税率。土地增值税采用四级超率累进税率,具体如表 5-2 所示。

表5-2 　　　　　　　　　　　　　　　　**土地增值税税率**

级数	增值额与扣除项目金额的比率	税率	速算扣除系数
1	不超过50%的部分	30%	0
2	超过50%～100%的部分	40%	5%
3	超过100%～200%的部分	50%	15%
4	超过200%的部分	60%	35%

（2）土地增值税的预征率。纳税人在项目全部竣工结算前转让房地产取得的收入可以预征土地增值税，具体办法由各省、自治区、直辖市国家税务局、地方税务局根据当地情况制定。我国土地增值税预征率除保障房，东北地区省份不得低于2%，中部和东北部地区省份不得低于1.5%，西部地区省份不得低于1%。

3. 应纳税额的计算

土地增值税的计税依据是纳税人转让房地产所取得的土地增值额。土地增值额为纳税人转让房地产所取得的收入减去规定扣除项目金额后的余额。纳税人转让房地产所取得的收入，包括转让房地产的全部价款及相关的经济利益，计算公式如下：

$$土地增值额＝转让房地产收入－税法规定的扣除项目金额$$

（1）应纳税额的计算步骤。

第一步：确定扣除项目。

第二步：计算增值额。

$$增值额＝收入额－扣除项目金额$$

第三步：计算增值率。

$$增值率＝增值额÷扣除项目金额×100\%$$

第四步：确定适用税率。依据计算的增值率，按其税率表确定适用税率。

第五步：依据适用税率计算应纳税额。

$$应纳税额＝增值额×适用税率－扣除项目金额×速算扣除系数$$

（2）应税收入的计算。根据《国家税务总局关于营改增后土地增值税若干征管规定的公告》(国家税务总局公告2016年第70号)的规定，"营改增"后，纳税人转让房地产的土地增值税应税收入不含增值税。适用增值税一般计税方法的纳税人，其转让房地产的土地增值税应税收入不含增值税销项税额；适用简易计税方法的纳税人，其转让房地产的土地增值税应税收入不含增值税应纳税额。

为方便纳税人，简化土地增值税预征税款计算，房地产开发企业采取预收款方式销售自行开发的房地产项目的，可按照以下方法计算土地增值税预征的计征依据：

$$土地增值税预征的计征依据＝预收款－应预缴增值税税款$$

【例5-2】 中国琴岛房地产开发公司为增值税一般纳税人，2×21年销售房产取得预收款109万元，则相关计算如下。

预缴增值税的计征依据＝109÷(1＋9％)＝100(万元)

应预缴增值税金额＝100×3％＝3(万元)

预缴土地增值税计征依据＝109－3＝106(万元)

4. 扣除项目

根据《中华人民共和国土地增值税暂行条例实施细则》(以下简称《土地增值税暂行条例实施细则》)的规定,计算增值额的扣除项目包括以下几项:

(1) 取得土地使用权所支付的金额。取得土地使用权所支付的金额,是指纳税人为取得土地使用权所支付的地价款和按国家统一规定缴纳的有关费用,如过户手续费、登记费、契税等。

(2) 开发土地和新建房及配套设施的成本。开发土地和新建房及配套设施的成本,是指纳税人房地产开发项目实际发生的成本,包括土地征用及拆迁补偿费、前期工程费、建筑安装工程费、基础设施费、公共配套设施费以及开发间接费用。

(3) 开发土地和新建房及配套设施的费用。开发土地和新建房及配套设施的费用,是指与房地产开发项目有关的销售费用、管理费用以及财务费用。财务费用中的利息支出,凡能够按转让房地产项目计算分摊并提供金融机构证明的,允许据实扣除,但最高不能超过按商业银行同类同期贷款利率计算的金额。其他房地产开发费用,按(1)(2)项规定计算的金额之和的 5％以内计算扣除。凡不能按转让房地产项目计算分摊利息支出或不能提供金融机构证明的,房地产开发费用按(1)(2)项规定计算的金额之和的 10％以内计算扣除。

(4) 旧房及建筑物的评估价格。旧房及建筑物的评估价格,是指在转让已使用的房屋及建筑物时,由政府批准设立的房地产评估机构评定的重置成本价乘以成新度折扣率后的价格。评估价格须经当地税务机关确认。"营改增"后,纳税人转让旧房及建筑物,凡不能取得评估价格,但能根据购房发票的取得土地使用权所支付的金额,旧房及建筑物的评估价格,按照下列方法计算:

情况一:提供的购房凭据为"营改增"以前取得的营业税发票的,按照发票所载金额并从购买年度起至转让年度止,每年加计 5％计算。

情况二:提供的购房凭据为"营改增"后取得的增值税普通发票的,按照发票所载的价税合计金额从购买年度起至转让年度止,每年加计 5％计算。

情况三:提供购房发票为"营改增"后取得的增值税专用发票的,按照发票所载不含税金额加上不允许抵扣的增值税进项税额之和,并从购买年度起至转让年度止,每年加计 5％计算。

(5) 与转让房地产有关的税金。与转让房地产有关的税金,是指在转让房地产时缴纳的城市维护建设税、印花税。因转让房地产缴纳的教育费附加,也可视同税金予以扣除。"营改增"后,城建税、教育费附加的扣除:凡能够按清算项目准确计算的,允许据实扣除。凡不能按清算项目准确计算的,则按该清算项目预缴增值税时实际缴纳的城建税、教育费附加扣除。

计算扣除项目时,"每年"按照购房发票所载日期至购房发票开具之日止,每满 12 个月计 1 年。超过 1 年未满 12 个月但超过 6 个月的,可以视同为 1 年。对纳税人购房时缴纳的契税,凡能够提供契税完税证明的,准予作为"与转让房地产有关的税金"予以扣除,但不作为加计 5％的基数。

【例5-3】 2×21年3月，中国琴岛房地产开发公司转让一处2×22年7月购置的办公用房，转让时不能取得评估价格，原来的购房发票上注明购房款为300万元，购入时缴纳的契税是9万元，转让时缴纳的增值税、城市维护建设税、教育费附加合计5.5万元，缴纳的印花税是0.2万元。上述金额均经过主管税务机关的确认，则计算该房产应缴纳的土地增值税时，可以扣除的金额是多少？

$$可以扣除的数额=300\times(1+5\%\times4)+9+5.5+0.2=374.7（万元）$$

因为在计算扣除项目时，"每年"按照购房发票所载日期至转让年度止，每满12个月计1年；超过1年，未满12个月但是超过6个月时，可以视为1年，所以在［例5-3］中，可以加计扣除的年数是4年。

5. 预征与清算

根据《土地增值税暂行条例实施细则》的规定，纳税人在项目全部竣工结算前转让房地产取得的收入，由于涉及成本确定或其他原因，而无法据以计算土地增值税的可以预征土地增值税，待该项目全部竣工、办理结算后再进行清算，多退少补。我国的房地产开发企业，因其开发周期长，预售的产品多，一般对其应缴纳的土地增值税采取平时预征、竣工结算后汇算清缴的方法。

预征是按预售收入乘以预征率计算，预征率由各省、自治区、直辖市国家税务局、地方税务局根据当地情况核定。

【例5-4】 中国琴岛房地产开发公司为增值税一般纳税人，计划在A地块上开发10栋住宅楼作为商品房进行销售，并于2×22年12月竣工交付使用。该房地产开发公司在2×21年12月取得商品房预售收入43 600万元（含税），当地税务机关核定的土地增值税预征率为3.5%，则应预缴的土地增值税金额是多少？

$$应预缴增值税金额=43\,600\div(1+9\%)\times3\%=1\,200（万元）$$
$$应预缴的土地增值税=(43\,600-1\,200)\times3.5\%=1\,484（万元）$$

【例5-5】 接［例5-4］，2×22年12月，该项目已符合清算条件，截至2×22年12月实际取得预售收入50 000万元（含税），该项目的房地产开发成本、费用等扣除项目金额合计39 000万元，则应缴的土地增值税金额是多少？

$$转让房地产的增值额=50\,000-39\,000=11\,000（万元）$$
$$土地增值额与扣除项目的比率=11\,000\div39\,000=28.2\%$$

由于增值额与扣除项目的比率不超过50%，故适用税率为30%，则土地增值税的应纳税额为：

$$应缴纳的土地增值税=11\,000\times30\%=3\,300（万元）$$
$$应补缴土地增值税的税额=3\,300-1\,512=1\,788（万元）$$

5.2.3 企业所得税

企业所得税的缴纳与土地增值税类似，实行按月或季度预缴，满足条件时再进行清算。企业所得税月（季）度预缴主要包括销售未完工开发产品和销售完工开发产品的月（季）度预缴。

1. 销售未完工开发产品企业所得税月(季)度预缴

对于销售未完工开发产品取得的收入,根据《房地产开发经营业务企业所得税处理办法》,应先按预计计税毛利率分季(或月)计算出预计毛利额,计入当期应纳税所得额。开发产品完工后,企业应及时结算其计税成本并计算此前销售收入的实际毛利额,同时将其实际毛利额与其对应的预计毛利额之间的差额,计入当年度企业本项目与其他项目合并计算的应纳税所得额。而在会计上,由于销售未完工开发产品取得的收入一般不符合收入确认条件,不确认为营业收入,所以利润表的营业收入中并不包括销售未完工开发产品取得收入部分,应将其进行纳税调整。销售未完工开发产品特定业务的纳税调整额计算如下:

$$纳税调整额=销售未完工开发产品取得收入×预计计税毛利率-实际发生的土地增值税$$

房地产开发企业销售未完工开发产品的计税毛利率由各省、自治区、直辖市国家税务局、地方税务局按下列规定进行确定:

(1) 开发项目位于省、自治区、直辖市和计划单列市人民政府所在地城市城区及郊区的,不得低于15%。

(2) 开发项目位于地及地级市城区及郊区的,不得低于10%。

(3) 开发项目位于其他地区的,不得低于5%。

(4) 属于经济适用房、限价房和危改房的,不得低于3%。

2. 销售完工开发产品的企业所得税月(季)度预缴

对于销售完工开发产品,可分以下两种情况处理:

(1) 销售完工开发产品符合收入确认条件的,在会计处理上确认为营业收入,利润表的营业收入中已包含这部分收入,填表时可直接填列。

(2) 销售完工开发产品不符合收入确认条件的,在会计处理上尚未确认为营业收入,利润表的营业收入中不包含本部分收入,但按照税法规定应缴纳企业所得业税,对此,《房地产开发经营业务企业所得税处理办法》并未进行明确规定。本书认为,此类收入可以参照销售未完工开发产品取得的收入进行月(季)度预缴。

3. 结转以前期间销售、本期符合收入确认条件的收入

以前期间销售的未完工开发产品取得的收入,本期符合收入确认条件的,应结转为本期营业收入。由于该部分收入在以前期间收款时已按税法规定将纳税调整额计入当期应纳税所得额,如果不进行纳税调减就会重复纳税,故应将其调整。销售的未完工产品转完工产品特定业务纳税调整额的计算如下:

$$纳税调整额=\frac{销售的未完工产品转完工产品确认的销售收入}{}×预计计税毛利率-转回实际发生的土地增值税$$

【例5-6】 中国琴岛房地产开发公司(一般纳税人,新项目)B10-31♯地块有一期、二期、三期项目。一期项目已经于2×21年第二季度完工,完工后当期销售款为10 000万元(不含增值税),符合会计确认销售收入条件,会计上已确认为销售收入。当期结转以前期间预售、当期符合会计上确认收入条件的销售收入11 000万元。二期项目也于2×21年第二季度完工,完工后当期销售5 000万元(不含增值税),房款已收但尚不符合收入确认条件,会计上尚未将其确认为收入。三期项目于2×21年第二季度符合预售条件开始预售,并于当期收到预售款项4 000万元。当地税务机关规定的销售未完工开发产品计税毛利率为

15％,土地增值税预征率为3％,企业所得税按季度申报,则二季度企业所得税应纳税额如何调整?

$$二期项目的纳税调整额=5\,000\times15\%-5\,000\times3\%=600(万元)$$
$$三期项目的纳税调整额=4\,000\times15\%-4\,000\times3\%=480(万元)$$

一期项目已经完工,完工后当期销售10 000万元,符合收入确认条件,会计上已确认为销售收入。这部分收入直接确认在营业收入中,无须进行纳税调整。

5.2.4 其他应交税费

1. 城市维护建设税和教育费附加

城市维护建设税和教育费附加是按照实际缴纳的增值税、消费税"两税"税额的一定比例收取的。城市维护建设税的税率分为三个等级:纳税人所在地区为市区的税率为7％;纳税人所在地区为县、镇的,税率为5％(撤县建市后,适用税率为7％);纳税人所在地区不在市区、县城、镇的税率为1％。教育费附加征收比率为3％,地方教育费附加征收比率为2％。

2. 印花税

根据《中华人民共和国印花税暂行条例》(2022年7月1日废止)和《中华人民共和国印花税法》(2022年7月1日起施行)的规定,对土地使用权出让合同、土地使用权转让书据、房屋等建筑物所有权转让书据征收印花税,税率为价款的万分之五。

【例5-7】 中国琴岛房地产开发公司2×21年8月签订商品房销售合同金额为2 000万元未列明增值税税款,那么印花税的应纳税额是多少?

$$印花税应纳税额=2\,000\times0.5‰=1(万元)$$

5.3 | 转让及销售阶段会计核算

房地产开发企业在转让及销售阶段会计核算的主要任务是对收入和预收账款、应收账款及其涉税业务进行核算。房地产开发企业的收入包括转让及销售房地产取得的收入和其他业务收入。转让及销售房地产取得的收入,如土地使用权转让收入、商品房销售收入和配套设施销售收入等,其他业务收入是指房地产开发企业从事主营业务以外的其他业务取得的收入,如商品房售后服务收入、材料销售收入等。

5.3.1 账户设置

1. 主营业务收入

"主营业务收入"账户主要核算房地产开发企业对外转让、销售、结算开发成本等取得的收入。借方登记期末转入"本年利润"账户的营业收入,贷方登记本期增加的销售收入,期末转入"本年利润"账户后无余额。其明细账户可以按照业务种类设置"土地转让收入""商品房销售收入""配套设施销售收入""代建工程结算收入"账户等。

2. 主营业务成本

"主营业务成本"账户主要核算房地产开发企业对外转让、销售、结算开发产品等结转的成本。该账户的借方登记本期已经对外转让、销售和结算的开发产品的实际成本,贷方登记转入"本年利润"账户的成本,期末结转后科目无余额。其明细科目可以按照成本的种类设置"土地转让成本""商品房销售成本""配套设施销售成本""代建工程结算成本"账户等。

3. 其他业务收入

"其他业务收入"账户核算房地产开发企业其他业务收入的实现和结转情况,借方登记期末转入"本年利润"账户的其他业务收入,贷方登记本期增加的其他业务收入,期末结转后无余额。房地产开发企业可以按照其他业务收入的不同种类设置明细账。

4. 其他业务成本

"其他业务成本"账户核算房地产开发企业确认的除主营业务的其他业务所发生的支出,包括商品房售后服务支出、材料销售成本和相关的费用等。该账户借方登记发生的其他业务成本,贷方记录转入"本年利润"账户的其他业务成本,期末结转后无余额,企业应该按照其他业务成本的不同种类设置明细账户。

5. 合同负债

"合同负债"账户反映房地产开发企业按照合同的约定预收的购房款。账户的贷方登记企业出售开发产品按照合同的约定向购买方预收的购房款,借方登记企业按照规定确认收入转销的合同负债。

合同负债与预收账款的区别在于,确认合同负债的关键是预收款项是否对应履约义务。如果收取的款项不构成交付商品或提供劳务的履约义务,则属于预收账款;反之,则属于合同负债。根据《企业会计准则》可知,合同负债是指企业已收或应收客户对价而应向客户转让商品的义务。例如,企业在转让承诺的商品之前已收取的款项。在房地产开发企业的销售环节,本账户用于核算房地产开发企业预售商品房的预收款项,因尚不符合收入确认条件故记入"合同负债"账户。

此外,还需设置"应交税费——预交增值税"和"应交税费——待转销项税额"两个明细账户。

"应交税费——预交增值税"账户用于核算一般纳税人转让不动产、提供不动产经营租赁服务、提供建筑服务和采用预收款方式销售自行开发的房地产项目等业务时发生的预缴增值税。

"应交税费——待转销项税额"账户核算一般纳税人销售货物、加工修理修配劳务、服务、无形资产或不动产,已确认相关收入(或利得)但尚未发生增值税纳税义务而需于以后期间确认为销项税额的增值税额。该明细科目主要核算满足会计上确认收入条件但不满足增值税纳税义务发生时间的情况。

5.3.2 商品房预售收款的会计核算

房地产开发企业项目开发周期长,一个项目从取得土地使用权、立项审批、报规报建到开工建设乃至项目竣工交付使用,少则需要一两年,多则三四年甚至更长时间。受开发周期较长的影响,房地产企业销售收入和成本的确认会相对滞后。而且,房地产企业属资金密集型行业,投资金额一般比较大。为了缓解企业的资金压力,房产销售往往采取预售方式,即在商品尚未建造完成时向客户收取价款。由此,形成商品房交付与收款存在较大的时间差异。因此,开发项目尚未竣工交付投入使用前不能确认销售收入。

1. 收到销售定金的会计核算

（1）账户设置。定金是房地产开发企业在签订商品房销售（预售）合同之前收取的款项，在签订销售合同后转作购房款。当收到定金时，记入"预收账款——销售定金"账户；客户签订商品房预售合同时，定金转作购房款记入"合同负债"账户。同时，因收到的购房款包含增值税，故应将增值税部分记入"应交税费——待转销项税额"账户。如若客户反悔不签订购房合同，一般房地产开发企业不退定金，将其转入"营业外收入"账户。

（2）账务处理。

① 收取销售定金时：

借：银行存款
　　贷：预收账款——销售定金

② 签订商品房预售合同，定金转作购房款时：

借：预收账款——销售定金
　　贷：合同负债
　　　　应交税费——待转销项税额

③ 如果客户违反认购协议，最终未能签订商品房预售合同，定金不退时：

借：预收账款——销售定金
　　贷：营业外收入

【例5-8】 2×21年3月15日，中国琴岛房地产开发公司开发的"怡琴园"项目共收到销售定金9 300万元。中国琴岛房地产开发公司应作如下账务处理：

借：银行存款　　　　　　　　　　　　　　　　　　　　　　93 000 000
　　贷：预收账款——销售定金　　　　　　　　　　　　　　　　93 000 000

【例5-9】 接［例5-8］，3月18日，有部分客户签订了商品房预售合同，该部分客户的定金为5 297.4万元。中国琴岛房地产开发公司应作如下账务处理：

借：预收账款——销售定金　　　　　　　　　　　　　　　　52 974 000
　　贷：合同负债　　　　　　　　　　　　　　　　　　　　　48 600 000
　　　　应交税费——待转销项税额　　　　　　　　　　　　　　4 374 000

2. 收到会员费及诚意金的会计核算

（1）账户设置。为了缓解资金压力，开发商在未取得《商品房开发预售许可证》时会采用各种方式、各种名目收取准客户的款项，以满足资金需要，如会员费，诚意金等。收取的这类型资金会退还给客户或转为购房款。因未取得《商品房开发预售许可证》，故收到的这部分资金是应该退还给客户的，不能作为预收款项。因此需要设置"其他应付款"会计账户，收到资金时贷记"其他应付款"账户，退还或转作购房款时借记"其他应付款"账户。

（2）账务处理。

① 收到诚意金、会员费等款项时：

借：银行存款
　　贷：其他应付款

② 转作定金时：

借：其他应付款
　　贷：预收账款——销售定金

③ 退还客户时：

借：其他应付款
　　贷：银行存款

④ 转作购房款时：

借：其他应付款
　　贷：合同负债
　　　　应交税费——待转销项税额

【例5-10】 2×21年1月1日,中国琴岛房地产开发公司开发的"怡琴园"项目开始收取有购买意向客户的诚意金,诚意金为每套商品房1万元,当月共收取诚意金3 000万元。该项目预计在2×21年3月份取得商品房预售许可证,并计划于取得预售许可证后马上开盘销售。中国琴岛房地产开发公司应作如下账务处理：

① 1月1日收取意向金时：

借：银行存款　　　　　　　　　　　　　　　　　　　　　　　　　30 000 000
　　贷：其他应付款——诚意金　　　　　　　　　　　　　　　　　　　30 000 000

② 3月1日正式开盘销售时,当日退还诚意金200万元,有部分诚意金客户签订了商品房认购协议书,这部分客户原交付的1 500万元诚意金转为商品房销售定金。

借：其他应付款——诚意金　　　　　　　　　　　　　　　　　　　　17 000 000
　　贷：预收账款——销售定金　　　　　　　　　　　　　　　　　　　15 000 000
　　　　银行存款　　　　　　　　　　　　　　　　　　　　　　　　　2 000 000

3. 收到预售款的会计核算

(1)账户设置。这里所说的预售款和销售款均包括银行发放的按揭贷款。预售款是指房地产开发企业在所售房屋未竣工前收取的商品房销售款,属于预收性质的款项,与销售款不同;销售款是指房地产开发企业在所售房屋已经竣工后收取的商品房销售款。

房地产开发企业在预售房产时不符合会计准则中销售收入的确定条件,因此不需要确认销售收入,收到的预售款应单独核算。因此需要设置"合同负债"账户进行核算,待日后符合收入确认条件时再转出。收到预售款时贷记"合同负债"账户。

同时,根据国家税务总局规定,房地产开发企业在预售阶段收到预售款后,在次月增值税申报期内申报预缴：一般纳税人采取预收款方式销售自行开发的房地产项目,应在收到预售款时按照3%的预征率预缴增值税。因此,需要设置"应交税费——预交增值税"账户。待日后纳税义务发生时,可将之前预缴的增值税结转至"应交税费——未交增值税"账户,即借方登记"应交税费——未交增值税"账户,贷方登记"应交税费——预交增值税"账户。

(2)账务处理。

① 收到预售款时：

借：银行存款

　　贷：合同负债

　　　　应交税费——待转销项税额

② 次月预缴增值税时：

借：应交税费——预交增值税

　　贷：银行存款

③ 发生纳税义务进行结转时：

借：应交税费——未交增值税

　　贷：应交税费——预交增值税

【例 5-11】　2×21 年 3 月 10 日，中国琴岛房地产开发公司开发的"怡琴园"项目取得商品房预售许可证，并开盘销售。当日收到预售款 5 450 万元。该项目按一般计税方法计算，适用税率 9%，则账务处理如下。

① 收到预售款时：

借：银行存款　　　　　　　　　　　　　　　　　　　　　　　　　54 500 000

　　贷：合同负债　　　　　　　　　　　　　　　　　　　　　　　　50 000 000

　　　　应交税费——待转销项税额　　　　　　　　　　　　　　　　4 500 000

② 次月预缴增值税时，应预缴税款按照以下公式计算：

$$应预缴税款＝收到的预售款÷(1＋适用税率或征收率)×3\%$$
$$＝5\,450÷(1＋9\%)×3\%$$
$$＝150(万元)$$

借：应交税费——预交增值税　　　　　　　　　　　　　　　　　　1 500 000

　　贷：银行存款　　　　　　　　　　　　　　　　　　　　　　　　1 500 000

③ 发生纳税义务进行结转时：

借：应交税费——未交增值税　　　　　　　　　　　　　　　　　　1 500 000

　　贷：应交税费——预交增值税　　　　　　　　　　　　　　　　　1 500 000

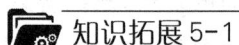 **知识拓展 5-1**

预收款的增值税发票问题

"营改增"后，房地产开发企业在收到预收款时，可以向购房者开增值税普通发票，在开具增值税普通发票时暂选择"零税率"开票，金额为实际收到的预收款。在发票备注栏上列明合同约定面积、价格、房屋全价，同时注明"预收款，不作为产权交易凭证"。在开具发票次月申报期内，通过《增值税预缴税款表》进行申报，按照规定预缴增值税。预收款所开发票金额不在申报表附表（一）中反映。在交房时，按所售不动产全款开具增值税发票，按规定申报纳税。

4. 销售更名、销售退房、销售换房的会计核算

在房地产预售阶段，通常还会遇到销售更名、销售退房、销售换房等情况。需要说明的是，只有在商品房预售阶段才存在销售更名、销售退房和销售换房。对这部分业务的会计处理也是房地产开发企业销售核算的重要内容。

（1）销售更名的会计核算。销售更名是指在商品房预售阶段，原购买人将所购买的商品房转让给新的购买人。因为预售阶段商品房还未竣工交付，也就是我们通常所说的期房，此时房地产开发企业还未确认销售收入，因此可以进行销售更名。如果商品房已经交付，就不能采用更名的方式，而应该进行商品房转让，由原购买人与新购买人之间进行转让，即二手房交易，与房地产开发企业无关。其账务处理如下。

① 按照规定房地产开发企业应收取更名费的，应按收到的更名费确认营业外收入。

借：银行存款或库存现金等
　　贷：营业外收入

② 同时，发生销售更名时，应单独编制会计分录反映更名情况，按已交房款在"预收账款"账户贷方作相反登记，直接从原客户"预收账款"账户贷方红字转入新客户"预收账款"账户贷方。摘要注明"×××更名为×××"字样。

（2）销售退房的会计核算。购房者在商品房预售阶段发生退房时，按购房者原交付的房款金额，登记"合同负债"账户的借方；按收取的罚款等金额，贷记"营业外收入"账户；按实际退回的销售款，贷记"银行存款"或"库存现金"等账户。根据合同约定收取违约金的，应按收到的违约金确认营业外收入。

（3）销售换房的会计核算。销售换房是指在商品房预售阶段发生的，购买人将其原购买的商品房更换为新的商品房，并相应结算销售差价的行为。对于销售换房，在账务处理时不走退房程序，直接从原房源"合同负债"账户贷方明细科目转入新房源"合同负债"明细账户的贷方。

5. 按揭保证金的会计核算

按揭贷款保证金是银行在按揭贷款过程中按照贷款总额的一定比例向开发商收取。通常的做法是银行与房地产开发企业签订《个人购房贷款项目合作协议》以及《个人购房担保借款合同》，并在合同上约定，银行为购房人发放住房按揭贷款，而开发商在银行开立保证金专户，并按一定比例存入保证金，为银行的按揭贷款提供担保。当购房借款人取得产权证，并在该贷款银行办妥抵押登记手续后，银行将保证金科目中的对应保证金退还给开发商。在此期间，若购房借款人未按合同约定按期还本付息的，由开发商代为偿还，银行有权直接从保证金账户中扣划相关款项。

（1）账户设置。为了便于按揭保证金的划转，银行一般会要求房地产开发企业开立一个按揭保证金账户，按揭保证金账户不能够随便动用。房地产开发企业向银行缴纳的按揭保证金可以由贷款银行在贷款额中直接扣除。通常设置"其他货币资金——按揭保证金户"账户进行核算，向银行缴纳保证金时，借记"其他货币资金——按揭保证金户"账户，购房人违约未能按时还款时贷记"其他货币资金——按揭保证金户"账户。

（2）账务处理。

① 向银行缴纳按揭保证金时：

借：其他货币资金——按揭保证金户
　　贷：银行存款

② 购房人违约，不能及时还款时，贷款银行从按揭保证金账户中扣除：

借：其他应收款——×××
　　贷：其他货币资金——按揭保证金户

③ 购房人补交还款额,依据银行的收账通知等收款证明进行账务处理:

借:其他货币资金——按揭保证金户

　贷:其他应收款——×××

④ 购房人办理完产权抵押,按揭保证金解冻,应依据银行转款证明进行账务处理:

借:银行存款

　贷:其他货币资金——按揭保证金户

6. 代收配套设施费、办证费、维修基金的会计核算

房地产开发企业在预收房款时,会代收天然气初装费、暖气初装费、有线电视安装费以及维修基金等,代收的相关费用应该贷记"其他应付款"账户。住宅专项维修资金,是指专项用于住宅共用部位、共用设施设备保修期满后的维修和更新、改造的资金。代收的配套设施费、维修基金等应作为"其他应付款"核算。

【例5-12】 中国琴岛房地产开发公司开发的"怡琴园"项目销售给承购人李甲商品房一套,该套商品房价款230万元。具体情况如下(不考虑税)。

(1) 2×21年1月1日,"怡琴园"项目开始认筹,购房人李甲支付购房诚意金人民币5 000元,收款方式为现金。依据收款收据记账联进行如下会计处理:

借:库存现金　　　　　　　　　　　　　　　　　　　　　5 000

　贷:其他应付款——诚意金(李甲)　　　　　　　　　　　　　5 000

(2) 2×21年3月15日,购房人李甲通过POS机刷卡支付购房定金45 000元,诚意金转作房款。依据收款收据记账联、POS机刷卡凭条进行如下会计处理:

借:其他应付款——诚意金(李甲)　　　　　　　　　　　　5 000

　　银行存款　　　　　　　　　　　　　　　　　　　　　45 000

　贷:合同负债(李甲)　　　　　　　　　　　　　　　　　　50 000

(3) 2×21年5月15日,承购人购房人李甲通过POS机刷卡缴纳购房首付款650 000元。依据收款收据记账联、POS机刷卡凭条进行如下会计处理:

借:银行存款　　　　　　　　　　　　　　　　　　　　650 000

　贷:合同负债(李甲)　　　　　　　　　　　　　　　　　650 000

(4) 2×21年7月13日,购房人李甲按揭贷款到账160万元。依据银行收账通知进行如下会计处理:

借:银行存款　　　　　　　　　　　　　　　　　　　1 600 000

　贷:合同负债(李甲)　　　　　　　　　　　　　　　　1 600 000

(5) 2×21年10月17日,购房人李甲以现金缴纳有线电视初装费200元,供暖初装费800元。依据收款收据记账联、现金缴款单进行如下会计处理:

借:库存现金　　　　　　　　　　　　　　　　　　　　　1 000

　贷:其他应付款——配套设施费(李甲)　　　　　　　　　　1 000

(6) 2×21 年 11 月 17 日支付代收配套设施费,依据维修基金缴存凭证代收单位留存联和付款证明进行会计处理:

借:其他应付款——配套设施费(李甲) 1 000
    贷:银行存款 1 000

5.3.3 商品房销售收入的会计核算

1. 商品房销售收入的确认

根据《企业会计准则第 14 号——收入》第四条的规定:"企业应当在履行了合同中的履约义务,即在客户取得相关商品控制权时确认收入。取得相关商品控制权,是指能够主导该商品的使用并从中获得几乎全部的经济利益。"较旧收入准则的"主要风险报酬转移时确认收入",新收入准则强调,相关控制权的转移而确认收入。根据《企业会计准则第 14 号——收入》第十一条的规定:"满足下列条件之一的,属于在某一时段内履行履约义务;否则,属于在某一时点履行履约义务:(一)客户在企业履约的同时即取得并消耗企业履约所带来的经济利益。(二)客户能够控制企业履约过程中在建的商品。(三)企业履约过程中所产出的商品具有不可替代用途,且该企业在整个合同期间内有权就累计至今已完成的履约部分收取款项。具有不可替代用途,是指因合同限制或实际可行性限制,企业不能轻易地将商品用于其他用途。有权就累计至今已完成的履约部分收取款项,是指在由于客户或其他方原因终止合同的情况下,企业有权就累计至今已完成的履约部分收取能够补偿其已发生成本和合理利润的款项,并且该权利具有法律约束力。"根据《企业会计准则第 14 号——收入》第十二条的规定:"对于在某一时段内履行的履约义务,企业应当在该段时间内按照履约进度确认收入,但是,履约进度不能合理确定的除外。当履约进度不能合理确定时,企业已经发生的成本预计能够得到补偿的,应当按照已经发生的成本金额确认收入,直到履约进度能够合理确定为止。"根据《企业会计准则第 14 号——收入》第十三条规定"对于在某一时点履行的履约义务,企业应当在客户取得相关商品控制权时点确认收入。"

可见,新准则对于收入确认的强调,在一个时间段内确认收入,较以前建筑施工按完工进度百分比确认收入不同,新准则下强调的是"合同的履约进度",更强调的是合同的作用。

在实务中,房地产开发企业的商品房销售收入主要来源于现房销售和商品房预售(期房销售)两种。现房销售和普通商品销售没有太大的区别,根据《企业会计准则第 14 号——收入》第十三条的规定,属于"在某一时点履行"的业务,故现房销售业务应按照合同的约定在履约时点确认收入,如在结清房款或者交房时确认收入。而商品房预售的收入确认相对复杂,需要会计人员根据企业自身情况作出会计职业判断。一般而言,如果商品房预售满足上述"第十一条"时点履约的三个条件之一的,则可以在预售之后就按照履约进度来确认收入,无需等到"交房"这个时点才确认收入。

新准则实施以来,一些房地产标杆企业在与购房者签订《房屋预售合同》时进行了相关条款的约定,能够满足新准则"第十一条"时点履约的条件,在"交房"前根据合同约定分时段确认了收入。但就我国内地目前的相关法律环境和商品房销售合同的一般范本来看,绝大多数情况下,预售商品房业务并不能满足按时段确认收入的条件,故本书对预售商品房业务收入的确认还是在履约时点一次性确认收入。

☞引例解析

房地产开发企业的收入

引例中，房地产开发企业进行商品房预售时不能确认为销售收入，日后待符合确认销售收入的条件时才能确认为收入。

2. 商品房销售收入的计量

如前所述，该销售收入的确认，需要达到四个条件，最基本的条件就是开发产品竣工验收合格与交付买方。按照销售回款的几种主要形式，将销售收入确认计量的情况简述如下：

（1）按揭回款。这是房地产开发企业销售回款的主要形式。采取银行按揭方式销售开发商品房的，应按销售合同或协议约定的合同总价款确定销售收入金额。

按照企业会计准则的规定，采取银行按揭方式销售开发产品的，只要所销售的商品房达到了竣工交付的条件，且销售合同在当地政府主管房地产的部门备案，就应按销售合同约定的价款确认商品房销售收入的实现。也就是说，按揭款项是否收回，与销售收入确认没有关系。

但是，如果考虑税法（国税发〔2009〕31号文）规定因素，为了减少纳税调整的繁琐，也可以采取与税务处理一致的会计处理方法，即采取银行按揭方式销售开发产品的，应按销售合同或协议约定的价款确定收入额，其首付款应于实际收到日确认收入的实现，余款在银行按揭贷款办理转账之日确认收入的实现。

（2）分期收款。这种回款方式的频率仅次于按揭回款方式，特别是销售精装修商品房采取分期收款方式较多。采取分期收款方式销售开发产品的，应按销售合同约定的合同总价款确认销售收入的实现。

按照企业会计准则的规定，采取分期收款方式销售开发产品的，只要所销售的商品房符合竣工交付的条件，且销售合同在当地政府主管房地产的部门备案，就应按销售合同约定的价款确认商品房销售收入的实现。

（3）一次性收款。这种回款方式过去在房地产企业并不多见，随着近期对房地产"限贷"政策的实施，这种方式也逐渐多了起来。采取一次性全额收款方式销售开发产品的，应于实际收讫价款或取得索取价款凭据（权利）之日，确认商品房销售收入的实现。

3. 商品房销售收入的账务处理

（1）科目设置。房地产开发企业的销售收入应设置"主营业务收入"会计账户进行及时确认和计量；并设置"主营业务成本"会计账户结转已销商品房的成本；同时设置"应交税费——应交增值税（销项税额）""应交税费——应交土地增值税"等账户进行核算。

（2）账务处理。预售款在达到销售确认条件时，将符合条件的预售款确认为销售收入，借记"合同负债"账户，贷记"主营业务收入"账户。同时，将"应交税费——待转销项税额"账户金额记入"应交税费——应交增值税（销项税额）"账户。具体账务处理如下：

① 预售款确认为销售收入时：

借：合同负债
  应交税费——待转销项税额
 贷：主营业务收入
  应交税费——应交增值税（销项税额）

② 结转已销商品房销售成本时：

借：主营业务成本
　贷：开发产品

【例 5-13】　中国琴岛房地产开发公司于 2×21 年 1 月 1 日开工建设电梯公寓 5 栋，总建筑面积 30 000 平方米，并计划于 2×22 年 5 月 31 日竣工验收交付业主使用，2×21 年 10 月 30 日取得商品房预售许可证。该企业的相关经济业务处理如下：

（1）2×21 年 10 月 19 日，与购房业主签订《购房定单》，收取预售商品房定金 300 万元、诚意金 100 万元，存入银行。

借：银行存款　　　　　　　　　　　　　　　　　　　　　　　　4 000 000
　贷：预收账款——销售定金　　　　　　　　　　　　　　　　　　3 000 000
　　　其他应付款——诚意金　　　　　　　　　　　　　　　　　　1 000 000

（2）2×21 年 11 月 7 日，与购房业主签订《商品房预售合同》，应收购房首付款 3 300 万元（含定金 300 万元、诚意金 100 万元转入），实收 2 900 万元存入银行。

应计提待转销项税额=33 000 000÷(1+9%)×9%=2 724 770.64(元)

借：银行存款　　　　　　　　　　　　　　　　　　　　　　　29 000 000
　　预收账款——销售定金　　　　　　　　　　　　　　　　　　3 000 000
　　其他应付款——诚意金　　　　　　　　　　　　　　　　　　1 000 000
　贷：合同负债　　　　　　　　　　　　　　　　　　　　　　　30 275 229.36
　　　应交税费——待转销项税额　　　　　　　　　　　　　　　　2 724 770.64

（3）2×21 年 12 月 10 日，预交增值税。

借：应交税费——预交增值税　　　　　　　　　　　　　　　　　908 256.88
　贷：银行存款　　　　　　　　　　　　　　　　　　　　　　　908 256.88

应预交增值税=33 000 000÷(1+9%)×3%=908 256.88(元)

（4）2×21 年 12 月 19 日，收回银行按揭款 6 000 万元，存入银行。

借：银行存款　　　　　　　　　　　　　　　　　　　　　　　60 000 000
　贷：合同负债　　　　　　　　　　　　　　　　　　　　　　　55 045 871.56
　　　应交税费——待转销项税额　　　　　　　　　　　　　　　　4 954 128.44

（5）2×21 年 12 月 20 日，与购房业主签订《商品房预售合同》，收到一次性付款 1 090 万元，存入银行。

借：银行存款　　　　　　　　　　　　　　　　　　　　　　　10 900 000
　贷：合同负债　　　　　　　　　　　　　　　　　　　　　　　10 000 000
　　　应交税费——待转销项税额　　　　　　　　　　　　　　　　900 000

（6）2×21 年 12 月 31 日，预交所得税 120 万元。

借：应交税费——预交所得税　　　　　　　　　　　　　　　　　1 200 000
　贷：银行存款　　　　　　　　　　　　　　　　　　　　　　　1 200 000

（7）2×22 年 5 月 31 日，竣工验收交付业主使用，确认 2×21 年 10 月至 2×22 年

5月取得的销售收入 95 321 100.92 元,增值税 8 578 899.08 元。同时,结转开发成本 9 100 万元。

借:合同负债 95 321 100.92
　　应交税费——待转销项税额 8 578 899.08
　　贷:主营业务收入 95 321 100.92
　　　　应交税费——应交增值税(销项税额) 8 578 899.08
借:主营业务成本 91 000 000
　　贷:开发产品 91 000 000

4. 面积差的会计核算

(1)账户设置。面积差是指房地产开发企业销售的商品房竣工交付时,实际销售面积与原签订销售合同时的预计销售面积之间存在差异。根据《房产测绘管理办法》的规定,申请办理商品房产权初始登记时,需要委托房产测绘单位进行房产测绘,商品房实测面积可能大于也可能小于销售合同面积。实测面积大于销售合同面积时,房地产开发企业向购房人收取面积差价并确认收入,借记"银行存款"或"应收账款"账户,贷记"主营业务收入"账户;实测面积小于销售合同面积时,房地产开发企业应退回多收的房款,开具红字冲销发票,借记"主营业务收入"账户,贷记"银行存款"或"应付账款"账户。房地产开发企业支付的违约金直接记入"营业外支出"账户。

(2)账务处理。房地产开发企业销售商品房可以按套(单元)计价,也可以按面积计价。房地产开发企业应对不同计价方式下的面积差采用相应的会计处理方法。

第一,按套(单元)计价。误差范围在合同约定范围内的,按合同约定总价款确定商品房计税销售收入,不必进行面积差账务处理。

误差范围超出合同约定范围,双方重新约定总价款的,按照双方约定的总价款确定商品房计税销售收入;若购房人退房的,房地产开发企业可以冲减当期销售收入,开具红字冲销发票,借记"主营业务收入"账户,贷记"银行存款""库存现金""应付账款"等账户。

第二,按套内建筑面积或者建筑面积计价。应当在合同中载明合同约定面积与产权登记面积发生误差的处理方式,合同未作约定的,按以下原则处理:

情况一:面积误差比绝对值在3%以内的,据实结算房价款。实测面积大于合同约定面积时,房地产开发企业向购买人收取面积差价,借记"银行存款""应收账款"等账户,贷记"主营业务收入"账户;实测面积小于合同约定面积时,房地产开发企业应将购房人多交的房款退回,贷记"银行存款""库存现金""应付账款"等账户,借记"主营业务收入"账户。

情况二:面积误差比绝对值超出3%,购房人可以选择退房或者不退房。

若购房人退房,则房地产开发企业退回房价款,并冲减收入,借记"主营业务收入"账户,贷记"银行存款""库存现金""应付账款"等账户。房地产开发企业支付给购房人的利息相当于占用购房人资金而支付的资金使用费,应记"财务费用"账户。

若购房人不退房,实测面积大于合同约定面积超出3%的部分,由房地产开发企业承担的房款,房地产开发企业不进行账务处理;实测面积小于合同约定面积超出3%的部分,房地产开发企业双倍返还给房款,并冲减当期收入,借记"主营业务收入"账户,贷记"银行存款""库存现金""应付账款"等账户。

面积误差比的计算方法如下：

$$面积误差比＝(产权登记面积－合同约定面积)÷合同约定面积×100\%$$

【例 5-14】 中国琴岛房地产开发公司已销售的商品房中有 18 套房存在面积差,已确认销售收入。当月 14 日,向购房人补收面积差价款 16.5 万元,向购房人退回面积差价款 99 万元。会计处理如下：

（1）收取面积差价,存入银行,依据销售不动产发票记账联、收款证明进行账务处理：

借：银行存款 165 000
　贷：主营业务收入 150 000
　　应交税费——应交增值税(销项税额) 15 000

（2）支付面积差价,依据销售不动产发票记账联(红字)、付款证明进行账务处理：

借：主营业务收入 900 000
　应交税费——应交增值税(销项税额) 90 000
　贷：银行存款 990 000

5. 土地使用权转让的会计核算

房地产开发企业向其他单位转让土地,应在土地使用权已经移交并将发票账单提交买方时,按其转让价格借记"银行存款""应收账款"等账户,同时确认收入和应交增值税,贷记"主营业务收入——土地转让收入"账户和"应交税费——应交增值税(销项税额)"账户。月份终了,应将转让土地的实际开发成本自"开发产品——商品性土地"账户的贷方转入"主营业务成本——土地转让成本"账户的借方。

【例 5-15】 中国琴岛房地产开发公司 2×21 年对外转让已开发完成的土地一块,开出的增值税专用发票上注明的销售价款为 2 100 万元,增值税税额为 210 万元。土地使用权实际取得成本为 1 300 万元,已办妥转让手续,价款已收讫并存入开户银行,则应进行如下会计处理：

（1）依据发票账单、收款证明,确认已实现的土地使用权转让收入：

借：银行存款 23 100 000
　贷：主营业务收入——土地转让收入 21 000 000
　　应交税费——应交增值税(销项税额) 2 100 000

（2）结转已转让土地使用权的实际成本：

借：主营业务成本——土地转让成本 13 000 000
　贷：开发产品——商品性土地 13 000 000

6. 销售其他建筑物的会计核算

房地产开发企业销售其他建筑物主要是指销售配套设施和销售周转房。对于能够有偿转让的公共配套设施,企业应该单独核算其成本,其转让及销售与商品房的销售处理是一样的。

周转房在改变用途将其对外销售时,应视同商品房销售加以处理。周转房在销售之前,要对其进行改装修复。在改装修复时发生的各项费用,应借记"销售费用"账户,贷记"银行存款"或"应付账款"账户。周转房在改装修复后对外销售时,应办理房屋交接手续,并根据账单价款借记"应收账款"或"银行存款"账户等,贷记"主营业务收入——周转房销售收入"账户,同时应结转对外销售周转房的成本,借记"周转房——周转房摊销""主营业务成本——周转房销售成本"账户,贷记"周转房——在用周转房"账户。

5.3.4　其他销售业务的会计核算

房地产开发企业其他业务主要是销售材料。销售材料取得的价款,构成房地产开发企业的材料销售收入。取得销售材料价款时,借记"银行存款"等账户,贷记"其他业务收入"账户,同时贷记"应交税费——应交增值税(销项税额)"账户;结转材料成本时借记"其他业务成本"账户,贷记"原材料"账户。

【例 5-16】　中国琴岛房地产开发公司在开发项目结束后,将一批多余材料对外售,价税合计 33 900 元已存入银行。该批材料实际成本为 25 000 元。增值税税率为 13%,则中国琴岛房地产开发公司的会计处理如下:

(1)确认材料销售收入:

借:银行存款　　　　　　　　　　　　　　　　　　　　　　　　　33 900
　贷:其他业务收入——材料销售收入　　　　　　　　　　　　　　　　30 000
　　　应交税费——应交增值税(销项税额)　　　　　　　　　　　　　　3 900

(2)结转材料销售成本:

借:其他业务成本——材料销售成本　　　　　　　　　　　　　　　25 000
　贷:原材料　　　　　　　　　　　　　　　　　　　　　　　　　　25 000

5.3.5　商品房销售成本的会计核算

房地产开发企业销售成本的结转涉及工程、预算、销售、财务等部门,以房地产销售合同、认购协议、销售清单、施工合同、结算单等一系列资料为依据,工作量较大。

1. 账户设置

为正确反映房地产开发产品销售成本的结转,房地产开发企业应设置"主营业务成本"账户及"开发产品"账户。"主营业务成本"账户核算房地产开发企业对外转让、销售、结算开发产品等应结转的成本。与投资性房地产和固定资产有关的成本不在本账户中核算。房地产项目结转销售收入时,要相应地结转销售成本。

2. 主要账务处理

房地产开发企业销售成本的会计核算是本着收入和成本配比的原则进行的,即房地产开发企业根据收入确认原则确认实现销售收入和销售面积时,应同时结转相应的开发产品销售成本。

企业的开发产品会因对外转让、销售等原因而减少。对于减少的开发产品,应区分不同情况及时作出会计处理。企业对外转让、销售开发产品时,应于月份终了按开发产品的实际成本,借记"主营业务成本"账户,贷记"开发产品"账户。

房地产开发企业发生的当期准予扣除的开发产品销售成本,是指已实现销售的开发产品的成本,按当期已实现销售的可售面积和可售面积单位工程成本确认。可售面积单位工程成本和已销开发产品的计税成本按下列公式计算确定:

可售面积单位工程成本=成本对象总成本÷总可售面积
已销开发产品的计税成本=已实现销售的可售面积×可售面积单位工程成本

【例 5-17】 中国琴岛房地产开发公司开发的 C 项目于 2×21 年 12 月份竣工交付,该项目开发过程中发生开发成本共计 6 亿元。该项目总可售建筑面积为 12 万平方米,商品房竣工交付时,已实现销售建筑面积 6 万平方米,则中国琴岛房地产开发公司已销开发产品的计税成本如下:

可售面积单位工程成本＝60 000÷12＝5 000(万元)

已销开发产品的计税成本＝6×5 000＝30 000(万元)

借:主营业务成本 300 000 000
　贷:开发产品 300 000 000

重 要 概 念

土地使用权转让　商品房预售　代建工程　土地增值税　销售更名　按揭保证金

本 章 练 习

一、单项选择题

1. 下列项目中,不属于增值税免税范围的是( )。

A. 房地产开发企业出租自行开发的房地产项目

B. 存款利息

C. 房地产主管部门或者其指定机构、公积金管理中心、开发企业以及物业管理单位代收的住宅专项维修资金

D. 境外单位或者个人向境内单位或者个人出租完全在境外使用的有形动产

2. 某房地产开发公司转让 5 年前购入的一块土地,取得转让收入 1 800 万元,该土地购进价 1 200 万元,取得土地使用权时缴纳相关税费 40 万元,转让该土地时缴纳相关税费 35 万元。该房地产开发公司转让土地应缴纳土地增值税( )万元。

A. 73.5　　B. 150　　C. 157.5　　D. 300

3. 房地产开发企业在未取得《商品房开发预售许可证》时向购房者收取的定金应在( )会计科目中核算。

A. "其他应付款"　　　　B. "其他应收款"

C. "预收账款"　　　　　D. "主营业务收入"

4. 根据房地产开发经营业务的所得税处理的相关规定,企业销售位于地级市城区及郊区的开发项目,未完工开发产品的计税毛利率由各省、自治、直辖市国家税务局、地方税务局按不得低于( )确定。

A. 15%　　B. 10%　　C. 5%　　D. 3%

5. 下列属于城建税计税依据的是( )。

A. 国内销售环节实际缴纳的增值税、消费税　　B. 进口环节缴纳的关税

C. 进口环节缴纳的消费税　　　　　D. 进口环节缴纳的增值税

二、多项选择题

1. 下列各项行为可以免征土地增值税的有( )。

A. 企业与企业之间的房地产交换

B. 非房地产开发企业以房地产对外投资

C. 在兼并过程中被兼并企业的房地产转让到兼并企业

D. 因国家收回国有土地使用权而使房地产权属发生转让

2. 下列属于房地产开发企业主营业务的有(　　)。

A. 商品房预售　　　　　　　　　　B. 商品房现售

C. 土地使用权转让　　　　　　　　D. 工程材料的转让

3. 下列有关土地增值税的预征说法正确的有(　　)。

A. 东北地区省份不得低于2%,中部和东北部地区省份不得低于1.5%

B. 东北地区省份不得低于1%,中部和东北部地区省份不得低于1.5%

C. 西部地区省份不得低于1%

D. 西部地区省份不得低于2%

4. 下列有关商品房预售的说法正确的有(　　)。

A. 一般纳税人采取预收款方式销售自行开发的房地产项目,应在收到预售款时按照3%的预征率预缴增值税

B. 一般纳税人采取预收款方式销售自行开发的房地产项目,应在收到预售款时按照5%的预征率预缴增值税

C. 一般纳税人次月预缴增值税时,应借记"应交税费——预交增值税"账户

D. 一般纳税人次月预缴增值税时,应贷记"应交税费——预交增值税"账户

5. 下列有关销售更名的说法正确的有(　　)。

A. 销售更名是指在商品房预售阶段,原购买人将所购买的商品房转让给新的购买人

B. 销售更名是指在商品房现售阶段,原购买人将所购买的商品房转让给新的购买人

C. 房地产开发企业按照规定收取更名费的,应按收到的更名费确认"营业外收入"

D. 房地产开发企业按照规定收取更名费的,应按收到的更名费确认"其他业务收入"

三、判断题

1. 居住用地的土地使用权出让的最高使用年限为50年。　　　　　　　　　　　　　　(　　)

2. 房地产开发企业的商品房预售收款在收到款项时尚不能确认销售收入。　　　　　(　　)

3. 房地产开发企业代收配套设施费在收到时应借记"银行存款"或"库存现金"账户,贷记"其他应收款"账户。　　　　　　　　　　　　　　　　　　　　　　　　　　　　　(　　)

4. 一般纳税人采取预售方式销售自行开发的房地产项目,应在收到预售房地产的款项时按照3%的预征率预缴增值税。　　　　　　　　　　　　　　　　　　　　　　　　　　(　　)

5. 合同未约定面积差处理方式的,面积误差超出3%时,购房人可以选择退房。　　　(　　)

四、简答题

1. 土地增值税的征税范围有哪些?

2. 房地产开发企业商品房销售收入的确认条件有哪些?

五、业务题

某房地产开发企业,第一年办妥正在开发的一项楼盘的预售许可证,收到预售款4 905万元,第二年实现上述楼盘80%的销售收入,并确认应负担的土地增值税为87万元,应结转销售成本为2 700万元。土地增值税的预征率是1.5%。要求:为该企业就上述业务进行账务处理。

六、案例题

中国琴岛房地产开发公司为一般纳税人,有 C、D 两个开发项目,均为新项目,采用一般计税方式计税。2×21 年发生如下业务,请为该公司完成相关的业务核算。

(1) 2×21 年 5 月,C 项目预售取得房款 5 450 万元,D 项目未满足预售条件,仍在施工中。

(2) 2×21 年 5 月,采购建筑材料一批,取得增值税专用发票,含税价格 1 160 万元,取得建安劳务增值税专用发票 1 000 万元,该批专用发票统一在下月申报日期截止前进行勾选确认。

(3) 2×21 年 6 月,纳税申报期内填写《增值税预缴税款表》,C 项目预缴增值税。并在填写增值税纳税申报表前,对取得的发票进行勾选确认。

(4) 2×21 年 6 月,C 项目完工并交房取得后续房款 32 700 万元,C 项目土地出让金收据上显示的金额为 11 990 万元。D 项目满足预售条件,取得预售房款 33 790 万元。

(5) 2×21 年 7 月,纳税申报期填写《增值税预缴税款表》,为 D 项目预缴增值税。

请对上述业务进行会计处理。

第6章 投资性房地产的税务与会计处理

内容提要

本章主要讲解了投资性房地产的概念及范围;在税务处理上,主要应纳税种有增值税、房产税、土地使用税、印花税等,纳税业务部分还涉及出租具备房屋功能的地下建筑、免租期等实务问题;在会计处理上,涉及投资性房地产的范围、确认和计量、处置、租赁收入等会计核算。

重点难点

本章要求掌握投资性房地产的计量,包括投资性房地产的初始计量、后续计量以及转换和处置;重点掌握不同计量模式下投资性房地产应设置的主要账户及其具体会计处理方法;熟悉投资性房地产的核算范围;了解投资性房地产的确认条件。

学习目标

通过本章学习,要明确投资性房地产的概念;了解投资性房地产的范围。投资性房地产的确认和初始计量,与固定资产、无形资产一致。企业通常应当采用成本模式对投资性房地产进行后续计量,在满足特定条件时可以采用公允价值模式计量。但是,企业只能选择一种计量模式对其所有投资性房地产进行后续计量,不得同时采用两种计量模式。通过本章的学习,还应重点掌握投资性房地产的转换和处置。

章节导读

知识框架

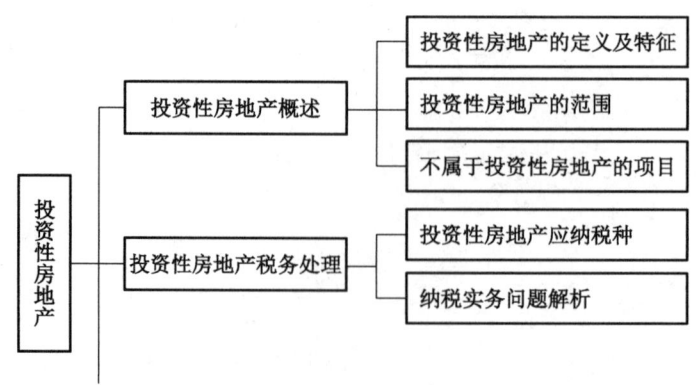

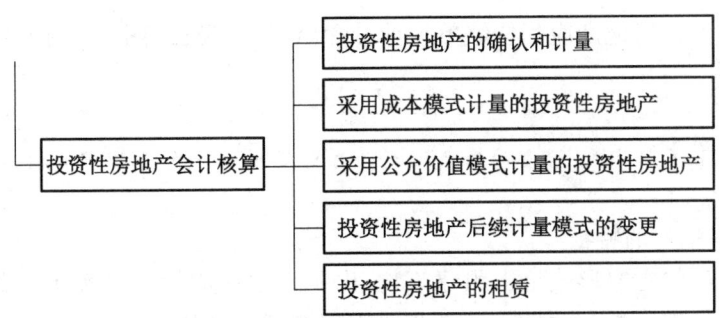

引入案例　万达商业地产盈利模式的转型

大连万达集团创立于 1988 年,经过近 30 年的发展,公司目前已形成商业地产、高级酒店、文化旅游和连锁百货四大核心产业。2014 年,企业资产 5 341 亿元,年收入 2 424.8 亿元。公司于 2014 年 12 月 23 日在中国香港上市。万达商业地产股份有限公司是中国商业地产行业的龙头企业,已在全国开业 109 座万达广场,持有物业面积规模全球第二,成为全球排名第一的不动产企业。

2014 年 9 月 16 日,万达正式对外披露赴港上市相关资料。在披露的财务数据中,最吸引投资者的并非是其在 2013 年创下 867.7 亿元人民币的主营收入和 248.8 亿元的净利润,而是公司目前持有高达 1 470 万平方米的自持物业面积,在公司不断强化商业运营的基础上,公司在自持物业收入上的比例已经达到 22.3%。

业界一直有说法称万达商业地产股份有限公司的盈利很大程度来自持有物业的公允价值升值,而在目前房地产市场面临低迷、物业升值空间在降低的情况下,2014 年万达商业地产股份有限公司的预计净利润(不包括公允价值收益的影响)不低于 132 亿元,相比于 2013 年则有所增长。

万达集团董事长王健林此前在解读万达商业地产股份有限公司的商业模式中表示,一个万达广场可以解决当地七八千人的就业问题;而一个万达广场里,有几百个商家,这些商家又间接地带动了上游的制造业和供应商,这使万达广场已经不再是一个简单的投资性房地产项目,而是一个产业支撑。

那么,在传统房地产开发企业中,投资性房地产与一般用途的房地产有何计量上的差异?可供选择的后续计量模式又有哪些?我们在这章的学习中可以找到答案。

(资料来源:中国新闻网,2014 年 9 月 17 日,作者:佚名。)

6.1 | 投资性房地产概述

随着我国社会主义市场经济的发展和完善,房地产市场日益活跃,房地产开发企业除了将房地产用作产品生产和对外销售,也将房地产用于赚取租金或增值收益的活动。用于出租或增值的房地产就是投资性房地产,它在用途、状态、目的等方面与企业自用的厂房、办公楼和用于销售的存货是不同的。将投资性房地产单独作为一项非流动资产进行核算,能够更清晰地反映企业所持有房地产的构成情况和盈利水平。对于房地产开发企业而言,投资性房地产主要是指以赚取租金为目的的兼营房屋租赁以及持有并用于增值收益活动的房地产。

投资性房地产概述

6.1.1　投资性房地产的定义及特征

1. 投资性房地产的定义

投资性房地产是一项特殊的资产,是指企业为赚取租金或资本增值,或者两者兼有而持有的房地产。投资性房地产应当能够单独计量和出售，作为长期资产进行专门核算。

特别提示 6-1

　　企业以出售为目的，只是暂时出租的房地产，作为存货在"出租开发产品"账户核算，不作为投资性房地产。

2. 投资性房地产的特征

　　投资性房地产的主要形式是出租建筑物、出租土地使用权。这实质上属于一种让渡资产使用权行为。房地产租金就是让渡资产使用权取得的使用费收入，是企业为完成其经营目标所从事的经营性活动以及与之相关的其他活动形成的经济利益流入。投资性房地产的另一种形式是持有并准备增值后转让的土地使用权，尽管其增值收益通常与市场供求、经济发展等因素相关，但目的是增值后转让以赚取增值收益，也是企业为完成其经营目标所从事的经营性活动以及与之相关的其他活动形成的经济利益流入。

6.1.2　投资性房地产的范围

　　投资性房地产的范围包括已出租的土地使用权、持有并准备增值后转让的土地使用权、已出租的建筑物。

1. 已出租的土地使用权

　　已出租的土地使用权，是指企业通过出让或转让方式取得的以经营租赁方式出租的土地使用权。对于以经营租赁方式租入土地使用权再转租给其他单位的，不能确认为投资性房地产。

2. 持有并准备增值后转让的土地使用权

　　持有并准备增值后转让的土地使用权，是指企业取得的准备增值后转让的土地使用权。按照国土资源部《闲置土地处置办法》认定的闲置土地，不属于持有并准备增值后转让的土地使用权。在我国实务中，持有并准备增值后转让的土地使用权这种情况较少。

3. 已出租的建筑物

　　已出租的建筑物，是指企业拥有产权的、以经营租赁方式出租的建筑物，包括自行建造或开发活动完成后用于出租的建筑物以及正在建造或开发过程中将来用于出租的建筑物。企业在判断和确认已出租的建筑物，应当把握以下要点：

　　第一，用于出租的建筑物是指企业拥有产权的建筑物。企业以经营租赁方式租入再转租的建筑物不属于投资性房地产。

　　第二，已出租的建筑物是企业已经与其他方签订了租赁协议，约定以经营租赁方式出租的建筑物。一般应自租赁协议规定的租赁期开始日起，经营出租的建筑物才属于已出租的建筑物。通常情况下，对企业持有以备经营出租的空置建筑物，如董事会或类似机构作出书面决议，明确表明将其用于经营出租且持有意图短期内不再发生变化的，即使尚未签订租赁协议，也应视为投资性房地产。这里的"空置建筑物"，是指企业新购入、自行建造或开发完工但尚未使用的建筑物，以及不再用于日常生产经营活动且经整理后达到可经营出租状态的建筑物。

　　第三，企业将建筑物出租，按租赁协议向承租人提供的相关辅助服务在整个协议中不重大的，应当将该建筑物确认为投资性房地产。例如，企业将其写字楼出租，同时向承租人提供维护、保安等日常辅助服务,企业应当将其确认为投资性房地产。

6.1.3 不属于投资性房地产的项目

自用房地产、作为存货的房地产不属于投资性房地产。

1. 自用房地产

自用房地产是指为生产商品、提供劳务或者经营管理而持有的房地产,如企业生产经营用的厂房和办公楼属于固定资产;企业生产经营用的土地使用权属于无形资产。自用房地产的特征在于服务于企业自身的生产经营,其价值将随着房地产的使用而逐渐转移到企业的产品或服务中去,通过销售商品或提供服务为企业带来经济利益,在产生现金流量的过程中与企业持有的其他资产密切相关。例如,企业出租给本企业职工居住的宿舍,虽然也收取租金,但间接为企业自身的生产经营服务,因此具有自用房地产的性质。又如,企业拥有并自行经营的旅馆饭店。旅馆饭店的经营者在向顾客提供住宿服务的同时,还提供餐饮、娱乐等其他服务,其经营目的主要是通过向客户提供服务取得服务收入,因此,企业自行经营的旅馆饭店是企业的经营场所,应当属于自用房地产。

2. 作为存货的房地产

作为存货的房地产通常是指房地产开发企业在正常经营过程中销售的或为销售而正在开发的商品房和土地。这部分房地产属于房地产开发企业的存货,其开发、销售构成企业的主营业务活动,产生的现金流量也与企业的其他资产密切相关。因此,具有存货性质的房地产不属于投资性房地产。

从事房地产经营开发的企业依法取得的用于开发后出售的土地使用权,属于房地产开发企业的存货,即使房地产开发企业决定待增值后再转让其开发的土地,也不得将其确认为投资性房地产。因此,房地产开发企业投资性房地产的范围包括已出租的土地使用权、已出租的建筑物。

实务中存在某项房地产部分自用或作为存货出售、部分用于赚取租金或资本增值的情形。如果某项投资性房地产不同用途的部分能够单独计量和出售,应当分别确认为固定资产、无形资产、存货和投资性房地产。例如,甲房地产开发企业建造了一栋商住两用楼盘,一层出租给一家大型超市,已签订经营租赁合同;其余楼层均为普通住宅,正在公开销售中。这种情况下,如果一层商铺能够单独计量和出售,应当确认为甲企业的投资性房地产,其余楼层为甲企业的存货,即开发产品。

☞ 引例解析 ....

万达商业地产盈利模式的转型

引例中,传统的房地产开发企业中,一般的房地产分为自用房地产和作为存货的房地产,自用房地产服务于企业自身的生产经营,作为存货的房地产通常是指房地产开发企业在正常经营过程中销售的或为销售而正在开发的商品房和土地。这两种房地产与投资性房地产的用途有着本质的区别,投资性房地产是企业为赚取租金或资本增值,或者两者兼有而持有的房地产。

在后续计量时通常应当采用成本模式,满足特定条件的情况下也可以采用公允价值模式。同一企业只能采用一种模式对所有投资性房地产进行后续计量,不得同时采用两种计量模式。

6.2 | 投资性房地产税务处理

投资性房地
产税务处理

房地产开发企业持有的投资性房地产，主要应纳税种有增值税及其相关的城市维护建设税、教育费附加和地方教育费附加、印花税、房产税、城镇土地使用税等。

6.2.1 投资性房地产应纳税种

1. 增值税及附加税费

房地产开发企业出租自行开发的房地产项目，适用《财政部 国家税务总局关于进一步明确全面推开营改增试点有关再保险、不动产租赁和非学历教育等政策的通知》（财税〔2016〕68 号）。

纳税人以经营租赁方式出租其取得的不动产，适用《纳税人提供不动产经营租赁服务增值税征收管理暂行办法》（国家税务总局公告 2016 年第 16 号）。取得的不动产，包括以直接购买、接受捐赠、接受投资入股、自建以及抵债等各种形式取得的不动产。

（1）房地产开发企业中的一般纳税人，出租自行开发的房地产老项目，一般纳税人出租其 2016 年 4 月 30 日前取得的不动产，可以选择适用简易计税方法，按照 5% 的征收率计算应纳税额。

（2）房地产开发企业中的一般纳税人出租其 2016 年 5 月 1 日后自行开发的房地产项目，一般纳税人出租其 2016 年 5 月 1 日后取得的不动产，适用一般计税方法计税。

（3）房地产开发企业中的小规模纳税人出租自行开发的房地产项目，小规模纳税人（不含个体工商户出租住房）出租其取得的不动产，按照 5% 的征收率计算应纳税额。

（4）房地产开发企业出租自行开发的房地产项目与其机构所在地不在同一县（市）的，纳税人出租其取得的不动产所在地与机构所在地不在同一县（市、区）的，应按照规定在不动产所在地主管国税机关预缴税款后，向机构所在地主管国税机关进行纳税申报。

纳税人适用一般计税方法计税的，应预缴税款按照以下公式计算：

$$应预缴税款＝含税销售额÷(1＋9\%)×3\%$$

纳税人出租不动产适用简易计税方法计税的，除个人出租住房，应预缴税款按照以下公式计算：

$$应预缴税款＝含税销售额÷(1＋5\%)×5\%$$

【例 6-1】 中国琴岛房地产开发公司开发的一栋商务楼共 8 000 平方米出租给甲公司使用，已确认为投资性房地产。经营租赁合同规定，租期 1 年，年租金为 630 万元。

假设城市维护建设税税率为 7%，教育费附加征收率为 3%，地方教育费附加征收率为 2%。中国琴岛房地产开发公司选择适用简易计税方法，每年应纳税费为：

$$应纳增值税＝630÷(1＋5\%)×5\%＝30(万元)$$
$$应纳城市维护建设税＝30×7\%＝2.1(万元)$$
$$应纳教育费附加＝30×3\%＝0.9(万元)$$
$$应纳地方教育费附加＝30×2\%＝0.6(万元)$$

2. 印花税

对房地产开发企业出租的投资性房地产签订的租赁合同,根据《印花税法》及其相关规定,按照财产租赁合同征收印花税,按合同记载金额的1‰贴花,税额不足1元的,按1元贴花。

【例6-2】 中国琴岛房地产开发公司与甲公司签订租赁合同,经营租赁合同规定,租期1年,年租金为400万元。中国琴岛房地产开发公司与甲公司签订租赁合同时,应纳印花税为:

$$应纳印花税 = 4\,000\,000 \times 1‰ = 4\,000(元)$$

3. 房产税

房地产开发企业持有投资性房地产,根据《中华人民共和国房产税暂行条例》(国发〔1986〕90号)(以下简称《房产税暂行条例》)等相关规定,应当缴纳房产税。房产税实行按年征收、分期缴纳,在房产所在地主管税务机关申报纳税。具体纳税期限由省、自治区、直辖市人民政府确定。投资性房地产的计税依据分为从价计征和从租计征两种形式。

(1)从价计征。通常情况下,对房地产开发企业持有以备经营出租的空置建筑物,尚未出租时,应当采用从价计征的形式缴纳房产税,计税依据为房产原值一次减除10%~30%后的余值,按1.2%的税率计算缴纳。

关于房产原值如何确定的问题:①根据《财政部 国家税务总局关于房产税、城镇土地使用税有关问题的通知》(财税〔2008〕152号)的规定,房屋原值应根据国家有关会计制度规定进行核算。对纳税人未按国家有关会计制度规定核算并记载的,应按规定予以调整或重新评估。②根据《财政部 国家税务总局关于安置残疾人就业单位城镇土地使用税等政策的通知》(财税〔2010〕121号)"关于将地价计入房产原值征收房产税问题"的规定,对按照房产原值计税的房产,无论会计上如何核算,房产原值均应包含地价,包括为取得土地使用权支付的价款、开发土地发生的成本费用等。宗地容积率低于0.5的,按房产建筑面积的2倍计算土地面积并据此确定计入房产原值的地价。③根据《国家税务总局关于进一步明确房屋附属设备和配套设施计征房产税有关问题的通知》(国税发〔2005〕173号)的规定,为了维持和增加房屋的使用功能或使房屋满足设计要求,凡以房屋为载体,不可随意移动的附属设备和配套设施,如给排水、采暖、消防、中央空调、电气及智能化楼宇设备等,无论在会计核算中是否单独记账与核算,都应计入房产原值,计征房产税。对于更换房屋附属设备和配套设施的,在将其价值计入房产原值时,可扣减原来相应设备和设施的价值;对附属设备和配套设施中易损坏、需要经常更换的零配件,更新后不再计入房产原值。

【例6-3】 中国琴岛房地产开发公司持有以备经营出租的空置房屋,原值为5000万元,按照当地规定允许按减除30%后的余值计税,适用税率为1.2%。中国琴岛房地产开发公司每年应纳房产税为:

$$应纳房产税 = 房产原值一次减除10\%~30\%后的余值 \times 税率 = 5\,000 \times (1-30\%) \times 1.2\% = 42(万元)$$

(2)从租计征。《房产税暂行条例》规定,房产出租的,以房产租金收入为房产税的计税依据。房地产开发企业向承租方出租用于经营的房产,以租金收入的12%计算缴纳房产税;按市场价格向个人出租用于居住的住房,根据《财政部 国家税务总局关于廉租住房、经济适用住房和住房租赁有关税收政策的通知》(财税〔2008〕24号)的规定,以租金收入的4%计算缴纳房产税。根据《关于营改增后契税、房产税、土地增值税、个人所得税计税依据问题的通知》（财税〔2016〕43 号）规定,房产出租的,计征房产税的租金收入不含增值税。

【例 6-4】 中国琴岛房地产开发公司出租办公楼一栋,年租金收入为 305 万元(不含增值税)适用税率为 12％。中国琴岛房地产开发公司每年应纳房产税为:

$$应纳房产税＝租金收入×税率＝305×12％＝36.6(万元)$$

房地产开发企业出租房产,自交付出租房产之次月起,缴纳房产税。未出租的投资性房地产的纳税义务发生时间,根据取得资产的方式来确定。外购的投资性房地产自房屋交付使用之次月起缴纳房产税;自行建造的投资性房地产自建成之次月起缴纳房产税。房产税纳税义务截止时间,根据《财政部 国家税务总局关于房产税、城镇土地使用税有关问题的通知》(财税〔2008〕152 号)的规定,纳税人因房产、土地的实物或权利状态发生变化而依法终止房产税、城镇土地使用税纳税义务的,其应纳税款的计算应截至房产、土地的实物或权利状态发生变化的当月末。

根据《财政部 国家税务总局关于对外资企业及外籍个人征收房产税有关问题的通知》(财税〔2009〕3 号)规定,根据 2008 年 12 月 31 日国务院发布的第 546 号令,自 2009 年 1 月 1 日起,废止《中华人民共和国城市房地产税暂行条例》,外商投资企业、外国企业和组织以及外籍个人(包括港澳台资企业和组织以及华侨、港澳台同胞,以下统称外资企业及外籍个人)依照《房产税暂行条例》缴纳房产税。对外资企业及外籍个人的房产征收房产税,在征税范围、计税依据、税率、税收优惠、征收管理等方面按照《房产税暂行条例》及有关规定执行。以人民币以外的货币为记账本位币的外资企业及外籍个人在缴纳房产税时,均应将其根据记账本位币计算的税款按照缴款上月最后一日的人民币汇率中间价折合成人民币。

4. 城镇土地使用税

城镇土地使用税的纳税义务人是指在城市、县城、建制镇和工矿区使用土地的单位和个人。城镇土地使用税的纳税人通常包括以下几类:

(1) 拥有土地使用权的单位和个人。

(2) 拥有土地使用权的单位和个人不在土地所在地的,其土地的实际使用人和代管人为纳税人。

(3) 土地使用权未确定或权属纠纷未解决的,其实际使用人为纳税人。

(4) 土地使用权共有的,共有各方都是纳税人,由共有各方分别纳税。

城镇土地使用税采用定额税率,即采用有幅度的差别税额,按大、中、小城市和县城、建制镇、工矿区分别规定每平方米土地使用税年应纳税额。具体标准如表 6-1 所示。

表 6-1

城镇土地使用税税率表

级别	人口	每平方米税额(元)
大城市	50 万以上	1.5～30
中等城市	20 万～50 万	1.2～24
小城市	20 万以下	0.9～18
县城、建制镇、工矿区		0.6～12

城镇土地使用税以纳税人实际占用的土地面积为计税依据,土地面积计量标准为每平方米。即税务机关根据纳税人实际占用的土地面积,按照规定的税额计算应纳税额,向纳税人征收土地使用税。

纳税人实际占用的土地面积按下列办法确定:

(1)由省、自治区、直辖市人民政府确定的单位组织测定土地面积的,以测定的面积为准。

(2)尚未组织测量,但纳税人持有政府部门核发的土地使用证书的,以证书确认的土地面积为准。

(3)尚未核发土地使用证书的,应由纳税人申报土地面积,据以纳税,待核发土地使用证以后再作调整。

城镇土地使用税的应纳税额可以通过纳税人实际占用的土地面积乘以该土地所在地段的适用税额求得。其计算公式为:

$$全年应纳税额＝实际占用应纳土地面积(平方米)×适用税额$$

6.2.2　纳税实务问题解析

房地产开发企业出租具备房屋功能的地下建筑、免租期、房屋大修停用期间、无租使用其他单位房产、投资联营的房产等特殊情况的纳税处理,税法给出了特殊规定。

1. 出租具备房屋功能的地下建筑的房产税问题

具备房屋功能的地下建筑,是指有屋面和维护结构,能够遮风避雨,可供人们在其中生产、经营、工作、学习、娱乐、居住或储藏物资的场所。地下建筑分为三类:一是开发完成后作为开发产品对外出售;二是开发完成后对外出租赚取租金收入,符合投资性房地产确认条件,应确认为投资性房地产;三是地下人防设施,房地产开发企业拥有使用权和收益权,可以对外出租,但却没有处分权,不属于投资性房地产。

《财政部 国家税务总局关于具备房屋功能的地下建筑征收房产税的通知》(财税〔2005〕181 号)规定,从 2006 年 1 月 1 日起,凡在房产税征收范围内的具备房屋功能的地下建筑,包括与地上房屋相连的地下建筑以及完全建在地面以下的建筑地下人防设施等,均应当依照有关规定征收房产税。出租的地下建筑,按照出租地上房屋建筑的有关规定计算征收房产税。

《财政部 国家税务总局关于房产税、城镇土地使用税有关问题的通知》(财税〔2009〕128号)规定,对在城镇土地使用税征税范围内单独建造的地下建筑用地,按规定征收城镇土地使用税。其中,已取得地下土地使用权证的,按土地使用权证确认的土地面积计算应征税款;未取得地下土地使用权证或地下土地使用权证上未标明土地面积的,按地下建筑垂直投影面积计算应征税款。对上述地下建筑用地暂按应征税款的 50％征收城镇土地使用税。

2. 免租期的房产税问题

免租期,就是免除房租的期限,厂房、写字楼或者商铺的租赁业务中,承租方在租赁后,都需要进行装饰装修,占用大量时间,为此承租方往往要求出租房在租赁合同中约定一定的免租期优惠。比如,如果签租用 1 年的合同,合同中明确规定免租期 1 个月(往往是第 1 个月),承租人实际只支付 11 个月的房租。

根据《财政部 国家税务总局关于安置残疾人就业单位城镇土地使用税等政策的通知》（财税〔2010〕121号）的规定，对出租房产，租赁双方签订的租赁合同约定有免收租金期限的，免收租金期间由产权所有人按照房产原值缴纳房产税。

根据《国家税务总局关于土地价款扣除时间等增值税征管问题的公告》（国家税务总局公告2016年第86号）及其解读规定，纳税人出租不动产，租赁合同中约定免租期，是以满足一定租赁期限为前提的，并不是"无偿"赠送，不属于《营业税改征增值税试点实施办法》（财税〔2016〕36号）第十四条规定的视同销售服务。

3. 房屋大修停用期间的房产税问题

根据《财政部 国家税务总局关于房产税若干具体问题的解释和暂行规定》（财税地字〔1986〕8号）的规定，房屋大修停用在半年以上的，经纳税人申请，在大修期间可免征房产税。

4. 无租使用其他单位房产的房产税问题

《财政部 国家税务总局关于房产税、城镇土地使用税有关问题的通知》（财税〔2009〕128号）规定，无租使用其他单位房产的应税单位和个人，依照房产余值代缴纳房产税。

5. 投资联营的房产涉及的房产税问题

根据《房产税暂行条例》以及《国家税务总局关于安徽省若干房产税业务问题的批复》（国税函发〔1993〕368号）的规定，对于投资联营的房产，应根据投资联营的具体情况，在计征房产税时予以区别对待。

对于以房产投资联营，投资者参与投资利润分红，共担风险的情况，按房产原值作为计税依据计征房产税；对于以房产投资，收取固定收入，不承担联营风险的情况，实际上是以联营名义取得房产的租金，应根据《房产税暂行条例》的有关规定由出租方按租金收入计缴房产税。

6. 居民住宅区内业主共有的经营性房产的涉税问题

根据《财政部 国家税务总局关于房产税、城镇土地使用税有关政策的通知》（财税〔2006〕186号）第一条的规定，自2007年1月1日起，对居民住宅区内业主共有的经营性房产，由实际经营（包括自营和出租）的代管人或使用人缴纳房产税。其中自营的，依照房产原值减除10%～30%后的余值计征，没有房产原值或不能将业主共有房产与其他房产的原值准确划分开的，由房产所在地地方税务机关参照同类房产核定房产原值；出租的，依照租金收入计征。

6.3 投资性房地产会计核算

投资性房地产会计核算

房地产开发企业将持有房地产用于赚取租金的活动，需要将投资性房地产单独作为一项资产核算和反映，与自用的办公楼等房地产和作为存货的房地产加以区别，从而更加清晰地反映企业所持有房地产的构成情况和盈利能力。投资性房地产的确认、计量和披露适用《企业会计准则第3号——投资性房地产》（以下简称"投资性房地产准则"）的规定，房地产租金收入的确认、计量和披露适用《企业会计准则第21号——租赁》的规定。

6.3.1 投资性房地产的确认和计量

投资性房地产只有在符合定义的前提下，并同时满足下列条件，才能予以确认：①与该投资性房地产有关的经济利益很可能流入企业;②该投资性房地产的成本能够可靠地计量。不满足投资性房地产确认条件的房地产,应当先作为固定资产(无形资产或存货)加以确认,待满足投资性房地产确认条件时,才能从固定资产(无形资产或存货)转换为投资性房地产。

对已出租的土地使用权、建筑物,其作为投资性房地产的确认时点一般为租赁期开始日,即土地使用权、建筑物进入出租状态,开始赚取租金的日期。

根据投资性房地产准则的规定,投资性房地产应当按照成本进行初始确认和计量。在后续计量时通常应当采用成本模式,满足特定条件的情况下也可以采用公允价值模式。但是,同一企业只能采用一种模式对所有投资性房地产进行后续计量,不得同时采用两种计量模式。

6.3.2 采用成本模式计量的投资性房地产

1. 外购或自行建造的投资性房地产

外购采用成本模式计量的土地使用权或建筑物,按照取得时的实际成本进行初始计量,其实际成本包括购买价款、相关税费和可直接归属于该资产的其他支出。房地产开发企业购入的房地产,部分用于出租,部分自用,用于出租的部分应当予以单独确认的,应按照不同部分的公允价值占公允价值总额的比例将成本在不同部分之间进行分配。

自行建造的采用成本模式计量的投资性房地产,其成本由建造该项资产达到预定可使用状态前发生的必要支出构成,包括土地开发费、建安成本、应予以资本化的借款费用、支付的其他费用和分摊的间接费用等。建造过程中发生的非正常性损失直接计入当期损益,不计入建造成本。

【例6-5】 2×21年3月,中国琴岛房地产开发公司计划购入两套商业房产用于对外出租。4月20日,中国琴岛房地产开发公司与甲公司签订了经营租赁合同,约定自两套商业房产购买日起将两套商业房产出租给甲公司,租赁期限3年。5月1日,中国琴岛房地产开发公司实际购入两套商业房产,取得的增值税专用发票注明的房屋价款为500万元,增值税税额为45万元,款项已通过银行存款支付。(假设不考虑其他因素,采用成本模式进行后续计量,下同)。中国琴岛房地产开发公司应编制如下会计分录:

借:投资性房地产 5 000 000
　　应交税费——应交增值税(进项税额) 450 000
　　贷:银行存款 5 450 000

【例6-6】 2×21年6月,中国琴岛房地产开发公司以出让方式取得一宗土地使用权用于商品房的开发,为利于房屋的销售,中国琴岛房地产开发公司计划在该宗土地上建造一幢综合性的商场对外出租。2×21年2月,中国琴岛房地产开发公司预计商场即将完工,与甲公司签订了经营租赁合同,将该商场租赁给甲公司使用。合同约定,该商场于完工(达到预定可使用状态)时开始起租。2×21年3月28日,该商场完工(达到预定可使用状态)。商场应分配的土地成本为1 050万元,商场的实际造价为3 600万元,能够单独出售。中国琴岛房地产开发公司应编制如下会计分录:

借:投资性房地产——成本(商场) 36 000 000
　　贷:在建工程 36 000 000

借：投资性房地产——成本(已出租土地使用权)　　10 500 000
　　贷：无形资产——土地使用权　　　　　　　　　　10.500.000

2. 非投资性房地产转换为投资性房地产

房地产的转换，是因房地产用途发生改变而对房地产进行的重新分类。企业必须有确凿证据表明房地产用途发生改变，才能将投资性房地产转换为非投资性房地产或者将非投资性房地产转换为投资性房地产。这里的"确凿证据"包括两个方面：一是企业董事会或类似机构应当就改变房地产用途形成正式的书面决议；二是房地产因用途改变而发生实际状态上的改变，如从自用状态改为出租状态。

（1）作为存货的房地产转换为投资性房地产。作为存货的房地产转换为投资性房地产，通常指房地产开发企业将其持有的开发产品以经营租赁的方式出租，存货相应地转换为投资性房地产。企业自行建造或开发完成但尚未使用的建筑物，如果董事会或类似机构已作出正式书面决议，明确表明将其用于经营出租且持有意图短期内不再发生变化的，可视为存货转换为投资性房地产，转换日为董事会或类似机构作出正式书面决议的日期。

企业将作为存货的房地产转换为采用成本模式计量的投资性房地产，应当按该项存货在转换日的账面价值，借记"投资性房地产"账户，原已计提跌价准备的，借记"存货跌价准备"账户，按其账面余额，贷记"开发产品"等账户。

【例 6-7】 2×21年2月10日，中国琴岛房地产开发公司与甲公司签订了租赁协议，将其开发的一栋写字楼出租给甲公司使用，租赁期开始日为2×21年4月1日。2×21年4月1日，该写字楼的账面余额2 200万元，已计提跌价准备800万元。中国琴岛房地产开发公司应编制如下会计分录：

借：投资性房地产——写字楼　　　　　　　　　　22 000 000
　　存货跌价准备　　　　　　　　　　　　　　　　8 000 000
　　贷：开发产品　　　　　　　　　　　　　　　　　30 000 000

（2）自用房地产转换为投资性房地产。企业将原本用于生产商品、提供劳务或者经营管理的房地产改用于出租，应于租赁期开始日，将相应的固定资产或无形资产转换为投资性房地产。对不再用于日常生产经营活动且经整理后达到可经营出租状态的房地产，如果企业董事会或类似机构作出正式书面决议，明确表明其自用房地产用于经营出租且持有意图短期内不再发生变化的，应视为自用房地产转换为投资性房地产，转换日为企业董事会或类似机构作出正式书面决议的日期。

企业将自用土地使用权或建筑物转换为以成本模式计量的投资性房地产时，应当将该项建筑物或土地使用权在转换日的原价、累计折旧、减值准备等，分别转入"投资性房地产""投资性房地产累计折旧(摊销)""投资性房地产减值准备"账户，按其账面余额，借记"投资性房地产"账户，贷记"固定资产"或"无形资产"账户，按已计提的折旧或摊销，借记"累计摊销"或"累计折旧"账户，贷记"投资性房地产累计折旧(摊销)"账户，原已计提减值准备的，借记"固定资产减值准备"或"无形资产减值准备"账户，贷记"投资性房地产减值准备"账户。

【例 6-8】 2×21年3月10日，中国琴岛房地产开发公司与甲公司签订了经营租赁协议，将其自用的一栋写字楼出租给甲公司使用，租赁期开始日为2×21年4月1日，租期6年。2×21年4月1日，这栋写字楼的账面余额为1 800万元，已计提折旧450万元。中国琴岛房地产开发公司应编制如下会计分录：

借：投资性房地产——写字楼 18 000 000
　累计折旧 4 500 000
　贷：固定资产 18 000 000
　　投资性房地产累计折旧 4 500 000

3. 投资性房地产的后续计量

采用成本模式进行后续计量的投资性房地产,应当按照《企业会计准则第 4 号——固定资产》或《企业会计准则第 6 号——无形资产》的有关规定,按期(月)计提折旧或摊销,借记"主营业务成本"等账户,贷记"投资性房地产累计折旧(摊销)"账户。

投资性房地产存在减值迹象的,还应当按照《企业会计准则第 8 号——资产减值》的有关规定进行减值测试,经减值测试后确定发生减值的,应当计提减值准备,借记"资产减值损失"账户,贷记"投资性房地产减值准备"账户。已经计提减值准备的投资性房地产,其减值损失在以后的会计期间不得转回。

【例 6-9】 2×21 年 1 月,中国琴岛房地产开发公司计划购入一栋写字楼用于对外出租。2×21 年 2 月 9 日,中国琴岛房地产开发公司与甲公司签订了经营租赁合同,约定自办公楼购买日起将这栋写字楼出租给甲公司,租期 2 年。3 月 10 日,中国琴岛房地产开发公司实际购入写字楼,支付价款 1 860 万元。该写字楼预计使用年限 25 年,预计净残值 60 万元,采用平均年限法计提折旧。2×21 年 12 月 31 日,该栋写字楼发生减值 30 万元。中国琴岛房地产开发公司对出租的不动产采用成本模式计量,会计处理如下：

① 2×21 年 3 月 10 日,中国琴岛房地产开发公司购入写字楼：

借：投资性房地产——写字楼 18 600 000
　贷：银行存款 18 600 000

② 2×21 年 4 月至 12 月,中国琴岛房地产开发公司每月计提折旧：

借：主营业务成本 60 000
　贷：投资性房地产累计折旧 60 000

③ 2×21 年年末,计提投资性房地产减值准备：

借：资产减值损失 300 000
　贷：投资性房地产减值准备 300 000

4. 与投资性房地产有关的后续支出

与投资性房地产有关的后续支出,满足投资性房地产确认条件的,应当计入投资性房地产成本;不满足投资性房地产确认条件的,应当在发生时计入当期损益。

(1) 资本化的后续支出。房地产开发企业为了提高投资性房地产的使用效能,往往需要对投资性房地产进行改建、扩建而使其更加坚固耐用,或者通过装修而改善其室内装潢,改扩建或装修支出满足确认条件的,应当将其资本化。房地产开发企业对某项投资性房地产进行改扩建等再开发且将来仍作为投资性房地产的,在再开发期间应继续将其作为投资性房地产,再开发期间不计提折旧或摊销。

中国平安投资性房地产资产3年膨胀1倍

在资产荒大环境下,部分保险企业纷纷加码房地产市场投资。从2016年上市保险企业半年报发现,中国平安的投资性房地产资产已经达到334.29亿元,较去年年底增长22%,是2013年的1倍,该数据在2013年二季度末仅为160.12亿元。

投资性房地产是指为赚取租金或资本增值,或两者兼有而持有的房地产,包括已出租的建筑物。除中国人寿外,新华保险和中国太保旗下均有涉及房地产行业的子公司。截至2016年6月30日,新华保险的投资性房地产为31.74亿元,与去年底相比增加46%。通过长期股权投资方式,中国平安联营和合营的房产、置业公司达到9家。而在2016年5月底,中国人寿联合美国不动产投资管理机构等合作方,完成收购曼哈顿美国大道1285标志性写字楼,此前也投资过伦敦金融城等项目。

【例6-10】 2×21年2月,中国琴岛房地产开发公司与甲公司的一项商场经营租赁合同即将到期,双方协商,租赁期满后由中国琴岛房地产开发公司对该商场进行改扩建,并重新签订租赁合同,约定自改扩建工程完工时将商场出租给甲公司。该商场原价为3 200万元,已计提折旧900万元。4月2日,租赁合同到期,商场随即转入改扩建工程。12月20日,商场改扩建工程完工,共发生支出500万元,即日按照租赁合同重新出租给甲公司。中国琴岛房地产开发公司对出租的不动产采用成本模式计量。

[例6-10]中,改扩建支出属于资本化的后续支出,应当计入投资性房地产的成本。

中国琴岛房地产开发公司的会计处理如下:

① 2×21年4月2日,投资性房地产转入改扩建工程:

借:投资性房地产——商场(在建)　23 000 000
　投资性房地产累计折旧　9 000 000
　贷:投资性房地产——商场　32 000 000

② 2×21年4月2日—12月20日,商场发生改扩建支出时:

借:投资性房地产——商场(在建)　5 000 000
　贷:银行存款等　5 000 000

③ 2×21年12月20日,改扩建工程完工:

借:投资性房地产——商场　28 000 000
　贷:投资性房地产——商场(在建)　28 000 000

(2)费用化的后续支出。与投资性房地产有关的后续支出,不满足投资性房地产确认条件的,应当在发生时计入当期损益。例如,企业对投资性房地产进行日常维护所发生的支出。企业在发生投资性房地产费用化的后续支出时,借记"主营业务成本"等账户,贷记"银行存款"等账户。

【例6-11】 2×21年5月,中国琴岛房地产开发公司对其对外出租的商场进行日常维修,发生维修支出7万元。中国琴岛房地产开发公司对出租的不动产采用成本模式计量。

本例中,日常维修支出属于费用化的后续支出,应当计入当期损益。

中国琴岛房地产开发公司应编制如下会计分录:

借：主营业务成本 70 000
 贷：银行存款等 70 000

5. 投资性房地产转换为非投资性房地产

（1）投资性房地产转换为自用房地产。企业将采用成本模式计量的投资性房地产转换为自用房地产时，应当将房地产转换前的账面价值作为转换后的入账价值。转换日，将该项投资性房地产的账面余额，累计折旧或摊销、减值准备等，分别转入"固定资产""累计折旧""固定资产减值准备"等账户；按投资性房地产的账面余额，借记"固定资产"或"无形资产"账户，贷记"投资性房地产"账户；按已计提的折旧或摊销，借记"投资性房地产累计折旧（摊销）"账户，贷记"累计折旧"或"累计摊销"账户；原已计提减值准备的，借记"投资性房地产减值准备"账户，贷记"固定资产减值准备"或"无形资产减值准备"账户。

【例6-12】 2×21年5月9日，中国琴岛房地产开发公司将出租在外的1 000平方米办公楼收回，开始用于本公司办公自用。该办公楼的账面价值为2 000万元，其中，原价2 800万元，已计提折旧800万元。假设中国琴岛房地产开发公司采用成本模式计量。

转换日，中国琴岛房地产开发公司的会计处理如下：

借：固定资产 28 000 000
 投资性房地产累计折旧 8 000 000
 贷：投资性房地产 28 000 000
  累计折旧 8 000 000

（2）投资性房地产转换为存货。房地产开发企业将用于经营出租的投资性房地产重新开发用于对外销售的，从投资性房地产转换为存货。这种情况下，转换日为租赁期届满，企业董事会或类似机构作出正式书面决议明确表明将其重新开发用于对外销售的日期。

企业将投资性房地产转换为存货时，应当按照该项房地产在转换日的账面价值，借记"开发产品"账户，按照已计提的折旧或摊销，借记"投资性房地产累计折旧（摊销）"账户，原已计提减值准备的，借记"投资性房地产减值准备"账户，按其账面余额，贷记"投资性房地产"账户。

【例6-13】 中国琴岛房地产开发公司将其开发的部分商铺用于对外经营租赁。2×21年5月9日，因租赁期满，中国琴岛房地产开发公司将出租的商铺收回，并作出书面决议，将该写字楼重新开发用于对外销售，即由投资性房地产转换为存货。写字楼在转换前采用成本模式计量，原价3 600万元，已计提折旧600万元，已计提减值准备50万元。

转换日，中国琴岛房地产开发公司的会计处理如下：

借：开发产品 29 500 000
 投资性房地产累计折旧 6 000 000
 投资性房地产减值准备 500 000
 贷：投资性房地产 36 000 000

6. 投资性房地产的处置

当投资性房地产被处置，或者永久退出使用且预计不能从其处置中取得经济利益时，应当终止确认该项投资性房地产。

企业可以通过对外出售或转让的方式处置投资性房地产，对于那些由于使用而不断磨损直到最终报废,或者由于遭受自然灾害等原因而毁损的投资性房地产应当及时进行清理。此外,企业因其他原因,如非货币性交易等而减少投资性房地产也属于投资性房地产的处置。企业出售、转让、报废投资性房地产或者发生投资性房地产毁损,应当将处置收入扣除其账面价值和相关税费后的金额计入当期损益。

出售、转让按成本模式进行后续计量的投资性房地产时,应当按实际收到的金额,借记"银行存款"等账户,贷记"其他业务收入"账户;按该项投资性房地产的账面价值,借记"其他业务成本"账户,按其账面余额,贷记"投资性房地产"账户;按照已计提的折旧或摊销,借记"投资性房地产累计折旧(摊销)"账户;原已计提减值准备的,借记"投资性房地产减值准备"账户。

【例 6-14】 2×21 年 4 月,中国琴岛房地产开发公司将其自购的写字楼出租给甲公司,并确认为投资性房地产,采用成本模式计量。租赁期届满后,中国琴岛房地产开发公司将该写字楼出售给乙公司,合同价款为 1 920 万元,乙公司已用银行存款付清。出售时,该栋写字楼的购置原价为 1 500 万元,已计提折旧 300 万元,未计提减值准备。中国琴岛房地产开发公司选择简易计税方法,不考虑处置投资性房地产应缴纳的土地增值税。

中国琴岛房地产开发公司的会计处理如下:

(1)销售投资性房地产,应交增值税为:

$$(1\ 920-1\ 500)÷(1+5\%)×5\%=20(万元)$$

借:银行存款	19 200 000
贷:其他业务收入	19 000 000
应交税费——简易计税	200 000

(2)投资性房地产转出:

借:其他业务成本	12 000 000
投资性房地产累计折旧	3 000 000
贷:投资性房地产——写字楼	15 000 000

(3)月末计算应缴纳的附加税费:

借:税金及附加	24 000
贷:应交税费——应交城市维护建设税	14 000
——应交教育费附加	6 000
——应交地方教育费附加	4 000

(4)实际缴纳增值税及附加税费:

借:应交税费——简易计税	200 000
——应交城市维护建设税	14 000
——应交教育费附加	6 000
——应交地方教育费附加	4 000
贷:银行存款	224 000

6.3.3 采用公允价值模式计量的投资性房地产

在有确凿证据表明投资性房地产的公允价值能够持续可靠取得的情况下,可以对投资性房地产采用公允价值模式进行后续计量。采用公允价值模式计量的,应当同时满足以下两个条件:①投资性房地产所在地有活跃的房地产交易市场。②企业能够从房地产交易市场上取得同类或类似房地产的市场价格及其他相关信息,从而对投资性房地产的公允价值作出合理的估计。同类或类似的房地产,对建筑物而言,是指所处地理位置和地理环境相同、性质相同、结构类型相同或相近、新旧程度相同或相近、可使用状况相同或相近的建筑物;对土地使用权而言,是指同一位置区域、所处地理环境相同或相近、可使用状况相同或相近的土地。

投资性房地产的公允价值,是指市场参与者在计量日发生的有序交易中,出售一项资产所能收到或者转移一项负债所需支付的价格。确定投资性房地产的公允价值时,应当参照活跃市场上同类或类似房地产的现行市场价格(市场公开报价);无法取得同类或类似房地产现行市场价格的,应当参照活跃市场上同类或类似房地产的最近交易价格,并考虑交易情况、交易日期、所在区域等因素;也可以基于预计未来获得的租金收益和相关现金流量的现值计量。

企业选择公允价值模式,就应当对其所有投资性房地产采用公允价值模式进行后续计量,不得对一部分投资性房地产采用成本模式进行后续计量,对另一部分投资性房地产采用公允价值模式进行后续计量。在极少数情况下,已经采用公允价值模式对投资性房地产进行后续计量的企业,有证据表明某项房地产在完成建造或开发活动后或改变用途后首次成为投资性房地产时,该投资性房地产的公允价值不能持续可靠取得的,应当对该投资性房地产采用成本模式计量直至处置,并且假设无残值。但是,采用成本模式对投资性房地产进行后续计量的企业,即使有证据表明,企业首次取得某项投资性房地产时,该投资性房地产公允价值能够持续可靠取得,该企业仍应对该项投资性房地产采用成本模式进行后续计量。

知识拓展6-1

公允价值模式计量的优点

根据目前的房地产公允价值总体持续增加情况下,选用公允价值模式来计量其早些年购入(或建造)的投资性房地产,必将大大增加其账面净资产,使原来"隐形"的资产得到了"显形"。公允价值计量模式真实地反映投资性房地产的经营收益,正确评价企业的经营结果,改变了报表结构,有助于增加债权人或投资人的信心,满足信息使用者的决策需求。

1. 外购或自行建造的投资性房地产

外购或自行建造的采用公允价值模式计量的投资性房地产,应当按照取得时的实际成本进行初始计量。其实际成本的确定与外购或自行建造的采用成本模式计量的投资性房地产一致。企业应当在"投资性房地产"账户下设置"成本"和"公允价值变动"两个明细账户,外购或自行建造时发生的实际成本,记入"投资性房地产(成本)"账户。

2. 非投资性房地产转换为投资性房地产

(1)作为存货的房地产转换为投资性房地产。企业将作为存货的房地产转换为采用公允价值模式计量的投资性房地产,应当按该项房地产在转换日的公允价值入账,借记"投资性房地产——成本"账户,原已计提跌价准备的,借记"存货跌价准备"账户;按其账面余额,贷记"开发产品"等账户。同时,转换日的公允价值小于账面价值的,按其差额,借记"公允价值变动损益"账户;转换日的公允价值大于账面价值的,按其差额,贷记"其他综合收益"

账户。

【例6-15】 2×21年6月，中国琴岛房地产开发公司与甲公司签订了租赁协议，将其开发的一栋写字楼出租给甲公司。租赁期开始日为2×21年6月23日。2×21年6月23日，该写字楼的账面余额为5 000万元，公允价值为4 800万元。2×21年12月31日，该项投资性房地产的公允价值为4 700万元。假定中国琴岛房地产开发公司对投资性房地产采用公允价值模式计量。

中国琴岛房地产开发公司的会计处理如下：

① 2×21年6月23日转换日：

借：投资性房地产——成本 48 000 000
    公允价值变动损益 2 000 000
  贷：开发产品 50 000 000

② 2×21年12月31日，确认公允价值变动损益：

借：公允价值变动损益 1 000 000
  贷：投资性房地产——公允价值变动 1 000 000

（2）自用房地产转换为投资性房地产。企业将自用房地产转换为采用公允价值模式计量的投资性房地产，应当按该项土地使用权或建筑物在转换日的公允价值，借记"投资性房地产——成本"账户，按已计提的累计摊销或累计折旧，借记"累计摊销"或"累计折旧"账户；原已计提减值准备的，借记"无形资产减值准备"或"固定资产减值准备"账户；按其账面余额，贷记"无形资产"或"固定资产"账户。同时，转换日的公允价值小于账面价值的，按其差额，借记"公允价值变动损益"账户；转换日的公允价值大于账面价值的，按其差额，贷记"其他综合收益"账户。

【例6-16】 2×21年3月10日，中国琴岛房地产开发公司与甲公司签订了经营租赁协议，将其自用的一栋写字楼出租给甲公司使用，租赁期开始日为2×21年4月1日，租期6年。2×21年4月1日，这栋写字楼的账面余额为1 600万元，已计提折旧350万元，公允价值为1 700万元。假设中国琴岛房地产开发公司对投资性房地产采用公允价值模式计量。

借：投资性房地产——写字楼 17 000 000
    累计折旧 3 500 000
  贷：固定资产 16 000 000
    其他综合收益 4 500 000

3. 投资性房地产的后续计量

投资性房地产采用公允价值模式进行后续计量的，不对投资性房地产计提折旧或进行摊销，应当以资产负债表日投资性房地产的公允价值为基础调整其账面价值，公允价值与原账面价值之间的差额计入当期损益。投资性房地产的公允价值高于其账面余额的差额，借记"投资性房地产——公允价值变动"账户，贷记"公允价值变动损益"账户；公允价值低于其账面余额的差额作相反的会计分录。

【例6-17】 2×21年1月，中国琴岛房地产开发公司计划购入一栋写字楼用于对外出租。2月9日，中国琴岛房地产开发公司与甲公司签订了经营租赁合同，约定自办公楼购买日起将这栋写字楼出租给甲公司，租期2年。3月10日，中国琴岛房地产开发公司实际购入写字楼,取得的增值税专用发票注明的房屋价款为 1 500 万元,增值税税额为 150 万元,款项已通过银行支付。2×21 年 12 月 31 日,该写字楼的公允价值为 1 320 万元。假设不考虑其他因素,采用公允价值模式计量,对出租的不动产选择一般计税方法。

中国琴岛房地产开发公司的会计处理如下:

(1) 2×21 年 3 月 10 日,中国琴岛房地产开发公司购入写字楼:

借:投资性房地产——成本 15 000 000
　　应交税费——应交增值税(进项税额) 1 350 000
　　贷:银行存款 16 350 000

(2) 2×21 年 12 月 31 日,以公允价值为基础调整其账面价值,公允价值与原账面价值之间的差额计入当期损益:

借:公允价值变动损益 1 800 000
　　贷:投资性房地产——公允价值变动 1 800 000

4. 与投资性房地产有关的后续支出

(1) 资本化的后续支出。与投资性房地产有关的后续支出,满足投资性房地产确认条件的,应当计入投资性房地产成本。

【例 6-18】 2×21 年 2 月,中国琴岛房地产开发公司与甲公司的一项商场经营租赁合同即将到期,双方协商,租赁期满后由中国琴岛房地产开发公司对该商场进行改扩建,并重新签订租赁合同,约定自改扩建工程完工时将商场出租给甲公司。4 月 2 日,租赁合同到期,商场随即转入改扩建工程。12 月 20 日,商场改扩建工程完工,共发生支出 300 万元,即日按照租赁合同重新出租给甲公司。4 月 2 日,商场账面余额为 3 200 万元,其中成本 3 000 万元,累计公允价值变动(借方)200 万元。假设中国琴岛房地产开发公司采用公允价值模式计量。

中国琴岛房地产开发公司的会计处理如下:

① 2×21 年 4 月 2 日,投资性房地产转入改扩建工程:

借:投资性房地产——商场(在建) 32 000 000
　　贷:投资性房地产——成本 30 000 000
　　　　　　　　　　——公允价值变动 2 000 000

② 2×21 年 4 月 2 日至 12 月 20 日,商场发生改扩建支出时:

借:投资性房地产——商场(在建) 3 000 000
　　贷:银行存款等 3 000 000

③ 2×21 年 12 月 20 日,改扩建工程完工:

借:投资性房地产——成本 35 000 000
　　贷:投资性房地产——商场(在建) 35 000 000

(2) 费用化的后续支出。与投资性房地产有关的后续支出,不满足投资性房地产确认条件的,应当在发生时计入当期损益。

5. 投资性房地产转换为非投资性房地产

(1) 投资性房地产转为自用房地产。企业将采用公允价值模式计量的投资性房地产转换为自用房地产时,应当以其转换当日的公允价值作为自用房地产的账面价值,公允价值与原账面价值的差额计入当期损益。

转换日，按该项投资性房地产的公允价值，借记"固定资产"或"无形资产"账户；按该项投资性房地产的成本，贷记"投资性房地产成本——成本"账户；按该项投资性房地产的累计公允价值变动，贷记或借记"投资性房地产——公允价值变动"账户；按其差额，贷记或借记"公允价值变动损益"账户。

（2）投资性房地产转换为存货。企业将采用公允价值模式计量的投资性房地产转换为存货时，应当以其转换当日的公允价值作为存货的账面价值，公允价值与原账面价值的差额计入当期损益。

转换日，按该项投资性房地产的公允价值，借记"开发产品"等账户；按该项投资性房地产的成本，贷记"投资性房地产——成本"账户；按该项投资性房地产的累计公允价值变动，贷记或借记"投资性房地产——公允价值变动"账户；按其差额，贷记或借记"公允价值变动损益"账户。

【例6-19】 中国琴岛房地产开发公司将其开发的部分商铺用于对外经营租赁。2×21年5月9日，因租赁期满，中国琴岛房地产开发公司将出租的商铺收回，并作出书面决议，将该写字楼重新开发用于对外销售，即由投资性房地产转换为存货。当日写字楼的公允价值为4 000万元。写字楼在转换前采用公允价值模式计量，原账面价值为3 800万元，其中成本为3 600万元，公允价值变动（借方）为300万元。

中国琴岛房地产开发公司的会计处理如下：

借：开发产品   40 000 000
  贷：投资性房地产——成本   36 000 000
        ——公允价值变动   3 000 000
    公允价值变动损益   1 000 000

6. 投资性房地产的处置

出售、转让采用公允价值模式计量的投资性房地产，应当按实际收到的金额，借记"银行存款"等账户，贷记"其他业务收入"账户；按该项投资性房地产的账面余额，借记"其他业务成本"账户；按其成本，贷记"投资性房地产——成本"账户；按其累计公允价值变动，贷记或借记"投资性房地产——公允价值变动"账户。同时，结转投资性房地产累计公允价值变动。若存在原转换日计入其他综合收益的金额，也一并结转。

【例6-20】 2×20年5月5日，中国琴岛房地产开发公司与甲公司签订了租赁协议，将其开发的一栋写字楼出租给甲公司使用，租赁期开始日为2×20年6月1日。2×20年6月1日，该写字楼的账面余额3 000万元，公允价值为3 500万元。2×20年12月31日，该项投资性房地产的公允价值为3 200万元。2×21年8月租赁期届满，企业收回该项投资性房地产，并以3 200万元出售，出售款项已收讫。假设中国琴岛房地产开发公司对投资性房地产采用公允价值模式计量。假设不考虑相关税费。

中国琴岛房地产开发公司的会计处理如下：

（1）2×20年6月1日，存货转换为投资性房地产：

借：投资性房地产——成本   35 000 000
  贷：开发产品   30 000 000
    其他综合收益   5 000 000

（2）2×20 年 12 月 31 日，公允价值发生变动：

借：公允价值变动损益 3 000 000
　贷：投资性房地产——公允价值变动 3 000 000

（3）2×21 年 8 月，出售投资性房地产：

借：银行存款 32 000 000
　其他业务成本 30 000 000
　投资性房地产——公允价值变动 3 000 000
　其他综合收益 5 000 000
　贷：投资性房地产——成本 35 000 000
　　公允价值变动损益 3 000 000
　　其他业务收入 32 000 000

6.3.4 投资性房地产后续计量模式的变更

为保证会计信息的可比性，企业对投资性房地产的计量模式一经确定，不得随意变更。只有在房地产市场比较成熟、能够满足采用公允价值模式条件的情况下，才允许企业对投资性房地产从成本模式计量变更为公允价值模式计量。

成本模式转为公允价值模式的，应当作为会计政策变更处理，并按计量模式变更时公允价值与账面价值的差额调整期初留存收益。已采用公允价值模式计量的投资性房地产，不得从公允价值模式转为成本模式。

【例 6-21】 2×20 年 3 月，中国琴岛房地产开发公司将一栋写字楼对外出租，采用成本模式进行后续计量。2×21 年 1 月 1 日，假设中国琴岛房地产开发公司对外出租的写字楼满足采用公允价值模式条件，中国琴岛房地产开发公司决定改用公允价值模式对该写字楼进行后续计量。2×21 年 1 月 1 日，该写字楼原价 1 560 万元，已计提折旧 55 万元，已提减值准备 30 万元，账面价值为 1 475 万元，公允价值为 1 425 万元。中国琴岛房地产开发公司按净利润的 10% 计提盈余公积。

后续计量模式变更时，中国琴岛房地产开发公司的会计处理如下：

借：投资性房地产——成本 14 250 000
　投资性房地产累计折旧 550 000
　投资性房地产减值准备 300 000
　利润分配——未分配利润 450 000
　盈余公积 50 000
　贷：投资性房地产 15 600 000

6.3.5 投资性房地产的租赁

投资性房地产的租赁服务收入，是指企业将取得的土地使用权、建筑物以经营租赁方式出租所取得的租金收入。就某些企业而言，投资性房地产属于日常经营性活动，形成的租金收入确认为企业的主营业务收入，但对于大部分企业而言，是与经营性活动相关的其他经营活动，形成的租金收入构成企业的其他业务收入。

1. 租金的处理

企业出租投资性房地产收取的租金，应当在租赁期内的各个期间按直线法确认为收入；如有其他方法更合理，也可以采用其他方法。企业应当根据应确认的租金收入，借记"银行存款"等账户，贷记"主营业务收入""其他业务收入"等账户。

2. 初始直接费用的处理

初始直接费用，是指在租赁谈判和签订租赁合同的过程中发生的可归属于租赁项目的手续费、律师费、差旅费、印花税等，应当计入当期损益。金额较大的，应当资本化，在整个经营租赁期内按照与确认租金收入相同的基础分期计入损益。

3. 或有租金的处理

或有租金，是指金额不固定、以时间长短以外的其他因素（如销售量、使用量、物价指数等）为依据计算的租金。或有租金在实际发生时计入当期损益。

4. 提供激励措施的处理

某些情况下出租人可能对经营租赁提供激励措施，如免租期、承担承租人某些费用等。出租人提供免租期的，出租人应将租金总额在不扣除免租期的整个租赁期内，按直线法或其他合理的方法进行分配，免租期内出租人应当确认租金收入。出租人承担了承租人某些费用的，出租人应将该费用自租金收入总额中扣除，按扣除后的租金收入余额在租赁期内进行分配。

【例 6-22】 2×19 年 10 月 9 日，中国琴岛房地产开发公司与南方商贸有限公司签订租赁合同，将 29 号沿街商业楼出租，开办南方家园超市，建筑面积 982.78 平方米，租赁期自 2×20 年 1 月 1 日起至 2×21 年 3 月 30 日，考虑到装修改造期，2×20 年 1 月 1 日至 2×20 年 3 月 30 日为免租期。年租金 42 万元，按年支付，每租赁期到期前 15 日支付下期租金。签订合同后 10 日内预付房租 10.5 万元，预付房租在免租期满支付第一期租金时冲抵租金。

2×19 年 10 月 18 日，预收租金 10.5 万元。2×20 年 3 月 15 日，收到 2×20 年 4 月至 2×21 年 3 月租金 31.5 万元，预收租金 10.5 万元冲抵租金。

29 号沿街商业楼房产原值为 820 万元，占地面积为 480 平方米，土地使用税 5 元/平方米，假设城市维护建设税税率为 7%，教育费附加征收率为 3%，地方教育费附加征收率为 2%，中国琴岛房地产开发公司对出租房产选择适用简易计税方法。

中国琴岛房地产开发公司的会计处理如下：

（1）2×19 年 10 月 9 日签订租赁合同，应交印花税＝420 000×1‰＝420（元）。

借：税金及附加 420
　贷：银行存款 420

（2）2×19 年 10 月 18 日，预收租金 10.5 万元。

借：银行存款 105 000
　贷：预收账款 105 000

（3）纳税人提供租赁服务采取预收款方式的，其纳税义务发生时间为收到预收款的当天。预收租金，应缴纳增值税及附加税费。

借：应交税费——简易计税 5 000
　　　　——应交城市维护建设税 350
　　　　——应交教育费附加 150
　　　　——应交地方教育费附加 100
　贷：银行存款 5 600

（4）对出租房产，租赁双方签订的租赁合同约定有免收租金期限的，免收租金期间由产权所有人按照房产原值缴纳房产税。2×20年第一季度应按房产原值缴纳房产税。

每年应交房产税＝8 200 000×（1－30%）×1.2%＝68 880（元）
第一季度应交房产税＝68 880÷4＝17 220（元）
第一季度应交土地使用税＝480×5÷4＝600（元）

第一季度末计提应交房产税、土地使用税。

借：税金及附加 17 820
　贷：应交税费——应交房产税 17 220
　　　　——应交土地使用税 600

实际缴纳房产税、土地使用税时。

借：应交税费——应交房产税 17 220
　　　　——应交土地使用税 600
　贷：银行存款 17 820

（5）2×20年3月15日，收到2×20年4月至2×21年3月租金31.5万元。

借：银行存款 315 000
　贷：预收账款 315 000

（6）2×20年4月15日，缴纳增值税及附加税费。

借：应交税费——简易计税 15 000
　　　　——应交城市维护建设税 1 050
　　　　——应交教育费附加 450
　　　　——应交地方教育费附加 300
　贷：银行存款 16 800

（7）2×20年12月末，确认2×20年房产租金收入，计算应承担的增值税及附加税费。

2×20年应确认租金收入＝420 000÷（12＋3）×12＝336 000（元）

借：预收账款 336 000
　贷：主营业务收入 320 000
　　应交税费——简易计税 16 000

借：税金及附加 1 920
　贷：应交税费——应交城市维护建设税 1 120
　　　　——应交教育费附加 480
　　　　——应交地方教育费附加 320

（8）免租期已过，企业应按房产租金收入缴纳房产税。计算 2×20 年第二季度应交房产税、土地使用税。

$$每季度计提应交房产税＝420\,000×12\%÷4＝12\,600(元)$$

借：税金及附加　　　　　　　　　　　　　　　　　　　13 200
　　贷：应交税费——应交房产税　　　　　　　　　　　　　　12 600
　　　　　　　　——应交土地使用税　　　　　　　　　　　　　600

（9）2×20 年 7 月实际缴纳 2×20 年第二季度房产税、土地使用税。

借：应交税费——应交房产税　　　　　　　　　　　　　12 600
　　　　　　——应交土地使用税　　　　　　　　　　　　600
　　贷：银行存款　　　　　　　　　　　　　　　　　　　13 200

重要概念

投资性房地产　投资性房地产累计折旧　投资性房地产减值准备　成本模式　公允价值模式　投资性房地产转换

本章练习

一、单项选择题

1. 企业取得的投资性房地产发生的下列支出中，不应计入投资性房地产成本的是（　　）。

A. 土地开发费　　　　　　　　　　　B. 业务人员差旅费
C. 建筑安装成本　　　　　　　　　　D. 应予资本化的借款费用

2. 某企业购入一栋写字楼用于对外出租，并与客户签订了经营租赁合同。写字楼的购买价为 20 000 万元，另支付相关税费 150 万元。在与客户签订经营租赁合同过程中，支付咨询费、律师费等 10 万元，差旅费 2 万元。该投资性房地产的入账价值为（　　）万元。

A. 20 000　　　　B. 20 150　　　　C. 20 160　　　　D. 20 162

3. 成本模式转为公允价值模式，应当作为会计政策变更处理，按计量模式变更时投资性房地产的公允价值与账面价值的差额，调整（　　）。

A. 公允价值变动损益　　　　　　　　B. 其他业务收入
C. 资本公积　　　　　　　　　　　　D. 期初留存收益

4. 某企业对投资性房地产采用成本模式计量。该企业的一项投资性房地产的账面原价为 2 000 万元，预计使用年限为 20 年，预计净残值为 100 万元，采用年限平均法计提折旧。第四年年末计提减值准备 200 万元。该投资性房地产第五年应计提折旧额为（　　）万元。

A. 82.5　　　　B. 87.5　　　　C. 95　　　　D. 100

5. 企业处置投资性房地产时，应当将处置收入计入（　　）。

A. 投资收益　　　　　　　　　　　　B. 公允价值变动损益
C. 其他业务收入　　　　　　　　　　D. 营业外收入

二、多项选择题

1. 下列各项中,属于投资性房地产的有( )。

A. 企业以经营租赁方式租出的写字楼

B. 企业准备建成后用于出租的在建写字楼

C. 企业拥有并自行经营的饭店

D. 企业持有拟增值后转让的土地使用权

2. 下列各项中,会引起采用成本模式计量的投资性房地产账面价值发生增减变化的有( )。

A. 对投资性房地产进行改建扩建　　　　B. 对投资性房地产进行修理维护

C. 对投资性房地产计提折旧　　　　　　D. 对投资性房地产计提减值准备

3. 关于投资性房地产的计量模式,下列说法中正确的有( )。

A. 已经采用公允价值模式计量的投资性房地产,不得从公允价值模式转为成本模式

B. 已经采用成本模式计量的投资性房地产,不得从成本模式转为公允价值模式

C. 采用公允价值模式计量的,不对投资性房地产计提折旧或进行摊销

D. 企业对投资性房地产计量模式一经确定不得随意变更

4. 采用公允价值模式进行后续计量的投资性房地产,应当同时满足( )条件。

A. 投资性房地产所在地有活跃的房地产交易市场

B. 企业能够从活跃的房地产交易市场上取得同类或者类似的房地产的市场价格及其他相关信息

C. 所有的投资性房地产有活跃的房地产交易市场

D. 企业能够取得交易价格的信息

5. 下列各项应该记入一般企业"其他业务收入"账户的有( )。

A. 出售投资性房地产的收入

B. 出租建筑物的租金收入

C. 出售自用房屋的收入

D. 将持有并准备增值后转让的土地使用权予以转让所取得的收入

三、判断题

1. 房地产开发企业依法取得的,用于开发后出售的土地使用权,即使房地产开发企业决定待其增值后转让,也不得确认为投资性房地产。 ( )

2. 如果经营出租房屋是企业为完成其经营目标所从事的经营性活动,那么所取得的租金收入应属于主营业务收入。 ( )

3. 已经计提减值准备的投资性房地产,其减值损失在以后的会计期间不得转回。 ( )

4. 投资性房地产的后续支出应当作为资本性支出,计入投资性房地产的成本。 ( )

5. 企业处置投资性房地产的净损益,应当计入营业外收入或营业外支出。 ( )

四、简答题

1. 投资性房地产的核算范围包括哪些?

2. 投资性房地产与自用房地产有何区别?

五、业务题

1. 中国琴岛房地产开发公司2×21年4月28日因租赁期满,将出租的房屋收回,准备作为本企业的办公楼。2×21年5月1日,该办公楼正式启用,当日的公允价值为8 700万元,该项房屋在转换前采用公允价值模式计量,原账面价值为8 400元,其中,成本为7 900万元,公允价值变动为增值500万元。该企业应如何进行会计处理?

2. 2×20年2月5日,中国琴岛房地产开发公司与A公司签订经营性租赁协议,约定将该企业当日开发完成的一栋房屋自当日起出租给C公司使用,为期5年。该房屋的造价为8 000万元。2×20年12月31日,该房屋公允价值为8 300万元。2×21年12月31日,该房屋的公允价值为8 200万元。该房地产采用公允价值模式计量,应如何进行账务处理?

六、案例题

中国琴岛房地产开发公司2×16年12月31日将一栋建筑物对外出租并采用成本模式计量,租期3年,每年12月31日收取租金150万元,出租时该建筑物成本为2 800万元,已提折旧500万元,已提减值准备300万元,尚可使用年限20年,公允价值为1 800万元,采用年限平均法计提折旧,并假定无残值。

(1) 2×17年12月31日,该建筑物的公允价值减去处置费用后的净额为2 000万元,预计未来现金流量现值为1 950万元。

(2) 2×18年12月31日,该建筑物的公允价值减去处置费用后的净额为1 650万元,预计未来现金流量现值为1 710万元。

(3) 2×19年12月31日,该建筑物的公允价值减去处置费用后的净额为1 650万元,预计未来现金流量现值为1 700万元。

(4) 2×19年12月31日,租赁期满,将该投资性房地产转为自用房地产投入行政管理部门使用。假定转换后折旧方法、折旧年限、净残值等均未发生变化。

(5) 2×20年12月31日,该建筑物的公允价值减去处置费用后的净额为1 540万元,预计未来现金流量限制为1 560万元。

(6) 2×21年1月5日,将该建筑物对外出售,收到1 520万元存入银行。假定不考虑相关税费。

要求:请编制会计分录。

第7章 利润形成和分配阶段的会计处理

内容提要

本章主要讲解了利润的概念,营业利润、利润总额和净利润的计算,营业外收入和营业外支出核算的内容,利润形成的核算;利润分配的顺序,利润分配的核算。

重点难点

本章重点为营业利润、利润总额和净利润的计算,利润形成的核算,利润分配的核算;难点为利润形成的核算,利润分配的核算。

学习目标

通过本章学习,学生应掌握营业利润、利润总额和净利润的计算,利润形成的核算,利润分配的核算;理解利润的概念,营业外收入和营业外支出核算的内容;了解可供分配的利润,利润分配的顺序。

知识框架

章节导读

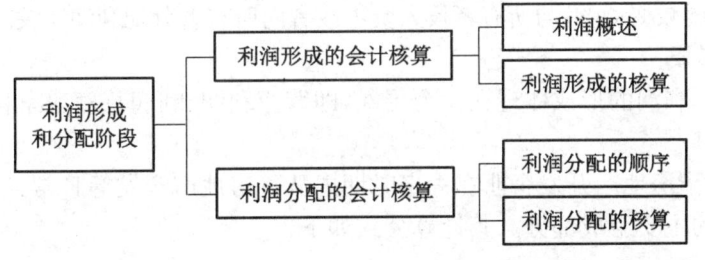

引入案例 香江控股2016年的利润及分配

深圳香江控股股份有限公司(股票代码:600162)2015年以前是专门从事房地产开发与运营的企业,经过2015年、2016年两次资产重组及配套融资,公司积极推进战略转型,不断提升在商贸物流产业的布局,增强公司在商贸运营业务的综合实力,促进公司向商贸物流产业转型。

公司旗下有住宅地产和商贸地产数已超过20个,覆盖珠三角、华东、环渤海等重要地区。在住宅地产领域,深圳香江控股股份有限公司先后开发了广州锦绣香江花园、广州翡翠绿洲、恩平锦绣香江等表现中国人世界级高度的高档花园小区。在旅游地产领域,深圳香江控股股份有限公司开发了白水寨旅游度假区、锦绣香江温泉酒店等顶级的旅游项目,通过回归自然,实现人的积极与健康生活追求,同时也构成了企业关注人、关注健康的重要理念。在商贸物流地产领域,企业通过控股公司建成多个规模大、种类全的大型综合商贸批发物流基地,已经在国内 10 多个省、市建立了 10 多个商贸建设项目,已开发的商贸物流网络面积达 500 万平方米。2016 年,公司收入类别分别为商品房、商铺及卖场销售,商贸运营,土地一级开发、工程和装饰,物业管理及其他和商贸物流基地商业物业销售。其中,商品房、商铺及卖场销售的收入占总收入的 37.57%,商贸运营收入占总收入的 19.92%,商贸物流基地商业物业销售收入占总收入的 35.88%。

2016 年度公司实现净利润 599 566 043.84 元,加年初未分配利润 163 315 937.41 元,计提盈余公积 59 956 604.38 元,减 2015 年度现金分红 143 519 181.48 元,公司 2016 年底可供分配利润总计为 559 406 195.39 元。为使股东分享公司发展的经营成果,根据公司目前的资金状况,董事会提出以公司未来实施利润分配方案时确定的股权登记日的总股本为基数,向全体股东按每 10 股派发现金红利人民币 1.10 元(含税),共计分配利润 374 073 856.64 元。本次利润分配方案实施后公司仍有未分配利润 185 332 338.75 元,全部结转以后年度分配。

那么,什么是房地产开发企业可供分配的利润? 房地产开发企业在进行利润分配时,需要进行哪些程序?

(资料来源:根据深圳香江股份有限公司 2016 年年报数据整理。)

7.1 | 利润形成的会计核算

7.1.1 利润概述

房地产开发企业作为独立的经济实体,应当以自己的经营收入抵补其成本费用,并且实现盈利。企业盈利的大小在很大程度上反映企业生产经营的经济效益,表明企业在每一会计期间的最终经营成果。

1. 利润的概念

利润是指房地产开发企业在一定会计期间的经营成果,包括收入减去费用后的净额、直接计入当期利润的利得和损失等。直接计入当期利润的利得和损失,是指计入当期损益会导致所有者权益发生增减变动的、与所有者投入资本或者向所有者分配利润无关的利得或损失。

2. 利润的形成

在利润表中,利润的形成体现在三个层次,即营业利润、利润总额和净利润三个部分。

1) 营业利润

营业利润是指房地产开发企业在一定时期内从事房地产开发等日常经营活动实现的利润,是企业利润的主要组成部分。其计算公式如下:

营业利润＝营业收入－营业成本－税金及附加－销售费用－管理费用－财务费用－资产减值损失－信用减值损失＋公允价值变动收益(－公允价值变动损失)＋投资收益(－投资损失)＋资产处置收益(－资产处置损失)＋其他收益

(1) 营业收入是指房地产开发企业经营业务所确定的收入总额,包括主营业务收入和其他业务收入。

(2) 营业成本是指房地产开发企业经营业务所发生的实际成本,包括主营业务成本和其他业务成本。

(3) 资产减值损失是指房地产开发企业计提各项资产减值准备所形成的损失。

(4) 公允价值变动收益(或损失)是指房地产开发企业交易性金融资产等公允价值变动形成的应计入当期损益的利得(或损失)。

（5）投资收益（或损失）是指房地产开发企业以各种方式对外投资所取得的收益（或发生的损失）。

（6）资产处置收益（或损失）是指房地产开发企业出售划分为持有待售的非流动资产（金融工具、长期股权投资和投资性房地产除外）或处置组时确认的利得（或损失），以及处置未划分为持有待售的固定资产、在建工程、生产性生物资产及无形资产而产生的处置利得（或损失）。也包括债务重组中因处置非流动资产产生的利得（或损失）和非货币性资产交换产生的利得（或损失）。

（7）其他收益是指房地产开发企业收到的，与日常经营活动有关的政府补助等。

（8）信用减值损失是指房地产开发企业因购货人拒付、破产、死亡等原因无法收回，而遭受的损失。

特别提示 7-1

信用减值损失和资产减值损失的区别

根据《财政部关于印发〈增值税会计处理规定〉的通知》（财会〔2016〕22号）的规定，全面试行营业税改增值税后，"营业税金及附加"科目名称调整为"税金及附加"科目，该科目核算企业经营活动发生的消费税、城市维护建设税、资源税、土地增值税、教育费附加及房产税、土地使用税、车船税、印花税等相关税费；利润表中的"营业税金及附加"项目调整为"税金及附加"项目。

2）利润总额

利润总额是指营业利润加上营业外收入，减去营业外支出后的金额。其计算公式如下：

$$利润总额＝营业利润＋营业外收入－营业外支出$$

（1）营业外收入是指房地产开发企业发生的营业利润以外的收益。营业外收入主要包括债务重组利得、与企业日常活动无关的政府补助、盘盈利得、捐赠利得等。

债务重组利得是指重组债务的账面价值超过清偿债务的现金、非现金资产的公允价值、所转股份的公允价值，或者重组后债务账面价值之间的差额。

与企业日常活动无关的政府补助是指企业从政府无偿取得的与日常活动无关的货币性资产或非货币性资产形成的利得。

盘盈利得是指企业对于现金等资产清查盘点中盘盈的各项资产，报经批准后计入营业外收入的金额。

捐赠利得是指企业接受捐赠产生的利得。

（2）营业外支出是指房地产开发企业发生的营业利润以外的支出。营业外支出主要包括债务重组损失、公益性捐赠支出、非常损失、盘亏损失、非流动资产毁损报废损失等。

债务重组损失是指重组债权的账面余额超过受让资产的公允价值、所转股份的公允价值，或者重组后债权的账面价值之间的差额。

公益性捐赠支出是指企业对外进行公益性捐赠发生的支出。

非常损失是指企业因客观因素（如自然灾害等）造成的损失，在扣除保险公司赔偿后计入营业外支出的净损失。

盘亏损失是指企业对于现金等资产清查盘点中损失的各项资产，报经批准后计入营业外支出的金额。

非流动资产毁损报废损失通常包括因自然灾害发生毁损、已丧失使用功能等原因而报废清理产生的损失。

3）净利润

净利润是指利润总额减去所得税费用后的净额。其计算公式如下：

$$净利润＝利润总额－所得税费用$$

其中，所得税费用是指房地产开发企业按照税法规定计算的，应从当期利润总额中扣除的所得税费用。

特别提示 7-2

企业的利润总额也称为税前利润，税前利润扣除企业本期发生的所得税费用之后的部分称为税后利润，也称为净利润。

【例 7-1】 中国琴岛房地产开发公司 2×21 年 12 月 31 日结账前各损益类账户的余额如表 7-1 所示。

表 7-1　　　　　　　　　中国琴岛房地产开发公司账户余额表　　　　　　　单位：元

账户名称	借方余额	贷方余额
主营业务收入		200 000 000
主营业务成本	60 000 000	
其他业务收入		11 000 000
其他业务成本	9 000 000	
税金及附加	42 000 000	
销售费用	18 000 000	
管理费用	15 000 000	
财务费用	12 000 000	
资产减值损失	4 500 000	
公允价值变动损益	200 000	
投资收益		500 000
营业外收入		850 000
营业外支出	650 000	
所得税费用	12 750 000	

根据上述资料，假设中国琴岛房地产开发公司中期的期末不进行利润结转，年末一次性结转利润，则该公司 2×21 年度利润表中下列项目的金额为：

① 营业收入＝200 000 000＋11 000 000＝211 000 000（元）

② 营业成本＝60 000 000＋9 000 000＝69 000 000（元）

③ 营业利润＝211 000 000－69 000 000－42 000 000－18 000 000－15 000 000－12 000 000－4 500 000－200 000＋500 000＝50 800 000（元）

④ 利润总额＝50 800 000＋850 000－650 000＝51 000 000（元）

⑤ 净利润＝51 000 000－12 750 000＝38 250 000（元）

7.1.2 利润形成的核算

1. 账户设置

为了核算企业利润的形成过程,房地产开发企业应设置"本年利润"账户和一些损益类账户。由于大部分损益类账户已在前面有关章节涉及,因此,此处只介绍前面章节未曾涉及的相关损益类账户。

(1)"营业外收入"账户。"营业外收入"账户核算企业发生的营业利润以外的收益,包括债务重组利得、与企业日常活动无关的政府补助、盘盈利得、捐赠利得等。其贷方登记企业发生的各项营业外收入,期末,应将该账户余额全部转入"本年利润"账户,结转后该账户无余额。该账户应按营业外收入项目设置明细账进行核算。

(2)"营业外支出"账户。"营业外支出"账户核算企业发生的营业利润以外的支出,包括:债务重组损失、公益性捐赠支出、非常损失、盘亏损失、非流动资产毁损报废损失等。其借方登记企业发生的各项营业外支出,期末,应将该账户余额全部转入"本年利润"账户,结转后该账户无余额。该账户应按"营业外支出"项目设置明细账进行核算。

> **📁 特别提示 7-3** ....
>
> 营业外收入和营业外支出应分别核算,即在具体核算时,不得以营业外支出直接冲减营业外收入,也不得以营业外收入冲减营业外支出。

(3)"本年利润"账户。"本年利润"账户核算企业当期实现的净利润(或发生的净亏损)。该账户借方登记结转至本账户的本期发生的费用,贷方登记结转至本账户的本期实现的收入,结转后各损益类账户无余额。结转后本账户的贷方余额为当期实现的净利润;借方余额为当期发生的净亏损。无论是企业实现的净利润还是发生的净亏损,最终都应转入"利润分配——未分配利润"账户,结转后该账户应无余额。

> **📁 知识拓展 7-1** ....
>
> #### 结转本年利润的方法
>
> 会计期末结转本年利润的方法有表结法和账结法两种。
>
> (1)表结法。表结法下,各损益类账户每月月末只需计算出本月发生额和月末累计余额,不结转至"本年利润"账户,只有在年末时才将本年累计余额结转至"本年利润"账户。但每月月末要将损益类账户的本月发生额合计数填入利润表的本期金额栏,通过利润表计算反映各期的利润(或亏损)。表结法下,年中损益类账户无需结转至"本年利润"账户,从而减少了转账环节和工作量,同时并不影响利润表的编制及损益类指标的利用。
>
> (2)账结法。账结法下,每月月末均需编制转账凭证,将在账上计算出的各损益类账户的余额结转至"本年利润"账户。结账后"本年利润"账户的本月合计反映当月实现的利润或发生的亏损,"本年利润"账户的本年累计反映本年累计实现的利润或发生的亏损。账结法在各月均可通过"本年利润"账户提供当月及本年累计实现的利润(或发生亏损)金额,但增加了转账环节和工作量。

2. 账务处理

(1)企业期末结转利润时,应将各损益类账户的余额转入"本年利润"账户,结平各损益类账户。损益类账户结转如图 7-1 所示。

(2)年度终了,应当将本年收入和支出相抵后结出的本年实现的净利润,转入"利润分

表结法和账结法辨析

配——未分配利润"账户,借记"本年利润"账户,贷记"利润分配——未分配利润"账户;如为净亏损,作相反的分录。结转后"本年利润"账户应无余额。

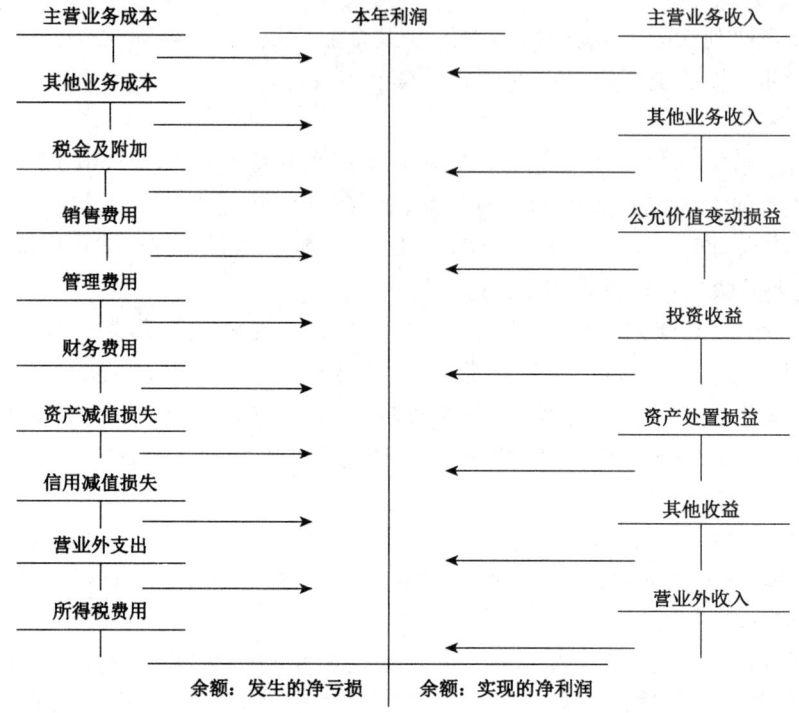

图 7-1 损益类账户结转示意图

【例 7-2】 中国琴岛房地产开发公司 2×21 年 12 月 31 日结账前各损益类账户的余额如[例 7-1]中的数据。

① 将各损益类账户转入"本年利润"账户。

借:主营业务收入	200 000 000
其他业务收入	11 000 000
投资收益	500 000
营业外收入	850 000
贷:本年利润	212 350 000
借:本年利润	174 100 000
贷:主营业务成本	60 000 000
其他业务成本	9 000 000
税金及附加	42 000 000
销售费用	18 000 000
管理费用	15 000 000
财务费用	12 000 000
资产减值损失	4 500 000
公允价值变动损益	200 000
营业外支出	650 000
所得税费用	12 750 000

② 结转"本年利润"账户。

借：本年利润   38 250 000
   贷：利润分配——未分配利润   38 250 000

7.2 利润分配的会计核算

7.2.1 利润分配的顺序

利润分配是指将企业可供分配的利润(本年实现的净利润加上年初未分配利润或减去年初未弥补亏损即为可供分配的利润)按国家有关规定进行分配的过程。其分配顺序一般如下所述。

1. 提取法定盈余公积

公司制企业的法定盈余公积按照税后利润的10％的比例提取(非公司制企业也可按照超过10％的比例提取),在计算提取法定盈余公积的基数时,不应包括企业年初未分配利润。公司法定盈余公积累计达到公司注册资本的50％以上时,可不再提取。

2. 提取任意盈余公积

公司制企业从税后利润中提取法定盈余公积后,经股东会或者股东大会决议,还可以从税后利润中提取任意盈余公积。非公司制企业经类似权力机构批准,也可提取任意盈余公积。

3. 向投资者分配利润或股利

可供分配的利润减去应提取的法定盈余公积、任意盈余公积后,为可供投资者分配的利润。可供投资者分配的利润,应按下列顺序分配:

(1) 支付优先股股利。

(2) 支付普通股股利是指企业按利润分配方案分配给股东的现金股利,也包括非股份有限公司分配给投资者的利润。

(3) 转作股本的股利是指企业按照利润分配方案以分派股票股利的形式转作股本的股利,也包括非股份有限公司以利润转增的资本。

☞ 引例解析 ....

香江控股 2016 年的利润及分配

(1) 房地产开发企业可供分配的利润是指房地产开发企业本年实现的净利润加上年初未分配利润或减去年初未弥补亏损后的金额。

(2) 房地产开发企业在进行利润分配时,一般按下面顺序进行:①提取法定盈余公积;②提取任意盈余公积;③向投资者分配利润或股利。

7.2.2 利润分配的核算

1. 账户设置

房地产开发企业应设置"利润分配"账户,核算企业利润的分配(或亏损的弥补)情况,以及历年积存的未分配利润（或未弥补亏损）。该账户还应分别按"提取法定盈余公积""提取任意盈余公积""应付现金股利或利润""转作股本的股利""盈余公积补亏""未分配利润"账户等进行明细核算。

（1）"提取法定盈余公积"明细账户。"提取法定盈余公积"明细账户核算企业按照规定从净利润中提取的法定盈余公积。其借方登记企业提取的法定盈余公积数额。年终，应将本明细账户的余额全部转入"利润分配——未分配利润"账户，结转后本明细账户应无余额。

（2）"提取任意盈余公积"明细账户。"提取任意盈余公积"明细账户核算企业按照规定从净利润中提取的任意盈余公积。其借方登记企业提取的任意盈余公积数额。年终，应将本明细账户的余额全部转入"利润分配——未分配利润"账户，结转后本明细账户应无余额。

（3）"应付现金股利或利润"明细账户。"应付现金股利或利润"明细账户核算企业应当分配给普通股股东的现金股利或利润。其借方登记应分配给普通股股东的现金股利或利润数额。年终，将本明细账户余额全部转入"利润分配——未分配利润"账户，结转后本明细账户应无余额。

（4）"转作股本的股利"明细账户。"转作股本的股利"明细账户核算股东大会或类似机构批准的应分配的股票股利或应转增的资本金额。其借方登记实际分派的股票股利数额和办理转增手续后应转增的资本金额。年终，应将本明细账户的余额全部转入"利润分配——未分配利润"账户，结转后本明细账户应无余额。

（5）"盈余公积补亏"明细账户。"盈余公积补亏"明细账户核算企业用盈余公积弥补的亏损。其贷方登记企业弥补亏损的数额。年终，应将本明细账户的余额全部转入"利润分配——未分配利润"账户，结转后本明细账户应无余额。

（6）"未分配利润"明细账户。"未分配利润"明细账户核算企业全年实现的净利润（或净亏损）、利润分配和尚未分配利润（或尚未弥补的亏损）以及股东大会或类似机构批准的利润分配方案。其贷方登记年度终了，企业由"本年利润"账户借方转入的全年实现的净利润和盈余公积补亏数额以及调整减少的利润分配数额；借方登记年度终了，由"本年利润"账户贷方转入的全年发生的净亏损、调整增加的利润分配数额以及年末从"利润分配"各明细账户的贷方转入的数额。

2. 账务处理

利润分配的核算包括弥补亏损、提取盈余公积、分配股利或利润、盈余公积补亏及未分配利润等。

（1）弥补亏损的核算。房地产开发企业在生产经营过程中既有可能发生盈利，也有可能出现亏损。企业在当年发生亏损的情况下，与实现利润的情况相同，应当将本年发生的亏损从"本年利润"账户，转入"利润分配——未分配利润"账户，借记"利润分配——未分配利润"账户，贷记"本年利润"账户，结转后"利润分配"账户的借方余额，即为未弥补亏损的数额。然后，通过"利润分配"账户核算有关亏损的弥补情况。

第一，以税前利润弥补亏损。房地产开发企业发生的年度亏损，可以用以后连续5年内的税前利润弥补。企业以税前利润弥补亏损，不需要进行专门的账务处理。企业应将当年实现的利润从"本年利润"账户的借方，转入"利润分配——未分配利润"账户贷方，其贷方发生额与"利润分配——未分配利润"账户的借方余额自然抵补。

第二，以税后利润弥补亏损。房地产开发企业发生的年度亏损，如果连续5年仍未弥补完,从第六年开始,可用税后利润弥补。企业用税后利润弥补亏损,其账务处理方法与以税前利润弥补亏损相同,但两者在计算缴纳所得税时的处理是不同的。在以税前利润弥补亏损情况下,其弥补的数额可以抵减当期企业应纳税所得额,而以税后利润弥补的数额,则不能作纳税所得扣除处理。

(2)提取盈余公积的核算。房地产开发企业按照规定提取的法定盈余公积金和任意盈余公积金,借记"利润分配——提取法定盈余公积/提取任意盈余公积"账户,贷记"盈余公积——法定盈余公积/任意盈余公积"账户。

(3)分配股利或利润的核算。经股东大会或类似权力机构决议,分配给股东或投资者现金股利或利润,借记"利润分配——应付现金股利或利润"账户,贷记"应付股利"账户。

经股东大会或类似权力机构决议,分配给股东的股票股利,应在办理增资手续后,借记"利润分配——转作股本的股利"账户,贷记"股本"账户。

(4)盈余公积补亏的核算。房地产开发企业用盈余公积弥补亏损,借记"盈余公积——法定盈余公积/任意盈余公积"账户,贷记"利润分配——盈余公积补亏"账户。

(5)未分配利润的核算。年度终了,房地产开发企业应当将本年实现的净利润,自"本年利润"账户转入"利润分配——未分配利润"账户,借记"本年利润"账户,贷记"利润分配——未分配利润"账户;若为净亏损,做相反的会计分录。同时,将"利润分配"账户所属其他明细账户(提取法定盈余公积、提取任意盈余公积、盈余公积补亏、应付现金股利或利润)的余额,转入"未分配利润"明细账户。结转后,本明细账户如为贷方余额,反映企业历年积存的未分配利润;如为借方余额,反映企业历年积存的未弥补亏损。

年度终了结转后,除"未分配利润"明细账户外,"利润分配"的其他各明细账户应无余额。利润分配的核算如图 7-2 所示。

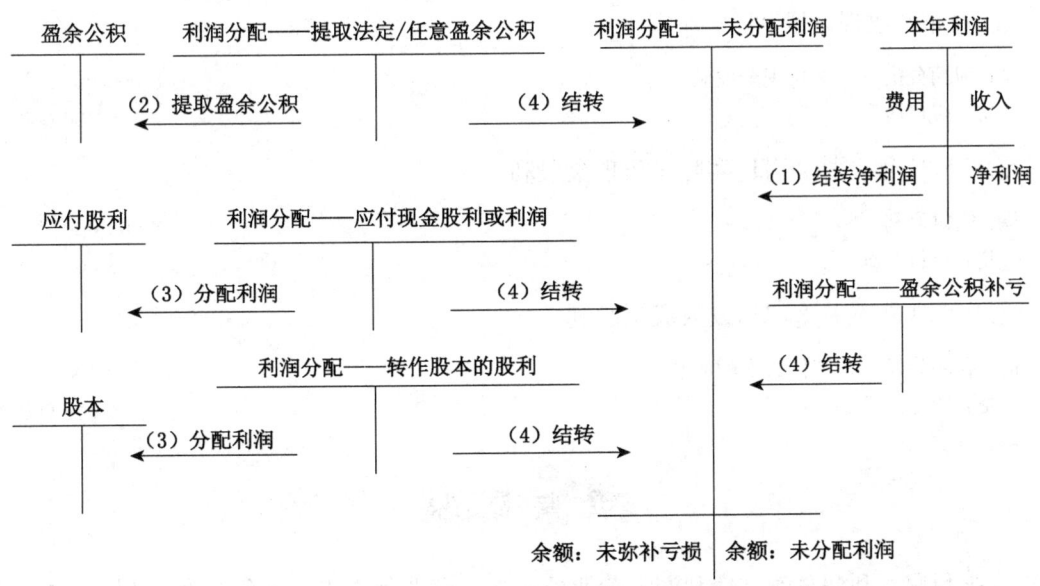

图 7-2　利润分配的核算示意图

【**例 7-3**】 中国琴岛房地产开发公司的股本为 80 000 000 元,每股面值为 1 元。2×20 年年初未分配利润为贷方 6 000 000 元,2×19 年实现净利润 20 000 000 元。

假定公司按 2×20 年实现净利润的 10％提取法定盈余公积,5％提取任意盈余公积,同时向股东按每股 0.1 元派发现金股利,按每 10 股送 2 股的比例派发股票股利。2×21 年5 月 20 日,公司以银行存款支付了全部现金股利,新增股本也已经办理完股权登记和相关增资手续。中国琴岛房地产开发公司的账务处理如下:

① 2×20 年度终了,结转本年实现的净利润:

借:本年利润　　　　　　　　　　　　　　　　　　　　　　　　20 000 000
　　贷:利润分配——未分配利润　　　　　　　　　　　　　　　　　　20 000 000

② 提取法定盈余公积和任意盈余公积:

借:利润分配——提取法定盈余公积　　　　　　　　　　　　　　2 000 000
　　　　　　——提取任意盈余公积　　　　　　　　　　　　　　1 000 000
　　贷:盈余公积——法定盈余公积　　　　　　　　　　　　　　　　2 000 000
　　　　　　　　——任意盈余公积　　　　　　　　　　　　　　　　1 000 000

③ 结转"利润分配"明细账户:

借:利润分配——未分配利润　　　　　　　　　　　　　　　　　3 000 000
　　贷:利润分配——提取法定盈余公积　　　　　　　　　　　　　　2 000 000
　　　　　　　　——提取任意盈余公积　　　　　　　　　　　　　　1 000 000

2×20 年年底"利润分配——未分配利润"账户的余额为

$$6 000 000＋20 000 000－3 000 000＝23 000 000(元)$$

即贷方余额 23 000 000 元,反映企业的累计未分配利润为 23 000 000 元。

④ 宣布发放现金股利:

借:利润分配——应付现金股利　　　　　　　　　　　　　　　8 000 000
　　贷:应付股利　　　　　　　　　　　　　　　　　　　　　　　8 000 000

⑤ 2×21 年 5 月 20 日,实际发放现金股利

借:应付股利　　　　　　　　　　　　　　　　　　　　　　　8 000 000
　　贷:银行存款　　　　　　　　　　　　　　　　　　　　　　　8 000 000

⑥ 2×21 年 5 月 20 日,发放股票股利:

借:利润分配——转作股本的股利　　　　　　　　　　　　　16 000 000
　　贷:股本　　　　　　　　　　　　　　　　　　　　　　　　16 000 000

重要概念

营业利润　利润总额　净利润　营业外收入　营业外支出　本年利润　利润分配　盈余公积　未分配利润　可供分配的利润

本 章 练 习

一、单项选择题

1. 下列各项中,不影响营业利润的是( )。

A. 税金及附加

B. 投资收益

C. 资产减值损失

D. 营业外收入

2. 某房地产开发企业 2×21 年度营业利润为 280 万元,营业外收入为 40 万元,营业外支出为 20 万元,所得税税率为 25%。假定不考虑其他因素,该房地产开发企业 2×21 年度的净利润为( )万元。

A. 225   B. 255   C. 235.5   D. 200

3. 下列交易或事项中,不应计入营业外收入的是( )。

A. 让渡无形资产使用权取得的收入

B. 捐赠利得

C. 与企业日常活动无关的政府补助

D. 债务重组利得

4. 下列各项,属于房地产开发企业可供分配的利润的是( )。

A. 企业当年实现的净利润和以前年度未分配利润

B. 企业当年实现的净利润

C. 企业当年的利润总额

D. 期初未分配利润

5. 盈利的房地产开发企业年度终了,一般应将( )账户的余额转入"利润分配——未分配利润"账户的贷方。

A. "本年利润"

B. "利润分配——应付现金股利"

C. "利润分配——提取法定盈余公积"

D. "利润分配——提取任意盈余公积"

二、多项选择题

1. 下列影响房地产开发企业利润总额的有( )。

A. 管理费用

B. 财务费用

C. 所得税费用

D. 商品销售成本

2. 下列各项中,通过营业外支出核算的有( )。

A. 非流动资产毁损报废损失

B. 盘亏损失

C. 债务重组损失

D. 广告费支出

3. 公司制房地产开发企业"利润分配"科目下应设置的明细账户主要有( )。

A. 未分配利润

B. 盈余公积补亏

C. 提取法定盈余公积

D. 应付现金股利

4. 关于房地产开发企业利润分配,下列说法正确的有( )。

A. 房地产开发企业可以用税前利润弥补以前年度亏损,但延续弥补期最长不得超过 5 年

B. 本期的未分配利润可作为下一期的期初未分配利润参与下一期的利润分配

C. 可供股东分配的利润为可供分配的利润减去法定盈余公积、任意盈余公积后的余额

D. 企业在计算提取法定盈余公积基数时,包括期初未分配利润

5. 下列账户期末余额应转入"本年利润"账户的有( )。

A. "税金及附加"账户

B. "投资收益"账户

C. "营业外收入"账户

D. "财务费用"账户

三、判断题

1. 会计期末结转利润时,房地产开发企业可以将各损益类账户的余额转入"本年利润"账户,结平各损益类账户。 （　　）

2. 房地产开发企业超过 5 年的亏损仍可使用税前利润进行弥补。 （　　）

3. 无论是实现的净利润还是发生的净亏损,"本年利润"账户最终将转入"利润分配——未分配利润"账户,结转后"本年利润"账户无余额。 （　　）

4. 房地产开发企业发生毁损的固定资产净损失,应记入"营业外支出"账户,最终影响营业利润的计算。 （　　）

5. 房地产开发企业发生亏损在"利润分配——未分配利润"账户借方反映。 （　　）

四、简答题

1. 简述营业利润、利润总额和净利润的定义及公式。

2. 营业外收支包括哪些内容?

3. 简述房地产开发企业利润分配的顺序。

五、业务题

1. 中国琴岛房地产开发公司 2×21 年 11 月份取得的主营业务收入 4 000 万元,其他业务收入 2 000 万元,公允价值变动净收益 500 万元,营业外收入 350 万元;发生主营业务成本 2 500 万元,其他业务成本 1 000 万元,税金及附加 80 万元,销售费用 320 万元;管理费用 280 万元,财务费用 120 万元,资产减值损失 150 万元,投资净损失 100 万元,营业外支出 200 万元,所得税费用 525 万元。

假设不考虑其他因素,要求:

(1) 计算中国琴岛房地产开发公司的营业利润、利润总额和净利润。

(2) 编制结转损益类账户余额的会计分录。

(3) 编制结转本期净利润的会计分录。

2. 中国琴岛房地产开发公司 2×21 年度实现净利润 780 万元,按净利润的 10% 提取法定盈余公积,按净利润的 5% 提取任意盈余公积,向股东分派现金股利 250 万元,同时分派面值 1 元的股票股利 120 万元。

假设不考虑其他因素,要求编制中国琴岛房地产开发公司以下会计分录:

(1) 提取法定盈余公积和任意盈余公积的会计分录。

(2) 宣告向股东分配现金股利和实际分配现金股利的会计分录。

(3) 实际分配股票股利的会计分录。

(4) 结转"利润分配"其他明细账户的会计分录。

第8章 企业所得税会计

内容提要

本章主要讲解了房地产开发企业会计中企业所得税的相关内容,包括企业所得税概述、企业所得税的汇算清缴和企业所得税的会计核算。

重点难点

本章重点为房地产开发企业所得税的汇算清缴及其会计核算;难点为递延所得税资产、递延所得税负债的确认及所得税费用的会计核算。

学习目标

通过本章学习,学生应掌握房地产开发企业企业所得税的汇算清缴,具体包括应纳税所得额的计算,递延所得税资产和递延所得税负债的确认以及所得税费用的确认;掌握企业所得税的会计处理;了解企业所得税的纳税人、征税对象、税率以及计算公式。

知识框架

章节导读

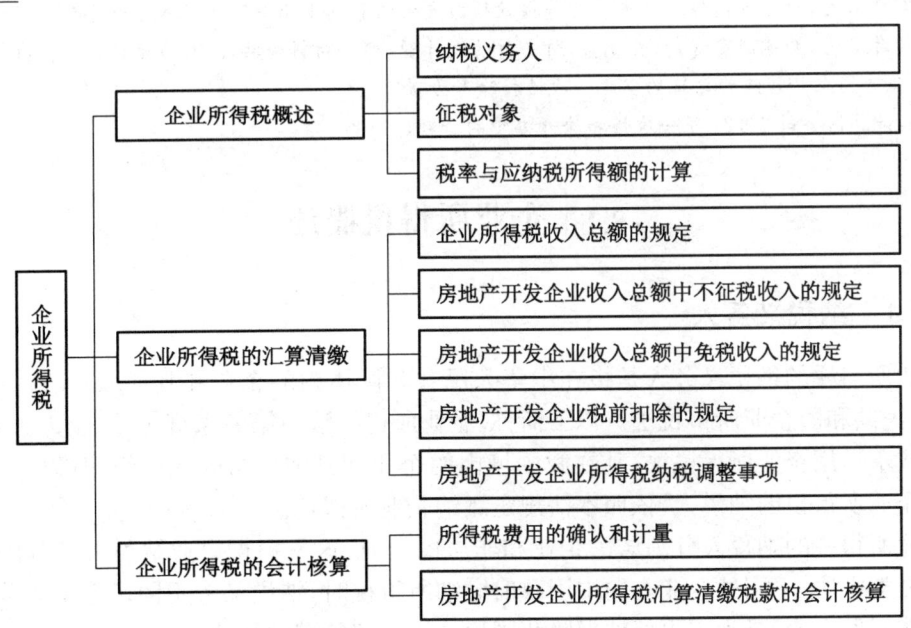

引入案例 房地产开发企业开(筹)办期间费用扣除的规定

近年来，为配合房地产行业调控政策，国务院相关部门依据《中华人民共和国企业所得税法》和《中华人民共和国企业所得税法实施条例》先后发布了一系列有关加强和规范房地产开发企业所得税管理的规定，那在房地产开发企业的开(筹)办期间的规定是怎样的呢？

开(筹)办期间是指从企业被批准筹建之日起至开业之日，即企业取得营业执照上标明的设立日期。根据《国家税务总局关于企业所得税若干税务事项衔接问题的通知》(国税函〔2009〕98号)第九条的规定，新税法中开(筹)办费未明确列作长期待摊费用，企业可以在开始经营之日的当年一次性扣除，也可以按照新税法有关长期待摊费用的处理规定处理，但一经选定，不得改变。

1. 业务招待费、广告费和业务宣传费

国家税务总局公告2012年第15号规定：企业在筹建期间，发生的与筹办活动有关的业务招待费支出，可按实际发生额的60%计入企业筹办费，并按有关规定在税前扣除；发生的广告费和业务宣传费，可按实际发生额计入企业筹办费，并按有关规定在税前扣除。

2. 开(筹)办期间不计算为亏损年度

根据《国家税务总局关于贯彻落实企业所得税法若干税收问题的通知》(国税函〔2010〕79号)第七条规定，企业自开始生产经营的年度，为开始计算企业损益的年度。企业从事生产经营之前，即筹办活动期间发生的筹办费用支出，不得计算为当期的亏损，应按照《国家税务总局关于企业所得税若干税务事项衔接问题的通知》第九条的规定执行。

(1) 中国琴岛房地产开发公司2×20年3月开始筹建，筹建期历时15个月。账簿资料显示：2×20年3~12月、2×21年1~5月筹建期分别发生开办费200万元、300万元，均无收入。2×21年6月开始生产经营。

要求：确认开始计算公司损益的年度。

(2) 接(1)，经核查：

该开发公司2×20年3~12月、2×21年1~5月筹建期分别发生业务招待费10万元、20万元，分别发生广告宣传费30万元、40万元。

2×20年6月，投资方因投入资本自行筹措款项所支付的利息支出8万元计入了开办费。

2×21年3月，购建固定资产(营业楼)所支付的设计费、部分材料费共计10万元计入了开办费。

该企业选用在开始经营之日的当年一次性扣除开办费。

要求：计算该公司2×21年一次性扣除开办费的金额。

8.1 | 企业所得税概述

8.1.1 纳税义务人

企业所得税的纳税义务人是指在中华人民共和国境内的企业和其他取得收入的组织。《中华人民共和国企业所得税法》(以下简称《企业所得税法》)第一条规定，除个人独资企业、合伙企业不适用企业所得税法，凡在我国境内的企业和其他取得收入的组织(以下统称"企业")为企业所得税的纳税人，依照本法规定缴纳企业所得税。

企业所得税的纳税人分为居民企业和非居民企业，这是根据企业纳税义务范围的宽窄进行的分类方法，不同的企业在向中国政府缴纳所得税时，纳税义务不同。把企业分为居民企业和非居民企业，是为了更好地保障我国税收管辖权的有效行使。

1. 居民企业

居民企业是指依法在中国境内成立,或者依照外国(地区)法律成立但实际管理机构在中国境内的企业。这里的企业包括国有企业、集体企业、私营企业、联营企业、股份制企业、外商投资企业、外国企业,以及有生产、经营所得和其他所得的其他组织。其中,有生产、经营所得和其他所得的其他组织是指经国家有关部门批准,依法注册、登记的事业单位、社会团体等组织。

📁 **特别提示 8-1** ....

企业所得税的纳税人分为居民企业和非居民企业,其主要区别为实际管理机构所在地。

2. 非居民企业

非居民企业是指依照外国(地区)法律成立且实际管理机构不在中国境内但在中国境内设立机构、场所的,或者在中国境内未设立机构、场所,但有来源于中国境内所得的企业。

上述所称机构、场所是指在中国境内从事生产经营活动的机构、场所,包括:

(1) 管理机构、营业机构、办事机构。

(2) 工厂、农场、开采自然资源的场所。

(3) 提供劳务的场所。

(4) 从事建筑、安装、装配、修理、勘探等工程作业的场所。

(5) 其他从事生产经营活动的机构、场所。

非居民企业委托营业代理人在中国境内从事生产经营活动的,包括委托单位或者个人经常代其签订合同,或者储存、交付货物等。该营业代理人视为非居民企业在中国境内设立的机构、场所。

8.1.2 征税对象

企业所得税的征税对象是指企业的生产经营所得、其他所得和清算所得。

1. 居民企业的征税对象

居民企业应就来源于中国境内、境外的所得作为征税对象,所得包括销售货物所得、提供劳务所得、转让财产所得、股息红利等权益性投资所得,以及利息所得、租金所得、特许权使用费所得、接受捐赠所得和其他所得。

2. 非居民企业的征税对象

非居民企业在中国境内设立机构、场所的,应当就其所设机构、场所取得的来源于中国境内的所得,以及发生在中国境外但与其所设机构、场所有实际联系的所得,缴纳企业所得税。

非居民企业在中国境内未设立机构、场所的或者虽设立机构、场所但取得的所得与其所设机构、场所没有实际联系的,应当就其来源于中国境内的所得缴纳企业所得税。

上述所称实际联系,是指非居民企业在中国境内设立的机构、场所拥有的据以取得所得的股权、债权,以及拥有、管理、控制据以取得所得的财产。

❓ **相关思考 8-1** ....

实际管理机构的认定标准是什么?

1. 实际管理机构是指跨国企业的实际有效的指挥、控制和管理中心,是行使居民税收管辖权的国家判定法人居民身份的主要标准。

2. 实际管理机构所在地的认定，一般以股东大会的场所、董事会的场所以及行使指挥监督权力的场所等因素来综合判断。

8.1.3 税率与应纳税所得额的计算

1. 税率

（1）基本税率为25％。适用于居民企业和在中国境内设有机构、场所且所得与机构、场所有关联的非居民企业。

（2）低税率为20％。适用于在中国境内未设立机构、场所的，或者虽设立机构、场所但取得的所得与其所设机构、场所没有实际联系的非居民企业。但实际征税时适用10％的税率，体现为企业所得税的税收优惠。

2. 应纳税所得额的计算

应纳税所得额是企业所得税的计税依据，按照企业所得税法的规定，应纳税所得额为企业每一纳税年度的收入总额，减除不征税收入、免税收入、各项扣除，以及允许弥补的以前年度亏损后的余额。

企业应纳税所得额的计算以权责发生制为原则，企业所得税法对应纳税所得额计算作了明确规定，主要内容包括收入总额、扣除范围和标准、资产的税务处理、亏损弥补等。在实际计算过程中，应纳税所得额的计算一般有两种方法：

（1）直接计算法。在直接计算法下，居民企业每一纳税年度的收入总额减除不征税收入、免税收入、各项扣除以及允许弥补的以前年度亏损后的余额为应纳税所得额。计算公式为：

$$应纳税所得额＝收入总额－不征税收入－免税收入－各项扣除金额－弥补亏损$$

（2）间接计算法。在间接计算法下，是在会计利润总额的基础上加上或减去按照税法规定调整的项目金额后，即为应纳税所得额。计算公式为：

$$应纳税所得额＝会计利润总额±纳税调整项目金额$$

税收调整项目金额包括两方面的内容：一是企业的财务会计处理和税收规定不一致的应予以调整的金额；二是企业按税法规定准予扣除的税收金额。

8.2 企业所得税的汇算清缴

8.2.1 企业所得税收入总额的规定

企业的收入总额包括以货币形式和非货币形式从各种来源取得的收入，具体有销售货物收入、提供劳务收入、转让财产收入、股息、红利等权益性投资收益，以及利息收入、租金收入、特许权使用费收入、接受捐赠收入、其他收入。

企业取得收入的货币形式，包括现金、存款、应收账款、应收票据、准备持有至到期的债券投资以及债务的豁免等；纳税人以非货币形式取得的收入，包括固定资产、生物资产、无形资产、股权投资、存货、不准备持有至到期的债券投资、劳务以及有关权益等，这些非货币资产应当按照公允价值确定收入额，公允价值是指按照市场价格确定的价值。

1. 收入确认的一般规定

（1）销售货物收入，是指企业销售商品、产品、原材料、包装物、低值易耗品以及其他存货取得的收入。

（2）劳务收入，是指企业从事建筑安装、修理修配、交通运输、仓储租赁、金融保险、邮电通信、咨询经纪、文化体育、科学研究、技术服务、教育培训、餐饮住宿、中介代理、卫生保健、社区服务、旅游、娱乐、加工以及其他劳务服务活动取得的收入。

（3）财产转让收入，是指企业转让固定资产、生物资产、无形资产、股权债权等财产取得的收入。

（4）股息、红利等权益性投资收益，是指企业因权益性投资从被投资方取得的收入。股息、红利等权益性投资收益，除国务院财政、税务主管部门另有规定，按照被投资方作出利润分配决定的日期确认收入的实现。

（5）利息收入，是指企业将资金提供给他人使用但不构成权益性投资，或者因他人占用企业资金取得的收入，包括存款利息、贷款利息、债券利息、欠款利息等收入。利息收入，按照合同约定的债务人应付利息的日期确认收入的实现。

（6）租金收入，是指企业提供固定资产、包装物或者其他有形财产的使用权取得的收入。租金收入，按照合同约定的承租人应付租金的日期确认收入的实现。

（7）特许权使用费收入，是指企业提供专利权、非专利技术、商标权、著作权以及其他特许权的使用权而取得的收入。特许权使用费收入，按照合同约定的特许权使用人应付特许权使用费的日期确认收入的实现。

（8）接受捐赠收入，是指企业接受的来自其他企业、组织或者个人无偿给予的货币性资产、非货币性资产。接受捐赠收入，按照实际收到的捐赠资产的日期确认收入的实现。

（9）其他收入，是指企业取得的除以上收入外的其他收入，包括企业资产溢余收入、逾期未退包装物押金收入、确实无法偿付的应付款项、已作坏账损失处理后又收回的应收款项、债务重组收入、补贴收入、违约金收入、汇兑收益等。

2. 房地产开发企业销售开发产品确认收入的特殊规定

（1）《国家税务总局关于印发〈房地产开发经营业务企业所得税处理办法〉的通知》（国税发〔2009〕31号）第五条规定，开发产品销售收入的范围为销售开发产品过程中取得的全部价款，包括现金、现金等价物及其经济利益，企业代有关部门、单位和企业收取的各种基金、费用和附加等。凡纳入开发产品价内或由企业开具发票的，应按规定全都确认为销售收入；未纳入开发产品价内并由企业之外的其他收取部门、单位开具发票的，可作为代收代缴款项进行管理。

（2）国税发〔2009〕31号第六条规定，企业通过正式签订《房地产销售合同》或《房地产预售合同》所取得的收入，应确认为销售收入的实现，具体按以下规定确认：①采取一次性全额收款方式销售开发产品的，应于实际收讫价款或取得索取价款凭据（权利）之日，确认收入的实现；②采取分期收款方式销售开发产品的，应按销售合同或协议约定的价款和付款日期确认收入的实现。付款方提前付款的，在实际付款日确认收入的实现；③采取银行按揭方式销售开发产品的，应按销售合同或协议约定的价款确定收入额，其首付款应于实际收到日确认收入的实现，余款在银行按揭贷款办理转账之日确认收入的实现。

（3）国税发〔2009〕31号第七条规定，企业将开发产品用于捐赠、赞助、职工福利、奖励、对外投资、分配给股东或投资人、抵偿债务、换取其他企事业单位和个人的非货币性资产等行为应视同销售，于开发产品所有权或使用权转移，或于实际取得利益权利时确认收入（或利润）的实现。确认收入（或利润）的方法和顺序为：①按本企业近期成本年度最近月份同类开发产品市场销售价格确定；②由主管税务机关参照当地同类开发产品市场公允价值确定；③按开发产品的成本利润率确定。开发产品的成本利润率不得低于15%，此比例由主管税务机关确定。

（4）企业销售未完工开发产品的计税毛利率由各省、自治区、直辖市国家税务局、地方税务局按下列规定进行确定：①开发项目位于省、自治区、直辖市和计划单列市人民政府所在地城市城区和郊区的，不得低于15%；②开发项目位于地级市城区及郊区的，不得低于10%；③开发项目位于其他地区的，不得低于5%。

（5）企业销售未完工开发产品取得的收入，应先按预计计税毛利率分季（或月）计算出预计毛利额，计入当期应纳税所得额。开发产品完工后，企业应及时结算其计税成本并计算此前销售收入的实际毛利额，同时将其实际毛利额与其对应的预计毛利额之间的差额，计入当年度企业本项目与其他项目合并计算的应纳税所得额。

在年度纳税申报时，企业需出具对该项开发产品实际毛利额与预计毛利额之间差异调整情况的报告以及税务机关需要的其他相关资料。

（6）企业新建的开发产品在尚未完工或办理房地产初始登记、取得产权证前与承租人签订租赁预约协议的，自开发产品交付承租人使用之日起出租方取得的预收价款按租金确认收入的实现。

8.2.2　房地产开发企业收入总额中不征税收入的规定

目前，对于不征税收入，我国税法还没有对房地产开发企业做出特殊性的规定。房地产开发企业收入中，没有符合不征税收入条件的收入。

8.2.3　房地产开发企业收入总额中免税收入的规定

国家税务总局对房地产开发企业免税收入无特殊规定，如《财政部　国家税务总局关于非营利组织免税资格认定管理有关问题的通知》（财税〔2018〕13号）、《财政部　国家税务总局关于非营利组织企业所得税免税收入问题的通知》（财税〔2009〕122号），但是房地产开发企业属于营利性组织，上述规定并不适用于房地产开发企业。

8.2.4　房地产开发企业税前扣除的规定

1. 成本费用的核算与扣除

企业在进行成本、费用的核算与扣除时，必须按规定区分期间费用和开发产品计税成本、已销开发产品计税成本与未销开发产品计税成本。

（1）企业发生的期间费用、已销开发产品计税成本、税金及附加、土地增值税准予当期按规定扣除。

（2）开发产品计税成本的核算应按有关计税成本核算方法的规定进行处理。

（3）已销开发产品的计税成本，按当期已实现销售的可售面积和可售面积单位工程成本确认。

（4）企业对尚未出售的已完工开发产品和按照有关法律、法规或合同规定对已售开发产品进行日常维护、保养、修理等实际发生的维修费用，准予在当期据实扣除。

（5）企业将已计入销售收入的共用部位、共用设施设备维修基金按规定移交给有关部门、单位的，应于移交时扣除。

（6）企业在开发区内建造的会所、物业管理场所、电站、热力站、水厂、文体场馆、幼儿园等配套设施，属于非营利性且产权属于业主的，或无偿赠予地方政府、公用事业单位的，可将其视为公共配套设施，其建造费用按公共配套设施费的有关规定进行处理。属于营利性的或产权归企业所有的，或未明确产权归属的，或无偿赠予地方政府、公用事业单位以外的其他单位的，应当单独核算其成本。

（7）企业的利息支出按以下规定进行处理：①企业为建造开发产品借入资金而发生的符合税收规定的借款费用，可按企业会计准则的规定进行归集和分配，其中属于财务费用性质的借款费用，可直接在税前扣除；②企业集团或其成员企业统一向金融机构借款分摊集团内部其他成员企业使用的，借入方凡能出具从金融机构取得借款的证明文件，可以在使用借款的企业间合理的分摊利息费用，使用借款的企业分摊的合理利息准予在税前扣除。

（8）企业开发产品转为自用的，其实际使用时间累计未超过 12 个月又销售的，不得在税前扣除折旧费用。

☞ 引例解析 ....

房地产开发企业开（筹）办期间费用扣除的规定

1. 引例中，该开发公司从事生产经营之前筹办活动期间发生的筹办费用支出，不得计算为当期的亏损，只能在"开办费"账户中归集。企业开始生产经营的年度，是开始计算企业损益的年度。如果筹办期的结束和经营期的开始，两者处于同一年度，则应分别按照有关规定确认筹办费摊销及经营年度的开始。因此，该开发企业在开始生产经营年度的 2×21 年 6 月起开始一次性或分期扣除开办费；若 2×21 年度发生了亏损，则税法确认的亏损年度就是 2×21 年度，而不是 2×20 年度。

2. 该公司一次性扣除开办费的金额。

（1）业务招待费支出可按实际发生额的 60% 计入开办费；发生的广告宣传费可按实际发生额计入开办费，作为企业筹办费的支出。

（2）投资方因投入资本自行筹措款项所支付的利息，不计入开办费，应由出资方自行负担。

（3）为购建固定资产所支付的设计费、部分材料费应予资本化，不计入开办费。因此，该企业 2×21 年一次性扣除开办费金额为 470 万元 [200＋300－（10＋20）×（1－60%）－8－10]。

2. 计税成本的核算方法

（1）计税成本是指企业在开发、建造开发产品过程中所发生的按照税法规定进行核算与计量的应归入某项成本对象的各项费用。

（2）成本对象是指为归集和分配开发产品开发、建造过程中的各项耗费而确定费用承担项目。

（3）开发产品计税成本支出的内容包括土地征用费及拆迁补偿费、前期工程费、建筑安装工程费、基础设施建设费、公共配套设施费、开发间接费等。

（4）企业开发、建造的开发产品应按制造成本法进行计量与核算。其中，应计入开发产品成本中的（费用属于直接成本）和能够分清成本对象的间接成本直接计入成本对象，共同成本和不能分清负担对象的间接成本，应按受益的原则和配比的原则分配至各成本对象。

8.2.5 房地产开发企业所得税纳税调整事项

根据企业会计准则规定，我国所得税会计采用的是资产负债表债务法，要求房地产开发企业从资产负债表出发，通过比较资产负债表上列示的资产、负债的账面价值与其计税基础，对两者之间的差异分应纳税暂时性差异与可抵扣暂时性差异，确认资产负债表中的"递延所得税负债"与"递延所得税资产"，并在此基础上确定每一会计期间利润表中的所得税费用。

1. 所得税会计的一般程序

（1）按照相关会计准则规定确定资产负债表中除递延所得税资产和递延所得税负债以外的其他资产和负债项目的账面价值。

资产、负债的账面价值及计税基础

（2）按照税收相关法律、法规的规定，确定资产负债表中有关资产、负债项目的计税基础。

（3）比较资产、负债的账面价值与其计税基础，对两者之间存在的差异进行分析，除准则中规定的特殊情况，应区分应纳税暂时性差异与可抵扣暂时性差异确定资产负债表日递延所得税负债和递延所得税资产的应有金额，并与期初递延所得税资产和递延所得税负债的余额相比，确定当期应予进一步确认的递延所得税资产、递延所得税负债金额或应予转销的金额，作为递延所得税。

（4）就房地产开发企业当期发生的交易或事项，按照相关税法规定计算确定当期应纳税所得额，将应纳税所得额与适用的所得税税率计算的结果确认为当期应交所得税。

（5）确定利润表中的所得税费用。利润表中的所得税费用包括当期所得税（当期应交所得税）和递延所得税两个组成部分。企业在计算确定了当期所得税和递延所得税后，两者之和（或之差）是利润表中的所得税费用。

2. 资产、负债的账面价值

资产、负值的账面价值是指房地产开发企业按照相关会计准则的规定进行核算后在资产负债表中列示的金额，对于计提了减值准备的各项资产的账面价值是指其账面余额减去已计提的减值准备后的金额。例如，房地产开发企业持有的开发产品账面余额为 30 000 万元，企业对该开发产品计提了 5 000 万元的存货跌价准备，其账面价值为 25 000 万元。

资产、负债的账面价值在初始确认时一般为其取得成本，持有期间的账面价值为实际成本减去折旧或摊销以及减值准备后的金额。

固定资产的账面价值＝账面原值－累计折旧－固定资产减值准备
无形资产的账面价值＝账面原值－累计摊销－无形资产减值准备

3. 资产、负债的计税基础

所得税会计的关键在于确定资产、负债的计税基础。在确定资产、负债的计税基础时，应严格遵循税收法规中对于资产的税务处理以及可税前扣除的费用等的规定。

1）资产的计税基础

资产的计税基础是指房地产开发企业在收回资产账面价值过程中，计算应纳税所得额时按照税法规定可以自应税经济利益中抵扣的金额，即某一项资产在未来期间计税时按照税法规定可以税前扣除的金额。

资产在初始确认时,其计税基础一般为取得成本,即企业为取得某项资产支付的成本在未来期间准予税前扣除。在资产持有期间,其计税基础是指资产的取得成本减去以前期间按照税法规定已经税前扣除的金额后的余额,如固定资产、无形资产等。长期资产在某一资产负债表日的计税基础是指其成本扣除按照税法规定已在以前期间税前扣除的累计折旧额或累计摊销额后的金额。

(1)投资性房地产。房地产开发企业持有的投资性房地产进行后续计量时,会计准则规定可以采用两种模式:一种是采用成本模式对投资性房地产进行后续计量,其账面价值与计税基础的确定与固定资产、无形资产相同;另一种是在符合规定条件的情况下,可以采用公允价值模式对投资性房地产进行后续计量。采用公允价值模式进行后续计量的投资性房地产,其资产负债表日的账面价值为公允价值。税法规定,企业以公允价值模式计量的投资性房地产,持有期间公允价值的变动不计入应纳税所得额。按照此规定,以公允价值计量的投资性房地产在持有期间的计税基础为其取得成本。

【例 8-1】 2×21 年 1 月 1 日,中国琴岛房地产开发公司与甲公司签订租赁协议,约定将其开发的一栋写字楼于开发完成的同时租赁给甲公司使用。当年 6 月 12 日,该写字楼于开发完成的同时开始租赁给甲公司使用。写字楼的造价为 800 万元。2×21 年 12 月 31 日,该写字楼的公允价值为 900 万元。假定税法规定该资产的折旧方法为年限平均法,折旧年限为 20 年,预计净残值率为 5%。

该投资性房地产在 2×21 年 12 月 31 日的账面价值为其公允价值 900 万元,其计税基础为取得成本扣除按照税法规定允许税前扣除的折旧额后的金额,即其计税基础为 781 万元[800−800×(1−5%)÷20÷12×6]。

(2)固定资产。以各种方式取得的固定资产,初始确认时按照会计准则规定确定的入账价值基本上是被税法认可的,即取得时其账面价值一般等于计税基础。

固定资产在持有期间,税法规定的计税基础为固定资产原值减去按税法规定的方法计算的累计折旧。

【例 8-2】 中国琴岛房地产开发公司于 2×21 年 12 月 20 日取得某固定资产,原价 720 万元,预计使用年限为 8 年,会计上采用年限平均法计提折旧,净残值为零。计税时,按照适用税法规定,其最低使用寿命为 10 年,采用年限平均法计提的折旧可予税前扣除,净残值为零。2×21 年 12 月 31 日,企业估计该项固定资产的可收回金额为 600 万元。

2×21 年 12 月 31 日,该项固定资产的账面余额为 630 万元(720−720÷8),该账面余额大于其可收回金额 600 万元,两者之间的差额应计提 30 万元的固定资产减值准备。

2×21 年 12 月 31 日,该项固定资产的账面价值为 600 万元(630−30)。

该项固定资产的计税基础=720−720÷10=648(万元)

(3)无形资产。除内部研究开发形成的无形资产,其他方式取得的无形资产,初始确认时的计税基础一般为按照会计准则规定确定的入账价值。

内部研究开发形成的无形资产,税法规定以开发过程中该资产符合资本化条件后至达到预定用途前发生的支出为计税基础。另外,税法中还规定企业为开发新技术、新产品和新工艺发生的研究开发费,形成无形资产的,按照无形资产成本的 175% 摊销。

【例 8-3】 中国琴岛房地产开发公司当期为开发新技术发生研究开发支出 1 750 万元,

其中研究阶段支出 300 万元，开发阶段符合资本化条件前发生的支出为 200 万元，符合资本化条件后至达到预定用途前发生的支出为 1 000 万元。

中国琴岛房地产开发公司当期发生的研究开发支出中，按照会计准则规定应于费用化的金额为 500 万元，形成无形资产的成本为 1 000 万元，即期末所形成无形资产的账面价值为 1 000 万元。所形成无形资产在未来期间可予税前扣除的金额为 1 750 万元（1 000×175%），其计税基础为 1 750 万元。

无形资产在后续计量时，会计与税收的差异主要在于是否需要摊销及无形资产减值准备的提取。

会计准则规定，应根据无形资产的使用寿命情况，区分为使用寿命有限的无形资产与使用寿命不确定的无形资产，对于使用寿命不确定的无形资产，不要求摊销，但持有期间每年应进行减值测试。税法规定，企业取得的无形资产成本，应在一定期限内摊销。

【例 8-4】 中国琴岛房地产开发公司 2×21 年 1 月 1 日取得某项无形资产，取得成本为 1 200 万元，取得该项无形资产后，根据各方面情况判断，无法合理预计其使用期限，将其作为使用寿命不确定的无形资产。2×21 年 12 月 31 日，对该项无形资产进行减值测试表明其未发生减值。企业在计税时，对该项无形资产按照 10 年的期限摊销，摊销金额允许税前扣除。

2×21 年 12 月 31 日，该项无形资产的账面价值为 1 200 万元

2×21 年 12 月 31 日，该项无形资产的计税基础＝1 200－1 200÷10＝1 080（万元）

2）负债的计税基础

负债的计税基础是指负债的账面价值减去未来期间计算应纳税所得额时按照税法规定可予抵扣的金额。用公式表示为：

负债的计税基础＝账面价值－未来期间按照税法规定可予税前扣除的金额

负债的确认与偿还一般不会影响企业的损益，也不会影响其应纳税所得额，未来期间计算应纳税所得额时按照税法规定可予抵扣的金额为零，计税基础即为账面价值。但是，某些情况下，负债的确认可能会影响企业的损益，进而影响不同期间的应纳税所得额，使得其计税基础与账面价值之间产生差异，如按照会计准则规定确认的某些预计负债。

（1）预收账款。房地产开发企业预收客户房款时，因不符合会计准则规定的收入确认条件，会计上将其确认为负债。而按照税法规定应计入收款当期的应纳税所得额，有关预收账款的计税基础为零，既因其产生时已经计算缴纳所得税，未来期间可全额税前扣除。

【例 8-5】 中国琴岛房地产开发公司 2×21 年 10 月 31 日预收账款余额为 3 000 万元，预收账款已按税法规定计算应纳税所得额计算缴纳所得税。

2×21 年 10 月 31 日，预收账款的账面价值为 3 000 万元。

2×21 年 10 月 31 日，预收账款的计税基础为 0（账面价值 3 000 万元－未来期间计算应纳税所得额时按税法规定可予抵扣的金额 3 000 万元）。

（2）应付职工薪酬。会计准则规定，企业为获得职工提供的服务给予的各种形式的报酬以及其他相关支出均应作为企业的成本费用，在未支付之前确认为负债。税法中对于合

理的职工薪酬基本允许税前扣除,但税法中明确规定了税前扣除标准的,按照会计准则规定计入成本费用支出的金额超过规定标准部分,应进行纳税调整。

【例 8-6】 中国琴岛房地产开发公司 2×21 年 12 月计入成本费用的职工工资总额为 150 万元,至 2×21 年 12 月 31 日尚未支付。按照适用税法规定,当期计入成本费用的 150 万元工资支出中,可予税前扣除的合理部分为 120 万元。

该项应付职工薪酬负债的账面价值 150 万元。

该项应付职工薪酬负债的计税基础=账面价值 150 万元-未来期间计算应纳税所得额时按照税法规定可予抵扣的金额 0=150(万元)

4. 递延所得税资产、递延所得税负债的确认

递延所得税资产、递延所得税负债的确认

资产、负债的账面价值与其计税基础不同会产生暂时性差异。暂时性差异根据暂时性差异对未来期间应纳税所得额的影响,分为应纳税暂时性差异和可抵扣暂时性差异。除因资产、负债的账面价值与计税基础不同产生的暂时性差异,按照税法规定可以结转以后年度的未弥补亏损和税款抵减,也视为可抵扣暂时性差异。

因资产、负债的账面价值与其计税基础不同,产生了在未来收回资产或清偿负债的期间内应纳税所得额增加或减少并导致未来期间应交所得税增加或减少的情况,形成企业的资产或负债。在有关暂时性差异发生当期,符合确认条件的情况下,应当确认相关的递延所得税负债或递延所得税资产。

(1)资产的账面价值大于其计税基础。资产的账面价值大于其计税基础,该项资产未来期间产生的经济利益不能全部税前抵扣,两者之间的差额会导致企业未来期间应纳税所得额的增加,对企业形成经济利益流出的义务,产生应纳税暂时性差异。例如,一项资产账面价值为 600 万元,计税基础为 475 万元,两者之间的差额会造成未来期间应纳税所得额和应交所得税的增加,符合有关条件的,在其产生当期应确认相关的递延所得税负债。

(2)资产的账面价值小于其计税基础。资产的账面价值小于其计税基础,表明该项资产未来期间产生的经济利益流入低于按照税法规定允许税前扣除的金额,产生可抵减未来期间应纳税所得额的因素,减少未来期间以所得税形式流出企业的经济利益,形成可抵扣暂时性差异。例如,一项资产的账面价值为 600 万元,计税基础为 750 万元,则企业可以在未来期间就该项资产上多扣除 150 万元,未来期间应纳税所得额会减少,应交所得税也会减少,符合有关条件的,应确认为递延所得税资产。

(3)负债的账面价值大于其计税基础。负债的账面价值大于其计税基础,意味着未来期间按照税法规定与负债相关的全部或部分支出可以自未来应税经济利益中扣除,减少未来期间的应纳税所得额和应交所得税。在差异产生当期,符合有关确认条件的,应确认相关的递延所得税资产。

(4)负债的账面价值小于其计税基础。负债的账面价值为企业预计在未来期间清偿该项负债时的经济利益流出,而其计税基础代表的是账面价值扣除税法规定未来期间允许税前扣除的金额之后的差额。负债的账面价值与其计税基础不同产生的时间性差异,实质上是税法规定就该项负债在未来期间可以税前扣除的金额(即与该项负债相关的费用支出在未来期间可予税前扣除的金额)。负债的账面价值小于其计税基础,则意味着就该项负债在

未来期间可以税前抵扣的金额为负数，即应在未来期间应纳税所得额的基础上调增，增加应纳税所得额和应交所得税金额，产生应纳税暂时性差异，符合确认条件的，应确认相关的递延所得税负债。

以上（1）（4）产生应纳税暂时性差异。应纳税暂时性差异是指在确定未来收回资产或清偿负债期间的应纳税所得额时，将导致产生应税金额的暂时性差异，即在未来期间会进一步增加应纳税所得额和应交所得税金额，在其产生当期应当确认相关的递延所得税负债。（2）（3）产生可抵扣暂时性差异。可抵扣暂时性差异是指在确定未来收回资产或清偿负债期间的应纳税所得额时，将导致产生可抵扣金额的暂时性差异。该差异在未来期间会减少应纳税所得额，减少未来期间的应交所得税。在可抵扣暂时性差异产生当期，符合确认条件的，应当确认相关的递延所得税资产。

相关思考8-2

房地产开发企业确认的递延所得税资产和递延所得税负债均应计入所得税费用吗？

1. 某项交易或事项按照会计准则规定应计入所有者权益的，由该交易或事项产生的递延所得税资产或递延所得税负债及其变化也应计入所有者权益，不构成利润表中的递延所得税费用。

2. 企业合并中取得的资产、负债，其账面价值与计税基础不同，应确认相关递延所得税的，该递延所得税的确认影响合并中产生的商誉或是计入当期损益的金额，不影响所得税费用。

5. 确定所得税费用

在按照资产负债表债务法核算所得税的情况下，利润表中的所得税费用包括当期所得税和递延所得税两个部分。

（1）当期所得税。当期所得税即当期应交所得税，是指房地产开发企业当期发生的交易和事项按照税法规定计算确定的应缴纳给税务部门的所得税金额。

（2）递延所得税。递延所得税是指按照所得税准则规定当期应予确认的递延所得税资产和递延所得税负债金额，即递延所得税资产及递延所得税负债当期发生额的综合结果，但不包括计入所有者权益的交易或事项的所得税影响，用公式表示为：

递延所得税＝（递延所得税负债的期末余额－递延所得税负债的期初余额）
－（递延所得税资产的期末余额－递延所得税资产的期初余额）

（3）所得税费用。计算确定了当期所得税及递延所得税以后，利润表中应予确认的所得税费用为两者之和：

所得税费用＝当期所得税＋递延所得税

知识拓展8-1

不确认递延所得税资产、递延所得税负债的特殊情况

有些情况下，虽然资产、负债的账面价值与其计税基础不同，产生了应纳税暂时性差异，但出于各方面考虑，所得税准则中规定不确认相应的递延所得税资产或递延所得税负债。

1. 不确认递延所得税资产的情况

某些情况下，企业发生的某项交易或事项不属于企业合并，并且交易发生时既不影响会计利润也不影响应纳税所得额，且该项交易中产生的资产、负债的初始确认金额与其计税基础不同，产生可抵扣暂时性差异的,所得税准则中规定在交易或事项发生时不确认相应的递延所得税资产。

2. 不确认递延所得税负债的情况

(1)商誉的初始确认。

(2)除企业合并以外其他交易或事项,如果该项交易或事项发生时既不影响跨级利润,也不影响应纳税所得额,则所产生的资产、负债的初始确认金额与其计税基础不同,形成应纳税暂时性差异的,交易或事项发生时不确认相应的递延所得税负债。

(3)与子公司、联营企业及合营企业投资等相关的应纳税暂时性差异一般应确认相应的递延所得税负债,但同时满足以下两个条件的除外:一是投资企业能够控制暂时性差异转回的时间;二是该暂时性差异在可预见的未来很可能不会转回。

8.3 企业所得税的会计核算

8.3.1 所得税费用的确认和计量

企业核算所得税,主要是为确定当期应交所得税以及利润表中的所得税费用,从而确定各期实现的净利润。确认递延所得税资产和递延所得税负债,最终目的也是解决不同会计期间所得税费用的分配问题。按照资产负债表债务法核算,利润表中的所得税费用由两个部分组成,当期所得税和递延所得税费用(或收益)。

8.3.2 房地产开发企业所得税汇算清缴税款的会计核算

1. 账户设置

(1)应交税费——应交所得税。"应交税费——应交所得税"账户,用于核算企业所得税的缴纳情况。该账户贷方登记应缴纳的所得税税费,借方登记实际缴纳的税费。期末余额一般在贷方,反映企业尚未缴纳的税费;期末余额如在借方,则反映企业多缴的税费。

(2)递延所得税资产。"递延所得税资产"账户,用于核算企业根据所得税准则确认的可抵扣暂时性差异产生的所得税资产。该账户借方登记因资产账面价值小于其计税基础以及负债的账面价值大于其计税基础所产生的可抵扣暂时性差异的数额,贷方登记已确认的递延所得税资产转回的数额;期末余额在借方,表示已确认的递延所得税资产。

(3)递延所得税负债。"递延所得税负债"账户,用于核算企业根据所得税准则确认的应纳税暂时性差异产生的所得税负债。该账户贷方登记因资产账面价值大于其计税基础以及负债账面小于其计税基础所产生的应纳税暂时性差异的数额,借方登记已确认的递延所得税负债转回的数额;期末余额在贷方,表示未转回的递延所得税负债。

(4)所得税费用。"所得税费用"账户,用于核算当期应交所得税及递延所得税费用(或收益)两者之和。该账户借方登记利润表中应确认的所得税费用的金额,贷方登记期末转入"本年利润"的所得税费用的金额,结转后无余额。

2. 账务处理

(1)当期所得税的会计核算。

【例8-7】 中国琴岛房地产开发公司2×21年第三季度预收收入560万元。假设中国琴岛房地产开发公司没有发生其他应税收入,可扣除的相关税费共计24万元,当地的预计计税毛利率为15％。中国琴岛房地产开发公司2×21年第三季度应预缴所得税为多少？

　　① 预计毛利额＝560×15％＝84(万元)
　　② 应纳税所得额＝84－24＝60(万元)
　　③ 应预缴企业所得税＝60×25％＝15(万元)

借：应交税费——应交所得税　　　　　　　　　　　　　　　　　150 000
　　贷：银行存款　　　　　　　　　　　　　　　　　　　　　　　　150 000
借：所得税费用　　　　　　　　　　　　　　　　　　　　　　　150 000
　　贷：应交税费——应交所得税　　　　　　　　　　　　　　　　150 000

　　（2）递延所得税费用（或收益）的会计核算。

【例8-8】　中国琴岛房地产开发公司2×21年3月18日与甲公司签订了租赁合同，将其某办公楼租给甲公司，租赁开始日为2×21年3月18日。2×21年3月18日，该办公楼的账面余额为900万元，公允价值为1 000万元。2×21年12月31日，该办公楼的公允价值为1 200万元。投资性房地产采用公允价值模式进行后续计量，适用的所得税税率为25％。

　　① 2×21年3月18日，自用房地产转换为投资性房地产时，其会计处理为：

借：投资性房地产——成本　　　　　　　　　　　　　　　　　10 000 000
　　贷：固定资产　　　　　　　　　　　　　　　　　　　　　　　9 000 000
　　　　其他综合收益　　　　　　　　　　　　　　　　　　　　　1 000 000

　　② 2×21年12月31日，公允价值变动会计处理为：

借：投资性房地产——公允价值变动损益　　　　　　　　　　　2 000 000
　　贷：公允价值变动损益　　　　　　　　　　　　　　　　　　　2 000 000

　　③ 确认应纳税暂时性差异的所得税影响时，其会计处理为：

借：其他综合收益　　　　　　　　　　　　　　　　　　　　　250 000
　　所得税费用　　　　　　　　　　　　　　　　　　　　　　　500 000
　　贷：递延所得税负债　　　　　　　　　　　　　　　　　　　　750 000

　　（3）所得税费用的会计核算。

【例8-9】　中国琴岛房地产开发公司2×21年度利润表中利润总额为12 000 000元，该公司适用的所得税税率为25％。递延所得税资产及递延所得税负债不存在期初余额。

　　该公司2×21年发生的有关交易和事项中，会计处理与税收处理存在差别如下。

　　① 2×20年12月31日取得的一项固定资产，成本为6 000 000元，使用年限为10年，预计净残值为0，会计处理按双倍余额递减法计提折旧，税收处理按直线法计提折旧。假定税法规定的使用年限及预计净残值与会计规定相同。

　　② 向关联企业捐赠现金2 000 000元。

　　③ 应付违反环保法规定罚款1 000 000元。

　　④ 期末对持有的存货计提了300 000元的存货跌价准备。

　　2×21年度当期应交所得税：

　　　应纳税所得额＝12 000 000＋600 000＋2 000 000＋1 000 000＋300 000＝15 900 000(元)
　　　应交所得税＝15 900 000×25％＝3 975 000(元)

该公司 2×21 年资产负债表相关项目金额及其计税基础如表 8-1 所示。

表 8-1　　　　　　　　　　资产负债表相关项目金额及其计税基础

公司名称:中国琴岛房地产开发公司　　　　　　　　　　　　　　　　　　　　单位:元

项目	账面价值	计税基础	差异	
			应纳税暂时性差异	可抵扣暂时性差异
存货	8 000 000	8 300 000		300 000
固定资产				
固定资产原值	30 000 000	30 000 000		
减:累计折旧	4 600 000	4 000 000		
固定资产账面价值	25 400 000	26 000 000		600 000
其他应付款	1 000 000	1 000 000		
总计				900 000

2×21 年度递延所得税:

$$递延所得税收益＝900\ 000×25\%＝225\ 000(元)$$

利润表中应确认的所得税费用:

$$所得税费用＝3\ 975\ 000－225\ 000＝3\ 750\ 000(元)$$

借:所得税费用　　　　　　　　　　　　　　　　　　　　　　　　　3 750 000

　　递延所得税资产　　　　　　　　　　　　　　　　　　　　　　　225 000

　　贷:应交税费——应交所得税　　　　　　　　　　　　　　　　　　　　　3 975 000

【例 8-10】　沿用[例 8-9]中有关资料,假定中国琴岛房地产开发公司 2×21 年当期应交所得税为 4 620 000 元。资产负债表中有关资产、负债的账面价值与其计税基础相关资料如表 8-2 所示,除所列项目外,其他资产、负债项目不存在会计与税收规定的差异。

表 8-2　　　　　　　　　　资产负债表相关项目金额及其计税基础

公司名称:中国琴岛房地产开发公司　　　　　　　　　　　　　　　　　　　　单位:元

项目	账面价值	计税基础	差异	
			应纳税暂时性差异	可抵扣暂时性差异
存货	16 000 000	16 800 000		800 000
固定资产				
固定资产原值	30 000 000	30 000 000		
减:累计折旧	5 560 000	4 600 000		
减:固定资产减值准备	2 000 000	0		
固定资产账面价值	22 440 000	25 400 000		2 960 000
预计负债	1 000 000	0		1 000 000
总计				4 760 000

① 当期应交所得税为 4 620 000 元。

② 当期递延所得税费用（收益）。

期末递延所得税资产（4 760 000×25%）	1 190 000
期初递延所得税资产	225 000
递延所得税资产增加	965 000

递延所得税收益＝965 000（元）

③ 所得税费用。

所得税费用＝4 620 000－965 000＝3 655 000（元）

借：所得税费用　　　　　　　　　　　　　　　　　　　　　　　3 655 000

　递延所得税资产　　　　　　　　　　　　　　　　　　　　　　965 000

　贷：应交税费——应交所得税　　　　　　　　　　　　　　　　4 620 000

重 要 概 念

纳税义务人　征税对象　所得税费用　递延所得税资产　递延所得税负债

本 章 练 习

一、单项选择题

1. 房地产开发企业新建的开发产品在尚未完工或办理房地产初始登记、取得产权证前，与承租人签订租赁预约协议的，自开发产品（　　）之日起，出租方取得的预租价款按租金确认收入的实现。

A. 交付承租人使用　　　　　　　　　B. 签订租赁预约协议

C. 完工之日　　　　　　　　　　　　D. 价款支付

2. 关于房地产开发企业按当年实际利润据实分季（或月）预交企业所得税的通知适用于从事房地产开发经营业务的（　　）。

A. 居民纳税人　　　　　　　　　　　B. 非居民纳税人

C. 居民纳税人和非居民纳税人　　　　D. 非居民纳税人和小型微利企业

3. 房地产开发企业采取视同买断方式委托销售开发产品的，如企业与购买方签订销售合同或协议中约定的价格高于买断价格，则应按（　　）确认收入的实现。

A. 买断价格

B. 销售合同或协议中约定的价格

C. 买断价格和销售合同中约定的价格平均

D. 企业和税务机关协商确定的价格

4. 房地产开发企业开发产品转为自用的，其实际使用时间累计未超过（　　）个月又销售的，不得在税前扣除折旧费用。

A. 3　　　　　　B. 6　　　　　　C. 12　　　　　　D. 18

5. 企业应当自年度终了之日起（　　）个月内向税务机关报送年度企业所得税纳税申报表，并汇算清缴，结清应缴应退税款。

A. 3　　　　　　B. 4　　　　　　C. 5　　　　　　D. 6

二、多项选择题

1. 下列项目属于房地产开发企业开发产品计税成本支出内容的有(　　)。

A. 土地征用费及拆迁补偿费　　　　B. 前期工程费

C. 建筑安装工程费　　　　　　　　D. 基础设施建设费

2. 企业房地产开发经营业务包括(　　)。

A. 土地的开发　　　　　　　　　　B. 建造、销售住宅

C. 建造、销售商业用房　　　　　　D. 建造、销售其他建筑物、附着物等

3. 房地产开发企业将开发产品用于(　　)等行为,应视同销售。

A. 捐赠　　　　　B. 赞助　　　　　C. 职工福利　　　　　D. 奖励

4. 房地产开发企业开发产品销售收入的范围为销售开发产品过程中取得的全部价款,包括(　　)。

A. 现金　　　　　　　　　　　　　B. 现金等价物

C. 其他经济利益　　　　　　　　　D. 银行存款

5. 房地产开发企业共同成本和不能分清负担对象的间接成本,应按受益的原则和配比的原则分配至各成本对象,具体分配方法有(　　)。

A. 占地面积法　　　　　　　　　　B. 建筑面积法

C. 直接成本法　　　　　　　　　　D. 预算造价法

三、判断题

1. 房地产开发企业将已计入销售收入的共用部位、公用设施设备维修基金按规定移交给有关部门、单位的,应予实际使用时扣除。(　　)

2. 房地产开发企业代有关部门、单位和企业收取的各种基金、费用和附加等,凡纳入开发产品价内或由企业开具发票的,可作为代收代缴款项进行管理。(　　)

3. 房地产开发企业开发、建造的开发产品按制造成本法进行计量与核算。(　　)

4. 房地产开发企业的土地成本一般按建筑面积法进行分配。(　　)

5. 房地产开发企业应向政府上缴但尚未上缴的报批报建费用,可按预算建造合理预提建造费用。(　　)

四、简答题

1. 所得税会计的一般程序?

2. 递延所得税资产和递延所得税负债的确认?

五、业务题

中国琴岛房地产开发公司 2×21 年 9 月取得的某项交易性金融资产,成本为 2 000 000 元,2×21 年 12 月 31 日,其公允价值为 2 400 000 元。该公司适用的所得税税率为 25%。

要求:请编制会计分录。

六、案例题

中国琴岛房地产开发公司为增值税一般纳税人,采用一般计税方法。2×21 年度利润表中利润总额为 2 800 万元,该公司适用的所得税税率为 25%。递延所得税资产及递延所得税负债不存在期初余额。与所得税核算有关的情况如下。

2×21 年发生的有关交易和事项中,会计处理与税收处理存在差别的有:

(1) 2×21 年 1 月取得一项无形资产的成本为 1 200 万元,无法合理预计该项无形资产的使用寿命。2×21 年年底,对该无形资产进行减值测试,测试表明该无形资产已发生减值,该无形资产的公允价值为

1 100 万元。税收处理按直线法摊销，摊销年限为 10 年。

（2）向宋庆龄基金会捐赠现金 500 万元。

（3）2×21 年度预收账款余额为 3 885 万元，预收账款全部为预收房款，主管税务机关规定企业所得税计税毛利率为 15%，土地增值税预征率为 1.5%，应交税费——应交土地增值税余额为 −52.50 万元。

（4）赞助支出 200 万元。赞助支出，税法不允许税前扣除。

（5）期末对应收账款计提坏账准备 180 万元。

该公司 2×21 年资产负债表相关项目金额及其计税基础如表 8-3 所示。

表 8-3　　　　　　　**2×21 年资产负债表相关项目金额及其计税基础**　　　　　　单位：元

项目	账面价值	计税基础	差异	
			应纳税暂时性差异	可抵扣暂时性差异
无形资产	11 000 000	10 800 000	200 000	
应收账款	10 000 000	11 800 000		1 800 000
预计毛利	5 250 000	0		5 250 000
应交税费——土地增值税	−5 250 000	0		−5 250 000
总计			200 000	6 525 000

要求：请编制会计分录。

第9章 财务报告

内容提要

本章主要讲解了财务报告的构成、分类及列报的基本要求;资产负债表的作用、结构及填列方法;利润表的作用、结构及填列方法;现金流量表的作用、结构、编制方法及程序、填列方法;所有者权益变动表的作用、结构及填列方法;财务报表附注的作用、基本要求及披露的内容。

重点难点

本章重点为资产负债表的结构及填列方法;利润表的结构及填列方法;难点为资产负债表的填列方法;现金流量表的填列方法。

学习目标

通过本章学习,学生应掌握财务报告的构成、资产负债表的结构及填列方法、利润表的结构及填列方法;理解资产负债表的作用、利润表的作用、现金流量表的作用及结构、现金流量表的填列方法、所有者权益变动表的作用及结构、财务报表附注的作用;了解财务报告的分类及列报的基本要求、现金流量表的编制方法及程序、所有者权益变动表的填列方法、财务报表附注的基本要求及披露的内容。

章节导读

知识框架

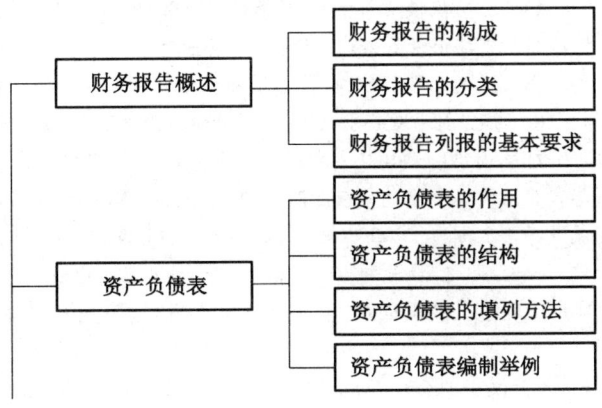

193

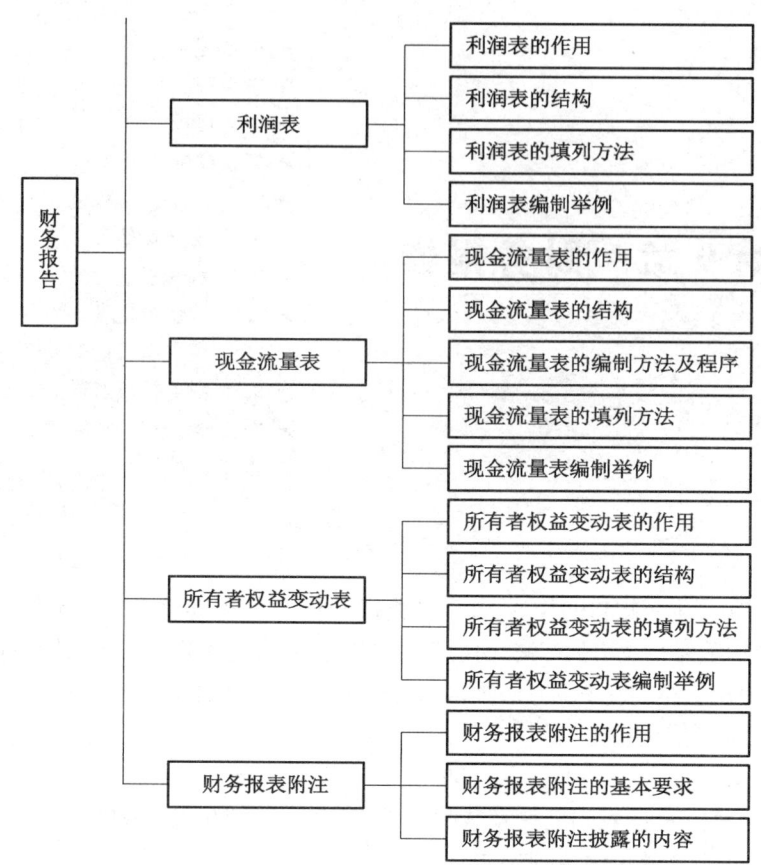

引入案例 万科企业股份有限公司财务报告相关信息

万科企业股份有限公司成立于1984年,1988年进入房地产行业,1991年成为深圳证券交易所第二家上市公司,其股票代码为000002,经过30多年的发展,成为国内领先的住宅开发企业。截至2016年年底,公司进入中国大陆65个城市,分布在以珠三角为核心的广深区域、以长三角为核心的上海区域、以环渤海为核心的北京区域,以及由中西部中心城市组成的中西部区域。2016年,公司在14个城市的销售金额超过百亿元,在40个城市的市场销售排名中位列当地前三。2016年,公司实现销售面积2 765.40万平方米,销售金额3 647.70亿元,同比增长33.8%和39.5%。按2016年全国商品房销售金额117 627.10亿元计算,公司在全国的市场占有率为3.1%。截至2016年12月31日,公司累计发行股本总数为11 039 152 001股。

根据公司2016年的报告数据,公司规模不断扩大,其资产总额由期初的6 112.96亿元增长至8 306.74亿元,涨幅达到35.9%。同时,公司的市场前景看好,2016年企业营业总收入为2 404.77亿元,同比增长23.0%。其中,主营业务收入近2 384.00亿元,同比增长23.4%,主营业务收入中房地产收入达2 341.40亿元,同比增长23.1%,物业服务收入为42.60亿元,同比增长43.4%;实现净利润283.50亿元,同比增长9.3%,实现归属于上市公司股东的净利润210.20亿元,同比增长16.0%;每股基本盈利1.90元,同比增长16.0%。公司的现金流量表数据也发生了变化,经营活动产生的现金流量净额上期为160.46亿元,本期为395.66亿元,增加了235.20亿元。投资活动产生的现金流量净额上期为-209.47亿元,本期为-433.89亿元,减少了224.42亿元。筹资活动产生的现金流量净额上期为-51.04亿元,本期为-313.00亿元,减少了261.96亿元。

众所周知,财务报告对其使用者是相当重要的。那么房地产开发企业财务报告包括哪些内容? 编制财务报告有哪些作用?

（资料来源:王玉红.房地产开发企业会计[M].北京:人民邮电出版社,2016.）

9.1 | 财务报告概述

房地产开发企业财务报告,是指房地产开发企业对外提供的反映企业某一特定日期的财务状况和某一会计期间的经营成果、现金流量等会计信息的文件,是会计工作的产品。正确编制财务报告是房地产开发企业会计工作的一项重要内容。

9.1.1 财务报告的构成

财务报告包括财务报表及其他应当在财务报告中披露的相关信息和资料。

财务报表是对企业财务状况、经营成果和现金流量的结构性表述。房地产开发企业财务报表至少应当包括下列组成部分:①资产负债表;②利润表;③现金流量表;④所有者权益(或股东权益)变动表;⑤附注。其中,资产负债表、利润表、现金流量表、所有者权益变动表属于基本财务报表,而附注对基本财务报表的信息进行进一步的说明、补充或解释,以便帮助使用者理解和使用报表信息。财务报表的这些组成部分具有同等的重要程度。

9.1.2 财务报告的分类

财务报告分为财务报表和其他应当在财务报告中披露的相关信息和资料,而这里讲的分类是指财务报表的分类。财务报表可以按照不同的标准进行分类。

1. 按财务报表的编报期间不同的分类

按财务报表编报期间的不同,可以分为中期财务报表和年度财务报表。中期财务报表是以短于一个完整会计年度的报告期间为基础编制的财务报表,包括月报、季报和半年报等。中期财务报表至少应当包括资产负债表、利润表、现金流量表和附注,其中,中期资产负债表、利润表和现金流量表应当是完整报表,其格式和内容应当与年度财务报表相一致。与年度财务报表相比,中期财务报表中的附注披露可适当简略。

2. 按财务报表编报主体不同的分类

按财务报表编报主体不同,可以分为个别财务报表和合并财务报表。个别财务报表是由企业在自身会计核算基础上对账簿记录进行加工而编制的财务报表,它主要用于反映企业自身的财务状况、经营成果和现金流量情况。合并财务报表是以母公司和子公司组成的企业集团为会计主体,根据母公司和所属子公司的财务报表,由母公司编制的综合反映企业集团财务状况、经营成果及现金流量的财务报表。

9.1.3 财务报告列报的基本要求

1. 遵循各项会计准则进行确认和计量

企业应当根据实际发生的交易和事项,遵循《企业会计准则——基本准则》、各项具体会计准则的规定进行确认和计量,并在此基础上编制财务报表。企业应当在附注中对这一情况作出声明,只有遵循了企业会计准则的所有规定时,财务报表才能被称为"遵循了企业会计准则"。同时,企业不应以附注中披露代替对交易和事项的确认和计量,不恰当的确认和计量也不能通过充分披露来纠正。

此外,如果按照各项会计准则规定披露的信息不足以让报表使用者了解特定交易或事项对企业财务状况和经营成果的影响时，企业还应当披露其他的必要信息。

2. 列报基础

持续经营是会计的基础前提，也是会计确认、计量及编制财务报表的基础。在编制财务报表的过程中，企业管理层应当利用所有可获得信息来评价企业自报告期末起至少 12 个月的持续经营能力。评价时需要考虑的因素包括宏观政策风险、市场经营风险、企业目前或长期的盈利能力、偿债能力、财务弹性以及企业管理层改变经营政策的意向等。评价结果表明对持续经营能力产生重大怀疑的，企业应当在附注中披露导致对持续经营能力产生重大怀疑的因素以及企业拟采取的改善措施。

企业如有近期获利经营的历史且有财务资源支持，则通常表明以持续经营为基础编制财务报表是合理的。

非持续经营是企业在极端情况下出现的一种情况。非持续经营往往取决于企业所处的环境以及企业管理部门的判断。一般而言，企业存在以下情况之一的，通常表明企业处于非持续经营状态：①企业已在当期进行清算或停止营业；②企业已经正式决定在下一个会计期间进行清算或停止营业；③企业已确定在当期或下一个会计期间没有其他可供选择的方案而将被迫进行清算或停止营业。企业处于非持续经营状态时，应当采用其他基础编制财务报表。例如，企业处于破产状态时，其资产应当采用可变现净值计量，负债应当按照其预计的结算金额计量等。在非持续经营情况下，企业应当在附注中声明财务报表未以持续经营为基础列报，披露未以持续经营为基础的原因以及财务报表的编制基础。

3. 权责发生制

除现金流量表按照收付实现制原则编制外，企业应当按照权责发生制原则编制其他财务报表。

4. 列报的一致性

可比性是会计信息质量的一项重要质量要求，目的是使同一企业不同期间和同一期间不同企业的财务报表相互可比。为此，财务报表项目的列报应当在各个会计期间保持一致，不得随意变更，这一要求不仅只针对财务报表中的项目名称，还包括财务报表项目的分类、排列顺序等方面。

在以下规定的特殊情况下，财务报表项目的列报是可以改变的：①会计准则要求改变；②企业经营业务的性质发生重大变化或企业经营影响较大的交易或事项发生后，变更财务报表项目的列报能够提供更可靠、更相关的会计信息。

5. 重要性和项目列报

关于项目在财务报表中是单独列报还是合并列报，应当依据重要性原则来判断。在合理预期下，财务报表某项目的省略或错报会影响使用者据此作出经济决策，该项目具有重要性。企业在进行重要性判断时，应当根据企业所处的具体环境，从项目的性质和金额两方面予以判断，且对各项目重要性的判断标准一经确定，不得随意变更。判断项目性质的重要性，应当考虑该项目在性质上是否属于企业日常活动，是否显著影响企业的财务状况、经营成果和现金流量等因素；判断项目金额的重要性，应当考虑该项目金额占资产总额、负债总额、所有者权益总额、营业收入总额、营业成本总额、净利润、综合收益总额等直接相关项目金额的比重或所属报表单列项目金额的比重。具体而言：

（1）性质或功能不同的项目，一般应当在财务报表中单独列报，如存货和固定资产在性质上和功能上都有本质差别,必须分别在资产负债表上单独列报。但是不具有重要性的项目可以合并列报。

(2)性质或功能类似的项目,一般可以合并列报,但是对其具有重要性的类别应该单独列报。例如,原材料、低值易耗品等项目在性质上类似,均通过生产过程形成企业的产品存货,因此可以合并列报,合并之后的类别统称为"存货"在资产负债表上列报。

(3)项目单独列报的原则不仅适用于报表,还适用于附注。某些项目的重要性程度不足以在资产负债表、利润表、现金流量表或所有者权益变动表中单独列示,但是对附注而言具有重要性,在这种情况下应当在附注中单独披露。

(4)无论是《企业会计准则第30号——财务报表列报》规定单独列报的项目,还是其他具体会计准则规定单独列报的项目,企业都应当予以单独列报。

6. 财务报表项目金额间的相互抵销

财务报表应当以总额列报,财务报表中的资产和负债、收入和费用、直接计入当期损益的利得和损失项目的金额不得相互抵销,即不得以净额列报,但企业会计准则另有规定的除外。例如,企业欠客户的应付款不得与其他客户欠本企业的应收款相抵销,如果相抵销就掩盖了交易的实质。

下列三种情况不属于抵销,可以以净额列示:①一组类似交易形成的利得和损失应当以净额列示,不属于抵销,但具有重要性的除外;②资产或负债项目按扣除备抵项目后的净额列示,不属于抵销。对资产计提减值准备,表明资产的价值确实已经发生减损,按扣除减值准备后的净额列示,才反映了资产当时的真实价值;③非日常活动产生的利得和损失,以同一交易形成的收益扣减相关费用后的净额列示更能反映交易实质的,不属于抵销。非日常活动并非企业主要的业务,非日常活动产生的损益以收入扣减费用后的净额列示,更有利于报表使用者理解。比如,非流动资产处置利得和损失,应当按处置收入扣除该资产的账面金额和相关销售费用后的净额列报。

7. 比较信息的列报

企业在列报当期财务报表时,至少应当提供所有列报项目上一个可比会计期间的比较数据,以及与理解当期财务报表相关的说明,目的是向报表使用者提供对比数据,提高信息在会计期间的可比性,以反映企业财务状况、经营成果和现金流量的发展趋势,提高报表使用者的判断与决策能力。列报比较信息的这一要求适用于财务报表的所有组成部分,既适用于4张报表,也适用于附注。

在财务报表的列报项目确实需要发生变更的情况下,应当至少对可比期间的数据按照当期的列报要求进行调整,并在附注中披露调整的原因和性质以及调整的各项目金额。但在某些情况下,对可比期间的比较数据进行调整是不切实的,应当在附注中披露不能调整的原因。

8. 财务报表表首的列报要求

财务报表一般分为表首、正表两部分,其中,在表首部分企业应当概括地说明下列基本信息:①编报企业的名称,如企业名称在所属当期发生了变更的,还应明确标明;②对资产负债表而言,须披露资产负债表日,而对利润表、现金流量表和所有者权益变动表而言,须披露报表涵盖的会计期间;③货币名称和单位,按照我国企业会计准则的规定,企业应当以人民币作为记账本位币,并标明金额单位,如人民币元、人民币万元等;④财务报表是合并财务报表的，应当予以标明。

9. 报告期间

企业至少应当按年编制财务报表。年度财务报表涵盖的期间短于1年的，应当披露年度财务报表的涵盖期间、短于1年的原因以及报表数据不具可比性的事实。

知识拓展 9-1

财务报告的作用

财务报告的目标是向财务报告使用者提供与企业财务状况、经营成果和现金流量等有关的会计信息，反映企业管理层受托责任履行情况，有助于财务报告使用者作出经济决策。财务报告使用者包括投资者、债权人、政府及其有关部门和社会公众等。

财务报告的作用表现在以下几个方面。

1. 财务报告有助于投资者和债权人等进行合理的决策

在企业外部集团中，投资者、债权人是财务报告最重要的使用者。对于投资者和债权人来说，利用企业有关经济资源和经济义务等方面的财务信息，判断企业在激烈竞争的市场环境中生存、适应、成长与扩展的能力是非常有益的。财务报告提供的信息虽然主要是对过去经营成果和财务状况的反映与总结，但反映过去是为了预测未来。由于事物的发展存在一定程度的连续性、系统性和规律性，财务报告对企业已发生的资金运动及其结果的反映，有助于投资者和债权人等预测企业未来时期的现金流入净额、流入时间和不确定性。这些因素是外部使用者进行投资、信贷等决策时必须考虑的。

2. 财务报告反映企业管理当局的受托经营责任

股份有限公司的"两权分离"使股东和企业管理当局之间出现委托与受托关系。股东把资金投入公司，委托管理人员进行经营管理。股东为了确保自己的切身利益，保证其投入资本的保值与增值，需要经常了解管理当局对受托经济资源的经营管理情况。通过公认会计原则或企业会计准则和其他一些法律规章的制约，财务报告能够较全面、系统、连续和综合地跟踪反映企业投入资源的渠道、性质、分布状态以及资源的运用效果，从而有助于评估企业的财务状况与经营绩效以及管理当局对受托资源的经营管理责任的履行情况。

3. 财务报告能够帮助企业管理当局改善经营管理，协调企业与相关利益集团的关系，促进企业快速、稳定的发展

在现代企业中，相关利益集团是企业各种资源的提供者，任何企业的生存与发展都必须依赖他们的贡献、配合与协作。企业管理当局的主要职能就是鼓励和激发各种集团保持或扩大对企业的贡献，协调企业与相关利益集团以及各利益集团之间的关系。为此，管理人员不但要管理并有效地利用受托的各种资源，并且需要定期向有关利益集团全面、系统、连续和客观地报告对受托资源的管理与利用情况，以及利用这些资源所创造的效益及其分配情况。财务报告提供的信息，在这一领域发挥了不可替代的重要作用。

4. 财务报告能够帮助国家有关部门实现其经济与社会目标，并进行必要的宏观调控，促进社会资源的有效配置

由于企业是国民经济的细胞，通过企业提供的财务报告对资源进行汇总分析，国家有关部门可以考核国民经济各部门的运行情况、各种财经法律制度的执行情况，一旦发现问题即可及时采取相应措施，通过各种经济杠杆和政策倾斜，发挥政府在市场经济优化资源配置中的补充作用。

引例解析

万科企业股份有限公司财务报告相关信息

1. 房地产开发企业财务报告包括财务报表及其他应当在财务报告中披露的相关信息和资料

财务报表是对企业财务状况、经营成果和现金流量的结构性表述。房地产开发企业财务报表至少应当包括下列组成部分:①资产负债表;②利润表;③现金流量表;④所有者权益(或股东权益)变动表;⑤附注。

2. 编制财务报告的作用

(1)财务报告有助于投资者和债权人等进行合理的决策。

(2)财务报告反映企业管理当局的受托经管责任。

(3)财务报告能够帮助企业管理当局改善经营管理,协调企业与相关利益集团的关系,促进企业快速、稳定的发展。

(4)财务报告能够帮助国家有关部门实现其经济与社会目标,并进行必要的宏观调控,促进社会资源的有效配置。

9.2 | 资产负债表

资产负债表是指反映企业在某一特定日期财务状况的财务报表。它反映企业在某一特定日期所拥有或控制的经济资源、所承担的现时义务和所有者对净资产的要求权。它是一张提示企业在一定时点上财务状况的静态报表。

9.2.1 资产负债表的作用

资产负债表的作用主要表现在以下几个方面:

(1)可以提供某一日期的资产总额及其结构,表明企业拥有或控制的资源及其分布情况,使用者可以一目了然地从资产负债表上了解企业在某一特定日期所拥有的资产总量及其结构。

(2)可以提供某一日期的负债总额及其结构,表明企业未来需要用多少资产或劳务清偿债务以及清偿时间。

(3)可以反映所有者所拥有的权益,据以判断资本保值、增值的情况以及对负债的保障程度。

(4)可以提供进行财务分析的基本资料,如将流动资产与流动负债进行比较,计算出流动比率,将速动资产与流动负债进行比较,计算出速动比率等,可以表明企业的变现能力、偿债能力和资金周转能力,从而有助于报表使用者作出经济决策。

9.2.2 资产负债表的结构

资产负债表以"资产=负债+所有者权益"这一会计等式为依据,按照一定的分类标准和次序,把企业在某一特定日期的资产、负债和所有者权益项目予以适当排列编制而成。

目前,国际上资产负债表的格式主要有报告式和账户式两种。在我国资产负债表采用账户式结构,报表分为左、右两方:左方列示资产各项目,反映全部资产的分布及存在形态;右方列示负债和所有者权益各项目,反映全部负债和所有者权益的内容及构成情况。资产负债表左、右双方平衡,资产总计等于负债和所有者权益总计,即"资产=负债+所有者权益"。此外,为了使使用者通过比较不同时点资产负债表的数据,掌握企业财务状况的变动情况及发展趋势,企业需要提供比较资产负债表,资产负债表还就各项目再分为"上年年末余额"和"期末余额",并分别填列。

9.2.3 资产负债表的填列方法

1. "上年年末余额"栏的填列方法

资产负债表"上年年末余额"栏通常根据上年年末有关项目的期末余额填列，且与上年年末资产负债表"期末余额"栏相一致。如果企业发生了会计政策变更、前期差错更正，应当对"上年年末余额"栏中的有关项目进行相应调整。如果上年度资产负债表规定的项目名称和内容与本年度的不一致，应当对上年年末资产负债表相关项目的名称和数字按照本年度的规定进行调整，填入"上年年末余额"栏。

2. "期末余额"栏的填列方法

资产负债表"期末余额"栏应根据资产、负债和所有者权益账户的期末余额填列。具体而言，可以通过以下几种方式填列：

（1）根据总账科目余额填列。资产负债表中的有些项目，可直接根据有关总账账户的余额填列，如"交易性金融资产""其他债权投资""其他权益工具投资""递延所得税资产""长期待摊费用""短期借款""交易性金融负债""应付票据""应交税费""预计负债""递延所得税负债""实收资本（或股本）""库存股""资本公积""其他综合收益""盈余公积"等项目。

有些项目则需根据几个总账账户的期末余额计算填列，如"货币资金"项目，需根据"库存现金""银行存款"及"其他货币资金"三个总账账户期末余额的合计数填列。

（2）根据明细账科目余额计算填列。例如，"开发支出"项目，应根据"研发支出"账户中所属的"资本化支出"明细账户期末余额填列；"应付账款"项目，应根据"应付账款"和"预付账款"两个账户所属的相关明细账户的期末贷方余额计算填列；"预收款项"项目，应根据"应收账款"和"预收账款"两个账户所属的相关明细账户的期末贷方余额计算填列；"一年内到期的非流动资产""一年内到期的非流动负债"项目，应根据有关非流动资产或负债项目的明细账户余额分析填列。

（3）根据总账科目和明细账科目余额分析计算填列。例如，"长期借款"项目，应根据"长期借款"总账账户余额扣除"长期借款"账户所属的明细账户中将在资产负债表日起1年内到期，且企业不能自主地将清偿义务展期的长期借款后的金额计算填列；"其他非流动资产"项目，应根据有关账户的期末余额减去将于1年内（含1年）收回数后的金额填列；"其他非流动负债"项目，应根据有关账户的期末余额减去将于1年内（含1年）到期偿还数后的金额填列。

（4）根据有关科目余额减去其备抵科目余额后的净额填列。例如，"持有待售资产""债权投资""长期股权投资""商誉"项目，应根据相关账户的期末余额填列，已计提减值准备的还应扣减相应的减值准备；"无形资产""投资性房地产""生产性生物资产""油气资产"项目，应根据相关账户的期末余额扣减相关的累计折旧（或摊销、折耗）填列，已计提减值准备的还应扣减相应的减值准备，采用公允价值计量的上述资产，应根据相关账户的期末余额填列；"长期应收款"项目，应根据"长期应收款"账户的期末余额，减去相应的"未实现融资收益"账户和"坏账准备"账户所属相关明细账户期末余额后的金额填列；"长期应付款"项目，应根据"长期应付款"账户的期末余额，减去相应的"未确认融资费用"账户期末余额后的金额，以及"专项应付款"账户的期末余额填列。

（5）综合运用上述填列方法分析填列。例如，"应收账款"项目，应根据"应收账款"和"预收账款"两个账户所属的相关明细账户的期末借方余额合计数，减去"坏账准备"账户中有关应收账款计提的坏账准备计算填列;"预付款项"项目,应根据"应付账款"和"预付账款"两个账户所属的相关明细账户的期末借方余额合计数,减去"坏账准备"账户中有关预付账款计提的坏账准备计算填列;"存货"项目,应根据"材料采购""原材料""委托加工物资""周转材料""库存设备""开发产品""周转房""开发成本"等账户的期末余额合计数,减去"存货跌价准备"账户期末余额后的金额填列,材料或库存商品采用计划成本核算,以及库存商品采用计划成本核算或售价核算的企业,还应按加(或减)材料成本差异、产品成本差异、商品进销差价后的金额填列。

3. 资产负债表各项目的具体填列方法

(1)"货币资金"项目,反映房地产开发企业库存现金、银行结算户存款、外埠存款、银行汇票存款、银行本票存款、信用卡存款、信用证保证金存款等的合计数。本项目应根据"库存现金""银行存款""其他货币资金"账户期末余额的合计数填列。

(2)"交易性金融资产"项目,反映房地产开发企业持有的以公允价值计量且其变动计入当期损益的金融资产,包括为交易目的所持有的债券投资、股票投资、基金投资等金融资产和直接指定为以公允价值计量且其变动计入当期损益的金融资产。本项目应根据"交易性金融资产"账户的期末余额填列。

(3)"应收票据"项目,反映房地产开发企业资产负债表日以摊余成本计量的、企业因销售商品、提供劳务等而收到的商业汇票,包括银行承兑汇票和商业承兑汇票。本项目应根据"应收票据"账户的期末余额,减去"坏账准备"账户中有关应收票据计提的坏账准备期末余额后的金额填列。

(4)"应收账款"项目,反映房地产开发企业资产负债表日以摊余成本计量的、企业因销售商品、提供劳务等经营活动应收取的款项。本项目应根据"应收账款"和"预收账款"账户所属各明细账户的期末借方余额合计数,减去"坏账准备"账户中有关应收账款计提的坏账准备期末余额后的金额填列。如"应收账款"账户所属明细账户期末有贷方余额的,应在资产负债表"预收款项"项目内填列。

(5)"应收款项融资"项目,反映房地产开发企业资产负债表日以公允价值计量且其变动计入其他综合收益的应收票据和应收账款等。

(6)"预付款项"项目,反映房地产开发企业按照购货合同规定预付给承包单位和供应单位的款项等。本项目应根据"预付账款"和"应付账款"账户所属各明细账户的期末借方余额合计数,减去"坏账准备"账户中有关预付款项计提的坏账准备期末余额后的金额填列。如"预付账款"账户所属各明细账户期末有贷方余额的,应在资产负债表"应付账款"项目内填列。

(7)"其他应收款"项目,反映房地产开发企业除应收票据、应收账款、预付账款等经营活动以外的其他各种应收、暂付的款项。本项目应根据"应收利息""应收股利"和"其他应收款"账户的期末余额,减去"坏账准备"账户中相关坏账准备期末余额后的金额填列。

(8)"存货"项目,反映房地产开发企业期末在库、在用、在途、在建和在加工中的各种存货的可变现净值,包括库存材料、库存设备、低值易耗品、开发成本、开发产品等。本项目应根据"材料采购""原材料""委托加工物资""周转材料""库存设备""开发产品""周转房""开发成本"等账户的期末余额合计数,减去"存货跌价准备"账户期末余额后的金额填列。材料或库存商品采用计划成本核算,以及库存商品采用计划成本核算或售价核算的企业,还应加(或减)材料成本差异、产品成本差异、商品进销差价后的金额填列。

（9）"持有待售资产"项目，反映房地产开发企业资产负债表日划分为持有待售类别的非流动资产及划分为持有待售类别的处置组中的流动资产和非流动资产的期末账面价值。本项目应根据"持有待售资产"账户的期末余额，减去"持有待售资产减值准备"账户的期末余额后的金额填列。

（10）"一年内到期的非流动资产"项目，反映房地产开发企业将于一年内到期的非流动资产项目金额。本项目应根据"债权投资""长期股权投资"等有关账户的期末余额填列。

（11）"其他流动资产"项目，反映房地产开发企业除货币资金、交易性金融资产、应收票据、应收账款、存货等流动资产以外的其他流动资产。本项目应根据有关科目的期末余额填列。

（12）"债权投资"项目，反映房地产开发企业持有的以摊余成本计量的长期债权投资的期末账面价值。本项目应根据"债权投资"账户的期末余额，减去"债权投资减值准备"账户期末余额后的金额填列。

（13）"其他债权投资"项目，反映房地产开发企业持有的以公允价值计量且其变动计入其他综合收益的长期债权投资的期末账面价值。本项目应根据"其他债权投资"账户的期末余额填列。

（14）"长期应收款"项目，反映房地产开发企业融资租赁产生的应收款项、采用递延方式收款、实质上具有融资性质的销售商品和提供劳务等经营活动产生的长期应收款项等。本项目应根据"长期应收款"账户的期末余额，减去相应的"未实现融资收益"账户和"坏账准备"账户所属相关明细科目期末余额后的金额填列。

（15）"长期股权投资"项目，反映房地产开发企业持有的对子公司、联营企业和合营企业的长期股权投资，反映企业不准备在1年内（含1年）变现的各种股权性质的投资的可收回金额。本项目应根据"长期股权投资"账户的期末余额，减去"长期股权投资减值准备"账户期末余额后的金额填列。

（16）"其他权益工具投资"项目，反映房地产开发企业资产负债表日指定为以公允价值计量且其变动计入其他综合收益的非交易性权益工具投资的期末账面价值，本项目应根据"其他权益工具投资"账户的期末余额填列。

（17）"投资性房地产"项目，反映房地产开发企业持有的投资性房地产。企业采用成本模式计量投资性房地产的，本项目应根据"投资性房地产"账户的期末余额，减去"投资性房地产累计折旧（摊销）"和"投资性房地产减值准备"账户期末余额后的金额填列；企业采用公允价值模式计量投资性房地产的，本项目应根据"投资性房地产"账户的期末余额填列。

（18）"固定资产"项目，反映房地产开发企业资产负债表日企业固定资产的期末账面价值和企业尚未清理完毕的固定资产清理净损益。本项目应根据"固定资产"账户的期末余额，减去"累计折旧"和"固定资产减值准备"账户期末余额后的金额，以及"固定资产清理"账户的期末余额填列。

（19）"在建工程"项目，反映房地产开发企业资产负债表日企业尚未达到预定可使用状态的在建工程的期末账面价值和企业为在建工程准备的各项物资的期末账面价值。本项目应根据"在建工程"账户的期末余额，减去"在建工程减值准备"账户期末余额后的金额，以及"工程物资"账户的期末余额，减去"工程物资减值准备"账户的期末余额后的金额填列。

（20）"生产性生物资产"项目，反映房地产开发企业持有的生产性生物资产。本项目应根据"生产性生物资产"账户的期末余额，减去"生产性生物资产累计折旧"和"生产性生物资产减值准备"账户期末余额后的金额填列。

（21）"油气资产"项目，反映房地产开发企业持有的矿区权益和油气井及相关设施的原价减去累计折耗和累计减值准备后的净额。本项目应根据"油气资产"账户的期末余额，减去"累计折耗"账户期末余额和相应减值准备后的金额填列。

（22）"使用权资产"项目，反映资产负债表日承租人企业持有的使用权资产的期末账面价值。本项目应根据"使用权资产"账户的期末余额，减去"使用权资产累计折旧"和"使用权资产减值准备"账户的期末余额后的金额填列。

（23）"无形资产"项目，反映房地产开发企业持有的无形资产，包括专利权、非专利技术、商标权、著作权、土地使用权、特许权等。本项目应根据"无形资产"账户的期末余额，减去"累计摊销"和"无形资产减值准备"账户期末余额后的金额填列。

（24）"开发支出"项目，反映房地产开发企业开发无形资产过程中能够资本化形成无形资产成本的支出部分。本项目应根据"研发支出"账户中所属的"资本化支出"明细账户期末余额填列。

（25）"商誉"项目，反映房地产开发企业在非同一控制下企业合并中形成商誉的价值。本项目应根据"商誉"账户的期末余额，减去相应减值准备后的金额填列。

（26）"长期待摊费用"项目，反映房地产开发企业已经发生但应由本期和以后各期负担的分摊期限在 1 年以上的各项费用。其中，长期待摊费用中在 1 年内（含 1 年）摊销的部分，仍在"长期待摊费用"项目列示，不转入资产负债表"一年内到期的非流动资产"项目。本项目应根据"长期待摊费用"账户的期末余额填列。

（27）"递延所得税资产"项目，反映房地产开发企业确认的可抵扣暂时性差异产生的递延所得税资产，本项目应根据"递延所得税资产"账户的期末余额填列。

（28）"其他非流动资产"项目，反映房地产开发企业除长期股权投资、固定资产、在建工程、工程物资和无形资产等资产以外的其他非流动资产。本项目应根据有关账户的期末余额填列。

（29）"短期借款"项目，反映房地产开发企业向银行或其他金融机构等借入的期限在 1 年以下（含 1 年）的各种借款。本项目应根据"短期借款"账户的期末余额填列。

（30）"交易性金融负债"项目，反映房地产开发企业承担的以公允价值计量且其变动计入当期损益的为交易目的所持有的金融负债，和直接指定为以公允价值计量且其变动计入当期损益的金融负债。本项目应根据"交易性金融负债"账户的期末余额填列。

（31）"应付票据"项目，反映房地产开发企业资产负债表日以摊余成本计量的、企业因购买材料、商品和接受劳务供应等而开出、承兑的商业汇票，包括银行承兑汇票和商业承兑汇票。本项目应根据"应付票据"账户的期末余额填列。

（32）"应付账款"项目，反映房地产开发企业资产负债表日以摊余成本计量的、企业因购买材料、商品和接受劳务供应等经营活动应支付的款项，以及因发包工程应支付给承包单位的工程价款。本项目应根据"应付账款"和"预付账款"账户所属各明细账户的期末贷方余额合计数填列；如"应付账款"账户所属明细账户期末有借方余额的，应在资产负债表"预付款项"项目内填列。

（33）"预收款项"项目，反映房地产开发企业预收的购房定金和代建工程款。本项目应根据"预收账款"和"应收账款"账户所属各明细账户的期末贷方余额合计数填列，如"预收账款"账户所属各明细账户期末有借方余额，应在资产负债表"应收账款"项目内填列。

（34）"应付职工薪酬"项目，反映房地产开发企业根据有关规定应付给职工的工资、职工福利、社会保险费、住房公积金、工会经费、职工教育经费、非货币性福利、辞退福利等各种薪酬以及其他相关支出。外商投资企业按规定从净利润中提取的职工奖励及福利基金，也在本项目列示。本项目应根据"应付职工薪酬"账户的期末余额填列。

（35）"应交税费"项目，反映房地产开发企业按照税法规定计算应缴纳未缴纳的各种税费，包括增值税、消费税、所得税、资源税、土地增值税、城市维护建设税、房产税、土地使用税、车船税、教育费附加、矿产资源补偿费等。企业代扣代缴的个人所得税，也通过本项目列示。企业所缴纳的税金不需要预计应交数的，如印花税、耕地占用税等，不在本项目列示。本项目应根据"应交税费"账户的期末贷方余额填列；如"应交税费"账户期末为借方余额，应以"—"号填列。

（36）"其他应付款"项目，反映房地产开发企业除应付票据、应付账款、预收款项、应付职工薪酬、应交税费等经营活动以外的其他各项应付、暂收的款项。本项目应根据"应付利息""应付股利"和"其他应付款"账户的期末余额合计数填列。

（37）"持有待售负债"项目，反映房地产开发企业资产负债表日处置组中与划分为持有待售类别的资产直接相关的负债的期末账面价值。本项目应根据"持有待售负债"账户的期末余额填列。

（38）"一年内到期的非流动负债"项目，反映房地产开发企业非流动负债中将于资产负债表日后1年内到期部分的金额，如将于1年内偿还的长期借款。本项目应根据有关账户的期末余额填列。

（39）"其他流动负债"项目，反映房地产开发企业除短期借款、交易性金融负债、应付票据、应付账款、应付职工薪酬、应交税费等流动负债以外的其他流动负债。本项目应根据有关账户的期末余额填列。

（40）"长期借款"项目，反映房地产开发企业向银行或其他金融机构借入的期限在1年以上（不含1年）的各项借款。本项目应根据"长期借款"账户的期末余额填列。

（41）"应付债券"项目，反映房地产开发企业为筹集长期资金而发行的债券和优先股。本项目应根据"应付债券"账户的期末余额填列。

（42）"租赁负债"项目，反映资产负债表日承租人企业尚未支付的租赁付款额的期末账面价值。本项目应根据"租赁负债"账户的期末余额填列。

（43）"长期应付款"项目，反映房地产开发企业期末除长期借款和应付债券以外的其他各种长期应付款项。本项目应根据"长期应付款"账户的期末余额，减去相应的"未确认融资费用"账户期末余额后的金额，以及"专项应付款"账户的期末余额填列。

（44）"预计负债"项目，反映房地产开发企业根据或有事项等相关准则确认的各项已预计但尚未清偿的债务，包括对外提供担保、未决诉讼、产品质量保证、重组义务、亏损性合同以及固定资产和矿区权益弃置义务等预计负债。本项目应根据"预计负债"账户的期末余额填列。

（45）"递延所得税负债"项目，反映房地产开发企业确认的应纳税暂时性差异产生的所得税负债。本项目应根据"递延所得税负债"账户的期末余额填列。

（46）"其他非流动负债"项目，反映房地产开发企业除长期借款、应付债券等负债以外的其他非流动负债。本项目应根据有关科目的期末余额减去将于1年内（含1年）到期偿还数后的余额填列。非流动负债各项目中将于1年内(含1年)到期的非流动负债,应在"一年内到期的非流动负债"项目内单独反映。

(47)"实收资本(或股本)"项目,反映房地产开发企业各投资者实际投入的资本(或股本)总额。本项目应根据"实收资本"(或"股本")账户的期末余额填列。

(48)"其他权益工具"项目,反映房地产开发企业发行的除普通股以外的归类为权益工具的各种金融工具。本项目应根据"其他权益工具"账户的期末余额填列。

(49)"资本公积"项目,反映房地产开发企业资本公积的期末余额。本项目应根据"资本公积"账户的期末余额填列。

(50)"库存股"项目,反映房地产开发企业持有尚未转让或注销的本公司股份金额。本项目应根据"库存股"账户的期末余额填列。

(51)"其他综合收益"项目,反映房地产开发企业根据企业会计准则规定未在损益中确认的各项利得和损失扣除所得税影响后的净额。本项目应根据"其他综合收益"账户的期末余额填列。

(52)"专项储备"项目,反映高危行业企业按国家规定提取的安全生产费的期末账面价值。本项目应根据"专项储备"账户的期末余额填列。

(53)"盈余公积"项目,反映房地产开发企业盈余公积的期末余额。本项目应根据"盈余公积"账户的期末余额填列。

(54)"未分配利润"项目,反映房地产开发企业尚未分配的利润。本项目应根据"本年利润"账户和"利润分配"账户的余额计算填列。未弥补的亏损在本项目内以"－"号填列。

特别提示9-1

1."递延收益"项目中摊销期限只剩1年或不足1年的,或预计在1年内(含1年)进行摊销的部分,不得归类为流动负债,仍在本项目中填列,不转入"一年内到期的非流动负债"项目。

2.对于按照相关会计准则采用折旧(或摊销、折耗)方法进行后续计量的固定资产、使用权资产、无形资产和长期待摊费用等非流动资产,折旧(或摊销、折耗)年限(或期限)只剩1年或不足1年的,或预计在1年内(含1年)进行折旧(或摊销、折耗)的部分,不得归类为流动资产,仍在各该非流动资产项目中填列,不转入"一年内到期的非流动资产"项目。

知识拓展9-2

执行新收入准则对资产负债表相关项目填列的要求

1."合同资产"和"合同负债"项目。企业应按照《企业会计准则第14号——收入》的相关规定根据本企业履行履约义务与客户付款之间的关系在资产负债表中列示合同资产或合同负债。"合同资产""合同负债"项目,应分别根据"合同资产""合同负债"科目的相关明细科目的期末余额分析填列,同一合同下的合同资产和合同负债应当以净额列示,其中净额为借方余额的,应当根据其流动性在"合同资产"或"其他非流动资产"项目中填列,已计提减值准备的,还应减去"合同资产减值准备"科目中相关的期末余额后的金额填列;其中净额为贷方余额的,应当根据其流动性在"合同负债"或"其他非流动负债"项目中填列。

由于同一合同下的合同资产和合同负债应当以净额列示,企业也可以设置"合同结算"科目(或其他类似科目),以核算同一合同下属于在某一时段内履行履约义务涉及与客户结算对价的合同资产或合同负债,并在此科目下设置"合同结算——价款结算"科目反映定期与客户进行结算的金额,设置"合同结算——收入结转"科目反映按履约进度结转的收入金额。资产负债表日,"合同结算"科目的期末余额在借方的,根据其流动性在"合同资产"或"其他非流动资产"项目中填列;期末余额在贷方的,根据其流动性在"合同负债"或"其他非流动负债"项目中填列。

2. 按照《企业会计准则第 14 号——收入》的相关规定确认为资产的合同取得成本,应当根据"合同取得成本"科目的明细科目初始确认时摊销期限是否超过一年或一个正常营业周期,在"其他流动资产"或"其他非流动资产"项目中填列,已计提减值准备的,还应减去"合同取得成本减值准备"科目中相关的期末余额后的金额填列。

3. 按照《企业会计准则第 14 号——收入》的相关规定确认为资产的合同履约成本,应当根据"合同履约成本"科目的明细科目初始确认时摊销期限是否超过一年或一个正常营业周期,在"存货"或"其他非流动资产"项目中填列,已计提减值准备的,还应减去"合同履约成本减值准备"科目中相关的期末余额后的金额填列。

4. 按照《企业会计准则第 14 号——收入》的相关规定确认为资产的应收退货成本,应当根据"应收退货成本"科目是否在一年或一个正常营业周期内出售,在"其他流动资产"或"其他非流动资产"项目中填列。

5. 按照《企业会计准则第 14 号——收入》的相关规定确认为预计负债的应付退货款,应当根据"预计负债"科目下的"应付退货款"明细科目是否在一年或一个正常营业周期内清偿,在"其他流动负债"或"预计负债"项目中填列。

资产负债表相关项目填列方法

❓ 相关思考9-1 ....

资产负债表有哪些局限性?

通过上述分析得知,资产负债表有着重要作用,但因为内容及填列方法受到企业会计准则及会计惯例的影响,也具有一定的局限性。那么,你认为资产负债表有哪些方面的局限性呢?

9.2.4 资产负债表编制举例

【例 9-1】 中国琴岛房地产开发公司 2×20 年 12 月 31 日的资产负债表(上年年末余额略)及 2×21 年 12 月 31 日的账户余额表分别见表 9-1 和表 9-2。要求编制中国琴岛房地产开发公司 2×21 年 12 月 31 日的资产负债表。

表 9-1　　　　　　　　　　　　　　　　**资产负债表**　　　　　　　　　　　　　　　会企 01 表

编制单位:中国琴岛房地产开发公司　　　　　2×20 年 12 月 31 日　　　　　　　　　　单位:元

资产	期末余额	上年年末余额	负债和股东权益	期末余额	上年年末余额
流动资产:			流动负债:		
货币资金	5 200 000		短期借款	35 000 000	
交易性金融资产			交易性金融负债		
衍生金融资产			衍生金融负债		
应收票据			应付票据		
应收账款			应付账款	4 500 000	
应收款项融资			预收款项	130 000 000	

（续表）

资产	期末余额	上年年末余额	负债和股东权益	期末余额	上年年末余额
预付款项	28 300 000		合同负债		
其他应收款	28 000 000		应付职工薪酬	200 000	
存货	265 000 000		应交税费	5 500 000	
合同资产			其他应付款	18 700 000	
持有待售资产			持有待售负债		
一年内到期的非流动资产			一年内到期的非流动负债		
其他流动资产			其他流动负债		
流动资产合计	326 500 000		流动负债合计	193 900 000	
非流动资产：			非流动负债：		
债权投资			长期借款	52 000 000	
其他债权投资			应付债券		
长期应收款			其中:优先股		
长期股权投资			永续债		
其他权益工具投资			租赁负债		
其他非流动金融资产			长期应付款		
投资性房地产			预计负债		
固定资产	1 500 000		递延收益		
在建工程			递延所得税负债		
生产性生物资产			其他非流动负债		
油气资产			非流动负债合计	52 000 000	
使用权资产			负债合计	245 900 000	
无形资产	500 000		所有者权益：		
开发支出			实收资本(或股本)	100 000 000	
商誉			其他权益工具		
长期待摊费用			其中:优先股		
递延所得税资产			永续债		
其他非流动资产			资本公积		
非流动资产合计	2 000 000		减：库存股		
			其他综合收益		
			专项储备		
			盈余公积	200 000	
			未分配利润	−17 600 000	
			所有者权益合计	82 600 000	
资产总计	328 500 000		负债及所有者权益总计	328 500 000	

表9-2   **账户余额表**   单位:元

账户名称	借方余额	账户名称	贷方余额
库存现金	250 000	短期借款	27 000 000
银行存款	3 330 000	应付账款	5 100 000
其他货币资金	1 020 000	预收账款	160 000 000
预付账款	36 200 000	应付职工薪酬	300 000
其他应收款	15 400 000	应交税费	6 350 000
开发成本	120 000 000	其他应付款	43 650 000
开发产品	155 000 000	长期借款	55 000 000
库存商品	84 000 000	坏账准备	40 000
低值易耗品	6 000 000	累计折旧	280 000
固定资产	1 900 000	累计摊销	60 000
无形资产	1 260 000	实收资本	100 000 000
		盈余公积	6 743 000
		本年利润	19 477 000
合计	424 360 000	合计	424 360 000

注:其中"预付账款——甲公司"借方余额36 200 000元,"应付账款——A公司"贷方余额5 100 000元,"预收账款——B公司"贷方余额160 000 000元,"坏账准备——其他应收款"贷方余额40 000元。

根据上述资料,编制中国琴岛房地产开发公司2×21年12月31日资产负债表,如表9-3所示。

表9-3   **资产负债表**   会企01表

编制单位:中国琴岛房地产开发公司   2×21年12月31日   单位:元

资产	期末余额	上年年末余额	负债和股东权益	期末余额	上年年末余额
流动资产:			流动负债:		
货币资金	4 600 000	5 200 000	短期借款	27 000 000	35 000 000
交易性金融资产			交易性金融负债		
衍生金融资产			衍生金融负债		
应收票据			应付票据		
应收账款			应付账款	5 100 000	4 500 000
应收款项融资			预收款项	160 000 000	130 000 000
预付款项	36 200 000	28 300 000	合同负债		
其他应收款	15 000 000	28 000 000	应付职工薪酬	300 000	200 000
存货	365 000 000	265 000 000	应交税费	6 350 000	5 500 000
合同资产			其他应付款	43 650 000	18 700 000
持有待售资产			持有待售负债		

（续表）

资产	期末余额	上年年末余额	负债和股东权益	期末余额	上年年末余额
一年内到期的非流动资产			一年内到期的非流动负债		
其他流动资产			其他流动负债		
流动资产合计	420 800 000	326 500 000	流动负债合计	242 400 000	193 900 000
非流动资产：			非流动负债：		
债权投资			长期借款	55 000 000	52 000 000
其他债权投资			应付债券		
长期应收款			其中：优先股		
长期股权投资			永续债		
其他权益工具投资			租赁负债		
其他非流动金融资产			长期应付款		
投资性房地产			预计负债		
固定资产	1 620 000	1 500 000	递延收益		
在建工程			递延所得税负债		
生产性生物资产			其他非流动负债		
油气资产			非流动负债合计	55 000 000	52 000 000
使用权资产			负债合计	297 400 000	245 900 000
无形资产	1 200 000	500 000	所有者权益：		
开发支出			实收资本（或股本）	100 000 000	100 000 000
商誉			其他权益工具		
长期待摊费用			其中：优先股		
递延所得税资产			永续债		
其他非流动资产			资本公积		
非流动资产合计	2 820 000	2 000 000	减：库存股		
			其他综合收益		
			专项储备		
			盈余公积	6 743 000	200 000
			未分配利润	19 477 000	−17 600 000
			所有者权益合计	126 220 000	82 600 000
资产总计	423 620 000	328 500 000	负债及所有者权益总计	423 620 000	328 500 000

9.3 利润表

利润表是指反映企业在一定会计期间的经营成果的财务报表。利润表的列报必须充分反映企业经营业绩的主要来源和构成，有助于使用者预测净利润的持续性，从而作出正确的决策。

9.3.1 利润表的作用

利润表的作用主要表现在以下几个方面：

（1）可以反映企业一定会计期间的收入实现情况，如实现的营业收入、实现的投资收益、实现的营业外收入各有多少等。

（2）可以反映企业一定会计期间的费用耗费情况，如耗费的营业成本、税金及附加、销售费用、管理费用、财务费用、营业外支出各有多少等。

（3）可以反映企业生产经营活动的成果，即净利润的实现情况，据以判断资本保值、增值等情况。

（4）将利润表中的信息与资产负债表中的信息相结合，还可以提供进行财务分析的基本资料，如将赊销收入净额与应收账款平均余额进行比较，计算出应收账款周转率；将净利润与资产总额进行比较，计算出资产收益率等。

（5）可以表现企业资金周转情况以及企业的盈利能力和水平，便于报表使用者判断企业未来的发展趋势，作出经济决策。

9.3.2 利润表的结构

常见的利润表结构主要有单步式和多步式两种。无论采用何种方式，均依据"收入－费用＝利润"这一会计等式进行编制的。在我国，房地产开发企业利润表采用的基本上是多步式结构，即通过对当期的收入、费用、支出项目按性质加以归类，按利润形成的主要环节列示一些中间性利润指标，分步计算当期净损益，便于使用者理解企业经营成果的不同来源。

1. 单步式利润表

单步式利润表是将企业当期所有的收入列在一起，然后将所有的费用、支出加在一起，两者相减，即可一次性计算出当期净利润。

单步式利润表结构简单，易于理解，不必区分费用、支出和相应收入配比的先后层次，但不能反映企业营业性收益与非营业性收益对实现净利润的影响，因而不能满足报表使用者对会计信息的需求。

2. 多步式利润表

多步式利润表是把企业当期净利润，按其构成内容通过几个计算步骤逐步计算出来，并按照其构成内容重要性的大小，在表中从上到下依次计算排列。多步式利润表可以直接地反映净利润的形成过程，以及营业利润和营业外收支对利润总额的影响，从而能够发现房地产开发企业经营管理的薄弱环节。

房地产开发企业按多步式编制利润表，可以分为以下七步：

（1）营业收入，由主营业务收入和其他业务收入组成。

（2）营业利润，营业收入减去营业成本（主营业务成本、其他业务成本）、税金及附加、销售费用、管理费用、财务费用、资产减值损失、信用减值损失，加上公允价值变动收益（减去公允价值变动损失）、投资收益（减去投资损失）、资产处置收益（减去资产处置损失）、其他收益，即为营业利润。

（3）利润总额，营业利润加上营业外收入，减去营业外支出，即为利润总额。

（4）净利润，利润总额减去所得税费用，即为净利润。

（5）每股收益，每股收益包括基本每股收益和稀释每股收益。

（6）其他综合收益，根据企业其他会计准则规定未在损益中确认的各项利得和损失，扣除所得税影响后的净额，即为其他综合收益，具体分为"以后不能重分类进损益的其他综合收益"项目和"以后将重分类进损益的其他综合收益"项目两类，并以扣除相关所得税影响后的净额列报。

（7）综合收益总额，企业净利润加上其他综合收益扣所得税影响后的净额的合计金额，即为综合收益总额。

此外，为了使报表使用者通过比较不同期间利润的实现情况，判断企业经营成果的未来发展趋势，企业需要提供比较利润表，所以，利润表还就各项目再分为"本期金额"和"上期金额"两栏分别填列。

9.3.3 利润表的填列方法

1. "上期金额"栏的填列方法

利润表"上期金额"栏内各项数字，应根据上年该期利润表的"本期金额"栏内所列数字填列。如果上年该期利润表规定的各个项目的名称和内容同本期不相一致，应对上年该期利润表各项目的名称和数字按本期的规定进行调整，填入利润表"上期金额"栏内。

2. "本期金额"栏的填列方法

利润表"本期金额"栏内各项数字，除"基本每股收益"和"稀释每股收益"项目外，一般应当按照相关账户的发生额分析填列。具体而言，各项目的填列方法如下：

（1）"营业收入"项目，反映房地产开发企业经营主要业务和其他业务所确认的收入总额。本项目应根据"主营业务收入"和"其他业务收入"账户的发生额分析填列。

（2）"营业成本"项目，反映房地产开发企业经营主要业务和其他业务所发生的成本总额。本项目应根据"主营业务成本"和"其他业务成本"账户的发生额分析填列。

（3）"税金及附加"项目，反映房地产开发企业经营业务应负担的消费税、城市维护建设税、资源税、土地增值税、教育费附加及房产税、土地使用税、车船税、印花税等。本项目应根据"税金及附加"账户的发生额分析填列。

（4）"销售费用"项目，反映房地产开发企业在转让、销售、结算和出租开发产品、提供劳务的过程中发生的包装费、广告费等各项费用，以及专设销售机构发生的费用。本项目应根据"销售费用"账户的发生额分析填列。

（5）"管理费用"项目，反映房地产开发企业为组织和管理房地产生产经营发生的管理费用。本项目应根据"管理费用"账户的发生额分析填列。

（6）"研发费用"项目，反映房地产开发企业进行研究与开发过程中发生的费用化支出，以及计入管理费用的自行开发无形资产的摊销。本项目应根据"管理费用"账户下的"研究费用"明细账户的发生额，以及"管理费用"账户下的"无形资产摊销"明细账户的发生额分析填列。

（7）"财务费用"项目，反映房地产开发企业筹集生产经营所需资金等而发生的筹资费用。本项目应根据"财务费用"账户的发生额分析填列。

（8）"资产减值损失"项目，反映房地产开发企业各项资产发生的减值损失。本项目应根据"资产减值损失"账户的发生额分析填列。

（9）"公允价值变动收益"项目，反映房地产开发企业应当计入当期损益的资产或负债公允价值变动收益或损失。本项目应根据"公允价值变动损益"账户的发生额分析填列，如为净损失，本项目以"－"号填列。

（10）"投资收益"项目，反映房地产开发企业以各种方式对外投资所取得的收益。本项目应根据"投资收益"账户的发生额分析填列。如为投资损失，本项目以"－"号填列。

（11）"资产处置收益"项目，反映房地产开发企业出售划分为持有待售的非流动资产（金融工具、长期股权投资和投资性房地产除外）或处置组（子公司和业务除外）时确认的利得或损失，以及处置未划分为持有待售的固定资产、在建工程、生产性生物资产及无形资产而产生的处置利得或损失。债务重组中因处置非流动资产产生的利得或损失和非货币性资产交换产生的利得或损失也包括在本项目内。本项目应根据"资产处置损益"账户的发生额分析填列；如为处置损失，以"－"填列。

（12）"其他收益"项目，反映房地产开发企业计入其他收益的政府补助，以及其他与日常活动相关计入其他收益的项目等。本项目应根据"其他收益"账户的发生额分析填列。

（13）"净敞口套期收益"项目，反映净敞口套期下被套期项目累计公允价值变动转入当期损益的金额或现金流量套期储备转入当期损益的金额。该项目应根据"净敞口套期损益"账户的发生额分析填列；如为套期损失，以"－"号填列。

（14）"信用减值损失"项目，反映企业按照《企业会计准则第22号——金融工具确认和计量》（财会〔2017〕7号）的要求计提的各项金融工具信用减值准备所确认的信用损失。本项目应根据"信用减值损失"账户的发生额分析填列。

（15）"营业利润"项目，反映房地产开发企业实现的营业利润。如为亏损，本项目以"－"号填列。

（16）"营业外收入"项目，反映房地产开发企业发生的营业利润以外的收益。本项目应根据"营业外收入"账户的发生额分析填列。

（17）"营业外支出"项目，反映房地产开发企业发生的营业利润以外的支出。本项目应根据"营业外支出"账户的发生额分析填列。

（18）"利润总额"项目，反映房地产开发企业实现的利润。如为亏损，本项目以"－"号填列。

（19）"所得税费用"项目，反映房地产开发企业应从当期利润总额中扣除的所得税费用。本项目应根据"所得税费用"账户的发生额分析填列。

（20）"净利润"项目，反映房地产开发企业实现的净利润。如为亏损，本项目以"－"号填列。

（21）"其他综合收益"项目，反映房地产开发企业根据企业其他会计准则规定未在损益中确认的各项利得和损失，扣除所得税影响后的净额，本项目应根据"其他综合收益"账户及其所属明细账户的本期发生额分析填列。

（22）"综合收益总额"项目，反映房地产开发企业净利润与其他综合收益的合计金额。

（23）"基本每股收益"项目，反映普通股股东每持有一股所能享有的企业利润或所需承担的企业亏损。基本每股收益应根据每股收益准则计算和列报。基本每股收益只考虑当期实际发行在外的普通股股份，按照归属于普通股股东的当期净利润除以当期实际发行在外普通股的加权平均数计算确定。

（24）"稀释每股收益"项目,反映存在稀释性潜在普通股的复杂股权结构的公司,普通股股东每持有 1 股所能享有的企业利润或所需承担的企业亏损。稀释每股收益是以基本每股收益为基础,假设企业所有发行在外的稀释性潜在普通股均已转换为普通股,从而分别调整归属于普通股股东的当期净利润以及发行在外普通股的加权平均数计算确定。

 **特别提示 9-2**

1."营业外收入"项目,反映房地产开发企业发生的除营业利润以外的收益,主要包括与企业日常活动无关的政府补助、盘盈利得、捐赠利得（企业接受股东或股东的子公司直接或间接的捐赠,经济实质属于股东对企业的资本性投入的除外）等。

2."营业外支出"项目,反映房地产开发企业发生的除营业利润以外的支出,主要包括公益性捐赠支出、非常损失、盘亏损失、非流动资产毁损报废损失等。非流动资产毁损报废损失通常包括因自然灾害发生毁损、已丧失使用功能等原因而报废清理产生的损失。房地产开发企业在不同交易中形成的非流动资产毁损报废利得和损失不得相互抵销,应分别在"营业外收入"项目和"营业外支出"项目进行填列。

相关思考 9-2

利润表相关项目填列方法

资产负债表与利润表之间有什么联系?

通过上述分析可知,资产负债表是按照"资产＝负债＋所有者权益"这一会计等式编制的,利润表是按照"收入－费用＝利润"这一会计等式编制的。"收入－费用＝利润"的结果既会在利润表中反映,也会在资产负债表中反映,两个表之间的联系可以用等式"资产＝负债＋所有者权益＋收入－费用"表示。那么,你认为资产负债表中哪些项目的数据与利润表中的利润有关系? 有什么关系?

9.3.4　利润表编制举例

【例 9-2】　中国琴岛房地产开发公司 2×21 年度有关损益类账户本年累计发生额如表 9-4 所示。

表 9-4　　中国琴岛房地产开发公司 2×21 年度损益类账户本年累计发生额　　单位:元

账户名称	借方发生额	贷方发生额
主营业务收入		230 000 000
主营业务成本	151 630 000	
税金及附加	9 420 000	
销售费用	7 800 000	
管理费用	4 500 000	
财务费用	30 000	
资产减值损失	1 600 000	
营业外支出	60 000	
所得税费用	13 740 000	

注:本企业无自行开发无形资产。

根据上述资料,编制中国琴岛房地产开发公司 2×21 年度利润表(上期金额略),如表 9-5 所示。

表 9-5	利 润 表	会企 02 表
编制单位：中国琴岛房地产开发公司	2×21 年度	单位：元

项 目	本期金额	上期金额
一、营业收入	230 000 000	
减：营业成本	151 630 000	
税金及附加	9 420 000	
销售费用	7 800 000	
管理费用	4 500 000	
研发费用		
财务费用	30 000	
其中：利息费用		
利息收入		
加：其他收益		
投资收益（损失以"—"号填列）		
其中：对联营企业和合营企业的投资收益		
以摊余成本计量的金融资产终止确认收益（损失以"—"号填列）		
净敞口套期收益（损失以"—"号填列）		
公允价值变动收益（损失以"—"号填列）		
信用减值损失（损失以"—"号填列）		
资产减值损失（损失以"—"号填列）	−1 600 000	
资产处置收益（损失以"—"号填列）		
二、营业利润（亏损以"—"填列）	55 020 000	
加：营业外收入		
其中：非流动资产处置利得		
减：营业外支出	60 000	
其中：非流动资产处置损失		
三、利润总额（亏损总额以"—"填列）	54 960 000	
减：所得税费用	13 740 000	
四、净利润（净亏损以"—"填列）	41 220 000	
（一）持续经营净利润（净亏损以"—"号填列）	41 220 000	
（二）终止经营净利润（净亏损以"—"号填列）		
五、其他综合收益的税后净额		
（一）以后不能重分类进损益的其他综合收益		
（二）以后将重分类进损益的其他综合收益		
六、综合收益总额	41 220 000	
七、每股收益		
（一）基本每股收益	（略）	
（二）稀释每股收益	（略）	

📁 知识拓展9-3 ....

分析房地产开发企业利润表的四大原则

对于房地产开发企业利润表的分析,有四大看点:

第一,看营业收入和营业成本。这两个指标有匹配和对应的关系,一定会计期间的各项收入,与其相关联的成本、费用应在同一会计期间内确认计量。

第二,要看毛利率。这要根据行业数据、历史数据以及公司变动情况进行分析。房地产业不像软件行业,软件行业毛利率通常超过50%,因为软件行业是智力密集型产业;也不像化工、钢铁行业,毛利率不足5%,因为这些行业存在严重的产能过剩。房地产开发周期比较长,如果房价一直涨,房地产开发企业可以坐地起利,毛利率会很高。过几年后,地价也会跟着涨上去,房价涨幅总会放缓,房地产开发企业毛利率则随之下降,回归正常。现今,上市的房地产开发企业的毛利率一般在15%左右。

第三,要看三项费用,包括管理费用、销售费用和财务费用。这三项费用往往以固定费用的形式出现。然而,很多房地产开发企业在管理费用中往往充斥大量繁琐的费用,而销售费用和营业收入之间有逻辑对应关系,一个销售额巨大的公司,不可能没有对应规模的销售费用。

第四,要看净资产收益率(ROE)。ROE不是一个简单的财务指标,更是一个衡量房地产开发企业经营效率的有效方法。净资产收益率与销售利润率、资产周转率、权益乘数(财务杠杆)之间存在正相关的联系,于是可以演绎出一种直观的实用方法,其基本原理就是将净资产收益率分解成三项关键财务比率的乘积:

ROE =净利润÷净资产

= (净利润÷销售收入)×(销售收入÷总资产)×(总资产÷股东权益)

净利润÷销售收入=销售利润率　　　　——反映企业的盈利能力

销售收入÷总资产=资产周转率　　　　——反映企业的营运能力

总资产÷股东权益=财务杠杆(权益乘数)　——反映企业的偿债能力

9.4 现金流量表

现金流量表是指反映企业在一定会计期间现金和现金等价物流入和流出的财务报表。现金流量表是以现金为基础编制的,属于动态的财务报表。从编制原则上看,现金流量表按照收付实现制原则编制,将权责发生制下的盈利信息调整为收付实现制下的现金流量信息,便于信息使用者了解企业净利润的质量。从内容上看,现金流量表被划分为经营活动、投资活动和筹资活动三个部分,每类活动又分为各具体项目,这些项目从不同角度反映企业业务活动的现金流入与流出,弥补了资产负债表和利润表提供信息的不足。

9.4.1 现金流量表的作用

现金流量表的作用主要表现在以下几个方面:

(1) 可以提供企业的现金流量信息,从而对企业整体财务状况作出客观评价。在市场经济条件下,竞争异常激烈,企业要想站稳脚跟,不但要想方设法把自身的产品销售出去,更重要的是要及时收回销货款,以便以后的经营活动能够顺利开展。除了经营活动,企业所从事的投资和筹资活动同样影响着现金流量,从而影响财务状况。如果企业进行投资,而没能取得相应的现金回报,就会对企业的财务状况(如流动性、偿债能力)产生不良影响。通过企业的现金流量情况,可以大致判断其经营周转是否顺畅。

（2）可以对企业的支付能力和偿债能力,以及企业对外部资金的需求情况作出较为可靠的判断。评估企业是否具有这些能力,最直接有效的方法是分析现金流量。现金流量表披露的经营活动净现金流入本质上代表了企业自我创造现金的能力,尽管企业取得现金还可以通过对外筹资的途径,但债务本金的偿还最终取决于经营活动的净现金流入。因此,经营活动的净现金流入占总来源的比例越高,企业的财务基础越稳固,支付能力和偿债能力才越强,现金流量表有助于达到这一目的。

（3）通过了解现金流量不但可以了解企业当前的财务状况,还可以预测企业未来的发展情况。如果现金流量表中各部分现金流量结构合理,现金流入和流出无重大异常波动,一般来说企业的财务状况基本良好。另外,企业最常见的失败原因也可在现金流量表中得到反映。例如,从投资活动流出的现金、筹资活动流入的现金和筹资活动流出的现金中,可以分析企业是否过度扩大经营规模;通过比较当期净利润与当期净现金流量,可以看出非现金流动资产吸收利润的情况,评价企业产生净现金流量的能力是否偏低。

（4）便于报表使用者评估报告期内与现金有关和无关的投资及筹资活动。现金流量表除披露经营活动的现金流量、投资及筹资活动的现金流量,在全部资金概念下,还披露与现金无关的投资及筹资活动。这对报表使用者制定合理的投资与信贷决策,评估企业未来的现金流量同样具有重要意义。

9.4.2 现金流量表的结构

现金流量表的基本结构建立在"现金净流量＝现金流入量－现金流出量＝期末现金及现金等价物－期初现金及现金等价物"这一会计等式基础上,即"现金净流量＝现金流入量－现金流出量＝期末现金及现金等价物－期初现金及现金等价物"的会计等式构成了现金流量表结构的基本框架。

1. 现金及现金等价物的含义

1）现金的含义

现金是指企业库存现金以及可以随时用于支付的存款。不能随时用于支付的存款不属于现金。现金主要包括:

（1）库存现金。库存现金是指企业持有可随时用于支付的现金,与"库存现金"账户的核算内容一致。

（2）银行存款。银行存款是指企业存入金融机构、可以随时用于支取的存款,与"银行存款"账户核算内容基本一致,但不包括不能随时用于支付的存款。例如,不能随时支取的定期存款等不应作为现金;提前通知金融机构便可支取的定期存款则应包括在现金范围内。

（3）其他货币资金。其他货币资金是指存放在金融机构的外埠存款、银行汇票存款、银行本票存款、信用卡存款、信用证保证金存款和存出投资款等,与"其他货币资金"科目核算内容一致。

2）现金等价物的含义

现金等价物是指企业持有的期限短、流动性强、易于转换为已知金额现金、价值变动风险很小的投资。其中,"期限短"一般是指从购买日起3个月内到期。例如,可在证券市场上流通的3个月内到期的短期债券等。

现金等价物虽然不是现金,但其支付能力与现金的差别不大,可视为现金。例如,企业为保证支付能力,需持有必要的现金,为了不使现金闲置,可以购买短期债券,在需要现金时,随时可以变现。

现金等价物的定义本身,包含了判断一项投资是否属于现金等价物的四个条件,即期限短、流动性强、易于转换为已知金额的现金、价值变动风险很小。其中,期限短、流动性强,强调了变现能力,而易于转换为已知金额的现金,价值变动风险很小,则强调了支付能力的大小。

3)现金及现金等价物范围的确定和变更

不同企业现金及现金等价物的范围可能不同。企业应当根据经营特点等具体情况,确定现金及现金等价物的范围。根据现金流量表准则及其指南的规定,企业应当根据具体情况,确定现金及现金等价物的范围,一经确定不得随意变更。如果发生变更,应当按照会计政策变更处理。

2. 现金流量的含义及分类

1)现金流量的含义

现金流量指现金和现金等价物的流入和流出。在现金流量表中,现金及现金等价物被视为一个整体,企业现金(含现金等价物,下同)形式的转换不会产生现金的流入和流出。例如,企业从银行提取现金,是企业现金存放形式的转换,并未流出企业,不构成现金流量。同样,现金与现金等价物之间的转换也不属于现金流量。例如,企业用现金购买3个月内到期的国库券。

2)现金流量的分类

根据房地产开发企业业务活动的性质和现金流量的来源,现金流量表准则将企业一定期间产生的现金流量分为三类:经营活动产生的现金流量、投资活动产生的现金流量和筹资活动产生的现金流量。

(1)经营活动产生的现金流量。经营活动是指企业投资活动和筹资活动以外的所有交易和事项。就房地产开发企业来说,经营活动主要包括:销售开发产品、出租开发产品、提供劳务、发包工程、经营性租赁、购买材料物资、接受劳务、广告宣传、推销开发产品、支付税费等。

(2)投资活动产生的现金流量。投资活动是指企业长期资产的购建和不包括在现金等价物范围内的投资及其处置活动。其中,长期资产是指长期股权投资、固定资产、在建工程、无形资产、临时设施以及其他资产等持有期限在1年或一个营业周期以上的资产。这里所讲的投资活动,既包括实物资产投资,也包括非实物资产投资。这里之所以将"包括在现金等价物范围内的投资"排除在外,是因为已经将包括在现金等价物范围内的投资视同现金。不同企业由于行业特点不同,对投资活动的认定也存在差异。投资活动主要包括:取得和收回投资,购建和处置固定资产、无形资产和其他资产等。

(3)筹资活动产生的现金流量。筹资活动是指导致企业资本及债务规模和构成发生变化的活动。其中,资本包括实收资本(或股本)、资本溢价(或股本溢价)以及与资本有关的现金流入和现金流出项目,包括吸收投资、发行股票、分配利润等;债务指对外举债所借入的款项,包括发行了债券、向金融企业借入款项以及偿还债务等。

对于企业日常活动之外特殊的、不经常发生的特殊项目，如自然灾害损失、保险赔款、捐赠等，应当归并到相关类别中，并单独反映。例如，对于自然灾害损失和保险赔款，如果能够确指属于流动资产损失，应当列入经营活动产生的现金流量；属于固定资产损失，应当列入投资活动产生的现金流量。如果不能确指，则可以列入经营活动产生的现金流量。捐赠收入和支出，可以列入经营活动。如果特殊项目的现金流量金额不大，则可以列入现金流量类别下的"其他"项目，不单列项目。

3. 现金流量表的格式

我国企业现金流量表采用报告式结构，分类反映经营活动产生的现金流量、投资活动产生的现金流量和筹资活动产生的现金流量，最后汇总反映企业某一期间现金及现金等价物的净增加额。

9.4.3　现金流量表的编制方法及程序

1. 直接法和间接法

编制现金流量表时，列报经营活动现金流量的方法有两种：一是直接法；二是间接法。这两种方法通常也被称为编制现金流量表的方法。

直接法是指按现金流入和现金流出的主要类别直接反映企业经营活动产生的现金流量的方法。在直接法下，一般是以利润表中的营业收入为起算点，调节与经营活动有关的项目的增减变动，然后计算出经营活动产生的现金流量。

间接法是指以净利润为起算点，调整不涉及现金的收入、费用、营业外收支等有关项目，剔除投资活动、筹资活动对现金流量的影响，据此计算出经营活动产生的现金流量。在间接法下，将净利润调节为经营活动现金流量，实际上就是将按权责发生制原则确定的净利润调整为现金净流入，并剔除投资活动和筹资活动对现金流量的影响。

采用直接法编报的现金流量表，便于分析企业经营活动产生的现金流量的来源和用途，预测企业现金流量的未来前景；采用间接法编报现金流量表，便于将净利润与经营活动产生的现金流量净额进行比较，了解净利润与经营活动产生的现金流量差异的原因，从现金流量的角度分析净利润的质量。所以，我国企业会计准则规定企业应当采用直接法编报现金流量表，同时要求在附注中提供以净利润为基础调节到经营活动现金流量的信息。

2. 工作底稿法、T型账户法和分析填列法

在具体编制现金流量表时，可以采用工作底稿法或T型账户法，也可以根据有关账户记录分析填列。

（1）工作底稿法。采用工作底稿法编制现金流量表，是以工作底稿为手段，以资产负债表和利润表数据为基础，对每一项目进行分析并编制调整分录，从而编制现金流量表。工作底稿法的程序是：

第一步，将资产负债表的期初数和期末数过入工作底稿的期初数栏和期末数栏。

第二步，对当期业务进行分析并编制调整分录。编制调整分录时，要以利润表项目为基础，从"营业收入"开始，结合资产负债表项目逐一进行分析。在调整分录中，有关现金和现金等价物的事项，并不直接借记或贷记现金，而是分别记入"经营活动产生的现金流量""投资活动产生的现金流量""筹资活动产生的现金流量"有关项目，借记表示现金流入，贷记表示现金流出。

第三步,将调整分录过入工作底稿中的相应部分。

第四步,核对调整分录,借方、贷方合计数均已经相等,资产负债表项目期初数加减调整分录中的借贷金额以后等于期末数。

第五步,根据工作底稿中的现金流量表项目部分编制正式的现金流量表。

(2) T 型账户法。采用 T 型账户法编制现金流量表,是以 T 型账户为手段,以资产负债表和利润表数据为基础,对每一项目进行分析并编制调整分录,从而编制现金流量表。T 型账户法的程序是:

第一步,为所有的非现金项目(包括资产负债表项目和利润表项目)分别开设 T 形账户,并将各自的期末、期初变动数过入各账户。如果项目的期末数大于期初数,则将差额过入和项目余额相同的方向;反之,过入相反的方向。

第二步,开设一个大的"现金及现金等价物"T 形账户,每边分为经营活动、投资活动和筹资活动三个部分,左边记现金流入,右边记现金流出。与其他账户一样,过入期末、期初变动数。

第三步,以利润表项目为基础,结合资产负债表分析每一个非现金项目的增减变动,并据此编制调整分录。

第四步,将调整分录过入各 T 形账户,并进行核对,该账户借贷相抵后的余额与原先过入的期末、期初变动数应当一致。

第五步,根据大的"现金及现金等价物"T 形账户编制正式的现金流量表。

(3) 分析填列法。分析填列法是直接根据资产负债表、利润表和有关会计科目明细账的记录,分析计算出现金流量表各项目的金额,并据以编制现金流量表的一种方法。

9.4.4 现金流量表的填列方法

1. 经营活动产生的现金流量有关项目的填列方法

(1) "销售商品、提供劳务收到的现金"项目,反映房地产开发企业销售商品、提供劳务实际收到的现金,具体包括:本期销售开发产品、转让土地、提供劳务、租赁等收到的现金,以及前期销售开发产品、转让土地、提供劳务、租赁等本期收到的现金和本期预收的款项,减去本期销售本期退回的开发产品和前期销售本期退回的开发产品所支付的现金。本项目可以根据"库存现金""银行存款""应收账款""应收票据""预收账款""主营业务收入""其他业务收入"等账户的记录分析填列。

本项目可以根据下述公式计算求得:

销售商品、提供劳务收到的现金＝主营业务收入＋其他业务收入＋应交税费(应交增值税——销项税额)＋(应收账款期初余额－应收账款期末余额)＋(应收票据期初余额－应收票据期末余额)＋(预收账款期末余额－预收账款期初余额)－当期计提的坏账准备－票据贴现利息

(2) "收到的税费返还"项目,反映房地产开发企业收到返还的各种税费,如收到的增值税、消费税、土地增值税、所得税、关税和教育费附加返还款等。本项目可以根据"库存现金""银行存款""应交税费"等有关账户的记录分析填列。

(3) "收到的其他与经营活动有关的现金"项目,反映房地产开发企业除上述各项目外,收到的其他与经营活动有关的现金,如捐赠现金收入、罚款收入、流动资产损失中由个人赔

偿的现金收入等。其他与经营活动有关的现金，如果价值较大的，应单列项目反映。本项目可以根据"库存现金""银行存款""营业外收入"等账户的记录分析填列。

（4）"购买商品、接受劳务支付的现金"项目，反映房地产开发企业购买设备材料、商品、接受劳务实际支付的现金，包括本期购入设备材料、商品、接受劳务支付的现金，以及本期支付前期购买商品、接受劳务的未付款项和本期预付款项，减去本期发生的购货退回收到的现金。为购置存货而发生的借款利息资本化部分，应在"分配股利、利润或偿付利息支付的现金"项目中反映。本项目可以根据"库存现金""银行存款""应付票据""应付账款""预付账款""主营业务成本""其他业务成本"等账户的记录分析填列。

本项目可以根据下述公式计算求得：

购买商品、接受劳务支付的现金＝主营业务成本＋其他业务成本＋应交税费（应交增值税——进项税额）＋（存货期末余额－存货期初余额）＋（应付账款期初余额－应付账款期末余额）＋（应付票据期初余额－应付票据期末余额）＋（预付账款期末余额－预付账款期初余额）－当期列入开发成本的职工薪酬－当期列入开发成本的折旧费和固定资产修理费

（5）"支付给职工以及为职工支付的现金"项目，反映房地产开发企业实际支付给职工的现金以及为职工支付的现金，包括企业为职工提供的服务，本期实际给予职工的各种形式的报酬以及其他相关支出，如支付给职工的工资、奖金、各种津贴和补贴等，以及为职工支付的其他费用，不包括支付给在建工程人员的工资。支付的在建工程人员的工资，在"购建固定资产、无形资产和其他长期资产所支付的现金"项目中反映。

企业为职工支付的医疗、养老、失业、工伤、生育等社会保险基金、补充养老保险、住房公积金，企业为职工缴纳的商业保险金，因解除与职工劳动关系给予的补偿，现金结算的股份支付，以及企业支付给职工或为职工支付的其他福利费用等，应根据职工的工作性质和服务对象，分别在"购建固定资产、无形资产和其他长期资产所支付的现金"和"支付给职工以及为职工支付的现金"项目中反映。

本项目可以根据"库存现金""银行存款""应付职工薪酬""开发成本"等账户的记录分析填列。

（6）"支付的各项税费"项目，反映房地产开发企业按规定支付的各项税费，包括本期发生并支付的税费，以及本期支付以前各期发生的税费和预缴的税金，如支付的增值税、消费税、所得税、教育费附加、印花税、房产税、土地增值税、车船税等。不包括计入固定资产、实际支付的耕地占用税等，也不包括本期退回的增值税、所得税。本期退回的增值税、所得税等，在"收到的税费返还"项目中反映。本项目可以根据"应交税费""库存现金""银行存款"等账户分析填列。

（7）"支付的其他与经营活动有关的现金"项目，反映房地产开发企业除上述各项目外，支付的其他与经营活动有关的现金，如捐赠现金支出、罚款支出、支付的差旅费、业务招待费、保险费、经营租赁支付的现金等。其他与经营活动有关的现金，如果金额较大的，应单列项目反映。本项目可以根据"库存现金""银行存款""销售费用""管理费用""营业外支出"有关账户的记录分析填列。

2. 投资活动产生的现金流量有关项目的填列方法

（1）"收回投资收到的现金"项目，反映房地产开发企业出售、转让或到期收回除现金等价物以外的交易性金融资产、债权投资、其他债权投资、长期股权投资等而收到的现金。不

包括债权性投资收回的利息、收回的非现金资产,以及处置子公司及其他营业单位收到的现金净额。债权性投资收回的本金,在本项目反映,债权性投资收回的利息,不在本项目中反映,而在"取得投资收益所收到的现金"项目中反映。处置子公司及其他营业单位收到的现金净额单设项目反映。本项目可以根据"交易性金融资产""债权投资""其他债权投资""长期股权投资""库存现金""银行存款"等账户的记录分析填列。

(2)"取得投资收益收到的现金"项目,反映房地产开发企业因股权性投资而分得的现金股利,以及因债权性投资而取得的现金利息收入。股票股利由于不产生现金流量,不在本项目中反映。包括在现金等价物范围内的债券性投资,其利息收入在本项目中反映。本项目可以根据"应收股利""应收利息""投资收益""库存现金""银行存款"等账户的记录分析填列。

(3)"处置固定资产、无形资产和其他长期资产而收到的现金净额"项目,反映房地产开发企业出售固定资产、无形资产和其他长期资产所取得的现金,减去为处置这些资产而支付的有关费用后的净额。处置固定资产、无形资产和其他长期资产所收到的现金,与处置活动支付的现金,两者在时间上比较接近,以净额反映更能准确反映处置活动对现金流量的影响。本项目可以根据"固定资产清理""库存现金""银行存款"等账户的记录分析填列。

需要强调的是,由于自然灾害等原因所造成的固定资产等长期资产报废、毁损而收到的保险赔偿收入,也在本项目中反映。如处置固定资产、无形资产和其他长期资产所收回的现金净额为负数,则应作为投资活动产生的现金流出,在"支付的其他与投资活动有关的现金"项目中反映。

(4)"处置子公司及其他营业单位收到的现金净额"项目,反映房地产开发企业处置子公司及其他营业单位所取得的现金减去子公司或其他营业单位持有的现金和现金等价物以及相关处置费用后的净额。本项目可以根据"长期股权投资""库存现金""银行存款"有关账户的记录分析填列。

企业处置子公司及其他营业单位是整体交易,子公司和其他营业单位可能持有现金和现金等价物。这样,整体处置子公司或其他营业单位的现金流量,就应以处置价款中收到现金的部分,减去子公司或其他营业单位持有的现金和现金等价物以及相关处置费用后的净额反映。处置子公司及其他营业单位收到的现金净额如为负数,则将该金额填列至"支付其他与投资活动有关的现金"项目中。

(5)"收到其他与投资活动有关的现金"项目,反映房地产开发企业除上述各项目外,收到其他与投资活动有关的现金。其他与投资活动有关的现金,如果价值较大的,应单列项目反映。本项目可以根据"库存现金""银行存款"和其他有关账户的记录分析填列。

(6)"购建固定资产、无形资产和其他长期资产所支付的现金"项目,反映房地产开发企业购买、建造固定资产,取得无形资产和其他长期资产支付的现金,包括购买机器设备所支付的现金、建造工程支付的现金、支付在建工程人员的工资等现金支出。为购建固定资产、无形资产和其他长期资产而发生的借款利息资本化部分,在"分配股利、利润或偿付利息支付的现金"项目中反映;融资租入固定资产所支付的租赁费,在"支付的其他与筹资活动有关的现金"项目中反映,不在本项目中反映。本项目可以根据"固定资产""在建工程""工程物资""无形资产""库存现金""银行存款"等账户的记录分析填列。

（7）"投资支付的现金"项目，反映房地产开发企业进行权益性投资和债权性投资所支付的现金，包括企业取得的除现金等价物以外的交易性金融资产、债权投资、其他债权投资而支付的现金，以及支付的佣金、手续费等交易费用。本项目可以根据"交易性金融资产""债权投资""其他债权投资""投资性房地产""长期股权投资""库存现金""银行存款"等账户的记录分析填列。

需要强调的是，企业购买股票和债券时，实际支付的价款中包含的已宣告但尚未领取的现金股利或已到付息期但尚未领取的债券利息，应在"支付其他与投资活动有关的现金"项目中反映；收回购买股票和债券时支付的已宣告但尚未领取的现金股利或已到付息期但尚未领取的债券利息，应在"收到其他与投资活动有关的现金"项目中反映。

（8）"取得子公司及其他营业单位支付的现金净额"项目，反映房地产开发企业取得子公司及其他营业单位购买出价中以现金支付的部分，减去子公司或其他营业单位持有的现金和现金等价物后的净额。本项目可以根据"长期股权投资""库存现金""银行存款"等有关账户的记录分析填列。

整体购买子公司或其他营业单位的现金流量，应以购买出价中以现金支付的部分减去子公司或其他营业单位持有的现金和现金等价物后的净额反映，如为负数，应在"收到其他与投资活动有关的现金"项目中反映。

（9）"支付其他与投资活动有关的现金"项目，反映房地产开发企业除上述各项目外支付其他与投资活动有关的现金。其他与投资活动有关的现金，如果价值较大的，应单列项目反映。本项目可以根据"库存现金""银行存款"和其他有关账户的记录分析填列。

3. 筹资活动产生的现金流量有关项目的填列方法

（1）"吸收投资所收到的现金"项目，反映房地产开发企业以发行股票等方式筹集资金实际收到的款项净额（发行收入减去支付的佣金等发行费用后的净额）。以发行股票等方式筹集资金而由企业直接支付的审计、咨询等费用等，在"支付其他与筹资活动有关的现金"项目中反映；本项目可以根据"实收资本（或股本）""资本公积""库存现金""银行存款"等账户的记录分析填列。

（2）"取得借款收到的现金"项目，反映房地产开发企业向银行等金融机构举借的各种短期、长期借款而收到的现金，以及发行债券实际收到的款项净额（发行收入减去直接支付的佣金等发行费用后的净额）。本项目可以根据"短期借款""长期借款""交易性金融负债""应付债券""库存现金""银行存款"等账户的记录分析填列。

（3）"收到其他与筹资活动有关的现金"项目，反映房地产开发企业除上述各项目外，收到其他与筹资活动有关的现金。其他与筹资活动有关的现金，如果价值较大的，应单列项目反映。本项目可根据"库存现金""银行存款"和其他有关账户的记录分析填列。

（4）"偿还债务支付的现金"项目，反映房地产开发企业以现金偿还债务的本金，包括归还金融企业的借款本金、偿付企业到期的债券本金等。企业偿还的借款利息、债券利息，在"分配股利、利润或偿付利息支付的现金"项目中反映。本项目可以根据"短期借款""长期借款""交易性金融负债""应付债券""库存现金""银行存款"等账户的记录分析填列。

（5）"分配股利、利润或偿付利息支付的现金"项目，反映房地产开发企业实际支付的现金股利、支付给其他投资单位的利润或用现金支付的借款利息、债券利息等。不同用途的借款,其利息的开支渠道不一样,如在建工程、财务费用等,均在本项目中反映。本项目可以根据"应付股利""应付利息""利润分配""财务费用""在建工程""研发支出""库存现金""银行存款"等账户的记录分析填列。

(6)"支付其他与筹资活动有关的现金"项目,反映房地产开发企业除上述各项目外,支付其他与筹资活动有关的现金,如以发行股票、债券等方式筹集资金而由企业直接支付的审计、咨询等费用、融资租赁各期支付的现金、以分期付款方式构建固定资产、无形资产等各期支付的现金。其他与筹资活动有关的现金,如果价值较大的,应单列项目反映。本项目可以根据"库存现金""银行存款"和其他有关账户的记录分析填列。

4. 汇率变动对现金及现金等价物的影响项目的填列方法

"汇率变动对现金及现金等价物的影响"项目,反映房地产开发企业外币现金流量以及境外子公司的现金流量,采用现金流量发生日的即期汇率或即期汇率的近似汇率折算成记账本位币时对现金的影响额。汇率变动对现金的影响额应当作为调节项目,在现金流量表中单独列报。

汇率变动对现金的影响,指企业外币现金流量及境外子公司的现金流量折算成记账本位币时,所采用的是现金流量发生日的汇率或即期汇率的近似汇率,而现金流量表"现金及现金等价物净增加额"项目中外币现金净增加额是按资产负债表日的即期汇率折算。这两者的差额即为汇率变动对现金的影响。

5. 现金及现金等价物净增加额项目的填列方法

"现金及现金等价物净增加额"项目,反映房地产开发企业当期现金流量净增加额。本项目可以根据"库存现金""银行存款""其他货币资金"科目以及现金等价物的期末余额与期初余额计算填列。本项目与现金流量表补充资料中的"现金及现金等价物净增加额"项目,存在金额相等的勾稽关系。

6. 补充资料项目的填列方法

现金流量表的补充资料分为三部分:第一部分是"将净利润调节为经营活动现金流量";第二部分是"不涉及现金收支的重大投资和筹资活动";第三部分是"现金及现金等价物净变动情况"等项目。按照现金流量表准则的规定,企业应当采用间接法在现金流量补充资料中披露将净利润调节为经营活动现金流量的信息,因此,将净利润调节为经营活动现金流量也是本部分的重点。

1)"将净利润调节为经营活动现金流量"项目的填列方法

(1)"资产减值准备"项目,反映房地产开发企业计提的存货跌价准备、投资性房地产减值准备、长期股权投资减值准备、债权投资减值准备、固定资产减值准备、在建工程减值准备、工程物资减值准备、生物性资产减值准备、无形资产减值准备、商誉减值准备等。企业计提的这些资产减值准备,属于利润的减除项目,但没有发生现金流出。所以,在将净利润调节为经营活动现金流量时应当予以加回。本项目可根据"资产减值损失"账户的记录分析填列。

(2)"固定资产折旧、油气资产折耗、生产性生物资产折旧"项目,反映房地产开发企业当期累计提取的折旧,有的包括在管理费用中,有的包括在开发间接费用中。计入管理费用中的部分,作为期间费用在计算净利润时从中扣除,但没有发生现金流出,在将净利润调节为经营活动现金流量时,应当予以加回。计入开发间接费用中已经变现的部分,在计算净利润时通过销售成本予以扣除,但没有发生现金流出;计入开发间接费用中没有变现的部分,既不涉及现金收支,也不影响企业当期净利润。由于在调节存货时,已经从中扣除,在此处将净利润调节为经营活动现金流量时,应当予以加回。同理,企业计提的油气资产折耗、生产性生物资产折旧,也需要予以加回。本项目可根据"累计折旧"等账户的贷方发生额分析填列。

(3)"无形资产摊销"和"长期待摊费用摊销"项目,分别反映房地产开发企业当期累计计入成本费用的无形资产价值和长期待摊费用。企业对使用寿命有限的无形资产计提摊销时,计入管理费用或开发间接费用。长期待摊费摊销时,有的计入管理费用,有的计入开发间接费用。计入管理费用等期间费用和计入开发间接费用中已变现的部分,在计算净利润时已从中扣除,但没有发生现金流出,在将净利润调节为经营活动现金流量时,应当予以加回;计入开发间接费用中没有变现的部分,在将净利润调节为经营活动现金流量时,也应当予以加回。本项目可根据"累计摊销""长期待摊费用"账户的贷方发生额分析填列。

(4)"处置固定资产、无形资产和其他长期资产的损失"项目,反映房地产开发企业当期由于处置固定资产、无形资产和其他长期资产而发生的净损失。企业处置固定资产、无形资产和其他长期资产发生的损益,属于投资活动产生的损益,不属于经营活动产生的损益,在将净利润调节为经营活动现金流量时,应当予以剔除。如为净损失,应当予以加回;如为净收益,应当予以扣除。本项目可根据"资产处置损益"等账户所属有关明细账户的记录分析填列;如为净收益,以"-"号填列。

(5)"固定资产报废损失"项目,反映房地产开发企业当期固定资产盘亏(减:盘盈)后的净损失。企业发生的固定资产报废损益,属于投资活动产生的损益,不属于经营活动产生的损益,在将净利润调节为经营活动现金流量时,应当予以剔除。如为净损失,应当予以加回;如为净收益,应当予以扣除。本项目可根据"营业外支出""营业外收入"等账户所属有关明细账户中固定资产盘亏损失减去固定资产盘盈收益后的差额填列。

(6)"公允价值变动损失"项目,反映房地产开发企业交易性金融资产、交易性金融负债、投资性房地产等公允价值变动形成的应计入当期损益的利得和损失。企业发生的公允价值变动损益,通常与企业的投资活动或筹资活动有关,而且并不影响企业当期的现金流量。为此,在将净利润调节为经营活动现金流量时,应当将其从净利润中剔除。如为持有损失,应当予以加回;如为持有利得,应当予以扣除。本项目可以根据"公允价值变动损益"账户的发生额分析填列。

(7)"财务费用"项目,反映房地产开发企业当期发生的属于经营活动的财务费用。企业发生的财务费用中,有些属于筹资活动或投资活动,在将净利润调节为经营活动现金流量时,应当予以剔除。本项目可根据"财务费用"账户的本期借方发生额分析填列;如为收益,以"-"号填列。

(8)"投资损失(减:收益)"项目,反映房地产开发企业当期投资所发生的损失减去收益后的净损失。企业发生的投资损益,属于投资活动产生的损益,不属于经营活动产生的损益,在将净利润调节为经营活动现金流量时,应当予以剔除。如为净损失,应当予以加回;如为净收益,应当予以扣除。本项目可根据利润表中"投资收益"项目的数字填列;如为投资收益,以"-"号填列。

（9）"递延所得税资产减少（减：增加）"项目，反映房地产开发企业当期递延所得税资产的净增加或净减少。递延所得税资产减少使计入所得税费用的金额大于当期应交的所得税金额，其差额没有发生现金流出，但在计算净利润时已经扣除，在将净利润调节为经营活动现金流量时，应当予以加回。递延所得税资产增加使计入所得税费用的金额小于当期应交的所得税金额，其差额并没有发生现金流入，但在计算净利润时已经包括在内，在将净利润调节为经营活动现金流量时，应当予以扣除。本项目可以根据资产负债表"递延所得税资产"项目期初、期末余额分析填列。

（10）"递延所得税负债增加（减：减少）"项目，反映房地产开发企业当期递延所得税负债的净增加或净减少。递延所得税负债增加使计入所得税费用的金额大于当期应交的所得税金额，其差额没有发生现金流出，但在计算净利润时已经扣除，在将净利润调节为经营活动现金流量时，应当予以加回。如果递延所得税负债减少使计入当期所得税费用的金额小于当期应交的所得税金额，其差额并没有发生现金流入，但在计算净利润时已经包括在内，在将净利润调节为经营活动现金流量时，应当予以扣除。本项目可以根据资产负债表"递延所得税负债"项目期初、期末余额分析填列。

（11）"存货的减少（减：增加）"项目，反映房地产开发企业当期存货的减少（减：增加）。企业期末存货比期初存货减少，说明本期生产经营过程耗用的存货有一部分是期初的存货，耗用这部分存货并没有发生现金流出，但在计算净利润时已经扣除，在将净利润调节为经营活动现金流量时，应当予以加回。期末存货比期初存货增加，说明当期购入的存货除耗用外还剩余了一部分，这部分存货也发生了现金流出，但在计算净利润时没有包括在内，在将净利润调节为经营活动现金流量时，应当予以扣除。除此之外，存货的增减变化过程还涉及应付项目，这个因素在"经营性应付项目的增加（减：减少）"项目中考虑；如果存货的增减变化过程属于投资活动，应当将其剔除。本项目可根据资产负债表中"存货"项目的期初数、期末数之间的差额填列；期末数大于期初数的差额，以"－"号填列。

（12）"经营性应收项目的减少（减：增加）"项目，反映房地产开发企业当期经营性应收项目，包括应收票据、应收账款、预付账款、长期应收款和其他应收款中，与经营活动有关部分的减少（减：增加）。企业经营性应收项目期末余额小于经营性应收项目期初余额，说明本期收回的现金大于利润表中所确认的销售收入，在将净利润调节为经营活动现金流量时，应当予以加回。经营性应收项目期末余额大于经营性应收项目期初余额，说明本期销售收入中有一部分没有收回现金，但是，在计算净利润时这部分销售收入已包括在内，在将净利润调节为经营活动现金流量时，应当予以扣除。本项目应当根据有关账户的期初、期末余额分析填列；如为增加，以"－"号填列。

（13）"经营性应付项目的增加（减：减少）"项目，反映房地产开发企业当期经营性应付项目，包括应付票据、应付账款、预收账款、应付职工薪酬、应交税费、应付利息、长期应付款和其他应付款中与经营活动有关部分的减少（减：增加）。企业经营性应付项目期末余额大于经营性应付项目期初余额，说明本期购入的存货中有一部分没有支付现金，但是，在计算净利润时却通过销售成本包括在内，在将净利润调节为经营活动现金流量时，应当予以加回；经营性应付项目期末余额小于经营性应付项目期初余额，说明本期支付的现金大于利润表中所确认的销售成本，在将净利润调节为经营活动产生现金流量时，应当予以扣除。本项目应当根据有关科目的期初、期末余额分析填列；如为减少，以"－"号填列。

2）不涉及现金收支的重大投资和筹资活动的披露

不涉及现金收支的重大投资和筹资活动，反映房地产开发企业一定期间内影响资产或负债但不形成该期现金收支的所有投资和筹资活动的信息。这些投资和筹资活动虽然不涉及当期现金收支，但对以后各期的现金流量有重大影响。例如，企业融资租入设备，将形成的负债记入"长期应付款"账户，当期并不支付设备款及租金，但以后各期必须为此支付现金，从而在一定期间内形成了一项固定的现金支出。

房地产开发企业应当在附注中披露不涉及当期现金收支、但影响企业财务状况或在未来可能影响企业现金流量的重大投资和筹资活动，主要包括：

（1）债务转为资本，反映房地产开发企业本期转为资本的债务金额。

（2）1年内到期的可转换公司债券，反映房地产开发企业1年内到期的可转换公司债券的本息。

（3）融资租入固定资产；反映房地产开发企业本期融资租入的固定资产。

3）现金及现金等价物净变动情况

现金及现金等价物净变动情况，通过现金的期末、期初差额进行反映即可，用于检验以直接法编制的现金流量净额是否准确。企业会计准则将现金等价物定义为企业持有的期限短、流动性强、易于转换为已知金额现金、价值变动风险很小的投资。其中，期限短，一般是指从购买日起3个月内到期。企业可据此设定现金等价物的标准，根据期末、期初余额分析填列。若企业的现金等价物期末、期初余额相差不大，可以忽略不计。

特别提示9-3

企业实际收到的政府补助，无论是否与资产相关还是与收益相关，均在"收到其他与经营活动有关的现金"项目填列。

9.4.5 现金流量表编制举例

【例9-3】 沿用[例9-1]和[例9-2]的资料，中国琴岛房地产开发公司为一般纳税人，增值税适用一般计税方法。其他相关资料如下。

（1）2×21年度利润表有关项目的明细资料如下：

① 销售费用的组成：职工薪酬100万元，支付其他费用680万元。

② 管理费用的组成：职工薪酬80万元，无形资产摊销3万元，固定资产折旧费5万元，支付其他费用362万元。

③ 财务费用的组成：利润表中财务费用3万元为日常经营活动中银行手续费支出，贷款利息全部资本化计入开发成本。

④ 信用减值损失的组成：本年冲回坏账准备160万元，上年年末坏账准备余额为200万元。

⑤ 营业外支出的组成：营业外支出为日常罚款支出，全部付现。

⑥ 所得税费用的组成：全部为当期所得税费用。

（2）2×21年12月31日，资产负债表有关项目的明细资料如下：

① 存货的组成：开发成本中含本年贷款利息资本化支出550万元，开发间接费用中列

支已全部支付的职工薪酬 30 万元。

② 应交税费期末余额 635 万元,其中增值税 34 万元,其他税费 601 万元;应交税费期初余额 550 万元,其中增值税 63 万元,其他税费 487 万元。本期增值税销项税额为 2 622 万元,进项税额为 1 955 万元,已交增值税为 696 万元。

③ 本期用现金购买固定资产 90 万元。

④ 本期用现金偿还短期借款 800 万元,借入长期借款 300 万元。

根据以上资料,采用分析填列法,编制中国琴岛房地产开发公司 2×21 年度的现金流量表。

(1) 中国琴岛房地产开发公司 2×21 年度现金流量表各项目金额,分析确定如下:

① 销售商品、提供劳务收到的现金

=主营业务收入+应交税费(应交增值税——销项税额)+(预收账款期末余额-预收账款期初余额)

=23 000+2 622+(16 000-13 000)

=28 622(万元)

② 收到的其他与经营活动有关的现金

=(其他应付款期末余额-其他应付款年初余额)+(其他应收款年初余额-其他应收款期末余额)-当年计提坏账准备

=(4 365-1 870)+(2 800-1 500)-(-160)

=3 955(万元)

③ 购买商品、接受劳务支付的现金

=主营业务成本+应交税费(应交增值税——进项税额)+(存货期末余额-资本化利息支出-存货年初余额)+(应付账款年初余额-应付账款期末余额)+(预付账款期末余额-预付账款年初余额)-当期列入开发间接费用的职工薪酬

=15 163+1 955+(36 500-550-26 500)+(450-510)+(3 620-2 830)-30

=27 268(万元)

④ 支付给职工以及为职工支付的现金

=开发间接费用、管理费用、销售费用中职工薪酬+(应付职工薪酬年初余额-应付职工薪酬期末余额)

=30+80+100+(20-30)

=200(万元)

⑤ 支付的各项税费

=当期所得税费用+税金及附加+(应交其他税费年初余额-应交其他税费期末余额)+应交税费(应交增值税——已交税金)

=1 454+942+(487-601)+696

=2 978(万元)

⑥ 支付的其他与经营活动有关的现金

=其他管理费用+其他销售费用+财务费用+营业外支出

=362+680+3+6

=1 051(万元)

⑦ 购建固定资产支付的现金=用现金购买的固定资产=90(万元)

⑧ 取得借款收到的现金=300(万元)

⑨ 偿还债务支付的现金=800(万元)

⑩ 偿付利息支付的现金=550(万元)

（2）将净利润调节为经营活动现金流量各项目计算分析如下：

① 坏账准备＝－160(万元)

② 固定资产折旧＝5(万元)

③ 无形资产摊销＝3(万元)

④ 存货的增加＝(36 500－550)－26 500＝9 450(万元)

⑤ 经营性应收项目的减少＝(2 830－3 620)＋(2 800＋200－1 500－40)＝670(万元)

⑥ 经营性应付项目的增加

＝(510－450)＋(16 000－13 000)＋(30－20)＋(635－550)＋(4 365－1 870)

＝5 650(万元)

（3）根据上述数据,编制现金流量表如表 9-6 所示(上期金额略),编制现金流量表补充资料如表 9-7 所示(上期金额略)。

表 9-6　　　　　　　　　　　　**现金流量表**　　　　　　　　　　　会企 03 表

编制单位:中国琴岛房地产开发公司　　　　　2×21 年度　　　　　　　　　　单位:元

项　　目	本期金额	上期金额
一、经营活动产生的现金流量:		
销售商品、提供劳务收到的现金	286 220 000	
收到的税费返还		
收到其他与经营活动有关的现金	39 550 000	
经营活动现金流入小计	325 770 000	
购买商品、接受劳务支付的现金	272 680 000	
支付给职工以及为职工支付的现金	2 000 000	
支付的各项税费	29 780 000	
支付其他与经营活动有关的现金	10 510 000	
经营活动现金流出小计	314 970 000	
经营活动产生的现金流量净额	10 800 000	
二、投资活动产生的现金流量:		
收回投资收到的现金		
取得投资收益收到的现金		
处置固定资产、无形资产和其他长期资产收回的现金净额		
处置子公司及其他营业单位收到的现金净额		
收到其他与投资活动有关的现金		
投资活动现金流入小计		
购建固定资产、无形资产和其他长期资产支付的现金	900 000	
投资支付的现金		
取得子公司及其他营业单位支付的现金净额		

（续表）

项　目	本期金额	上期金额
支付其他与投资活动有关的现金		
投资活动现金流出小计	900 000	
投资活动产生的现金流量净额	－900 000	
三、筹资活动产生的现金流量：		
吸收投资收到的现金		
取得借款收到的现金	3 000 000	
收到其他与筹资活动有关的现金		
筹资活动现金流入小计	3 000 000	
偿还债务支付的现金	8 000 000	
分配股利、利润或偿付利息支付的现金		
支付其他与筹资活动有关的现金	5 500 000	
筹资活动现金流出小计	13 500 000	
筹资活动产生的现金流量净额	－10 500 000	
四、汇率变动对现金及现金等价物的影响		
五、现金及现金等价物净增加额	－600 000	
加：期初现金及现金等价物余额	5 200 000	
六、期末现金及现金等价物余额	4 600 000	

表 9-7　　　　　　　　　**现金流量表补充资料**　　　　　　　　　单位：元

补充资料	本期金额	上期金额
1. 将净利润调节为经营活动现金流量：		
净利润	43 620 000	
加：资产减值准备	－1 600 000	
固定资产折旧、油气资产折耗、生产性生物资产折旧	50 000	
无形资产摊销	30 000	
长期待摊费用摊销		
处置固定资产、无形资产和其他长期资产的损失（收益以"－"号填列）		
固定资产报废损失（收益以"－"号填列）		
公允价值变动损失（收益以"－"号填列）		
财务费用（收益以"－"号填列）		
投资损失（收益以"－"号填列）		
递延所得税资产减少（增加以"－"号填列）		
递延所得税负债增加（减少以"－"号填列）		

（续表）

补充资料	本期金额	上期金额
存货的减少(增加以"—"号填列)	−94 500 000	
经营性应收项目的减少(增加以"—"号填列)	6 700 000	
经营性应付项目的增加(减少以"—"号填列)	56 500 000	
其他		
经营活动产生的现金流量净额	10 800 000	
2.不涉及现金收支的投资和筹资活动:		
债务转为资本		
一年内到期的可转换公司债券		
融资租入固定资产		
3.现金及现金等价物净变动情况:		
现金的期末余额	4 600 000	
减:现金的期初余额	5 200 000	
加:现金等价物的期末余额		
减:现金等价物的期初余额		
现金及现金等价物净增加额	−600 000	

9.5 | 所有者权益变动表

所有者(或股东)权益变动表是指反映构成所有者权益各组成部分当期增减变动情况的财务报表。所有者权益变动表应当全面反映一定时期所有者权益变动的情况,不仅包括所有者权益总量的增减变动,还包括所有者权益增减变动的重要结构性信息,特别是要反映直接计入所有者权益的利得和损失,让报表使用者准确理解所有者权益增减变动的根源。

9.5.1 所有者权益变动表的作用

所有者权益变动表的作用主要表现在以下几个方面:

(1)编制所有者权益变动表符合国际会计准则的发展趋势,能够更好地帮助投资者获得与其决策相关的全面收益信息。

(2)所有者权益变动表在一定程度上体现了企业综合收益。综合收益包括净利润和其他综合收益两部分,将企业当期的经营成果情况与企业当期的资本保值增值活动相联系,详细反映所有者权益变动的情况和原因。

(3)能够更好地完善企业财务报表体系。将所有者权益变动表纳入会计报表体系,使财务报表由四表一注构成。所有者权益变动表与资产负债表、利润表和现金流量表不但相互补充,更重要的是为报表使用者提供股东价值是否增长及其原因的全面而有价值的会计信息,有助于报表使用者了解企业的资本经营与资本增值状况。

(4)进一步完善会计信息的相关性。在所有者权益变动表中,能够直接反映会计政策变更和前期差错更正对所有者权益本年年初余额的影响,进一步细化直接计入所有者权益的利得和损失,使得企业的财务报表更趋全面,增强会计信息的相关性。

9.5.2 所有者权益变动表的结构

1. 所有者权益变动表的内容

在所有者权益变动表中,房地产开发企业至少应当单独列示反映下列信息的项目:

(1) 综合收益总额。

(2) 会计政策变更和前期差错更正的累积影响金额。

(3) 所有者投入资本和向所有者分配利润等。

(4) 按照规定提取的盈余公积。

(5) 所有者权益各组成部分的期初和期末余额及其调节情况。

2. 所有者权益变动表的结构

(1) 以矩阵的形式列报。为了清楚地表明构成所有者权益的各组成部分当期的增减变动情况,所有者权益变动表应当以矩阵的形式列示:一方面,列示导致所有者权益变动的交易或事项,改变了以往仅仅按照所有者权益的各组成部分反映所有者权益变动情况,而是从所有者权益变动的来源对一定时期所有者权益变动情况进行全面反映;另一方面,按照所有者权益各组成部分(包括实收资本、其他权益工具、资本公积、盈余公积、未分配利润和库存股)及其总额列示交易或事项对所有者权益的影响。

(2) 列示所有者权益变动的比较信息。根据财务报表列报准则的规定,企业需要提供比较所有者权益变动表,因此,所有者权益变动表还就各项目再分为"本年金额"和"上年金额"两栏分别填列。所有者权益变动表的具体格式如表9-8所示。

9.5.3 所有者权益变动表的填列方法

1. "上年金额"栏的填列方法

所有者权益变动表"上年金额"栏内各项数字,应根据上年度所有者权益变动表"本年金额"栏内所列数字填列。如果上年度所有者权益变动表规定的各个项目的名称和内容同本年度不相一致,应对上年度所有者权益变动表各项目的名称和数字按本年度的规定进行调整,填入所有者权益变动表"上年金额"栏内。

2. "本年金额"栏的填列方法

所有者权益变动表"本年金额"栏内各项数字,一般应根据"实收资本(或股本)""其他权益工具""资本公积""库存股""其他综合收益""盈余公积""利润分配"及"以前年度损益调整"等账户及其明细账户的发生额分析填列。

3. 所有者权益变动表各项目的具体填列方法

(1) "上年年末余额"项目,反映房地产开发企业上年资产负债表中实收资本(或股本)、其他权益工具、资本公积、盈余公积、未分配利润的年末余额。

(2) "会计政策变更"和"前期差错更正"项目,分别反映房地产开发企业采用追溯调整法处理的会计政策变更的累积影响金额和采用追溯重述法处理的会计差错更正的累积影响金额。

为了体现会计政策变更和前期差错更正的影响,房地产开发企业应当在上期期末所有者权益余额的基础上进行调整得出本期期初所有者权益,根据"盈余公积""利润分配""以前年度损益调整"等账户的发生额分析填列。

（3）"本年增减变动额"项目分别反映如下内容：

第一，"综合收益总额"项目，反映房地产开发企业当年实现的净利润（或净亏损）金额和当年直接计入其他综合收益金额的合计额。房地产开发企业当年实现的净利润（或净亏损）金额，对应列在"未分配利润"栏；"其他综合收益"金额，对应列在"其他综合收益"栏。

第二，"所有者投入和减少资本"项目，反映房地产开发企业当年所有者投入的资本和减少的资本。其中：

"所有者投入的普通股"项目，反映房地产开发企业接受投资者投入形成的实收资本（或股本）和资本溢价或股本溢价，对应列在"实收资本"和"资本公积"栏。

"其他权益工具持有者投入资本"项目，反映房地产开发企业发行的除普通股以外分类为权益工具的金融工具的持有者投入资本的金额。

"股份支付计入所有者权益的金额"项目，反映房地产开发企业处于等待期中的权益结算的股份支付当年计入资本公积的金额，对应列在"资本公积"栏。

第三，"利润分配"下各项目，反映当年对所有者（或股东）分配的利润（或股利）金额和按照规定提取的盈余公积金额，对应列在"未分配利润"和"盈余公积"栏。其中：

"提取盈余公积"项目，反映房地产开发企业按照规定提取的盈余公积。

"对所有者（或股东）的分配"项目，反映对所有者（或股东）分配的利润（或股利）金额。

第四，"所有者权益内部结转"项目，反映不影响当年所有者权益总额的所有者权益各组成部分之间当年的增减变动，包括资本公积转增资本（或股本）、盈余公积转增资本（或股本）、盈余公积弥补亏损等项金额。为了全面反映所有者权益各组成部分的增减变动情况，所有者权益内部结转也是所有者权益变动表的重要组成部分，主要指不影响所有者权益总额、所有者权益的各组成部分当期的增减变动。其中：

"资本公积转增资本（或股本）"项目，反映房地产开发企业以资本公积转增资本或股本的金额。

"盈余公积转增资本（或股本）"项目，反映房地产开发企业以盈余公积转增资本或股本的金额。

"盈余公积弥补亏损"项目，反映房地产开发企业以盈余公积弥补亏损的金额。

"其他综合收益结转留存收益"项目，主要反映：

① 企业指定为以公允价值计量且其变动计入其他综合收益的非交易性权益工具投资终止确认时，之前计入其他综合收益的累计利得或损失从其他综合收益中转入留存收益的金额。

② 企业指定为以公允价值计量且其变动计入当期损益的金融负债终止确认时，之前由企业自身信用风险变动引起而计入其他综合收益的累计利得或损失从其他综合收益中转入留存收益的金额等。

9.5.4　所有者权益变动表编制举例

【例 9-4】　沿用[例 9-1][例 9-2]和[例 9-3]的资料，中国琴岛房地产开发公司的其他相关资料为：提取盈余公积 654.3 万元，无影响所有者权益变动的其他事项。

根据上述资料，编制中国琴岛房地产开发公司 2×21 年度所有者权益变动表，如表 9-8 所示（上年金额略）。

表 9-8   **所有者权益变动表**   会企 04 表
编制单位:中国琴岛房地产开发公司   2×21 年度   单位:万元

项 目	本年金额											上年金额										
	实收资本(或股本)	其他权益工具			资本公积	减:库存股	其他综合收益	专项储备	盈余公积	未分配利润	所有者权益合计	实收资本(或股本)	其他权益工具			资本公积	减:库存股	其他综合收益	专项储备	盈余公积	未分配利润	所有者权益合计
		优先股	永续债	其他									优先股	永续债	其他							
一、上年年末余额	10 000								20	−1 760	8 260											
加:会计政策变更																						
前期差错更正																						
其他																						
二、本年年初余额	10 000								20	−1 760	8 260											
三、本年增减变动金额(减少以"−"号填列)																						
(一)综合收益总额										4 362	4 362											
(二)所有者投入和减少资本																						
1. 所有者投入的普通股																						
2. 其他权益工具持有者投入资本																						
3. 股份支付计入所有者权益的金额																						
4. 其他																						
(三)利润分配																						
1. 提取盈余公积									654.3	−654.3	0.00											
2. 对所有者(或股东)的分配																						
3. 其他																						
(四)所有者权益内部结转																						
1. 资本公积转增资本(或股本)																						
2. 盈余公积转增资本(或股本)																						
3. 盈余公积弥补亏损																						
4. 设定受益计划变动额结转留存收益																						
5. 其他综合收益结转留存收益																						
6. 其他																						
四、本年年末余额	10 000								674.3	1 947.7	12 622											

9.6 财务报表附注

　　附注是对资产负债表、利润表、现金流量表和所有者权益变动表等报表中列示项目的文字描述或明细资料,以及对未能在这些报表中列示项目等的说明等。附注是财务报表不可或缺的组成部分。

　　财务报表中的数字是经过分类与汇总后的结果,是对企业发生的经济业务的高度简化和浓缩的数字,如果没有形成这些数字所使用的会计政策、理解这些数字所必需的披露,财务报表就不可能充分发挥效用。因此,财务报表附注与资产负债表、利润表、现金流量表和所有者权益变动表等报表具有同等的重要性。报表使用者要了解企业的财务状况、经营成果和现金流量,应当全面

9.6.1 财务报表附注的作用

财务报表附注一般以表内括号注释和表外的底部形式表示,目的在于对主表信息作进一步的说明与补充。财务报表附注可以使财务报表使用者更好地理解财务报表的内容,增强财务报表的可理解性。财务报表附注的作用主要表现在以下几个方面:

(1) 提供与某些报表项目相关的必要定性信息,如对或有事项及其收益、损失处理的说明。或有事项由于发生的不确定性而不能直接在主表中进行确认,但等到完全可靠或基本能够预期的时候,又可能因为及时性的丧失而破坏信息的相关性。因此,可以通过在财务报表附注中进行披露,揭示或有事项的类型和影响,以此来提高信息的相关性。

(2) 揭示报表项目的性质或有关的限制,如房地产开发企业的存货项目与一般工商企业有所不同,在报表附注中会对存货的性质和类别加以说明。

(3) 补充列示比报表正文更为详细的信息。

9.6.2 财务报表附注的基本要求

(1) 附注披露的信息应是定量、定性信息的结合,从而能从量和从质两个角度对企业经济事项完整地进行反映,也才能满足信息使用者的决策需求。

(2) 附注应当按照一定的结构进行系统合理的排列和分类,有顺序地披露信息。由于附注的内容繁多,因此更应按逻辑顺序排列,分类披露,条理清晰,具有一定的组织结构,以便于使用者理解和掌握,以更好地实现财务报表的可比性。

(3) 附注相关信息应当与资产负债表、利润表、现金流量表和所有者权益变动表等报表中列示的项目相互参照,以有助于使用者联系相关联的信息,并由此从整体上更好地理解财务报表。

9.6.3 财务报表附注披露的内容

财务报表附注主要包括两项内容:一是对财务报表各要素的补充说明;二是对那些财务报表中无法描述的其他财务信息的补充说明。房地产开发企业财务报表附注一般应当按照下列顺序至少披露以下内容。

1. 企业的基本情况

(1) 企业注册地、组织形式和总部地址。

(2) 企业的业务性质和主要经营活动。

(3) 母公司以及集团最终母公司的名称。

(4) 财务报表的批准报出者和财务报告批准报出日,或者以签字人及其签字日期为准。

(5) 营业期限有限的企业,还应当披露有关其营业期限的信息。

2. 财务报表的编制基础

房地产开发企业应当披露会计年度、记账本位币、会计计量所运用的计量基础及现金和现金等价物的构成。企业应当根据会计准则的规定判断企业是否持续经营,并披露财务报表是否以持续经营为基础编制。

3. 遵循企业会计准则的声明

房地产开发企业应当声明编制的财务报表符合企业会计准则的要求,真实、完整地反映了企业的财务状况、经营成果和现金流量等有关信息。

4. 重要会计政策和会计估计

房地产开发企业应当披露采用的重要会计政策和会计估计,不重要的会计政策和会计估计可以不披露。在披露重要的会计政策和会计估计时,应当披露重要会计政策的确定依据和财务报表项目的计量基础,以及会计估计中采用的关键假设和不确定因素。

(1) 重要会计政策的说明。由于企业经济业务的复杂性和多样化,某些经济业务可以有多种会计处理方法,也即存在不止一种可供选择的会计政策。例如,存货的计价可以有先进先出法、月末一次加权平均法、移动加权平均法、个别计价法等;固定资产的折旧,可以有平均年限法、工作量法、双倍余额递减法、年数总额法等。企业在发生某项经济业务时,必须从允许的会计处理方法中选择适合本企业特点的会计政策。企业选择不同的会计处理方法,可能极大地影响企业的财务状况和经营成果,进而编制出不同的财务报表。为了有助于报表使用者理解,有必要对这些会计政策加以披露。

需要特别指出的是,说明会计政策时还需要披露下列两项内容:

第一,财务报表项目的计量基础。会计计量属性包括历史成本、重置成本、可变现净值、现值和公允价值,这直接影响报表使用者的分析。这项披露要求便于使用者了解企业财务报表中的项目是按何种计量基础予以计量的,如存货是按成本还是可变现净值计量等。

第二,会计政策的确定依据,主要是指企业在运用会计政策过程中所作的对报表中确认的项目金额最具影响的判断。例如,对于拥有的持股不足 50%的关联企业,企业如何判断企业拥有控制权因此将其纳入合并范围。又如,企业如何判断与租赁资产相关的所有风险和报酬已转移给企业,从而符合融资租赁的标准,以及投资性房地产的判断标准是什么等。这些判断对在报表中确认的项目金额具有重要影响。因此,这项披露要求有助于使用者理解企业选择和运用会计政策的背景,增加财务报表的可理解性。

(2) 重要会计估计的说明。财务报表列报准则强调了对会计估计不确定因素的披露要求,企业应当披露会计估计中所采用的关键假设和不确定因素的确定依据,这些关键假设和不确定因素在下一会计期间内很可能导致对资产、负债账面价值进行重大调整。

在确认资产和负债的账面金额时,企业有时需要对不确定的未来事项在资产负债表日对这些资产和负债的影响加以估计。例如,固定资产可收回金额的计算需要根据其公允价值减去处置费用后的净额与预计未来现金流量的现值两者之间的较高者确定,在计算资产预计未来现金流量的现值时需要对未来现金流量进行预测,并选择适当的折现率,应当在附注中披露未来现金流量预测所采用的假设及其依据、所选择的折现率为什么是合理的等。又如,为正在进行中的诉讼提取准备时最佳估计数的确定依据等。这些假设的变动对这些资产和负债项目金额的确定影响很大,有可能会在下一个会计年度内作出重大调整。因此,强调这一披露要求,有助于提高财务报表的可理解性。

5. 会计政策和会计估计变更以及差错更正的说明

企业应当在财务报表附注中说明与会计政策和会计估计变更以及差错更正的有关信息。如会计政策变更的性质、内容和原因,当期和各个列报前期财务报表中受影响的项目名称和调整金额,会计估计变更的内容和原因,会计估计变更对当期和未来期间的影响数,前期差错的性质等。

6. 报表重要项目的说明

房地产开发企业应当按照资产负债表、利润表、现金流量表和所有者权益变动表及其项目列示的顺序，采用文字和数字描述相结合的方式对报表的重要项目进行披露说明。报表重要项目明细金额的合计，应当与报表项目金额相衔接。

7. 或有和承诺事项的说明

（1）对预计负债的披露：①预计负债的种类、形成原因以及经济利益流出不确定性的说明；②各类预计负债的期初、期末余额和本期变动情况；③与预计负债有关的预期补偿金额和本期已确认的预期补偿金额。

（2）对或有负债的披露：①或有负债的种类及其形成原因，包括已贴现商业承兑汇票、未决诉讼、未决仲裁、对外提供担保等形成的或有负债；②经济利益流出不确定性的说明；③或有负债预计产生财务影响，以及获得补偿的可能性；无法预计的，应当说明原因。

（3）对或有资产的披露。企业通常不应当披露或有资产，但或有资产很可能会给企业带来经济利益的，应当披露其形成原因、预计产生的财务影响等。

8. 资产负债表日后非调整事项的说明

对资产负债表日后事项，企业应当披露每项重要的资产负债表日后非调整事项的性质、内容，以及对财务状况和经营成果的影响。无法作出估计的，应当说明原因。

9. 关联方关系及其交易的说明

（1）母公司和子公司的名称。母公司不是最终控制方的，说明最终控制方名称。母公司和最终控制方均不对外提供财务报表的，说明母公司之上与其最相近的对外提供财务报表的母公司名称。

（2）母公司和子公司的业务性质、注册地、注册资本（或实收资本、股本）及其当期发生的变化。

（3）母公司对本企业或本企业对子公司的持股比例和表决权比例。

（4）企业的子公司、合营企业有关信息的披露。

（5）企业与关联方发生交易的，分别说明该关联方关系的性质、交易类型及交易要素。交易要素至少应当包括：交易的金额，未结算项目的金额、条款和条件，以及有关提供或取得担保的信息，未结算应收项目的坏账准备金额，定价政策。

10. 应当披露的其他信息

有助于财务报表使用者评价企业管理资本的目标、政策及程序的信息。

重 要 概 念

财务报告　财务报表　资产负债表　利润表　现金流量表　现金　现金等价物　现金流量　直接法　间接法　工作底稿法　Ｔ型账户法　分析填列法　所有者权益变动表　财务报表附注

本 章 练 习

一、单项选择题

1. 下列属于静态财务报表的是（　　）。

A. 资产负债表　　　　　　　　　　　B. 利润表

C. 所有者权益变动表　　　　　　　　D. 现金流量表

2. 某房地产开发企业 2×19 年 4 月 1 日从银行借入期限为 3 年的长期借款 1 000 万元,编制 2×21 年 12 月 31 日资产负债表时,此项借款应填入的报表项目是（　　）。

A. 短期借款　　　　　　　　　　　　B. 长期借款

C. 其他长期负债　　　　　　　　　　D. 1 年内到期的非流动负债

3. 某房地产开发公司期末"固定资产"科目余额为 200 000 元,"累计折旧"科目余额 120 000 元,"固定资产减值准备"科目余额 20 000 元,"固定资产清理"科目余额 20 000 元,资产负债表中固定资产项目期末余额应填列（　　）元。

A. 80 000　　　　B. 200 000　　　　C. 180 000　　　　D. 60 000

4. 2×21 年 12 月初某房地产开发公司"应收账款"科目借方余额为 300 万元,相应的"坏账准备"科目贷方余额为 20 万元,本月实际发生坏账损失 6 万元。2×21 年 12 月 31 日经减值测试,该企业应补提坏账准备 11 万元。假定不考虑其他因素,2×21 年 12 月 31 日该企业资产负债表"应收账款"项目的金额为（　　）元。

A. 269　　　　B. 274　　　　C. 275　　　　D. 280

5. 某房地产开发公司期末"工程物资"账户的余额为 100 万元,"开发成本"账户的余额为 80 万元,"开发产品"账户的余额为 100 万元,"低值易耗品"账户的余额为 10 万元,"存货跌价准备"账户的贷方余额为 5 万元。假定不考虑其他因素,该企业资产负债表中"存货"项目的金额为（　　）万元。

A. 185　　　　B. 165　　　　C. 295　　　　D. 285

6. 下列各项中,会引起现金流量表"经营活动产生的现金流量净额"项目发生增减变动的是（　　）。

A. 偿还长期借款的现金流出　　　　　B. 收取现金股利的现金流入

C. 购置固定资产的现金流出　　　　　D. 购买日常办公用品的现金流出

7. 下列各项中,应列入"支付给职工以及为职工支付的现金"项目的是（　　）。

A. 支付现金股利　　　　　　　　　　B. 支付在建工程人员薪酬

C. 代扣代缴个人所得税　　　　　　　D. 支付职工差旅费

8. 下列各项中,不在所有者权益变动表中列示的项目是（　　）。

A. 综合收益总额　　　　　　　　　　B. 所有者投入和减少资本

C. 利润分配　　　　　　　　　　　　D. 每股收益

9. 某房地产开发企业"应付账款"账户月末贷方余额 40 000 元,其中,"应付甲公司账款"明细账户贷方余额 35 000 元,"应付乙公司账款"明细账户贷方余额 5 000 元;"预付账款"账户月末贷方余额 30 000 元,其中,"预付 A 工厂账款"明细账户贷方余额 50 000 元,"预付 B 工厂账款"明细账户借方余额 20 000 元。该企业月末资产负债表中"应付账款"项目的金额为（　　）元。

A. 90 000　　　　B. 30 000　　　　C. 40 000　　　　D. 70 000

10. 某房地产开发企业 2×21 年 10 月主营业务收入为 200 万元,主营业务成本为 120 万元,税金及附加为 10 万元,管理费用为 5 万元,销售费用为 3 万元,财务费用为 4 万元,资产减值损失为 2 万元,投资收益为 15 万元。假定不考虑其他因素,该企业当月的营业利润为（　　）万元。

A. 62　　　　B. 70　　　　C. 71　　　　D. 75

二、多项选择题

1. 下列各账户的期末余额,应在资产负债表"存货"项目列示的有(　　)。

A. 开发成本　　　　B. 开发产品　　　　C. 委托加工物资　　　　D. 周转房

2. 资产负债表中预收款项项目应根据(　　)填列。

A. 预收账款所属明细账户借方余额合计　　　　B. 应收账款所属明细账户借方余额合计

C. 预收账款所属明细账户贷方余额合计　　　　D. 应收账款所属明细账户贷方余额合计

3. 下列各项中,属于现金流量表"现金及现金等价物"的有(　　)。

A. 银行本票　　　　　　　　B. 库存现金

C. 银行承兑汇票　　　　　　D. 持有2个月内到期的国债

4. 影响房地产开发企业现金流量表中"现金及现金等价物净增加额"项目金额变化的有(　　)。

A. 以银行存款支付职工工资　　　　B. 收到出租资产的租金

C. 将库存现金存入银行　　　　　　D. 以货币资金购买3个月内到期的国库券

5. 下列各项中,属于房地产开发企业资产负债表中"货币资金"项目的有(　　)。

A. 商业承兑汇票　　　　B. 银行结算户存款　　　　C. 信用卡存款　　　　D. 外埠存款

6. 下列资产中,属于非流动资产的有(　　)。

A. 交易性金融资产　　　　　　B. 开发支出

C. 商誉　　　　　　　　　　　D. 1年内到期的非流动资产

7. 房地产开发企业财务报表至少应当包括(　　)。

A. 资产负债表　　　　　　B. 利润表

C. 现金流量表　　　　　　D. 所有者权益变动表、附注

8. 下列各项中,应列入利润表"税金及附加"项目的有(　　)。

A. 增值税　　　　　　B. 城市维护建设税

C. 教育费附加　　　　D. 印花税

9. 下列各项中,属于现金流量表中投资活动产生的现金流量的有(　　)。

A. 购买固定资产发生的支出　　　　B. 收到分派的现金股利

C. 购买其他企业股票发生的支出　　　D. 购买原材料发生的支出

10. 下列各项中,关于财务报表附注的表述正确的有(　　)。

A. 附注中包括财务报表重要项目的说明

B. 财务报表附注与资产负债表、利润表、现金流量表和所有者权益变动表等报表具有同等的重要性

C. 如果没有需要披露的重大事项,企业不必编制附注

D. 附注中包括会计政策和会计估计变更以及差错更正的说明

三、判断题

1. 在我国,房地产开发企业的利润表一般采用单步式结构。　　　　　　　　　　　　(　　)

2. 中期财务报表必须包括资产负债表、利润表、现金流量表、所有者权益变动表及附注。(　　)

3. 财务报表是对企业财务状况、经营成果和现金流量的结构性表述。　　　　　　　(　　)

4. 利润表中"综合收益总额"项目,反映净利润与其他综合收益扣除所得税影响后的净额相加后的合计金额。(　　)

5. 企业用现金支付在建工程人员的薪酬属于投资活动产生的现金流量。　　　　　　(　　)

6. 企业年末"长期待摊费用"账户的余额为200万元,其中将于1年内摊销完的为50万元,那么资产负债表中的"长期待摊费用"项目的金额为200万元。(　　)

7. 财务报表附注是对在资产负债表、利润表、现金流量表和所有者权益变动表等报表中列示项目的文字描述或明细资料,以及对未能在这些报表中列示项目的说明等。(　　)

8. 所有者权益变动表"未分配利润"栏目的本年年末余额应当与本年资产负债表"未分配利润"项目的年末余额相等。 （　　）

9. 资产负债表中货币资金项目应根据"库存现金""银行存款""其他货币资金"账户期末余额的合计数填列。 （　　）

10. 投资活动是指企业长期资产的购建和包括在现金等价物范围内的投资及其处置活动。 （　　）

四、简答题

1. 什么是财务报告？财务报告由哪些部分构成？

2. 什么是资产负债表？资产负债表的主要内容是什么？如何编制资产负债表？

3. 什么是现金流量表？现金流量表的作用是什么？

五、业务题

1. 中国琴岛房地产开发公司 2×21 年 12 月 31 日有关数据如表 9-9 所示（单位：万元），要求填写资产负债表相应项目的期末余额。

表 9-9　　　　　　　　　　　　**2×21 年 12 月 31 日有关数据**

账户名称	借方余额	贷方余额	账户名称	借方余额	贷方余额
库存现金	6 500		固定资产减值准备		2 000
银行存款	130 000		应收账款——A	22 000	
其他货币资金	20 000		应收账款——B		70 000
原材料	160 000		预收账款——C	30 000	
包装物	29 000		预收账款——D		54 000
周转房	400 000		预收账款——E		43 000
开发产品	5 000 000		应付账款——甲		62 000
委托加工物资	17 000		应付账款——乙	36 000	
开发成本	260 000		预付账款——丙	10 000	
存货跌价准备		10 000	预付账款——丁		52 000
固定资产	280 000		本年利润	67 000	
累计折旧		60 000	利润分配		180 000

资产负债表项目名称	期末余额
货币资金	
存　货	
固定资产	
应收账款	
预付款项	
应付账款	
预收款项	
未分配利润	

2. 中国琴岛房地产开发公司 2×21 年年度结账前,有关损益类账户的本期发生额如表 9-10 所示(单位:万元),要求填写利润表相应项目的本期金额。

表 9-10 有关损益类账户的本期发生额

科目名称	借方发生额	贷方发生额
主营业务收入		500 000
其他业务收入		20 000
主营业务成本	300 000	
其他业务成本	12 000	
税金及附加	800	
销售费用	48 000	
管理费用	52 000	
财务费用	16 600	
资产减值损失	12 400	
投资收益	3 000	
营业外收入		20 000
营业外支出	12 000	
所得税费用	20 800	

利润表项目名称	本期金额
营业收入	
营业成本	
投资收益	
营业利润	
利润总额	
净利润	

六、案例题

中国琴岛房地产开发公司 2×20 年 12 月 31 日资产负债表中所有者权益各项目的金额分别为:实收资本(或股本)10 000 万元,资本公积 10 万元,盈余公积 20 万元,未分配利润 1 200 万元。

2×21 年度取得的主营业务收入 6 000 万元,投资净收益 500 万元,营业外收入 350 万元;发生主营业务成本 3 500 万元,税金及附加 100 万元,销售费用 420 万元;管理费用 180 万元,财务费用 100 万元,资产减值损失 120 万元,公允价值变动净损失 130 万元,营业外支出 200 万元。

2×21 年度按净利润的 10% 提取法定盈余公积,按净利润的 5% 提取任意盈余公积,向股东分派现金股利 250 万元,同时分派面值 1 元的股票股利 120 万元。

假设不考虑其他因素,要求:

(1) 将企业本年损益类账户结转至"本年利润"账户。

(2) 假设不考虑其他因素,计算企业的所得税费用,作出计提和结转所得税费用的分录(所得税税率为 25%)。

(3) 编制结转净利润的会计分录。

(4) 编制提取法定盈余公积和任意盈余公积的会计分录。

(5) 编制宣告向股东分配现金股利会计分录。

(6) 编制实际分配股票股利的会计分录。

(7) 编制结转"利润分配"其他明细账户的会计分录。

(8) 假设不考虑其他因素,计算所有者权益各项目的金额。

(9) 完成 2×21 年度利润表本期金额的填列。

利 润 表　　　　　　　会企 02 表

编制单位:中国琴岛房地产开发公司　　2×21 年度　　　　　　单位:元

项　目	本期金额	上期金额
一、营业收入		
减:营业成本		
税金及附加		
销售费用		
管理费用		
研发费用		
财务费用		
加:其他收益		
投资收益(损失以"-"号填列)		
净敞口套期收益(损失以"-"号填列)		
公允价值变动收益(损失以"-"号填列)		
信用减值损失(损失以"-"号填列)		
资产减值损失(损失以"-"号填列)		
资产处置收益(损失以"-"号填列)		
二、营业利润(亏损以"-"号填列)		
加:营业外收入		
其中:非流动资产处置利得		
减:营业外支出		
其中:非流动资产处置损失		
三、利润总额(亏损总额以"-"号填列)		
减:所得税费用		
四、净利润(净亏损以"-"号填列)		

房地产开发企业会计模拟试题

模 拟 试 题（一）

一、单项选择题（本大题共 10 小题，每小题 1 分，共 10 分）

1	2	3	4	5	6	7	8	9	10

1. 房地产开发企业在设立阶段，企业投资人是货币性出资时，企业在设立环节需要缴纳的主要是（　　）。

　　A. 土地使用税　　　　B. 契税　　　　　　C. 房产税　　　　　D. 印花税

2. 根据城镇土地使用税的有关规定，经济落后地区，城镇土地使用税的适用税额标准可适当降低，但降低额不得超过税法规定最低税额的（　　）。

　　A. 10%　　　　　　　B. 30%　　　　　　　C. 50%　　　　　　　D. 100%

3. 企业开发商品性建设场地所发生的费用，应记入（　　）明细账的成本费用中。

　　A."产品成本——土地开发成本"　　　　B."产品成本——房屋开发成本"

　　C."开发成本——土地开发成本"　　　　D."开发成本——房屋开发成本"

4. 某房地产开发企业开发一个房地产项目并销售，取得土地使用权所支付的金额 1 000 万元；房地产开发成本 6 000 万元；向金融机构借入资金利息支出 400 万元，能提供贷款证明，其中超过国家规定上浮幅度的金额为 100 万元；该省规定能提供贷款证明的其他房地产开发费用扣除比例为 5%；计算土地增值税时该企业允许扣除的房地产开发费用为（　　）万元。

　　A. 400　　　　　　　B. 350　　　　　　　C. 650　　　　　　　D. 750

5. 采用公允价值模式进行后续计量的企业，关于投资性房地产的会计处理，下列说法正确的是（　　）。

　　A. 应当按规定计提折旧或者进行摊销

　　B. 持有期间公允价值高于账面价值的差额计入资本公积

　　C. 持有期间公允价值低于账面价值的差额计入资本公积

　　D. 不得再转为成本模式计量

6. 房地产开发企业为开发房地产而借入的资金所发生的利息等借款，在开发产品完工之前，应计入（　　）。

　　A. 开发成本　　　　　B. 在建工程　　　　　C. 财务费用　　　　　D. 施工企业

7. 下列各项中,不属于开发产品成本的是(　　)。

A. 为销售、出售、转让开发产品而发生的各项费用

B. 为开发房地产征用土地而发生的各项费用

C. 房地产开发企业内部核算单位及开发现场为开发房地产而发生的各项间接费用

D. 房屋开发项目在开发过程中所发生的各项建筑安装工程费和设备费

8. 周转房计提摊销额应借记(　　)账户。

A. "开发成本"   B. "主营业务成本"

C. "开发间接费用"   D. "周转房摊销"

9. (　　)属于房地产开发企业的其他业务收入。

A. 出租开发产品租金收入   B. 配套设施销售收入

C. 商品房售后服务收入   D. 土地转让收入

10. 某房地产开发公司期末"工程物资"账户的余额为 10 万元,"开发成本"账户的余额为 8 万元,"开发产品"账户的余额为 10 万元,"低值易耗品"账户的余额为 1 万元,"存货跌价准备"账户的贷方余额为 0.5 万元。假定不考虑其他因素,该企业资产负债表中"存货"项目的金额为(　　)万元。

A. 18.5   B. 16.5   C. 29.5   D. 28.5

| 得分 | | **二、多项选择题**(本大题共 5 小题,每小题 2 分,共 10 分) |

1	2	3	4	5

1. 根据《城市房地产开发经营管理条例》,设立房地产开发企业,除应当符合有关法律、行政法规规定的企业设立条件外,还应当具备(　　)条件。

A. 有 100 万元以上的注册资本

B. 有 4 名以上持有资格证书的房地产专业、建筑工程专业的专职技术人员

C. 有 2 名以上持有资格证书的专职会计人员

D. 有职称的建筑、结构、财务、房地产及有关经济类专业管理人员不少于 5 人

2. 下列各项中,关于耕地占用税的说法正确的有(　　)。

A. 耕地占用税以纳税人占用耕地的面积为计税依据,以每平方米为计量单位

B. 占用已开发从事种植、养殖的滩涂、草场、水面和林地等从事非农业建设,也视同占用耕地,必须依法征收耕地占用税

C. 经济特区、经济技术开发区和经济发达、人均耕地特别少的地区,适用税额可以适当提高,但最多不得超过上述规定税额的 30%

D. 农村烈士家属在规定用地标准以内新建住宅缴纳耕地占用税确有困难的,经所在地乡(镇)人民政府审核,报经县级人民政府批准后,可以免征或者减征耕地占用税

3. 开发产品成本按照形态,可以分为(　　)。

A. 土地开发成本   B. 房屋开发成本

C. 配套设施开发成本   D. 代建开发成本

4. 未取得商品房预售许可证的,不得进行商品房预售。商品房预售需满足(　　)

条件。

  A. 已交付全部土地使用权出让金,取得土地使用权证书

  B. 物业管理方案已落实

  C. 按提供预售的商品房计算,投入开发建设的资金达到工程建设总投资的25%以上,并已经确定施工进度和竣工交付日期

  D. 持有建设工程规划许可证和施工许可证

  5. 下列各项中,不属于投资性房地产的有( )。

  A. 房地产开发企业开发的准备出售的房屋

  B. 房地产开发企业拥有的已出租建筑物

  C. 企业持有的准备建造房屋的土地使用权

  D. 企业持有并准备增值后转让的建筑物

得分	

三、判断题(本大题共5小题,每小题1分,共5分)

1	2	3	4	5

  1. 房地产开发企业接受出资者以土地使用权出资,不需要缴纳契税。( )

  2. 纳税人新征用的非耕地,自批准征用次月起缴纳土地使用税。( )

  3. 发包方式一般有直接委托、招标,招标又可能采用邀请招标和公开招标方式。( )

  4. 房地产开发企业可以自行销售商品房,也可以委托房地产中介服务机构销售商品房。( )

  5. 外购投资性房地产的成本,包括购买价款和可直接归属于该资产的其他支出,不包括发生的相关税费。( )

得分	

四、简答题(本大题共2小题,第1小题12分,第2小题8分,共20分)

  1. 简述房地产开发企业的经营特点。

  2. 简述房地产开发企业商品房销售收入的确认条件。

得分	

五、账务处理题(本大题共4小题,第1、2、3小题每小题12分,第4小题19分,共55分)

  1. 2×21年8月,某房地产开发公司共对3块土地进行开发,其中:甲土地为商品性土地开发;乙土地为自用土地开发,开发完工后供建设商品房1号楼和2号楼使用;丙土地为综合性开发,开发完工后,一部分作为商品性建设场地对外销售,一部分供本企业建设商品房3号楼使用。企业确定甲、乙、丙三块土地作为土地开发成本核算对象,设置土地开发明细账,进行成本核算。

  (1)8月3日,用银行存款支付土地开发费3 900 000元,其中,甲土地1 500 000元,乙土地1 440 000元,丙土地960 000元。

  (2)8月5日,用银行存款支付项目批报批建费300 000元,其中,甲土地120 000元,乙土地100 000元,丙土地80 000元。

（3）8月15日，社区管网工程已竣工，应付工程款 1 890 000 元，其中，甲土地 840 000 元，乙土地 600 000 元，丙土地 450 000 元。

要求：作出上述相关的会计分录。

2. 某房地产公司 2×21 年 1 月将其正在开发的商品房进行预售，合同总收入 6 049.5 万元，2×21 年 11 月开发的商品房已全部办理竣工验收并交房，商品房实际开发成本为 2 350 万元。企业于当月确认商品房销售收入，并办理土地增值税清算，应交土地增值税 270 万元，已预缴土地增值税 89 万元。要求：作出下列账务处理：

（1）收到商品房预售收入，预缴增值税的会计分录。

（2）商品房办理竣工验收时，按实际成本结转开发成本的会计分录。

（3）商品房移交时，确认商品房销售收入的会计分录。

（4）月末，结转商品房销售成本的会计分录。

（5）清算土地增值税的会计分录。

（6）清算后补缴土地增值税时的会计分录。

3. 王丽是某房地产开发公司新招聘的财务人员，企业财务主管为了让其尽快地熟悉公司业务，让其对以前期间的经济业务进行整理，王丽在阅读和整理的过程中，对以下交易或事项的会计处理提出疑问。

（1）2×21 年 8 月 12 日，企业用银行存款支付征地拆迁费 5 000 000 元，承包设计费 2 750 000 元，用于建设商品房。企业进行如下会计处理：

借：开发成本——房屋开发——土地费用　　　　　　　　　　　　　　5 000 000
　　开发成本——房屋开发——前期工程费　　　　　　　　　　　　　2 750 000
　　贷：银行存款　　　　　　　　　　　　　　　　　　　　　　　　　　7 750 000

（2）2×21 年 8 月 31 日，企业开发建设的商品房住宅小区中，配套设施锅炉房已经竣工，锅炉房是与房屋同步建设的，结转的实际成本为 2 055 600 元。企业进行如下会计处理：

借：库存商品——已完工开发产品——配套设施　　　　　　　　　　2 055 600
　　贷：开发成本——配套设施费——锅炉房　　　　　　　　　　　　　　2 055 600

（3）2×21 年 9 月 12 日，支付印花税 5 000 元。企业进行如下会计处理：

借：管理费用　　　　　　　　　　　　　　　　　　　　　　　　　　5 000
　　贷：银行存款　　　　　　　　　　　　　　　　　　　　　　　　　　5 000

（4）2×21 年 9 月 20 日，购置一宗 20 万平方米的土地使用权，支付耕地占用税税额为 40 元/平方米。企业进行如下会计处理：

借：管理费用　　　　　　　　　　　　　　　　　　　　　　　　　　8 000 000
　　贷：银行存款　　　　　　　　　　　　　　　　　　　　　　　　　　8 000 000

请问：如果你是王丽，根据上述资料，你认为企业的处理是否正确？如果不正确，请编制正确的分录。

4. A 房地产开发公司 2×21 年度各损益类账户的发生额如下：

主营业务收入 400 000 万元，其他业务收入 200 000 万元，公允价值变动净收益 50 000 万元，营业外收入 35 000 万元；主营业务成本 20 000 万元，其他业务成本 15 000 万元,税金及附加 10 000 万元,销售费用 42 000 万元;管理费用 18 000 万元,财务费用 10 000 万元,资产减值损失 12 000 万元,投资净损失 13 000 万元,营业外支出 20 000 万元。

2×21 年度按净利润的 10% 提取法定盈余公积,按净利润的 5% 提取任意盈余公积,向股东分派现金股利 25 000 万元,同时分派面值 1 元的股票股利 12 000 万元。

假设不考虑其他因素,要求:

(1) 将企业本年损益类账户结转至"本年利润"账户。

(2) 假设不考虑其他因素,计算企业的所得税费用,做出计提和结转所得税费用的分录(所得税税率为 25%)。

(3) 编制结转净利润的会计分录。

(4) 编制提取法定盈余公积和任意盈余公积的会计分录。

(5) 编制宣告向股东分配现金股利会计分录。

(6) 编制实际分配股票股利的会计分录。

(7) 编制结转"利润分配"其他明细科目的会计分录。

模 拟 试 题 (二)

| 得分 | | 一、单项选择题(本大题共 10 小题,每小题 1 分,共 10 分) |

1	2	3	4	5	6	7	8	9	10

1. 下列凭证中,哪些不需要缴纳印花税(　　)。

A. 营业账簿
B. 权利许可证照
C. 房屋租赁合同
D. 股权投资合同

2. 假定城镇土地使用税每平方米税额为 5 元,下列中处理正确的是(　　)。

A. 村民李某在本村开的旅社占地 2 000 平方米,应纳税额 10 000 元

B. 北京市法院占用的土地面积为 40 000 平方米,应纳税额 200 000 元

C. 化工厂厂区内绿化用地 800 平方米,应纳税额 4 000 元

D. 高校后勤实体占地 1 000 平方米,应纳税额 5 000 元

3. 房地产开发企业代委托单位开发的下列工程,应通过"开发成本——代建工程开发成本"账户进行核算的是(　　)。

A. 为销售而临时出租的商品房
B. 开发小区内建设的会所
C. 为销售而开发建设的商品房
D. 市政建设工程

4. 房地产开发企业建造完成的周转房在改变用途对外销售时应在(　　)会计科目中核算。

A. "其他应付款"
B. "其他应收款"
C. "预收账款"
D. "主营业务收入"

5. 某企业对投资性房地产采用公允价值模式计量。该企业将一项自用房地产转换为投资性房地产,转换日的公允价值为 1 600 万元。该项房地产账面原价为 3 000 万元,截至转换日的累计折旧为 800 万元,已计提的减值准备为 500 万元。转换日该投资性房地产的入账价值为(   )万元。

    A. 1 600   B. 1 700   C. 2 200   D. 3 000

6. 房地产开发企业转让与销售阶段,不会涉及下列(   )税费。

    A. 增值税   B. 印花税   C. 契税   D. 土地增值税

7. 下列各项中,不通过营业外支出核算的是(   )。

    A. 非流动资产处置损失   B. 盘亏损失

    C. 债务重组损失   D. 广告费支出

8. 下列各项中,不应列入利润表"税金及附加"项目的是(   )。

    A. 增值税   B. 城市维护建设税

    C. 教育费附加   D. 印花税

9. 下列各项中,不属于房地产开发企业资产负债表中"货币资金"项目的是(   )。

    A. 商业承兑汇票   B. 银行结算户存款

    C. 信用卡存款   D. 外埠存款

10. 某房地产开发企业开发甲土地用于 A 商品房和 B 商品房的建设,本月发生土地征用及拆迁补偿费 120 万元,前期工程费 12 万元,基础设施费 48 万元,开发间接费 5 万元,A 商品房占 60% 的土地面积,B 商品房占 40% 的土地面积,则 A 商品房本月应负担的土地开发成本为(   )元。

    A. 1 110 000   B. 740 000   C. 720 000   D. 1 080 000

得分	

二、多项选择题(本大题共 5 小题,每小题 2 分,共 10 分)

1	2	3	4	5

1. 房地产开发企业在筹建期间内发生的下列费用应计入管理费用的有(   )。

    A. 业务招待费   B. 借款费用

    C. 购买办公用品   D. 广告费

2. 城镇土地使用税的征税范围,包括(   )。

    A. 在县城国有土地   B. 在建制镇上的集体土地

    C. 在工矿区的国有土地   D. 在农村的集体土地

3. 房地产企业的成本项目主要包括(   )。

    A. 土地征用及拆迁补偿费   B. 前期工程费

    C. 建筑安装工程费   D. 基础设施费

4. 下列房地产开发企业的销售业务应记入"其他业务收入"账户的有(   )。

    A. 住宅用地配套的幼儿园   B. 配套车库

    C. 未用完的工程材料   D. 周转房出租

5. 对投资性房地产的后续计量,下列说法中不正确的有(   )。

A. 企业只能采用成本模式对投资性房地产进行后续计量

B. 企业通常应当采用成本模式对投资性房地产进行后续计量，也可采用公允价值模式对投资性房地产进行后续计量

C. 同一企业对不同的投资性房地产应该采用相同的计量模式

D. 企业选择采用公允价值模式对投资性房地产进行后续计量的，以后期间也可采用成本模式对投资性房地产进行后续计量

得分		**三、判断题**(本大题共 5 小题,每小题 1 分,共 5 分)

1	2	3	4	5

1. 房地产开发企业缴纳印花税,应记入"管理费用"账户。 （ ）

2. 纳税人使用的土地不属于同一省、自治区、直辖市管辖的,纳税人跨地区使用的土地,其纳税地点由各省、自治区、直辖市地方税务局确定。 （ ）

3. 开发项目或单项工程施工工期在 12 个月以上,或者工程承包合同价值较小的,工程价款可以实行每月月中预支、竣工后一次结算。 （ ）

4. 物业管理方案尚未落实的不得进行商品房现售。 （ ）

5. 企业通过经营租赁方式租入的建筑物再出租的不属于投资性房地产的范围。

（ ）

得分		**四、简答题**(本大题共 2 小题,每小题 10 分,共 20 分)

1. 简述房地产开发企业的房屋开发成本核算对象分为哪几类。

2. 简述"营改增"后房地产开发企业(一般纳税人)销售自行开发的房地产项目增值税的有关规定。

得分		**五、账务处理题**(本大题共 4 小题,第 1、2、3 小题每小题 13 分,第 4 小题 16 分,共 55 分)

1. 2×21 年 9 月,某房地产开发公司根据建设规划要求,在开发小区内负责建设一个商场和一座锅炉房。上述设施均发包给施工企业施工,其中商场建成后有偿转让给商业部门。锅炉房的开发支出按规定计入有关开发产品的成本。上述配套设施发生的有关支出如下:

(1) 该公司开发本小区共支付土地出让金 2 200 000 元。

(2) 用银行存款支付设计单位设计费 500 000 元,其中商场设计费 300 000 元,锅炉房的设计费 200 000 元。

(3) 根据工程结算单,应付施工单位基础设施工程款 800 800 元,其中商场的工程款为 600 000 元,锅炉房的工程款是 200 800 元。

(4) 根据分配标准,假设由商场分担的开发间接费用是 90 000 元,由于锅炉房不能有偿转让,因此不用分摊开发间接费。

(5) 锅炉房竣工时,总成本达到 400 800 元,按照一定的标准,分摊到商品房上是 200 800 元,分摊到商场是 200 000 元。

要求:作出上述的会计分录。

2. 2×20 年 6 月 1 日,某市南方房地产开发股份公司与北定公司达成租赁协议,约定将购入的一栋可用于办公的写字楼租赁给北定公司使用,租期自 10 月 1 日开始,租赁期为 5 年,不含税年租金为 120 000 元。

(1) 2×20 年 10 月 1 日,南方房地产开发公司购入写字楼,取得增值税专用发票注明的价款为 10 000 000 元,增值税税额为 900 000 元。南方房地产开发公司采用公允价值模式对该项出租的房地产进行后续计量。

(2) 2×20 年 10 月 1 日,写字楼开始对外出租,当日收到北定公司预付租金为 20 000 元。

(3) 2×20 年 12 月 31 日,该写字楼的公允价值为 12 000 000 元。

(4) 2×21 年 12 月 31 日,该写字楼的公允价值为 13 000 000 元。

要求编制以下会计分录:

(1) 2×20 年 10 月 1 日,购入写字楼的会计分录。

(2) 2×20 年 10 月 1 日,预收租金的会计分录。

(3) 2×20 年 12 月末,确认本年租金收入的会计分录。

(4) 2×20 年 12 月末,确认与上述租金收入相关的附加税费的会计分录。

(5) 2×20 年 12 月 31 日,确认公允价值变动的会计分录。

(6) 2×21 年 12 月 31 日,确认公允价值变动的会计分录。

3. 某房地产开发公司 2×21 年发生如下业务:

(1) 1 月 1 日,开发的"碧海蓝天"项目开始收取有购买意向客户的诚意金,诚意金为每套商品房 1 万元,当月共收取诚意金 1 700 万元。该项目预计在 2×21 年 3 月份取得商品房预售许可证,并计划于取得预售许可证后马上开盘销售。

(2) 3 月 1 日开发的"碧海蓝天"项目正式开盘销售时,当日退还诚意金 200 万元,有部分诚意金客户签订了商品房认购协议书,这部分客户原交付的 1 500 元诚意金转为商品房销售定金。

(3) 10 月 1 日,开发另一项目"海上明珠"共收到销售定金 9 000 万元。

(4) 10 月 18 日,"海上明珠"项目与部分客户签订了商品房预售合同,该部分客户的定金为 4 992.2 万元。

(5) 10 月 25 日,"海上明珠"项目正式开盘销售,收到预售款 5 450 万元。该项目按一般计税方法计算,适用税率 9%。

要求:

(1) 编制 1 月 1 日收取诚意金时的会计分录。

(2) 编制 3 月 1 日诚意金转为商品房销售定金的会计分录。

(3) 编制 10 月 1 日收到销售定金的会计分录。

(4) 编制 10 月 18 日销售定金转为销售款的会计分录。

(5) 编制 10 月 25 日收到预售款的会计分录。

(6) 编制 11 月预缴增值税时的会计分录。

4. 某房地产开发公司 2×21 年有关数据如下(单位:万元)。

(1) 12 月 31 日有关账户数据如下表所示。

科目名称	借方余额	贷方余额	科目名称	借方余额	贷方余额
库存现金	60 000		应收账款——A	20 000	
银行存款	130 000		应收账款——B		70 000
其他货币资金	70 000		预收账款——C	30 000	
原材料	100 000		预收账款——D		50 000
周转房	400 000		应付账款——甲		60 000
开发产品	5 000 000		应付账款——乙	30 000	
开发成本	200 000		预付账款——丙	10 000	
存货跌价准备		100 000	预付账款——丁		40 000

（2）2×21年度结账前，有关损益类账户的本期发生额如下表所示。

科目名称	借方发生额	贷方发生额
主营业务收入		50 000
其他业务收入		2 000
主营业务成本	30 000	
其他业务成本	1 000	
税金及附加	800	
销售费用	4 800	
管理费用	5 200	
财务费用	1 660	
资产减值损失	1 240	
投资收益	300	
营业外收入		2 000
营业外支出	1 000	
所得税费用	2 000	

要求：

（1）填写资产负债表相应项目的期末余额。

项目名称	期末余额
货币资金	
存　货	
应收账款	
预付款项	
应付账款	
预收款项	

（2）填写利润表相应项目的本期金额。

项目名称	本期金额
营业收入	
营业成本	
营业利润	
利润总额	
净利润	

练习题参考答案

第1章 总 论

一、单项选择题

1	2	3	4	5
B	C	A	D	C

【解释】

第5题:土地增值税是对有偿转让国有土地使用权及地上建筑物和其他附着物产权,取得增值收入的单位和个人征收的一种税,所以房地产开发企业房屋持有阶段不涉及土地增值税,因此选择C。

二、多项选择题

1	2	3	4	5
ABCD	ABCD	ABCD	ABCD	ABD

【解释】

第5题:在转让房地产权属时,转让方主要涉及增值税、城市维护建设税、教育费附加、地方教育费附加、印花税、土地增值税、城镇土地使用税、企业所得税,而受让方主要涉及印花税、契税等,而房地产开发企业属于转让方,因此选择ABDE。

三、判断题

1	2	3	4	5
√	×	×	×	√

四、简答题

1. 房地产开发企业的经营特点为:

①开发经营的计划性;②开发产品的商品性;③开发经营业务的复杂性;④开发建设周期长,投资数额大;⑤经营风险大;⑥房地产商品的保值、增值性。

2. 房地产开发企业会计的任务是:

(1)向管理者和投资者反映企业开发经营活动和开发经营成果的会计信息,满足国家宏观经济管理的要求和企业投资者进行决策的需要。

(2)反映和监督财产物资保管、使用情况,不断降低开发成本,节约使用资金。

(3)核算和监督企业对财经政策、法令、制度的执行情况,维护财经纪律,保护企业财产安全、完整。

3. 房地产开发企业会计的核算特点为:

(1)存货核算的特殊性:房地产开发企业的土地使用权作为存货核算的;存货的借款费用可以进行资本化。

(2)预收账款核算的特殊性:房地产开发企业大多实行商品房预售制度,由于开发产品尚未完工,即使开发产品已预售完毕,其预售款项也只能计入预收账款,一般房地产开发企业在符合收入确认条件前无法确认为收入,所以预收账款余额比较大。

（3）收入核算的特殊性：收入多样且收入确认时点具有特殊性；各期收入存在很大的波动性，一般而言，房地产投资建设的初期往往面临资金投入大而收入较少的现象，但在建设后期资金投入相对较少而收入大量增加。

（4）房地产开发企业的产品售价与其成本不匹配。

（5）成本核算的特殊性：存在核算时间跨度长、开发产品的成本组成不同、各步骤之间的成本不能明确区分、不同项目核算差异大、滚动开发核算难度大等特点。

第2章　企业设立阶段的税务与会计处理

一、单项选择题

1	2	3	4	5
C	A	B	D	A

【解释】

第4题：依据财会〔2016〕22号文规定，全面试行"营业税改征增值税"后，"营业税金及附加"账户名称调整为"税金及附加"账户，该账户核算企业经营活动发生的消费税、城市维护建设税、资源税、教育费附加及房产税、城镇土地使用税、车船税、印花税等相关税费。

需要提醒的是，之前是在"管理费用"账户中列支的"四小税"（房产税、土地使用税、车船税、印花税），本次也同步调整到"税金及附加"账户。

二、多项选择题

1	2	3	4	5
ABD	ABCD	ABCD	ABC	ACD

【解释】

第2题：我国契税的征税范围可以概括为两大类：一是国有土地使用权的出让、转让、出售、赠予和交换，二是房屋的买卖、交换、投资和赠予。

因此选择ABCD。

三、判断题

1	2	3	4	5
×	√	×	×	√

四、简答题

1. 首先，应先满足《公司法》相关规定，设立公司。

其次，根据《城市房地产管理法》，设立房地产开发企业应当具备下列条件：

（1）有自己的名称和组织机构。

（2）有固定的经营场所。

（3）有符合国务院规定的注册资本。

（4）有足够的专业技术人员。

（5）法律行政法规规定的其他条件。

再次，根据《城市房地产开发经营管理条例》，设立房地产开发企业，除应当符合有关法律、行政法规规定的企业设立条件外，还应当具备下列条件：

（1）有100万元以上的注册资本。

（2）有4名以上持有资格证书的房地产专业、建筑工程专业的专职技术人员，2名以上持有资格证书的专职会计人员。省、自治区、直辖市人民政府可以根据本地的实际情况,对设立房地产开发企业的注册资本和专业技术人员的条件作出高于前款的规定。中国人民银行制定的《银行账户管理办法》规定,一个企业可以根据需要在银行开立四种账户,包括基本存款账户、一般存款账户、临时存款账户和专用存款账户。

2. 房地产开发企业在设立阶段会取得营业执照等权利许可证照,按照企业会计准则和企业会计制度的规定以及企业经营特点建立会计账簿的同时,就要根据税法的规定和企业发生的交易活动办理纳税事项。如果企业获取了非货币性财产出资,那么在企业设立阶段也有可能要缴纳契税、房产税、车船使用税、土地使用税等,但是企业投资人是货币性出资时,企业在设立环节需要缴纳的主要是印花税。如果房地产开发企业接受出资者以土地使用权或者房产等不动产出资,还会涉及契税。

五、业务题

1. (1) 应纳契税税额＝6 500×4％＝260(万元)

借：开发成本 2 600 000
　贷：银行存款 2 600 000

(2) 出资环节:记载资金的账簿应纳印花税税额＝10 000×0.5‰×50％＝2.5(万元)

借：税金及附加 25 000
　贷：银行存款 25 000

2. (1) 4月4日,工商登记手续办理完毕后,依据银行进账单回单。

借：银行存款——工商银行(验资户) 5 000 000
　贷：实收资本——美林投资公司 3 000 000
　　　　　　——尚美管理咨询公司 2 000 000

(2) 5月20日,乐意家具办妥产权转移手续。

借：开发成本——土地征用及拆迁补偿费——土地出让费 5 000 000
　贷：实收资本——乐意家具公司 5 000 000

第3章　获取土地阶段的税务与会计处理

一、单项选择题

1	2	3	4	5	6	7	8	9	10
D	C	B	B	A	D	C	A	C	C

【解释】

第2题:城市规划区内的集体所有制土地需经征为国有土地后方可出让,因此选择C。

第5题:建设用地使用权出让合同的出让人是特定的,必须是市、县人民政府土地管理部门,因此选择A。

第8题:协议出让的程序。省、自治区、直辖市人民政府土地管理部门会同有关部门拟定协议出让最低价,报同级人民政府批准后下达,市、县人民政府土地管理部门执行,因此选A。

二、多项选择题

1	2	3	4	5
ACD	ABD	AD	ABC	ACD

第3题:工业企业仓库用地应当正常纳税。对于各类危险品仓库、厂房所需的防火、防爆、防毒等安全防范用地,可由各省、自治区、直辖市地方税务局确定,暂免征收城镇土地使用税,因此选AD。

三、判断题

1	2	3	4	5
×	√	√	×	×

四、简答题

土地使用权招、拍、挂的程序如下：

（1）市、县人民政府土地行政主管部门至少在公开招标、拍卖或挂牌日前 20 日发布公告，列明该幅土地的基本情况、投标人及竞买人的资格要求、确定中标人或竞得人的方法和标准以及投标保证金等条件。

（2）出让人须对投标申请人及竞买申请人进行资格审查，须通知符合公告规定条件者参加公开招标、拍卖或挂牌出让活动。

（3）以公开招标、拍卖或挂牌方式确定中标人或竞得人后，出让人须与中标人或竞得人签订成交确认书。出让人退还其他申请人的保证金。

（4）出让人与中标人或竞得人须于确认书所规定时间及地点签订国有土地使用权出让合同。中标人或竞得人支付的投标保证金会视为部分国有土地使用权出让金。

（5）中标人或竞得人付清全部出让金后，须依法申请办理土地登记。市、县级或以上人民政府会发出国有土地使用权证。

五、业务题

1. 应纳税额＝1 200 000×3％＝36 000（元）

会计分录：

借：无形资产——土地使用权 　　　　　　　　　　　　36 000
　贷：银行存款 　　　　　　　　　　　　　　　　　　　　36 000

2. 应纳税额＝600 000×4％＝24 000（元）

会计分录：

借：管理费用 　　　　　　　　　　　　　　　　　　24 000
　贷：银行存款 　　　　　　　　　　　　　　　　　　　　24 000

3. 该企业应纳城镇土地使用税＝(3 000－1 000)×6 元×10 个月/12 个月＝10 000（元）。

解析：房地产开发公司开发建造商品房的用地，除经批准开发建设经济适用房的用地外，对各类房地产开发用地一律不得减免城镇土地使用税，新征用的耕地，纳税义务发生时间为批准使用之日起满一年时。以出让或转让方式有偿取得土地使用权的，应由受让方从合同约定交付土地时间的次月起缴纳城镇土地使用税；合同未约定交付土地时间的，由受让方从合同签订的次月起缴纳城镇土地使用税。

六、案例题

（1）支付土地出让金时，依据财政部门开具的土地使用权出让金专用票据和银行转款手续，致远地产公司应进行的会计处理为：

借：开发成本——土地征用及拆迁补偿费 　　　　　　　40 000 000
　贷：银行存款 　　　　　　　　　　　　　　　　　　　　40 000 000

（2）应缴纳的契税为：

$$4\,000×3％＝120（万元）$$

依据契税完税凭证和付款证明，致远地产公司应进行的会计处理为：

借：开发成本——土地征用及拆迁补偿费 　　　　　　　1 200 000
　贷：银行存款 　　　　　　　　　　　　　　　　　　　　1 200 000

（3）应缴纳的耕地占用税为：

$$100×666.67×30＝200（万元）$$

依据耕地占用税完税凭证和付款证明，致远地产公司应进行的会计处理为：

借：开发成本——土地征用及拆迁补偿费　　　　　　　　　　　　　2 000 000

　贷：银行存款　　　　　　　　　　　　　　　　　　　　　　　　　　2 000 000

（4）签订土地使用权出让合同，应缴纳的印花税为：

$$4 000×0.5‰＝2（万元）$$

缴纳印花税时，依据印花税凭证和付款证明，致远地产公司应进行的会计处理为：

借：税金及附加　　　　　　　　　　　　　　　　　　　　　　　　　　20 000

　贷：银行存款　　　　　　　　　　　　　　　　　　　　　　　　　　20 000

第4章　开发建设阶段的税务与会计处理

一、单项选择题

1	2	3	4	5
A	A	D	D	A

【解释】

第1题：现行会计制度中设置的"开发成本——土地开发成本"账户，它的核算的内容是企业开发各种商品性土地所发生的支出，因此选 A。

二、多项选择题

1	2	3	4	5	6	7	8	9	10
ABCD	ABCD	ABD	BCD	ABC	ABCD	ABC	ABC	ABCD	ABCD

【解释】

第4题：房地产开发企业在取得增值税专用发票时，准予从销项税额中抵扣的进项税额，应至少同时具备以下条件：

（1）发生允许从销项税额中抵扣进项税额的购进行为。

（2）取得合法有效的增值税扣税凭证。

（3）只有应税行为的代扣代缴税款可以凭完税凭证抵扣，且需要具备书面合同、付款证明和境外单位的对账单或者发票。否则，进项税额不得从销项税额中抵扣。A项应该是取得增值税专用发票，故 A 错误。因此选择 BCD。

第5题：D中的物业完善费的增值税可抵扣税率为 6％，因此 D 项错，应选择 ABC。

第6题：房地产开发企业固定资产增加的渠道有以下几个方面：

（1）企业购入的固定资产。

（2）企业自行建造完工的固定资产。

（3）投资人投资转入的固定资产。

（4）融资租入的固定资产。

（5）对原有固定资产进行改、扩建形成的固定资产。

（6）接受抵债取得的固定资产。

（7）非货币性资产交换换入的固定资产。

（8）接受捐赠的固定资产。

（9）盘盈的固定资产。因此选择 ABCD。

第 7 题：职工薪酬主要包括短期薪酬、离职后福利、辞退福利和其他长期职工福利。

短期薪酬，是指企业在职工提供相关服务的年度报告期间结束后 12 个月内需要全部予以支付的职工薪酬，因解除与职工的劳动关系给予的补偿除外。短期薪酬具体包括：①职工工资、奖金、津贴和补贴；②职工福利费；③社会保险费；④住房公积金；⑤工会经费；⑥职工教育经费；⑦短期带薪缺勤；⑧短期利润分享计划；⑨非货币性福利；⑩其他短期薪酬。D 项不属于短期薪酬。因此选择 ABC。

第 8 题：D 中的管理费用属于房地产开发企业的期间费用，因此 D 项错，应选择 ABC。

三、判断题

1	2	3	4	5
√	√	×	×	√

第 3 题：《国有土地使用证》是经土地使用者申请，城市各级人民政府依法核发的，证明土地使用者使用国有土地的法律凭证。是经城市各级人民政府，而不是土地管理部门，因此错误。

第 4 题：《建设工程施工许可证》是建筑施工单位符合各种施工条件、允许开工的批准文件，是建设单位进行工程施工的法律凭证，也是房屋权属登记的主要依据之一。申请前的准备工作及需要办理的条件：建设资金已经落实，工期不足 1 年的，到位资金不得少于工程合同价款的 50%；工期超过 1 年的，到位资金不得少于工程合同价款的 30%。

第 6 题：竣工一次结算。开发项目或单项工程施工工期在 12 个月以内，或者工程承包合同价值较小的，可以实行工程价款每月月中预支、竣工后一次结算。

四、简答题

1. 成本、费用开支范围，是指国家对企业发生的支出，允许其在成本、费用中列支的范围。房地产开发企业与开发经营有关的支出，都应当按照规定计入企业的成本、费用，按是否计入开发产品成本可以分为构成开发产品成本的产品成本和不构成开发产品的成本的期间费用两大类。其中开发产品成本包括土地费用、前期工程费、建筑安装工程费、基础设施建设费、配套设施费以及开发间接费用；期间费用包括管理费用、财务费用和销售费用。根据企业会计准则规定，房地产开发企业的下列支出，不得列入产品成本。

（1）资本性支出。资本性支出，如房地产开发企业为购置和建造投资性房地产、固定资产、无形资产、和其他长期资产而发生的支出。这些支出为企业带来的效益涵盖若干个会计期间，在财务上不能一次列入产品成本，只能按期逐月摊入成本、费用。

（2）投资性支出。投资性支出，如房地产开发企业购买交易性金融资产、持有至到期投资、可供出售金融资产和长期股权投资等方面对外投资的支出以及分配给投资者的现金股利和利润支出。

（3）期间费用支出。期间费用支出，如房地产开发企业的管理费用、财务费用和销售费用。这些费用与房地产开发企业生产活动没有直接联系，发生后直接计入当期损益。

（4）营业外支出。营业外支出，如房地产开发企业发生的固定资产盘盈；处理固定资产、无形资产的净损失；债务重组损失；企业被没收的财物、支付的滞纳金、罚款、违约金、赔偿金等支出；公益性捐赠支出；非常损失等。这些支出与房地产开发企业的日常生产经营没有直接的关系，应该冲减本年利润。

2. 开发成本核算的基本程序，是指房地产开发企业根据成本管理和核算的基本要求，对开发成本进行分类核算，对发生的各项要素费用按照经济用途进行归类时所应遵循的一般顺序和步骤。房地产开发企业在进行开发成本核算时，对开发生产经营过程中发生的各项费用，首先按照生产费用的用途和发生的地点进行归集，对于能够分清受益对象的直接费用，可以直接计入各受益的成本核算对象；对于不能分清受益对象的间接费用，则需要先按发生地点进行归集汇总，然后再按照一定的方法分配计入各受益的成本核算对象。房地产开发企业生产费用核算的基本程序如下：

（1）确定成本核算对象。确定成本核算对象。根据成本核算对象的确定原则和项目特点,确定成本核算对象。

（2）归集开发成本。归集开发成本。设置有关成本核算会计科目及账户,建立成本核算台账,核算和归集开发成本。

（3）确定成本分配方法。确定成本分配方法。按照受益原则,确定应分配的成本费用在各成本核算对象之间的分配方法和标准。

（4）在成本核算对象之间分配成本。在成本核算对象之间分配成本。将归集的开发成本费用按确定的方法和标准在各成本核算对象之间进行分配。

（5）计算各成本核算对象的开发总成本。计算各成本核算对象的开发总成本。编制项目开发成本计算表,计算各成本核算对象的开发总成本。

（6）结转完工开发产品成本。结转完工开发产品成本。正确划分已完工和在建开发产品之间的开发成本,分别结转完工开发产品成本。

五、业务题

（1）用银行存款支付征地拆迁费时,中国琴岛房地产开发公司作如下会计分录。

借：开发成本——配套设施开发成本——土地征用及拆迁补偿费　　　130 000
　　贷：银行存款　　　130 000

（2）用银行存款支付设计单位前期工程款时,中国琴岛房地产开发公司作如下会计分录。

借：开发成本——配套设施开发成本——前期工程款　　　395 000
　　贷：银行存款　　　395 000

（3）将应付施工企业基础设施工程款和建筑安装工程款入账时,中国琴岛房地产开发公司作如下会计分录。

借：开发成本——配套设施开发成本——基础设施及建筑安装　　　740 000
　　贷：应付账款——应付工程费　　　740 000

（4）分配应计入商店配套设施开发成本的锅炉房设施支出时,中国琴岛房地产开发公司作如下会计分录。

借：开发成本——配套设施开发成本——商店　　　65 000
　　贷：开发成本——配套设施开发成本——锅炉房　　　65 000

（5）分配应计入商店配套设施开发成本的开发间接费用时,中国琴岛房地产开发公司作如下会计分录。

借：开发成本或生产成本——配套设施开发成本——商店　　　55 000
　　贷：开发间接费用　　　55 000

（6）由于幼儿园设施在商品房等完工出售、出租时尚未完工,为了及时结转完工的商品房等成本,应先将幼儿园设施配套设施费预提计入商品房等的开发成本。所以预提应由商店配套设施开发成本负担的幼儿园设施支出时,应作如下会计分录。

借：开发成本或生产成本——配套设施开发成本——商店　　　32 000
　　贷：预提费用——预提配套设施费　　　32 000

六、案例题

（1）中国琴岛房地产开发公司编制如下会计分录。

借：开发成本——房屋开发——土地征用及拆迁补偿（商品房 A）　　　2 000 000
　　　开发成本——房屋开发——土地征用及拆迁补偿（商品房 B）　　　900 000
　　贷：银行存款　　　2 900 000

(2) 中国琴岛房地产开发公司编制如下会计分录。

借：开发成本——房屋开发——前期工程费（商品房 A）	700 000
开发成本——房屋开发——前期工程费（商品房 B）	200 000
开发成本——房屋开发——前期工程费（周转房）	150 000
贷：银行存款	1 050 000

(3) 中国琴岛房地产开发公司编制如下会计分录。

借：开发成本——房屋开发——基础设施费（商品房 A）	400 000
开发成本——房屋开发——基础设施费（商品房 B）	200 000
开发成本——房屋开发——基础设施费（周转房）	100 000
贷：银行存款	700 000

(4) 中国琴岛房地产开发公司编制如下会计分录。

借：开发成本——房屋开发——建筑安装工程费（商品房 A）	3 000 000
开发成本——房屋开发——建筑安装工程费（商品房 B）	1 500 000
开发成本——房屋开发——建筑安装工程费（周转房）	600 000
贷：应付账款——应付工程款——甲承包施工企业	5 100 000

(5) 中国琴岛房地产开发公司编制如下会计分录。

借：开发成本——房屋开发——公共配套设施费（商品房 A）	400 000
开发成本——房屋开发——公共配套设施费（商品房 B）	200 000
开发成本——房屋开发——公共配套设施费（周转房）	60 000
贷：开发成本——配套设施开发——水塔	660 000

(6) 中国琴岛房地产开发公司编制如下会计分录。

借：开发成本——房屋开发——开发间接费用（商品房 A）	100 000
开发成本——房屋开发——开发间接费用（商品房 B）	50 000
开发成本——房屋开发——开发间接费用（周转房）	20 000
贷：开发间接费用	170 000

第 5 章　转让及销售阶段的税务与会计处理

一、单项选择题

1	2	3	4	5
A	C	A	B	A

【解释】

第 2 题：可扣除项目＝1 200＋40＋35＝1 275（万元），增值额＝1 800－1 275＝525（万元），增值率＝525÷1 275×100％＝41.18％，土地增值税＝525×30％＝157.5（万元），因此选择 C。

第 4 题：企业销售位于地级市城区及郊区的开发项目，未完工开发产品的计税毛利率由各省、自治、直辖市国家税务局、地方税务局按不得低于 10％确定。

二、多项选择题

1	2	3	4	5
BCD	ABC	AC	AC	AC

三、判断题

1	2	3	4	5
×	√	×	√	√

四、简答题

1. 土地增值税的征税范围：

（1）以房地产投资、联营的，凡所投资、联营的企业从事房地产开发的。

（2）房地产开发企业以其建造的商品房进行投资和联营的。

（3）投资联营企业将投资联营房地产再转让的。

（4）合作建房建成后转让的，包括合作建房单位之间的转让。

（5）房地产抵押的抵押期满不能偿还债务，以房抵债的征。

（6）非个人之间房地产转让、置换。

2. 房地产开发企业商品房销售收入的确认条件：

（1）工程已经竣工，并且验收合格，符合销售合同约定的交付条件。

（2）已通知购房业主接收房屋，并且将结算账单提交业主，也取得了其认可。

（3）与实测面积相对应的房款已经确定，发票开出，收到价款或确信可以取得价款。

（4）商品房的成本大部分已经实际发生，并且可以合理、可靠计量，少部分建筑成本、公共配套设施成本等支出可以合理预估。

五、业务题

（1）第一年收到预售款时：

借：银行存款 49 050 000
 贷：合同负债 45 000 000
  应交税费——待转销项税额 4 050 000

（2）第一年预缴增值税时：

预缴增值税为＝4 905÷(1＋9％)×3％＝135(万元)

借：应交税费——预交增值税 1 350 000
 贷：银行存款 1 350 000

（3）第一年预缴土地增值税时：

预缴增值税为＝4 905÷(1＋9％)×1.5％＝67.5(万元)

借：应交税费——应交土地增值税 675 000
 贷：银行存款 675 000

（4）第二年确认收入时：

借：合同负债 36 000 000
 应交税费——待转销项税额 3 240 000
 贷：主营业务收入 36 000 000
  应交税费——应交增值税(销项税额) 3 240 000

（5）同时，结转当期应负担的土地增值税：

借：税金及附加 870 000
 贷：应交税费——应交土地增值税 870 000

（6）结转销售成本：

借：主营业务成本 27 000 000

　　贷：开发产品 27 000 000

六、案例题

（1）C项目预售取得房款，需编制如下分录。

借：银行存款 54 500 000

　　贷：合同负债 50 000 000

　　　应交税费——待转销项税额 4 500 000

（2）购入建筑材料入库时，将建安劳务成本计入开发成本，但是由于增值税专用发票未认证，需要通过"待认证进项税额"科目进行过渡，需编制如下分录。

借：原材料 10 000 000

　　开发成本 100 000 000

　　应交税费——待认证进项税额 11 600 000

　　贷：银行存款 111 600 000

（3）2×21年6月，纳税申报期内填写《增值税预缴税款表》，C项目预缴增值税。并在填写增值税纳税申报表前，对取得的发票进行勾选确认。

① 预缴增值税为＝5 450÷(1+9%)×3%＝150(万元)

借：应交税费——预交增值税 1 500 000

　　贷：银行存款 1 500 000

② 对取得的发票进行勾选确认，需编制如下分录：

借：应交税费——应交增值税（进项税额） 11 600 000

　　贷：应交税费——待认证进项税额 11 600 000

（4）2×21年7月，C项目完工并交房取得后续房款32 700万元，C项目土地出让金收据上显示的金额为11 000万元。D项目满足预售条件，取得预售房款33 790万元。

① C项目完工并交房，需要对预收房款5 450万元和后续房款32 700万元确认收入并缴纳增值税。

应纳增值税为＝(5 450+32 700)÷(1+9%)×9%＝3 150(万元)

借：合同负债 50 000 000

　　银行存款 327 000 000

　　应交税费——待转销项税额 4 500 000

　　贷：主营业务收入 350 000 000

　　　应交税费——应交增值税（销项税额） 31 500 000

② C项目土地出让金扣减销售额的会计处理如下：

扣减销售额＝11 990÷(1+9%)×9%＝990(万元)

借：应交税费——应交增值税（销项税额抵减） 9 900 000

　　贷：主营业务成本 9 900 000

③ D项目取得预售房款33 790万元，需编制如下分录：

借：银行存款 337 900 000

　　贷：合同负债 310 000 000

　　　应交税费——待转销项税额 27 900 000

④ 纳税义务发生时，可将之前预缴的增值税结转至未交增值税，需编制如下分录：

借：应交税费——未交增值税   1 500 000

  贷：应交税费——预交增值税   1 500 000

⑤ 2×21 年 7 月末转出未交增值税的会计处理，需编制如下分录：

$$未交增值税＝3\ 150－990－1\ 160＝1\ 000（万元）$$

借：应交税费——应交增值税（转出未交增值税）   10 000 000

  贷：应交税费——未交增值税   10 000 000

则 2×21 年 7 月未交增值税科目余额为 850 万元。

（5）2×21 年 8 月，纳税申报期填写"增值税预缴税款表"，为 D 项目预缴增值税。

需作如下分录：

$$预缴增值税为＝33\ 790÷(1＋9\%)×3\%＝930（万元）$$

借：应交税费——预交增值税   9 300 000

  贷：银行存款   9 300 000

根据上述会计处理后，"应交税费——未交增值税"科目贷方余额为 850 万元，表明企业 7 月申报应纳增值税为 850 万元，另外有预交增值税 930 万元。

第 6 章   投资性房地产的税务与会计处理

一、单项选择题

1	2	3	4	5
B	B	D	A	C

【解释】

第 2 题：租赁合同签订过程中的有关费用以及员工差旅费皆不能作为外购投资性房地产的入账价值。外购投资性房地产的成本包括购买价款、相关税费和可直接归属于该资产的其他支出，因此选择 B。

第 4 题：成本模式下投资性房地产需要计提折旧；

$$第四年末减值前投资性房地产账面价值＝2\ 000－(2\ 000－100)×4÷20＝1\ 620$$
$$计提减值后的账面价值＝1\ 620－200＝1\ 420$$

第五年应计提的折旧为＝(1 420－100)÷16＝82.5，因此选择 C。

二、多项选择题

1	2	3	4	5
AD	ACD	ACD	AB	ABD

三、判断题

1	2	3	4	5
√	√	√	×	×

四、简答题

1. 投资性房地产的核算范围如下表所示：

属于投资性房地产的核算范围	不属于投资性房地产的核算范围
1. 已出租的土地使用权	1. 持有并准备增值后转让的房屋建筑物
2. 持有并准备增值后转让的土地使用权	2. 企业计划用于出租但尚未出租的土地使用权
3. 已出租的建筑物	3. 自用房地产
	4. 作为存货的房地产
	5. 经营租入再转租的
	6. 企业拥有并自行经营的旅馆饭店

2. 投资性房地产与自用房的区别如下:

(1) 持有目的不同。投资性房地产的持有目的是未来投资,如出租的土地使用权;长期持有并准备增值后转让的土地使用权;企业拥有并已出租的建筑物。

固定资产的持有目的是为了生产商品、提供劳务、出租(不含投资性房地产)或经营管理而持有的。

(2) 物质形态范围不同。投资性房地产仅包括房地产。

固定资产既包括生产经营办公用房地产,又包括其余如机器设备等为生产商品、提供劳务、出租或经一个管理而持有的,使用寿命超过一个会计期间的资产。

(3) 核算方法不同。投资性房地产可以采用成本模式或公允价值模式核算。

固定资产只能采用成本模式核算。

五、业务题

1. 借:固定资产　　87 000 000

　　贷:投资性房地产——成本　　79 000 000

　　　　　　——公允价值变动　　5 000 000

　　公允价值变动损益　　3 000 000

2. (1) 2×20 年 2 月 5 日,企业开发完成房屋并出租时:

借:投资性房地产——成本　　80 000 000

　　贷:开发成本　　80 000 000

(2) 2×20 年 12 月 31 日,确认公允价值变动损益:

借:投资性房地产——公允价值变动　　3 000 000

　　贷:公允价值变动损益　　3 000 000

(3) 2×21 年 12 月 31 日,确认公允价值变动损益:

借:公允价值变动损益　　1 000 000

　　贷:投资性房地产——公允价值变动　　1 000 000

六、案例题

(1) 2×16 年 12 月 31 日,对外出租:

借:投资性房地产　　2 800

　　累计折旧　　500

　　固定资产减值准备　　300

　　贷:固定资产　　2 800

　　　　投资性房地产累计折旧　　500

　　　　投资性房地产减值准备　　300

(2) 2×17 年 12 月 31 日,收取租金:

借：银行存款 150
　　贷：主营业务收入 150

借：主营业务成本 100
　　贷：投资性房地产累计折旧 100

(3) 2×18 年 12 月 31 日,收取租金:

借：银行存款 150
　　贷：主营业务收入 150

借：主营业务成本 100
　　贷：投资性房地产累计折旧 100

账面价值 1 800 万元,可收回金额 1 710 万元,应计提减值准备 90 万元。

借：资产减值损失 90
　　贷：投资性房地产减值准备 90

(4) 2×19 年 12 月 31 日,收取租金,租赁期满:

借：银行存款 150
　　贷：主营业务收入 150

借：主营业务成本 95
　　贷：投资性房地产累计折旧 95

借：固定资产 2 800
　　投资性房地产累计折旧 795
　　投资性房地产减值准备 390
　　贷：投资性房地产 2 800
　　　累计折旧 795
　　　固定资产减值准备 390

(5) 2×20 年 12 月 31 日,计提固定资产折旧:

借：管理费用 95
　　贷：累计折旧 95

(6) 2×21 年 1 月 5 日,处置固定资产:

2×21 年 1 月 5 日计提折旧＝1 520÷16÷12＝7.92(万元)

借：管理费用 7.92
　　贷：累计折旧 7.92

借：固定资产清理 1 512.08
　　累计折旧 897.92
　　固定资产减值准备 390.00
　　贷：固定资产 2 800.00

借：银行存款 1 520
　　贷：固定资产清理 1 520

借：固定资产清理	7.92
贷：资产处置损益	7.92

第7章　利润形成和分配阶段的会计处理

一、单项选择题

1	2	3	4	5
D	A	A	A	A

【解释】

第5题：年度终了，"本年利润"账户的贷方余额为企业当期实现的净利润，应将其转入"利润分配——未分配利润"账户的贷方。而"利润分配——应付现金股利""利润分配——提取法定盈余公积""利润分配——提取任意盈余公积"账户的余额应转入"利润分配——未分配利润"账户的借方，因此选择A。

二、多项选择题

1	2	3	4	5
ABD	ABC	ABCD	ABC	ABCD

三、判断题

1	2	3	4	5
√	×	√	×	√

四、简答题

1.（1）营业利润。营业利润是指房地产开发企业在一定时期内从事房地产开发等日常经营活动实现的利润，是企业利润的主要组成部分。其计算公式如下：

营业利润＝营业收入－营业成本－税金及附加－销售费用－管理费用－财务费用－信用减值损失
　　　　　－资产减值损失＋公允价值变动收益（－公允价值变动损失）＋投资收益（－投资损失）
　　　　　＋资产处置收益（－资产处置损失）＋其他收益

（2）利润总额。利润总额是指营业利润加上营业外收入，减去营业外支出后的金额。其计算公式如下：

利润总额＝营业利润＋营业外收入－营业外支出

（3）净利润。净利润是指利润总额减去所得税费用后的净额，其计算公式如下：

净利润＝利润总额－所得税费用

2.（1）营业外收入包括：债务重组利得、与企业日常活动无关的政府补助、盘盈利得、捐赠利得等。

（2）营业外支出包括：债务重组损失、公益性捐赠支出、非常损失、盘亏损失、非流动资产毁损报废损失等。

3.房地产开发企业利润分配的顺序如下：

（1）提取法定盈余公积：公司制企业的法定盈余公积按照税后利润的10%的比例提取，公司法定盈余公积累计达到公司注册资本的50%以上时，可不再提取。

（2）提取任意盈余公积。

（3）向投资者分配利润或股利。

可供分配的利润减去应提取的法定盈余公积、任意盈余公积后，为可供投资者分配的利润。可供投资者分配的利润，应按下列顺序分配：①支付优先股股利；②支付普通股股利；③转作股本的股利。

五、业务题

1. （1）营业利润＝4 000＋2 000－2 500－1 000－80－320－280－120－150＋500－100＝1 950(万元)

利润总额＝1 950＋350－200＝2 100(万元)

净利润＝2 100－525＝1 575(万元)

（2）结转损益类科目余额。

借：主营业务收入 4 000
　　其他业务收入 2 000
　　公允价值变动损益 500
　　营业外收入 350
　　贷：本年利润 6 850

借：本年利润 5 275
　　贷：主营业务成本 2 500
　　　　其他业务成本 1 000
　　　　税金及附加 80
　　　　销售费用 320
　　　　管理费用 280
　　　　财务费用 120
　　　　资产减值损失 150
　　　　投资收益 100
　　　　营业外支出 200
　　　　所得税费用 525

（3）结转本期净利润。

借：本年利润 1 575
　　贷：利润分配——未分配利润 1 575

2. （1）提取法定盈余公积和任意盈余公积。

借：利润分配——提取法定盈余公积 78
　　　　　　　——提取任意盈余公积 39
　　贷：盈余公积——法定盈余公积 78
　　　　　　　　　——任意盈余公积 39

（2）① 宣告向股东分配现金股利。

借：利润分配——应付现金股利 250
　　贷：应付股利 250

② 实际分配现金股利。

借：应付股利 250
　　贷：银行存款 250

（3）实际分配股票股利。

借：利润分配——转作股本的股利 120
　　贷：股本 120

（4）结转"利润分配"其他明细科目。

借：利润分配——未分配利润	487
贷：利润分配——提取法定盈余公积	78
——提取任意盈余公积	39
——应付现金股利	250
——转作股本的股利	120

第8章 企业所得税会计

一、单项选择题

1	2	3	4	5
A	A	B	B	C

二、多项选择题

1	2	3	4	5
ABCD	ABCD	ABCD	ABCD	ABCD

三、判断题

1	2	3	4	5
×	×	√	×	√

四、简答题

1. 所得税会计的一般程序：

(1) 按照相关会计准则规定确定资产负债表中除递延所得税资产和递延所得税负债以外的其他资产和负债项目的账面价值。

(2) 按照税收相关法律法规的规定,确定资产负债表中有关资产,负债项目的计税基础。

(3) 比较资产、负债的账面价值与其计税基础,对两者之间存在的差异进行分析,除准则中规定的特殊情况外,应区分应纳税暂时性差异与可抵扣暂时性差异确定资产负债表日递延所得税负债和递延所得税资产的应有金额,并与期初递延所得税资产和递延所得税负债的余额相比,确定当期应予进一步确认的递延所得税资产、递延所得税负债金额或应予转销的金额,作为递延所得税。

(4) 就房地产开发企业当期发生的交易或事项,按照相关税法规定计算确定当期应纳税所得额,将应纳税所得额与适用的所得税税率计算的结果确认为当期应交所得税。

(5) 按照确定利润表中的所得税费用。利润表中的所得税费用包括当期所得税(当期应交所得税)和递延所得税两个组成部分。企业在计算确定了当期所得税和递延所得税后,两者之和(或之差)是利润表中的所得税费用。

2. 递延所得税资产和递延所得税负债的确认：

(1) 资产的账面价值大于其计税基础。资产的账面价值大于其计税基础,该项资产未来期间产生的经济利益不能全部税前抵扣,两者之间的差额会导致企业未来期间应纳税所得额的增加,对企业形成经济利益流出的义务,产生应纳税暂时性差异。在其产生当期应确认相关的递延所得税负债。

(2) 资产的账面价值小于其计税基础。资产的账面价值小于其计税基础,表明该项资产未来期间产生的经济利益流入低于按照税法规定允许税前扣除的金额,产生可抵减未来期间应纳税所得额的因素,减少未来期间以所得税形式流出企业的经济利益,形成可抵扣暂时性差异。符合有关条件的,应确认为递延所得税资产。

（3）负债的账面价值大于其计税基础。负债的账面价值大于其计税基础,意味着未来期间按照税法规定与负债相关的全部或部分支出可以自未来应税经济利益中扣除,减少未来期间的应纳税所得额和应交所得税。在差异产生当期,符合有关确认条件的,应确认相关的递延所得税资产。

（4）负债的账面价值小于其计税基础。负债的账面价值为企业预计在未来期间清偿该项负债时的经济利益流出,而其计税基础代表的是账面价值扣除税法规定未来期间允许税前扣除的金额之后的差额。负债的账面价值与其计税基础不同产生的时间性差异,实质上是税法规定就该项负债在未来期间可以税前扣除的金额(即与该项负债相关的费用支出在未来期间可予税前扣除的金额)。负债的账面价值小于其计税基础,则意味着就该项负债在未来期间可以税前抵扣的金额为负数,即应在未来期间应纳税所得额的基础上调增,增加应纳税所得额和应交所得税金额,产生应纳税暂时性差异,符合确认条件的,应确认相关的递延所得税负债。

五、业务题

1.（1）会计期末在确认 400 000 元(2 400 000－2 000 000)的公允价值变动时:

借:交易性金融资产——公允价值变动　　　　　　　　　　　　　　　　　400 000

　贷:公允价值变动损益　　　　　　　　　　　　　　　　　　　　　　　　　400 000

（2）确认应纳税暂时性差异的所得税影响时:

借:公允价值变动损益　　　　　　　　　　　　　　　　　　　　　　　　　100 000

　贷:递延所得税负债　　　　　　　　　　　　　　　　　　　　　　　　　　100 000

六、案例题

（1）　　　2×21 年度当期应交所得税＝2 800＋(100－1 200÷10)＋(500－2 800×12％)＋3 885

　　　　　　　　÷(1＋9％)×15％－52.5＋200＋180＝3 806.13(万元)

　　　　应交所得税＝3 806.13×25％＝951.53(万元)

（2）2×21 年度递延所得税:

　　　　　　　　递延所得税资产＝652.5×25％＝163.125(万元)

　　　　　　　　递延所得税负债＝20×25％＝5(万元)

　　　　　　　　递延所得税＝5－163.125＝－158.125(万元)

（3）利润表中应确认的所得税费用:

　　　　　　　　所得税费用＝951.53－158.125＝793.405(万元)

确认所得税费用的会计处理:

借:所得税费用　　　　　　　　　　　　　　　　　　　　　　　　　　　7 934 050

　递延所得税资产　　　　　　　　　　　　　　　　　　　　　　　　　　1 631 250

　贷:应交税费——应交所得税　　　　　　　　　　　　　　　　　　　　　9 515 300

　　递延所得税负债　　　　　　　　　　　　　　　　　　　　　　　　　　　50 000

第9章　财务报告

一、单项选择题

1	2	3	4	5	6	7	8	9	10
A	D	A	C	A	D	C	D	A	C

【解释】

第 4 题:2×21 年 12 月 31 日,"应收账款"账户借方余额为 300 万元,相应的"坏账准备"账户余额为 25 万元(20－6＋11),所以资产负债表"应收账款"项目的金额为 275 万元(300－25),因此选择 C。

第 5 题:资产负债表中"存货"项目的金额＝"开发成本"账户的余额＋"开发产品"账户的余额＋"低值易耗品"账户的余额－"存货跌价准备"账户的贷方余额＝80＋100＋10－5＝185(万元),因此选择 A。

第 7 题:"支付现金股利"应列入"分配股利、利润或偿付利息所支付的现金"项目,"支付在建工程人员薪酬"应列入"购建固定资产、无形资产和其他长期资产所支付的现金"项目,"支付职工差旅费"应列入"支付的其他与经营活动有关的现金"项目,因此选择 C。

第 9 题:资产负债表中"应付账款"项目的金额＝"应付甲公司账款"明细账户贷方余额＋"应付乙公司账款"明细账户贷方余额＋"预付 A 工厂账款"明细科目贷方余额＝35 000＋5 000＋50 000＝90 000(元),因此选择 A。

二、多项选择题

1	2	3	4	5	6	7	8	9	10
ABCD	CD	ABD	AB	BCD	BC	ABCD	BCD	ABC	ABD

【解释】

第 8 题:根据财会〔2016〕22 号文的规定,全面试行营业税改增值税后,"税金及附加"科目核算企业经营活动发生的消费税、城市维护建设税、资源税、土地增值税、教育费附加及房产税、土地使用税、车船使用税、印花税等相关税费,增值税应在"应交税费"科目中核算,因此选择 BCD。

三、判断题

1	2	3	4	5	6	7	8	9	10
×	×	√	√	√	√	√	√	√	×

四、简答题

1.(1)财务报告是指房地产开发企业对外提供的反映企业某一特定日期的财务状况和某一会计期间的经营成果、现金流量等会计信息的文件,是会计工作的产品。

(2)财务报告包括财务报表及其他应当在财务报告中披露的相关信息和资料。

2.(1)资产负债表是指反映企业在某一特定日期财务状况的财务报表。

(2)资产负债表的主要内容包括:一是企业一定日期所拥有的资产,反映全部资产的分布及存在形态;二是企业一定日期的负债和所有者权益,反映全部负债和所有者权益的内容及构成情况。

(3)资产负债表"上年年末余额"栏通常根据上年年末有关项目的期末余额填列,且与上年年末资产负债表"期末余额"栏相一致。

资产负债表"期末余额"栏应根据资产、负债和所有者权益科目的期末余额填列,填列方式有:①根据总账科目余额填列;②根据明细账科目余额计算填列;③根据总账科目和明细账科目余额分析计算填列;④根据有关科目余额减去其备抵科目余额后的净额填列;⑤综合运用上述填列方法分析填列。

3.(1)现金流量表是指反映企业在一定会计期间现金和现金等价物流入和流出的财务报表。

(2)现金流量表的作用主要表现为:

① 可以提供企业的现金流量信息,从而对企业整体财务状况作出客观评价。

② 可以对企业的支付能力和偿债能力,以及企业对外部资金的需求情况作出较为可靠的判断。

③ 通过了解现金流量不但可以了解企业当前的财务状况,还可以预测企业未来的发展情况。

④ 便于报表使用者评估报告期内与现金有关和无关的投资及筹资活动。

五、业务题

1.

资产负债表项目名称	期末余额
货币资金	156 500
存　货	5 856 000
固定资产	218 000
应收账款	52 000
预付款项	46 000
应付账款	114 000
预收款项	167 000
未分配利润	113 000

2.

利润表项目名称	本期金额
营业收入	520 000
营业成本	312 000
投资收益	−3 000
营业利润	75 200
利润总额	83 200
净利润	62 400

六、案例题

（1）① 结转收入、利得至"本年利润"：

借：主营业务收入　　　　　　　　　　　　　　　　　　　6 000
　　投资收益　　　　　　　　　　　　　　　　　　　　　500
　　营业外收入　　　　　　　　　　　　　　　　　　　　350
　　贷：本年利润　　　　　　　　　　　　　　　　　　　　6 850

② 结转费用、损失至"本年利润"：

借：本年利润　　　　　　　　　　　　　　　　　　　　4 750
　　贷：主营业务成本　　　　　　　　　　　　　　　　　　3 500
　　　　税金及附加　　　　　　　　　　　　　　　　　　　100
　　　　销售费用　　　　　　　　　　　　　　　　　　　　420
　　　　管理费用　　　　　　　　　　　　　　　　　　　　180
　　　　财务费用　　　　　　　　　　　　　　　　　　　　100
　　　　资产减值损失　　　　　　　　　　　　　　　　　　120
　　　　公允价值变动损益　　　　　　　　　　　　　　　　130
　　　　营业外支出　　　　　　　　　　　　　　　　　　　200

（2）① 所得税费用＝（6 850−4 750）×25％＝525（万元）

② 计提所得税费用。

借：所得税费用   525

   贷：应交税费——应交所得税   525

③ 结转所得税费用

借：本年利润   525

   贷：所得税费用   525

（3）结转净利润。

借：本年利润   1 575

   贷：利润分配——未分配利润   1 575

（4）提取法定盈余公积和任意盈余公积。

借：利润分配——提取法定盈余公积   157.5

          ——提取任意盈余公积   78.75

   贷：盈余公积——法定盈余公积   157.5

          ——任意盈余公积   78.75

（5）宣告向股东分配现金股利。

借：利润分配——应付现金股利   250

   贷：应付股利   250

（6）实际分配股票股利

借：利润分配——转作股本的股利   120

   贷：股本   120

（7）结转"利润分配"其他明细科目。

借：利润分配——未分配利润   606.25

   贷：利润分配——提取法定盈余公积   157.5

          ——提取任意盈余公积   78.75

          ——应付现金股利   250

          ——转作股本的股利   120

（8）   实收资本＝10 000＋120＝10 120（万元）

        资本公积为 10 万元

        盈余公积＝20＋157.5＋78.75＝256.25（万元）

        未分配利润＝1 200＋1 575－606.25＝2 168.75（万元）

（9）

利润表

会企 02 表

编制单位：中国琴岛房地产开发公司   2×21 年度   单位：万元

项　　目	本期金额	上期金额
一、营业收入	6 000	
减：营业成本	3 500	
税金及附加	100	
销售费用	420	

（续表）

项　　目	本期金额	上期金额
管理费用	180	
研发费用		
财务费用	100	
加：其他收益		
投资收益（损失以"—"号填列）	500	
净敞口套期收益（损失以"—"号填列）		
公允价值变动收益（损失以"—"号填列）	−130	
信用减值损失（损失以"—"号填列）		
资产减值损失（损失以"—"号填列）	−120	
资产处置收益（损失以"—"号填列）		
二、营业利润（亏损以"—"号填列）	1 950	
加：营业外收入	350	
其中：非流动资产处置利得		
减：营业外支出	200	
其中：非流动资产处置损失		
三、利润总额（亏损总额以"—"号填列）	2100	
减：所得税费用	525	
四、净利润（净亏损以"—"号填列）	1 575	

房地产开发企业会计模拟试题参考答案

模拟试题(一)参考答案

一、单项选择题(本大题共 10 小题,每小题 1 分,共 10 分)

题号	1	2	3	4	5	6	7	8	9	10
答案	D	B	C	C	D	A	A	A	C	A

二、多项选择题(本大题共 5 小题,每小题 2 分,共 10 分)

题号	1	2	3	4	5
答案	ABC	AD	ABCD	ACD	ACD

三、判断题(本大题共 5 小题,每小题 1 分,共 5 分)

题号	1	2	3	4	5
答案	×	√	√	√	×

四、简答题(本大题共 2 小题,第 1 小题 12 分,第 2 小题 8 分,共 20 分)

1. 房地产开发企业的经营特点为:

(1) 开发经营的计划性。 (2分)

(2) 开发产品的商品性。 (2分)

(3) 开发经营业务的复杂性。 (2分)

(4) 开发建设周期长,投资数额大。 (2分)

(5) 经营风险大。 (2分)

(6) 房地产商品的保值、增值性。 (2分)

2. 房地产开发企业商品房销售收入的确认条件至少应该包括以下四个方面:

(1) 工程已经竣工,并且验收合格,符合销售合同约定的交付条件。 (2分)

(2) 已通知购房业主接收房屋,并且将结算账单提交业主,也取得了其认可。 (2分)

(3) 与实测面积相对应的房款已经确定,发票开出,收到价款或确信可以取得价款。 (2分)

(4) 商品房的成本大部分已经实际发生,并且可以合理、可靠计量,少部分建筑成本、公共配套设施成本等支出可以合理预估。 (2分)

五、账务处理题(本大题共 4 小题,第 1、2、3 小题每小题 12 分,第 4 小题 19 分,共 55 分)

1. (12分)

(1) 8月2日,编制如下分录:

借:开发成本——土地开发——土地费用——甲　　　　　　　　　　　1 500 000 (4分)

　　开发成本——土地开发——土地费用——乙　　　　　　　　　　　1 440 000

　　开发成本——土地开发——土地费用——丙　　　　　　　　　　　960 000

　　贷:银行存款　　　　　　　　　　　　　　　　　　　　　　　　3 900 000

（2）8月4日，编制如下分录：

借：开发成本——土地开发——前期工程费——甲　　　　　　　120 000（4分）

　　开发成本——土地开发——前期工程费——乙　　　　　　　100 000

　　开发成本——土地开发——前期工程费——丙　　　　　　　　80 000

　　贷：银行存款　　　　　　　　　　　　　　　　　　　　　　300 000

（3）8月15日，编制如下分录：

借：开发成本——土地开发——基础设施建设费——甲　　　　　840 000（4分）

　　开发成本——土地开发——基础设施建设费——乙　　　　　600 000

　　开发成本——土地开发——基础设施建设费——丙　　　　　450 000

　　贷：应付账款——应付工程款　　　　　　　　　　　　　1 890 000

2.（12分）

（1）收到商品房预售收入时，预交增值税。

$$预交增值税＝6\ 049.5÷(1＋9\%)×3\%＝166.5(万元)$$

借：应交税费——预交增值税　　　　　　　　　　　　　1 665 000（2分）

　　贷：银行存款　　　　　　　　　　　　　　　　　　　1 665 000

（2）商品房办理竣工验收时，按实际成本结转开发成本。

借：开发产品　　　　　　　　　　　　　　　　　　　23 500 000（2分）

　　贷：开发成本　　　　　　　　　　　　　　　　　　23 500 000

（3）商品房移交时，确认商品房销售收入。

借：合同负债　　　　　　　　　　　　　　　　　　　55 000 000（2分）

　　应交税费——待转销项税额　　　　　　　　　　　　4 995 000

　　贷：主营业务收入　　　　　　　　　　　　　　　　55 500 000

　　　　应交税费——应交增值税（销项税额）　　　　　　4 995 000

（4）月末，结转商品房销售成本。

借：主营业务成本　　　　　　　　　　　　　　　　　23 500 000（2分）

　　贷：开发产品　　　　　　　　　　　　　　　　　　23 500 000

（5）清算土地增值税。

借：税金及附加　　　　　　　　　　　　　　　　　　　2 700 000（2分）

　　贷：应交税费——应交土地增值税　　　　　　　　　　2 700 000

（6）清算后补缴土地增值税时，依据土地增值税完税凭证和付款证明进行账务处理。

借：应交税费——应交土地增值税　　　　　　　　　　　1 810 000（2分）

　　贷：银行存款　　　　　　　　　　　　　　　　　　　1 810 000

3.（12分）

（1）业务处理不正确，正确的会计处理如下：

借：开发成本——土地开发——土地费用　　　　　　　　5 000 000（3分）

　　开发成本——土地开发——前期工程费　　　　　　　2 750 000

　　贷：银行存款　　　　　　　　　　　　　　　　　　　7 750 000

(2) 业务处理不正确,正确的会计处理如下:

借:开发成本——已完工开发产品——配套设施 2 055 600(3分)
  贷:开发成本——配套设施费——锅炉房 2 055 600

(3) 业务处理不正确,正确的会计处理如下:

借:税金及附加 5 000(3分)
  贷:银行存款 5 000

(4) 业务处理不正确,正确的会计处理如下:

借:开发成本——土地征用及拆迁补偿费——耕地占用税 8 000 000(3分)
  贷:银行存款 8 000 000

4. (19分)
(1) ① 结转收入、利得至"本年利润"账户:

借:主营业务收入 400 000(2分)
  其他业务收入 200 000
  公允价值变动损益 50 000
  营业外收入 35 000
  贷:本年利润 685 000

② 结转费用、损失至"本年利润"账户:

借:本年利润 475 000(3分)
  贷:主营业务成本 200 000
    其他业务成本 150 000
    税金及附加 10 000
    销售费用 42 000
    管理费用 18 000
    财务费用 10 000
    资产减值损失 12 000
    投资收益 13 000
    营业外支出 20 000

(2) ① 所得税费用=(685 000－475 000)×25%=52 500(元)

② 计提所得税费用。

借:所得税费用 52 500(2分)
  贷:应交税费——应交所得税 52 500

③ 结转所得税费用。

借:本年利润 52 500(2分)
  贷:所得税费用 52 500

(3) 结转净利润。

借:本年利润 157 500(2分)
  贷:利润分配——未分配利润 157 500

(4) 提取法定盈余公积和任意盈余公积。

借：利润分配——提取法定盈余公积　　　　　　　　　　　　　15 750（2分）

　　　　　　——提取任意盈余公积　　　　　　　　　　　　　7 875

　贷：盈余公积——法定盈余公积　　　　　　　　　　　　　　15 750

　　　　　　——任意盈余公积　　　　　　　　　　　　　　　7 875

（5）宣告向股东分配现金股利。

借：利润分配——应付现金股利　　　　　　　　　　　　　　25 000（2分）

　贷：应付股利　　　　　　　　　　　　　　　　　　　　　　25 000

（6）实际分配股票股利。

借：利润分配——转作股本的股利　　　　　　　　　　　　　12 000（2分）

　贷：股本　　　　　　　　　　　　　　　　　　　　　　　　12 000

（7）结转"利润分配"其他明细科目。

借：利润分配——未分配利润　　　　　　　　　　　　　　　60 625（2分）

　贷：利润分配——提取法定盈余公积　　　　　　　　　　　　15 750

　　　　　　——提取任意盈余公积　　　　　　　　　　　　　7 875

　　　　　　——应付现金股利　　　　　　　　　　　　　　　25 000

　　　　　　——转作股本的股利　　　　　　　　　　　　　　12 000

模拟试题(二)参考答案

一、单项选择题(本大题共 10 小题,每小题 1 分,共 10 分)

题号	1	2	3	4	5	6	7	8	9	10
答案	D	C	D	D	A	C	D	A	A	A

二、多项选择题(本大题共 5 小题,每小题 2 分,共 10 分)

题号	1	2	3	4	5
答案	ACD	ABC	ABCD	AB	AD

三、判断题(本大题共 5 小题,每小题 1 分,共 5 分)

题号	1	2	3	4	5
答案	×	×	×	√	√

四、简答题(本大题共 2 小题,每小题 10 分,共 20 分)

1. 房屋开发是房地产开发企业的主要经济业务。其开发建设的房屋,按用途不同可以分为以下四类:

（1）为了销售而开发建设的商品房。　　　　　　　　　　　　　　　　　　　　（2分）

（2）为了销售而临时性出租的商品房。　　　　　　　　　　　　　　　　　　　（2分）

（3）为了安置拆迁居民周转使用而开发建设的周转房。　　　　　　　　　　　　（2分）

（4）企业接受其他单位委托代为开发建设的代建房。　　　　　　　　　　　　　（2分）

以上 4 类房屋除周转房不是企业对外销售的商品产品以外,其余 3 类房屋都是企业的商品产品,尽管它们用途各异,但开发建设的特点和费用支出的内容以及费用性质却大致相同。因此,这四类房屋都要确定成本核算对象并计算其实际开发成本。　　　　　　　　　　　　　　　　　　（2分）

2. 营改增后房地产开发企业(一般纳税人)销售自行开发的房地产项目增值税征收管理如下:

（1）**方法选择**:房地产开发企业中的一般纳税人,销售自行开发的房地产老项目,可以选择适用简易计税方法,按照 5% 的征收率计税;也可以选择一般计税方法,按照 9% 的适用税率。一经选择简易计税方法计税的,36 个月内不得变更为一般计税方法计税。 (3分)

(2) 销售额的确定:一般纳税人销售自行开发的房地产项目,适用一般计税方法计税,按照取得的全部价款和价外费用,扣除当期销售房地产项目对应的土地价款后的余额计算销售额。销售额的计算公式如下:

$$不含税销售额=(全部价款和价外费用-当期允许扣除的土地价款)\div(1+9\%)$$

一般纳税人销售自行开发的房地产老项目适用简易计税方法计税的,以取得的全部价款和价外费用为销售额,不得扣除对应的土地价款。 (4分)

(3) 预缴税款:一般纳税人采取预售方式销售自行开发的房地产项目,应在收到预售房地产的款项时按照 3% 的预征率预缴增值税。一般纳税人应在取得预售款的次月纳税申报期向主管国税机关预缴税款。

应预缴税款=收到的预售款÷(1+适用税率或征收率)×3%

其中,适用一般计税方法计税的,按照 9% 的适用税率计算;适用简易计税方法计税的按照 5% 的征收率计算。 (3分)

五、账务处理题(本大题共 4 题,第 1、2、3 小题每小题 13 分,第 4 题 16 分,共 55 分)

1. (13 分)

(1) 支付土地出让金时: (2分)

借:开发成本——配套设施开发——土地征用及拆迁补偿费(商场)　2 200 000
　贷:开发成本——土地开发　2 200 000

(2) 支付设计费时: (3分)

借:开发成本——配套设施开发——前期工程费(商场)　300 000
　　开发成本——配套设施开发——前期工程费(锅炉房)　200 000
　贷:银行存款　500 000

(3) 支付基础设施费时: (3分)

借:开发成本——配套设施开发——基础设施费(商场)　600 000
　　开发成本——配套设施开发——基础设施费(锅炉房)　200 800
　贷:应付账款——应付工程款　800 800

(4) 核算商场应负担的开发间接费用时: (2分)

借:开发成本——配套设施开发——开发间接费用(商场)　90 000
　贷:开发间接费用　900 000

(5) 分配锅炉房的成本时: (3分)

借:开发成本——配套设施开发——配套设施费(商场)　200 800
　　开发成本——房屋开发——配套设施费(锅炉房)　200 000
　贷:开发成本——配套设施开发(锅炉房)　400 800

2. (13 分)

(1) 2×20 年 10 月 1 日,购入写字楼。 (2分)

借:投资性房地产——成本(写字楼)　10 000 000
　　应交税费——应交增值税(进项税额)　900 000
　贷:银行存款　10 900 000

(2) 2×20 年 10 月 1 日,预收租金。 (2分)

借：银行存款   20 000

  贷：预收账款   20 000

（3）2×20年12月末，确认本年租金收入。   （3分）

借：预收账款   32 700

  贷：主营业务收入   30 000

    应交税费——应交增值税（销项税额）   2 700

（4）2×20年12月末，确认与上述租金收入相关的附加税费。   （2分）

借：税金及附加   360

  贷：应交税费——应交城市维护建设税   210

    ——应交教育费附加   90

    ——应交地方教育费附加   60

（5）2×20年12月31日，确认公允价值变动。   （2分）

借：投资性房地产——公允价值变动（写字楼）   2 000 000

  贷：公允价值变动损益   2 000 000

（6）2×21年12月31日，确认公允价值变动。   （2分）

借：投资性房地产——公允价值变动（写字楼）   1 000 000

  贷：公允价值变动损益   1 000 000

3.（13分）

（1）1月1日收取诚意金时：   （2分）

借：银行存款   17 000 000

  贷：其他应付款——诚意金   17 000 000

（2）3月1日诚意金转为商品房销售定金：   （3分）

借：其他应付款——诚意金   17 000 000

  贷：预收账款——销售定金   15 000 000

    银行存款   2 000 000

（3）10月1日收到销售定金：   （2分）

借：银行存款   90 000 000

  贷：预收账款——销售定金   90 000 000

（4）10月18日销售定金转为销售款：   （2分）

借：预收账款——销售定金   49 922 000

  贷：合同负债   45 800 000

    应交税费——待转销项税额   4 122 000

（5）10月25日收到预售款：   （2分）

借：银行存款   54 500 000

  贷：合同负债   50 000 000

    应交税费——待转销项税额   4 500 000

（6）11月预交增值税时：   （2分）

$$应预交税款＝收到的预售款÷(1＋适用税率或征收率)×3\%$$
$$＝(4\ 992.2＋5\ 450)÷(1＋9\%)×3\%$$
$$＝287.4(万元)$$

借：应交税费——预交增值税   287 400
 贷：银行存款   287 400

4.（16分）

（1）填写资产负债表相应项目的期末余额。

项目名称	期末余额
货币资金	260 000(1分)
存　货	5 600 000(2分)
应收账款	50 000(2分)
预付款项	40 000(2分)
应付账款	100 000(2分)
预收款项	120 000(2分)

（2）填写利润表相应项目的本期金额。

项目名称	本期金额
营业收入	52 000(1分)
营业成本	31 000(1分)
营业利润	7 000(1分)
利润总额	8 000(1分)
净利润	6 000(1分)

参 考 文 献

[1]中华人民共和国财政部.企业会计准则[M].上海:立信会计出版社,2021.

[2]中华人民共和国财政部.企业会计准则——应用指南[M].上海:立信会计出版社,2021.

[3]李曙亮.房地产开发企业会计与纳税实务[M].大连:大连出版社,2020.

[4]平准.房地产企业会计核算与纳税,财务报表编制实务[M].北京:人民邮电出版社,2020.

[5]陈梅桂.房地产开发企业会计从入门到精通[M].北京:人民邮电出版社,2020.

[6]陈吉尔.房地产开发企业会计全盘账[M].北京:人民邮电出版社,2021.

[7]中国注册会计师协会.会计[M].北京:中国财政经济出版社,2022.

[8]全国注册税务师职业资格考试教材编写组.税法(一)[M].北京:中国税务出版社,2022.

[9]全国注册税务师职业资格考试教材编写组.税法(二)[M].北京:中国税务出版社,2022.

[10]全国注册税务师职业资格考试教材编写组.涉税服务实务[M].北京:中国税务出版社,2022.

[11]中国注册会计师协会.注册会计师全国统一考试辅导教材.税法[M].北京:中国财政经济出版社,2022.

[12]王玉红.房地产开发企业会计[M].大连:大连理工大学出版社,2020.

[13]唐振达,李保婵.房地产企业会计理论与实务[M].大连:东北财经大学出版社,2019.